中外公关案例宝典

CHINESE AND FOREIGN CASE STUDIES OF PUBLIC RELATIONS

何春晖　编著

关注全球最经典的教案

探索本土最新案例得失

ZHEJIANG UNIVERSITY PRESS
浙江大学出版社

图书在版编目（CIP）数据

中外公关案例宝典／何春晖编著. —3 版. —杭州：
浙江大学出版社，2011. 5（2013.12 重印）
ISBN 978-7-308-08628-8

Ⅰ.①中… Ⅱ.①何… Ⅲ.①公共关系学－案例－汇
编－世界 Ⅳ.①C912.3

中国版本图书馆 CIP 数据核字（2011）第 071238 号

中外公关案例宝典

何春晖　编著

责任编辑	李桂云
封面设计	刘依群
出版发行	浙江大学出版社

（杭州市天目山路 148 号　邮政编码 310007）

（网址：http://www.zjupress.com）

排　　版	杭州中大图文设计有限公司
印　　刷	杭州杭新印务有限公司
开　　本	710mm×1000mm　1/16
印　　张	23
字　　数	477 千
版 印 次	2011 年 5 月第 3 版　2013 年 12 月第 18 次印刷
书　　号	ISBN 978-7-308-08628-8
定　　价	35.00 元

目　录

第四章　政府公关——背靠大树好乘凉 /079

您遭遇下列问题了吗? /079

- 政府的政策不对路怎么办？
- 经常搞不清应该与政府的什么部门打交道？
- 政府职能无限吗？
- 政府的支持到底有多大？

- 如何维护政府权威？如何获得安全空间？
- 政府与法律等同吗？
- 政府公众到底有哪些？
- 如何维护、保持与政府关系的顺畅？

第五章 社区公关——美丽的口碑 /100

- 自己的社区公众在哪里？
- 不知道自己的社区关系到底如何。
- 社区公众总是说三道四？
- 认为向社区投钱是白搭吗？

- 社区最需要的是什么？
- 如何赢得社区公众的厚爱？
- 社区的口碑传播很重要吗？
- 准自家人是什么概念？

第八章　公益策划——爱心无限　/211

您遭遇下列问题了吗？　/211

- 你所在组织有良好的口碑形象吗？
- 你关心社会的公益事业吗？
- 对那些需要帮助的人你无动于衷吗？
- 对组织而言经济效益比社会效益更重要吗？
- 帮助别人等于帮助自己吗？
- 公益策划有什么原则讲究吗？
- 作为企业人，你愿意投更多的公益广告吗？
- 公益策划作为一种公关专题活动，有些什么类型？

关键词链接　/211

智慧提醒　/212

温馨小粘贴　/212

案例点击　/213

第九章　公关营销——双赢之魅　/244

您遭遇下列问题了吗？　/244

- 市场营销等同于公关策划吗？
- 在市场营销的环节中如何运用公关的技巧
- 公关促销就是广告促销吗？
- 公关营销的特点何在？
- 公关营销直奔商业利润吗？

关键词链接　/244

智慧提醒　/244

温馨小粘贴　/245

案例点击　/246

第十章　整合传播——打造形象的丰碑 /280

您遭遇下列问题了吗？ /280

- 整体形象策划从何起步？
- 形象传播如何追求知名度与美誉度的最佳结合？
- CIS 是整体形象传播的最佳手段吗？
- 整合传播技巧何在？
- 整合传播的类型有哪些？
- 何谓网络传播？
- 何谓无形资产管理？
- 什么是形象经济学？

关键词链接 /280

智慧提醒 /281

温馨小粘贴 /281

案例点击 /282

后记 /345

主要参考文献 /347

前　言

超越理论

学习案例　感悟成功　追求精彩　造就卓越

新经济时代的钟声早已敲响。踏着网络翩翩而来的新经济以它独有的魅力，让所有的人不得不对它顶礼膜拜。新经济时代向人类昭示了什么？网络的一意孤行，以创新为灵魂的原动力，高科技无限的驱动力，全球经济一体化的世界经济状态。在这种全球热乎乎的你追我赶的态势下，我们谁也躲避不了被"关注"，而这种被"关注"已远远超过了她原本的含义。从"被关注"成为我想"引人关注"，于是乎"注意力"成为新经济时代的稀缺资源。"注意力经济"由此大行其道。美的形象才能引起注意，唯有美的形象才能获得更多的眼球，农业社会竞争土地、工业社会竞争机器，那信息社会竞争什么呢？就是形象、就是注意力。

在新经济背景下，形象就像一只无形的手，成为导引着各行各业向前发展的动力。注意力是造就形象的命脉。那么如何造就注意力，如何捕获眼球呢？

我们正在变着法子探求提升形象的金钥匙，但法无定法。综观中国改革开放30年，尤其是21世纪的最初10年，我们痛定思痛，我们体验失败，我们感悟成功。非典之伤警醒了政府危机公关的钟声，奥运之喜拉开了国家形象营销的大幕，汶川之痛提升了政府形象管理的美誉，世博之欢成就了世界城市形象PK的大舞台。诚然，成功是很难被复制的，尽管克隆的理论如何的炉火纯青，大行其道，也许某个"基因"可以被复制，但断然不能被克隆的是成功累积成的那个具有自身独特生命意义的东西。

尽管如此，有一些东西却可以被复制，那就是成功或失败中隐含的某些共同的"基因"。就像基因专家所言的一样，那些被认为是聪明人的人之所以聪明，是因为他们具有一些共同的使人聪明的基因，尽管他们聪明得各不一样。这几年中，我们积累了许多各行各业成功和失败的案例，跟踪研究这些组织，对于我们而言仍然是有益、有助的，尽管他们之中，有的是已跨入世界500强的大公司，有的是名不经传的小公司，他们可能处于多种不同环境或不同的文化中，但他们的有些基因却是惊人的相似或相同。学习案例，试图感悟的就是那些成功的基因或失败的基因。那些让案例的主角成功的背后，有太多共通、共用的真理。比如：唯公众利益是从、信誉管理、文化竞争力、品牌的营销、危机的警醒、全员公关的魅力、跨文化的传播管理，等等。

本书所集案例涉及各行各业，有政府部门、企业及公益性机构，等等；案例类型也是五花八门,有内部关系的、有消费者关系的、有媒介关系的、有政府关系的、有社区关系的,等等;内容涉及公关营销策划、专门的媒介事件策划以及全方位的形象整体传播策划等。既有国外经典企业的案例,更多的是近年来发生在本土的典型案例。他们或长或短,或大或小均无关要紧,关键是每一个案例均会折射出其独特的光芒。而这些光芒正是我们学习者需要的。我们期待这五彩的光芒能与每一位学习者碰撞出火花,更渴望其耀眼炫目。正如开篇所言,学习案例,感悟成功,追求精彩,追求卓越。

互联网让我们尽享知识的满汉全席,同时,互联网也在帮我们浓缩精华,造就精彩。许多事情并非多多益善,在编写此书的过程中我们给自己设定了一个门槛——浅显、易懂、实用。

浅显:拒绝理论的赘述,渴望超越理论的束缚。就像在讲述一个个发生在我们身边的故事。故事可长可短、可大可小,娓娓道来,浅显而不失真情,通俗而不失真知灼见。那些原本冗长艰深的理论解析,已被浓缩成每章开篇前菜单式的方子,既有提问,又有回答。

易懂:拒绝面面俱到,关注热点难点。案例介绍,提纲挈领,案例评析点到为止。每章首页均有开门见山式的"智慧提醒""关键词链接""温馨粘帖""操刀秘笈"诸如此类。易懂的第二要旨,指它的可读性是可以延伸的,我们不仅希望在校的专业学生能喜欢,我们同样指望所有从事形象事业或有志从事该事业的专业或非专业人士,也能轻松地阅读。因此活泼的文本编写模式和简洁清新的文句表达正是我们的追求。

实用:拒绝复制。实用并非意味你可以搬过来如法炮制,换汤不换药将永远是没有生命力的,何况与创新文化相距实在太远。实用原则意在导引学习者,通过感悟成功,体味失败,去把握那些共同的"基因",让这些"基因"深深地潜入我们沸腾的血液,变成我们自己的血与肉,灵与魂,这正是作者编著此书的最大目的。这也是我想对"超越理论"所做的一个解释。我们呼唤一种全新的超越自我的智慧,一个形象管理工作者应该拥有的新的管理学的智慧。这种智慧不仅仅是一种理论,一门科学,更应该是一门艺术,我们感悟这些成功或失败时,不仅需要理性的睿智、更需要人文的精神。一个企业的成长发展离不开这种精神、一个人的成功更离不开这种精神。

20多年的教书生涯真乃弹指一挥间,其间的酸甜苦辣无需赘述。每一次《公共关系学》课都是一种全新的挑战,一年年下来,与学生交流的新的、优秀的案例也就日见其多,日积月累,便浓缩成了今日您手中的这本"宝典",称其谓"宝典"是因为她的每一版都凝聚了我的每一届学生闪耀的思想火花,只因参与者太多无法一一列举。谨以此成果作为我们师生共同学习的结晶吧。

案例有限,思想无限,创意更永远。Case铸就了太多的神奇,让我们徜徉在Case的海洋中美丽自己。愿中国的公关事业勃勃生辉,愿形象事业美好永远。

案　例

基本问题索引

一、案例(Case)是什么？

- 源于医学领域。
- 原指个别病案或医案。
- 医疗部门对病情诊断和治疗方面的记录，以便用于其他案例的诊治。
- 这种用于分析治疗且具有典型意义的病例被称为案例。
- 案例分析被广泛用于社会学、管理学、法学等不同领域，成为一种学科实证研究的重要方法。

> 全球运用案例教学取得最大成功的是美国哈佛大学工商管理学院。他们用 1000 多个案例为一批硕士研究生进行两年多的培训学习，结果有 1/5 的学生后来成为美国 500 强企业的主要领导人。迄今为止，从美国哈佛大学走出了 7 位美国总统，33 名诺贝尔奖金获得者。

二、公共关系案例(Public Relations Case)是什么？

公共关系案例指用一般的案例研究方法对那些富含公共关系理论的具体的公共关系事件或活动(公共关系实务)加以概括性的描述，从而形成的具有一定典型意义的案例。

公共关系案例的特征：典型性、客观性、有效性

全球最佳公关案例评选赛事链接

❋ 中国最佳公共关系案例大赛 ❋

主 办 者：中国国际公共关系协会

成立时间：1992 年　　　总　　部：中国北京

- 第一届(1992—1993 年)中国最佳公共关系案例大赛
- 《中国优秀公关案例选评》 复旦大学出版社
- 第二届(1994—1995 年)中国最佳公共关系案例大赛
- 《中国优秀公关案例选评(之二)》 复旦大学出版社
- 第三届(1996—1997 年)中国最佳公共关系案例大赛
- 《中国优秀公关案例选评(之三)》 复旦大学出版社
- 第四届(1998—1999 年)中国最佳公共关系案例大赛
- 《中国优秀公关案例选评(之四)》 复旦大学出版社

- 第五届(2000—2001年)中国最佳公共关系案例大赛
- 《中国优秀公关案例选评(之五)》 复旦大学出版社
- 第六届(2002—2003年)中国最佳公共关系案例大赛
- 《中国优秀公关案例选评(第六届)》 安徽人民出版社
- 第七届(2004—2005年)中国最佳公共关系案例大赛
- 《中国优秀公关案例选评(第七届)》 清华大学出版社
- 第八届(2006—2007年)中国最佳公共关系案例大赛
- 《中国优秀公关案例选评(第八届)》 中国市场出版社
- 第九届(2008—2009年)中国最佳公共关系案例大赛
- 《中国优秀公关案例选评(第九届)》

❋ 美国公共关系学会(PRSA)银钻奖 ❋

主办杂志:《公共关系杂志》、《公共关系季刊》

成立时间:1948年2月4日　　　总　　部:美国华盛顿

❋ 国际商业传播者协会(IABC)金鹅毛笔奖 ❋

主办杂志:国际商业传播者协会

成立时间:1970年　　　总　　部:美国旧金山

主办单位:国际商业传播者协会

❋ 国际公共关系学会(IPRA) ❋

成立时间:1955年　　　总　　部:瑞士日内瓦

会　员　国:共有77个会员国家(得到联合国承认)

奖项名称:"促进世界理解贡献"奖

主办杂志:《国际公共关系评论》(季刊)

"年度中国十大公关事件"评选

　　"年度中国十大公关事件"评选活动由中国国际公共关系协会于2002年创立,评选活动由国内著名传播学者、公关专家和资深媒体人士组成的"十大"评选机构独立评审,评审依据判定的评审原则、评审标准,严格按照候选专业提名、网上公众投票和专家综合评审三个环节进行,从专业地位、社会意义、传播效果、创意策划、事件管理等五方面因素进行综合评价。最终入选的"十大"事件具有较好的社会公信度和很强的专业代表性,体现了公开、公正、公平的原则。这一评选活动已经得到媒体和公众的广泛关注和认可,并成为中国公共关系领域中一项权威性的行业评选活动。

❋ 2002年度中国十大公关事件 ❋

- 锋尚国际"走出空调、暖气时代"缔造百姓未来生活新概念
- 大众POLO轿车成功发布,掀开2002年汽车销售热潮
- 国航空难事件危机管理
- 2002年中国国际公共关系大会
- 《福布斯中国财富百强》排行及发布
- 姚明成功登陆NBA
- 彩信业务与NOKIA彩信手机新闻采访活动
- 避孕套与"12·1"爱滋病防治日
- 上海成功申办2010年世界博览会

- 巨片《英雄》成功推出

✳ 2003 年度中国十大公关事件
- 神州 5 号载人航空器首次上天
- 第 29 界世界奥林匹克运动会徽发布
- 中国政府抗击"非典"新形象
- 与爱滋病作斗争——"12·1"联合行动计划
- 中国移动"动感地带"成功营造未来生活
- 联想集团更换新标志
- 张曼玉"康佳号"客机创品牌传播之先河
- 世界小姐全球总决赛首次在华举办
- 皇马中国行体育推广
- 凤凰卫视闾丘露微美伊战争战地女记者形象

✳ 2004 年度中国十大公关事件
- "关爱妇女,抗击爱滋",防治爱滋病宣传月活动
- 法国文化年在华成功推广
- 2008 奥运经济市场推介活动
- F1 成功登陆中国
- CCTV 推出"中国经验"品牌节目
- 杜邦"特富龙"事件
- 联想国际奥委会全球合作伙伴计划
- 南方周末中国内地人物创富榜成功推出
- 中消协挑战霸王条款
- 康佳倡议积极应对彩电反倾销

✳ 2005 年度中国十大公关事件
- 建设"节约型社会"公益宣传
- 个人所得税改革
- 2008 年奥运会吉祥物发布
- 中国移动通信集团"企业公民"推广活动
- 新浪网全程网络直播"神舟六号载人航天"
- 黑龙江省哈尔滨水污染危机处理
- "三一重工"成为股份分置改革成功第一股
- 蒙牛借力超级女声打造娱乐营销新模式
- 联想收购 IBM 全球 PC 业务
- 香港迪斯尼乐园大陆推广活动

✳ 2006 年度中国十大公关事件
- 吉利打造中国最高级别方程式赛车(企业传播)
- 联想启动奥运联想千县行活动(企业传播)
- 中非合作论坛北京峰会(国家形象)
- "康佳号"帆船出战国际帆船邀请赛(企业传播)
- 北京奥运会 35 个体育图标发布(大型活动)
- 重拍红楼梦——海选红楼梦中人(影视传播)
- 东风日产"绝对挑战·巅峰营销"招聘活动(企业传播)

- 《疯狂的石头》的口碑效应(口碑营销)
- 国美收购永乐开始多品牌战略(投资者关系)
- 青藏铁路全线开通(政府公关)

✳ 2007 年度中国十大公关事件 ✳

- "快乐男声"闪亮选秀(娱乐传播)
- "嫦娥一号"探月卫星发射(国家形象)
- 联想奥运火炬手选拔(企业形象)
- 国家法定节假日调整(网络公关)
- "倡导文明 传递爱心"公益短信大赛(社会公益)
- 北京奥运会倒计时一周年庆典(大型活动)
- 阿里巴巴香港上市(财经公关)
- "好运北京"奥运测试赛(奥运公关)
- 中国铁路第六次大提速(政府公关)
- "中国制造"舆论管理重塑声誉(国际公关)

✳ 2008 年度中国十大公关事件 ✳

- 2008 年北京奥运会(国家公关)
- 抗震救灾行动(国家公关)
- "神舟七号"载人航天飞船升空(国家公关)
- 江西电视台 2008 红歌会(娱乐营销)
- 奶业三聚氰胺危机(行业公关)
- 第十八届世界公共关系大会(行业公关)
- 家乐福危机公关(危机公关)
- 上海移动"生命的奥运"(公益营销)
- 起征燃油税(政府公关)
- 王老吉网络营销(新媒体公关)

✳ 2009 年度中国十大公关事件 ✳

- 甲型 H1N1 公众危机事件(政府危机管理)
- 60 周年国庆阅兵活动(国家公关)
- 创业板开市(财经公关)
- 家电下乡推广(行业公关)
- 大学生冬季征兵(军事公关)
- 新医改方案出台(政府公关)
- 《建国大业》影片推广(文化推广)
- 央视"变脸"(媒体公关)
- 重庆政府打黑案(城市形象)
- Windows 7 操作系统上市发布(新产品上市) 消息来源 中国公关网

✳ 2010 年度中国十大公关事件 ✳

- 上海世博会(展会推广)
- 《国家形象宣传片》推广(国家公关)

- 海地国际救援（国家公关）
- 人民网开通"直通中南海"（媒体公关）
- "嫦娥二号"升空探月（国家公关）
- 凡客品牌传播（品牌推广）
- 第六次人口普查（政府公关）
- 新浪微博推广（产品推广）
- 吉利收购沃尔沃（企业传播）
- 《阿凡达》影片推广（文化推广）

以上信息均来自中国公关网（WWW. ChinaPR. com）

❀ 世界品牌实验室（World Brand Lab）❀

- 世界品牌实验室由1999年诺贝尔经济学奖得主罗伯特·蒙代尔教授（Robert Mundell）担任主席，是世界经理人集团（icxo. com）的全资附属机构，致力于品牌评估、品牌传播和品牌管理，其专家和顾问来自哈佛大学、耶鲁大学、麻省理工学院、牛津大学、剑桥大学等世界顶级学府，其研究成果已经成为许多企业并购过程中无形资产评估的重要依据。
- 哈佛大学商学院市场资深教授约翰·戴腾（John Deighton）博士指出，发布的《世界品牌500强》排行榜（The World's 500 Most Influential Brands）的评判依据是品牌的世界影响力。
- 品牌影响力（Brand Influence）是指品牌开拓市场、占领市场并获得利润的能力。
- 世界品牌实验室按照品牌影响力的三项关键指标：市场占有率（Share of Market）、品牌忠诚度（Brand Loyalty）和全球领导力（Global Leadership）对世界级品牌进行了评分。

❀ 世界品牌500强排行榜（2005）前10名 ❀

品牌名称	品牌年龄	官方网站	国家	行业	评价结果
Coca-Cola 可口可乐	119	www. coca-cola. com	美国	饮料	555
Microsoft 微软	30	www. microsoft. com	美国	软件	555
Google 谷哥	7	www. google. com	美国	网络	555
Mcdonalds 麦当劳	50	www. mcdonalds. com	美国	餐饮	555
IBM 国际商用机器	91	www. IBM. com	美国	计算机办公设备	555
Marlboro 万宝路	81	www. Marlboro. com	美国	烟草	555
Intel 英特尔	37	www. intel. com	美国	半导体	555
Benz 奔驰	119	www. benz. com	德国	汽车与零件	555
Wal-Mart 沃尔玛	43	www. wal-mart. com	美国	零售	555
Harvard 哈佛大学	369	www. harvard. edu	美国	教育	555

❀ 世界品牌500强排行榜（2006）前10名 ❀

品牌名称	品牌年龄	官方网站	国家	行业	评价结果
Google 谷哥	8	www. google. com	美国	网络	555
Wal-Mart 沃尔玛	44	www. wal-mart. com	美国	零售	555
Microsoft 微软	31	www. microsoft. com	美国	软件	555
Coca-Cola 可口可乐	120	www. coca-cola. com	美国	饮料	555
Mcdonalds 麦当劳	51	www. mcdonalds. com	美国	餐饮	555

GE 通用电气	114	www.nokia.com	美国	电子电器设备	555
NOKIA 诺基亚	141	www.nokia.com	芬兰	网络通信设备	555
Intel 英特尔	38	www.intel.com	美国	半导体	555
Benz 奔驰	120	www.benz.com	德国	汽车与零件	555
Harvard 哈佛大学	370	www.harvard.edu	美国	教育	555

❋ 世界品牌 500 强排行榜（2007）前 10 名 ❋

品牌名称	品牌年龄	官方网站	国家	行业	评价结果
Coca-Cola 可口可乐	116	www.coca-cola.com	美国	饮料	555
Citi 美国花旗集团	195	www.google.com	美国	银行	555
Google 谷歌	9	www.google.com	美国	网络	555
Harvard 哈佛大学	371	www.harvard.edu	美国	教育	555
Microsoft 微软	32	www.microsoft.com	美国	软件	555
Benz 奔驰	121	www.benz.com	德国	汽车与零件	555
Wal-Mart 沃尔玛	45	www.wal-mart.com	美国	零售	555
Mcdonalds 麦当劳	52	www.mcdonalds.com	美国	餐饮	555
GE 通用电气	114	www.ge.com	美国	电子电器设备	555
Youtube	2	www.youtube.com	美国	网站	555

❋ 世界品牌 500 强排行榜（2008）前 10 名 ❋

品牌名称	品牌年龄	官方网站	国家	行业	评价结果
Harvard 哈佛大学	372	www.harvard.edu	美国	教育	555
Coca-Cola 可口可乐	117	www.coca-cola.com	美国	饮料	555
Citi 美国花旗集团	196	www.google.com	美国	银行	555
Google 谷歌	8	www.google.com	美国	网络	555
Benz 奔驰	122	www.benz.com	德国	汽车与零件	555
Wal-Mart 沃尔玛	46	www.wal-mart.com	美国	零售	555
Microsoft 微软	33	www.microsoft.com	美国	软件	555
Mcdonalds 麦当劳	53	www.mcdonalds.com	美国	餐饮	555
IBM 国际商用机器	94	www.IBM.com	美国	计算机办公设备	555
Apple 苹果电脑	31	www.apple.com	美国	计算机办公设备	555

❋ 世界品牌 500 强排行榜（2009）前 10 名 ❋

品牌名称	品牌年龄	官方网站	国家	行业	评价结果
Microsoft 微软	34	www.microsoft.com	美国	软件	555
Coca-Cola 可口可乐	123	www.coca-cola.com	美国	食品与饮料	555
Google 谷歌	11	www.google.com	美国	互联网	555
HARVARD UNIVERSITY 哈佛大学	373	www.harvard.edu	美国	教育	555
McDonald's 麦当劳	69	www.mcdonalds.com	美国	餐饮	555
Mercedes-Benz 梅赛德斯-奔驰	109	www.mercedes-benz.com	德国	汽车与零件	555

IBM 国际商用机器	98	www.ibm.com	美国	计算机办公设备	555
Exxon Mobil 埃克森美孚	127	www.exxonmobil.com	美国	石油	555
Marlboro 万宝路	101	www.marlboro.com	美国	烟草	555
Facebook 脸谱	5	www.facebook.com	美国	互联网	555

2009 年《世界品牌 500 强》入选最多的 10 个国家

名次	国家名称	入选品牌数量	代表性品牌
1	美国	241	哈佛大学、可口可乐、微软、花旗集团、通用电气
2	法国	46	路易威登、欧莱雅、爱玛仕、家乐福、轩尼诗
3	日本	40	索尼、佳能、丰田、日立、松下
4	英国	39	牛津大学、维珍、渣打银行、泰晤士报、芝华士
5	德国	24	奔驰、宝马、西门子、汉莎航空、德意志银行
6	瑞士	22	劳力士、江诗丹顿、雀巢、瑞银集团、瑞士信贷
7	中国	18	中央电视台、中国移动、海尔、联想、华为
8	意大利	11	古琦、贝纳通、范思哲、菲亚特、法拉利
9	荷兰	10	壳牌石油、飞利浦、喜力、凡士林、帝斯曼
10	瑞典	8	诺贝尔奖、宜家、爱立信、沃尔沃、伊莱克斯

2009 年《世界品牌 500 强》排行榜中的 18 个中国品牌

总排名	品牌英文	品牌中文	年龄	行业
63	CCTV	中国中央电视台	51	传媒
70	China Mobile	中国移动	9	电信
91	ICBC	中国工商银行	25	银行
95	STATE GRID	国家电网	7	能源
110	Haier	海尔	25	数码与家电
135	Lenovo	联想	25	计算机办公设备
223	Bank Of China	中国银行	97	银行
252	CREC	中国中铁	59	工程与建筑
278	China Life	中国人寿	60	保险
350	HUAWEI	华为	21	通信与电子
353	China Petroleum	中国石油	21	石油
376	China Merchants Bank	招商银行	22	银行
398	Air China	中国国际航空	21	航空服务
419	Sinopec	中国石化	9	石油
425	Tsingtao	青岛啤酒	106	食品与饮料
430	People's Daily	人民日报	61	传媒
435	CHINA TELECOM	中国电信	7	电信
468	Tsinghua Tongfang	清华同方	12	工业设备

❀ 2009 年《世界品牌 500 强》中最古老的 10 个品牌 ❀

排名	品牌英文	品牌中文	年龄	总部	总排名
1	University of Oxford	牛津大学	913	英国	57
2	University of Cambridge	剑桥大学	800	英国	50
3	Heidelberg University	海德堡大学	623	德国	433
4	Harvard University	哈佛大学	373	美国	4
5	Saint-Gobain	圣戈班	344	法国	325
6	BARCLAYS	巴克莱银行	319	英国	374
7	Yale University	耶鲁大学	308	美国	238
8	Martell	马爹利	294	法国	396
9	Remy Martin	人头马	285	法国	330
10	The Royal Bank of Scotland	苏格兰皇家银行	282	英国	344

以上信息来自：世界品牌实验室（WorldBrandLab.com）

三、公共关系案例的构成元素

组织＋公众＋传播媒介＋背景条件＋评估

关键词链接

组织：公关的主体，即公关的承担者、实施者和行为者。它是公关案例的策划者、实施者和受益者，是最具能动性的要素。

公众：公关的客体，即与组织利益具有一定相关性的个人群体和组织的总和，是组织公关工作的具体对象。公众的愿望和需求是组织公关工作的终极，所有的公关案例均是围绕最大限度满足公众的利益而展开的。

传播媒介：公关的中介，公关的过程就是传播的过程，即整合运用传播媒介以求传播效果的最大化。

背景条件：任何公关活动都是在一定背景条件下开展的，学习案例更需要学习针对具体情况具体分析的方法。案例永远没有一成不变的教条。背景条件分析是任何案例的必备元素。

评估：这是对案例评析的一种总结提炼，是对案例学习的一种体会和升华。

四、案例学习的目的和意义

从实践中来→到理论中去→再回到实践中去

五、案例学习的方法

1．轻轻松松阅读——读　2．认认真真感悟——思　3．反反复复模拟——练

4．真真切切操练——战　5．实实在在评估——炼

第一章

内部公关——铸就铜墙铁壁

你遭遇下列问题了吗

- 内部公众体系不明确
- 内部关系总是危机四伏
- 谁也不愿承担责任
- 喜欢传播于组织不利的言论

- 内部人际关系紧张
- 领导没有威信,员工缺乏向心力
- 你受重视吗? 你重视别人吗?
- 如何造就全员公共关系的氛围?

关键词链接

内部公众:指组织内部沟通、传播的对象,包括组织内部全体成员构成的公众群体,如企业内部员工,政府部门内部的干部、工作人员等。

内部 PR:指组织与内部公众之间传播沟通活动的一种管理职能,即通过有效传播沟通方法在组织内部形成最大凝聚力和向心力。

关系营销:关系营销是对企业营销理论的一次升华和革命,使企业从原有的以企业为中心、以职业划分为基础的时代,跨入以顾客为中心、以工作流程划分为基础的时代。所以,推行关系营销不但要调整企业内部的工作流程,更要调整企业内部的关系体系。

全员公关:所谓"全员 PR 管理",即通过全员的公关教育与培训,增强全员的公关意识,提高全员公关行为的自觉性,加强整体的公关配合与协调,发动全员的公关努力,形成浓厚的组织公关氛围与公关文化。作为一种管理职能,公共关系的重要责任是管理一个组织的无形资产——知名度、美誉度。

企业文化:企业文化是企业以价值观念、经营管理哲学为核心的思维方式和行为规范的总和,它包括企业的历史和传统、企业的典型人物、企业的目标、信念和理想、领导作风和经营管理风格、职业意识和职业道德、公司礼仪与行为规范等因素,以及这些因素的物化表现,如环境布局、图案色彩、厂歌厂旗等等。企业文化的渗透力很强,在整个企业的生存和发展中无处不在,对企业内部人际关系的影响很大,它能够将员工的个性和潜能与企业的价值和利益联系起来,通过对员工信念的培养、理想的建树、个性的塑造、心灵的满足、精神的训练,建立起个人对企业整体的认同感和凝聚力,形成强烈的"团队精神"。

非正式沟通:非正式沟通是建立在日常生活人际关系基础上的一种自由沟通。它没有明确的规范和系统,不受正式组织体制的约束,不受时间场合的限制,没有固定的传播媒介,形同信息流通的"自由市场"。在一个组织内部,这种非正式的信息交流网络是客观存在的,它往往比正式的沟通渠道更适宜于感情交流、更加灵活和富有弹性、更能反映员工的情绪和组织内部的人事关系。凡是有人群的地方都会存在各式各样的"非正式组织"。

意见领袖:意见领袖又称为舆论领袖,是指在信息传递和人际传播过程中少数具有影响力、活动力、既非选举产生又无名位的人。这些人是大众传播中的评介员、转达者,是组织传播中的守门人、过滤网,是人际传播中的"小广播"和"大喇叭"。他们能把事情做好,也可以把事情搞糟。

智 慧 提 醒

1.内部公众既是内部公关工作的对象,又是外部公关工作的主体,是与组织自身相关性最强的一类公众对象。

2.加强内部公众沟通的目的:培养组织成员的向心力、凝聚力、主体意识和形象意识。

3.内部公关的传播意义:组织通过自身成员的认可和支持来增强内聚力。组织需要通过全员公共关系来增强外张力。

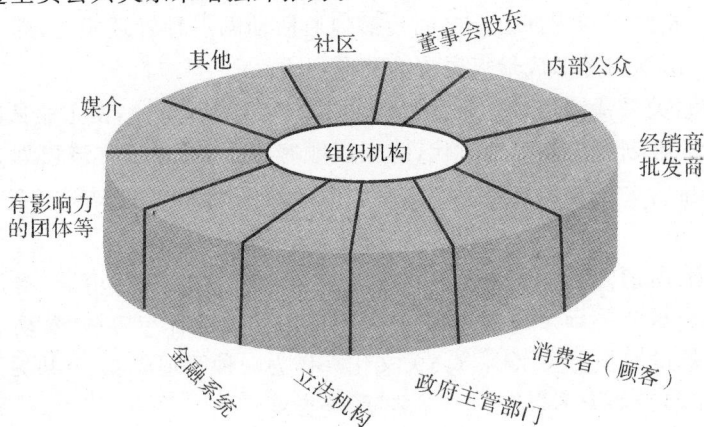

温馨小粘贴

1.让员工分享100%的信息,并赋予优先知晓权。

2.一切重在参与。

3.让他成为组织真正的主人,千万别克扣他的权利噢!

4.重视与你作对的意见领袖。

5.人人都有双重欲望,既想成为杰出组织的一分子,又渴望在杰出组织中出类拔萃。满足他们就是胜利。

6．组织的外张力与组织的内聚力成正比。

7．以人为本的人本主义的团队思想。

8．满足顾客需要成为组织一切活动和工作的中心环节和指导思想。

9．以一线员工为核心的团队式管理思想。

10．鼓励员工取悦顾客，而非取悦管理层，员工将搞好同顾客的关系作为自己工作和活动中心，才是对企业的增值性活动。

11．坚决将权力下放，权力下放是对员工行为能力的信任，也是实现员工自我管理的必要条件，更是团队管理所必需的前提。

12．推行关系营销是企业内部的一场革命。

它山之石

❋ 哈佛名言"人是最重要的资产" ❋

尊重知识，尊重人才是新时代的价值观。新时代的价值观念，是知识的价值越来越大。而知识的价值归根到底又源于人才的价值，并且是靠人才来实现的。因此，人才观念的发展，是人类社会进步的内在动因。从20世纪40年代开始，以信息技术为主要标志的新技术革命，极大地丰富了社会的人才价值观念。重视智力开发，尊重人才，已成为新时代人才价值观的重要特征。

❋ 人才是企业管理走向现代化的可靠保证 ❋

与欧洲发达国家相比，美国至今只有200多年的历史，而欧洲已有400多年的历史，但美国却后来者居上，成为世界上最大的经济强国。20世纪80年代欧洲的学者研究造成欧美之间差距的原因，起初他们认为主要是科学技术的差距，认为美国的科技比欧洲更发达。但统计结果表明：近几十年来诺贝尔奖的获得者，欧洲人多于美国人。实际上欧洲的科技水平并不落后于美国，而且较多的科学技术还是欧洲传给美国的。欧洲学者经过仔细分析后才得出结论：欧美之间的差距主要在管理水平上，这是因为美国拥有了一大批优秀的管理人才。所以，重视有系统地、有目标地培养管理人才，以推动企业的现代化管理，被普遍认为是发达国家成功的一条共同经验。

> 美国通用汽车公司总裁斯隆曾说过这样一句有名的话："把我的资产拿走吧，但是要把我公司的人才留下，五年后，我将使拿走的一切失而复得。"

❋ 橄榄球的"团队精神" ❋

隆巴迪是个有传奇色彩的橄榄球教练，他说："一个球员起码必须知道打球的基本规则，以及怎样打好自己的位置。其次，必须训练他跟别的球员搞好搭配。最重要的，还需使球员明白，打球必须发挥整个球队的作用，不能各打各的，不互相照应。球赛不是个人的明星式表演，我把这种精神称之为'团队精神'。一个优秀的球队之所以不同于普通球队,就在于球员是否相互关切,配合默契,这就是'团队精神'。如果球队里充满了这种精神,这个球队一定可以稳操胜券。"

案例点击

案例一

从"参与"中寻找财富

——不谋而合的内部公关方法

美国一家联合化工公司鉴于石油危机带来费用暴涨的状况,决定发动一场节能运动。大家都知道,化工公司的大力发展建立在大量消耗廉价石油的基础之上,油价的暴涨对化工公司而言无异于釜底抽薪。而20世纪70年代中期的油价是20世纪60年代末油价的13倍。联合化工公司发出了号召,可并不见什么效果,无奈只好求助于公关公司。在专业人士的指点之下,他们订了如下公关目标:

把节能的必要性告知每一个职员,调动全体职工献计献策;奖励在节能方面的有功之臣。很快地,一份职工报纸上登出了节能的意义,一份《节能指导》送到职工手中,鼓励职工提建议的黑板树了起来。现在,职工们都明白了不节能工厂将被石油危机逼死,这样的话,每个人的生活都不得不从头来过,也许大家会不幸沦为失业者,这决非危言耸听。

工人节能意识的初步形成,使公司又做出不少举措以引导节能活动。随工资发放印有具体节能方法的印刷品;大型小型的海报每个月出现于公告栏中一次,以鼓励提出节能建议者;节能标志出现于开关和仪器控制键附近;提出合理建议的职工岗位上出现了荣誉标志;时常传来受奖励的建议者的消息……

职工们对于如何节能不是早已知晓就是一点就透,在其积极性调动之后,效益就极可观了。这家联合化工公司节约费用4500万美元,相当于一年节约了370万桶石油。

美国依纳公司主要生产铜制品,提供给汽车做配件。1973年,一名叫做麦克布逊的管理者到任,他上任头件事,就是废除了厚达5英寸的工厂条例汇编。紧接着他用一张纸表达了他的"施政纲领":"凡公司职工,有要求提高业务者均可获培训机会。保证职工就业的可靠性,是公司的宗旨。设置奖励基金,奖励出谋献策者"。麦克布逊十分重视让职工参与管理,他要求管理人员每个月都要和每个职工做一次面谈,就经营管理的某一内容与员工进行讨论;他反对管理神秘化,让每个职工参与企业战略信息的交流,不惜冒着被对手得知的危险;他号召职工在经营管理方面提出自己的看法,不要怕与上司顶牛;每年两次,他召集"口水大会",就经营成果与提高劳动生产率问题自由发言,时间为五天;他奉具体操作者为专家,他说:"在大范围内你听我的,可在你的 25 英尺工作台上我听你的",十分注意调动员工的积极性。经过一年的经营,麦克布逊领导的依纳公司年产销售额达 30 亿美元。

在 1981—1983 年经济大萧条时期,尽管公司不得不裁员一万人,可持股职工却达到 80％,那一万名"下岗"职工也持有公司股票。

美国精确铸模公司过去是在权威的严令下经营的,结果罢工事件不断,缺勤率达 8％,居同业榜首,退货率达 4.5％。新接任的公司管理层认为,毛病就出在这种所谓的"科学管理法"上,于是决心更车易辙,建立了新的管理制度。向职工宣传公司面临的困难及管理者对大家的期望:建立全勤奖励制度。出版内部刊物,使之成为上下沟通与交流的渠道。从企业内部选拔高级管理人员。建立公司与职工家庭的通信制度。设立抱怨登记簿,管理者定期处理这些抱怨,解决职工所提问题。每月召开"职工参与管理"大会,每个职工在一年之中都有机会向高级管理人员面陈自己的各种意见。

几年之后,企业面貌大改:产量增加了 37％,而直接参加生产者却减少了 20％;高级管理人员由 26 人减少为 18 人,职工申诉由每年 45 件减少到 5 件,退货率更降至 1.5％,缺勤率减少到 3.2％。员工是企业的真正财富,缺少了积极主动的员工,再精良的设备也无法发挥其应有的效率。

案例评点

员工是组织的主体,他们的一举一动都影响着组织的正常运转。高明的公关能手往往十分关心员工的每一行动、每一表情、每一忧虑、每一欢欣,积极开发职工的潜能,把各个分散的力量团结起来汇聚成组织运转的内在动力。

处理雇员关系,要加强沟通,实现信息共享,让员工真正感到自己是组织的主人;要利益共享,使员工成为组织的一部分;要建立企业文化,使员工产生归属感,加强组织的向心力。上面几个案例中,均不约而同地使职工参与管理,其实,就是为了调动员工的主人翁意识,调动他们的积极主动性。果然,效果不凡。

案例二

家 和 万 事 兴
——宾馆员工的向心力是怎样产生的

有一个故事,说的是一个老翁临终,把十个儿子叫到跟前,让他们每人折断一根筷子,随后又指着一束筷子让他们每个人都尽力去折断它。成束的筷子,靠双手当然折不断,老翁告诉儿子们,如果大家心齐、团结,就像是筷子成束一样,能够应付强大的外来压力。看到儿子们明白了道理,老翁含笑而逝。

这个大家耳熟能详的故事告诫人们:家和万事兴。它指出了内部团结的重要性。

宾馆作为服务行业,其服务质量的周到与否,是吸引"衣食父母"的最重要因素。这个因素,其质量的高低,可就全靠宾馆每个员工的尽心尽力和服务意识的培养。

让员工尽心尽力提供服务,没有纪律约束当然不行,但仅有纪律管束也是万万不行的。试想,当迫于纪律而不得不挤出笑意的服务人员出现在顾客身边时,顾客心中又怎么会体会到"如归"的感觉?更何况,在接待不同性格的旅客时,各种各样的难题都有可能碰到,纪律岂能把它们逐条列出?

于是,如何调动员工的积极性,成为宾馆内部公关的一个极重要的课题。

下面的几个故事颇能体现国内宾馆业是如何苦心孤诣搞好内部公关工作的。

中国大酒店是广州市的涉外饭店。平时,他们就很注意培养职工的主人翁意识和集体意识。虽然是外资企业,中国大酒店却有在员工中很有威望的党支部,平时职工有什么困难,都会得到党支部的全力帮助。而对于员工的疾病、家庭变故、生日等事项,酒店也尽力帮助他们。

中国大酒店内部公关工作中,有一个奇妙的构思,曾经得到多种公关报刊的介绍。在酒店员工手中,人人都拥有一张特殊的明信片,背面是一张全体员工的全家福。由70名员工中头戴白帽、身穿白色工作制服,构成一个醒目的"中"字,在这个"中"字周边,身着红、绿、青、褐制服的员工,构成背景,依傍和衬托着"中"字。

这张由70名员工组成的全家福,是中国大酒店开业庆典一周年时由公关部策划的。其目的,就是激发员工的自豪感与集体感。同时,广为散发的明信片,也发布着这样的信息,中国大酒店是个团结的集体。

杭州的香格里拉饭店位于西湖之滨,景色怡人,是浙江省第一家中外合资豪华宾馆。其公关部在全省也是最早建立的。除了做好对外宣传和协助饭店做好管理工作外,公关部还用了很大精力做好其内部员工的公关工作。

饭店有一条硬性规定,凡客人剩下的菜肴酒水,哪怕没沾唇也一律倒掉,不准员工私留。这条规定就是公关部出的主意。用意有二:一是,培养员工的民族自尊心,不可因贪小便宜而有失尊严;二是,防范有人给顾客多上酒菜,维护饭店声誉。但饭店里同时还有一项规定,内部搞活动时,可随便吃喝,喝得烂醉都无妨。

外国管理者在监督、检查、纠正方面的要求都很严格。为了抵消员工的不满,使其情绪有合理的宣泄渠道,杭州香格里拉饭店办了一份内部刊物《微笑》。员工的建议、意见、不满、埋怨都可以投稿,公关部根据情况适时给予回音。在内部公关计划中,业余时间开展各种活动,在员工中形成亲和力是其主要的内容。

案例评点

无论是明信片、内部刊物还是全家福,几家宾馆的内部公关工作都包含着对职工的尊重,都朝着力求内部团结和形成整体的向心力这个方向发展。在其内部公关的过程中,倾听员工的心声,解决员工的困难,关心员工,使之参与管理,都是行之有效的内部公关手段。

俗话说:天时不如地利,地利不如人和,人和才能万事兴。内部公关追求的就是一个"和"字,"和"曾被日本松下集团创始人松下幸之助奉为企业管理的灵魂,即"和魂"。

案例三

公 司 不 是 兵 营
——美国惠普公司的用人之道

曾经有人对美国惠普公司的 20 位高级管理人员进行过一次全面的民意测验,对于"惠普公司成功的秘诀"这个问题,有 18 个人的答案是"对人的尊重"。

惠普公司是世界性的电子仪器公司,其业务范围遍布全球。惠普公司有两个著名的公式: 人才=资本+知识=财富;博士+车库=公司

"博士+车库=公司"这个有趣的公式反映着惠普公司的历史。20 世纪 30 年代,斯坦福大学的名教授特曼为自己的博士研究生休利特和佩克德指出一条道路,那就是开创公司,把自己培养成企业家型的人才。为了帮助自己的得意门生,特曼还借给他们一笔创业资金并为他们提供了一个汽车库作为厂房,于是惠普公司就这样诞生了(惠普 HP 公司是各取休利特和佩克德名字前一个字母而合成的)。惠普公司的第一件产品是电子管频振荡器。到了 20 世纪 60 年代,随着计算机的诞生及逐渐普及,惠普公司的产品大行于世,公司得到迅速发展。到 20 世纪 70 年代,惠普公司已发展为一家大型跨国公司。

惠普公司对人才的尊重,在另一个人才公式中得到了更充分的体现。早在 20 世纪 40 年代,休利特和佩克德就为公司定出了宗旨,不把公司办成"用人时雇佣,不用时解雇"的公司,而后这种传统得到了一再的发扬光大。20 世纪 70 年代初的经济大萧条中,即使面临严重的市场萎缩,惠普公司也不任意裁人,而是采取了另一种方法,全体员工包括休利特减薪 20%,同时工作量减少 20%,就这样,惠普公司上下同心共渡难关,熬过了经济衰退的生存危机。

在惠普公司的宣言的引言部分有这样一句话:"惠普公司决不采用严密的军事型组织方式,而赋予公司全体员工以充分的自由,使每人按照他认为最有利于完成本职工作的方式,为实现公司的总体目标作出各自的贡献。"正是出于对员工的信任,惠普公司废除了管理界沿用多年的考勤制度,实行了弹性工作时间制度。按照休利特的解释,这种做法"不但是为了让职工能按个人生活需要和习惯来调整工作时间,也是为了对他们表示信任"。

惠普公司对员工的信任,有时在外人看来简直是不可思议的。有一次,比尔·休

利特在一个分厂巡视,看到实验设备仓库门上了锁,他马上到维修组找了一把切割钳,把挂在仓库门上的铁锁剪断扔掉,并在门上留下了一张条,"请勿再锁此门,谢谢。"比尔·休利特之所以这样做,是由于库门上锁,有违惠普公司的开放实验设备仓库政策。惠普公司规定,存放电器和机器零件的实验设备仓库向全体员工开放,员工们可任意取用自己需要的东西。难道不怕有人往自己家里"拿"吗?惠普公司不仅信任员工的诚实,而且鼓励员工把零件拿回家中供个人使用。因为按照惠普公司的看法,即使员工把设备、零件拿回自己家中,也是在摆弄公司的产品,这多多少少也让他们多了解公司的产品。

惠普公司由于政策上对人才的尊重,其员工关系甚为融洽。在公司里,员工与上司之间的关系很轻松,彼此直呼其名,就连休利特本人也常常被直呼为比尔。公司的管理人员常常不在办公室里,他们到生产者、用户、销售人员身边与他们面谈。在惠普公司,常常可以看到这样的临时性会议:一大群人坐在有黑板的房间里,无拘无束地自由发言,研究公司中的某个问题。这种非正式的与职工沟通的方式还包括深受职工欢迎的"咖啡聊天",这种聊天在惠普公司里每周都有,人们可以边喝咖啡边交换意见,公司里的许多问题就是在这种非正式的沟通中得到了解决。

案例评点

一家大型公司对雇员进行了一次调查。当问及"你的需要是什么"时,占首位的回答是:"干一种有意义的工作",其次为"不断进步"、"安逸"、"得到尊重"等,只有极少数人回答"得到报酬"。

按照马斯洛的"需要层次理论",人的需要从低级到高级的顺序,依次排列为:生理需要、安全需要、爱的需要、尊重需要、自我实现需要。搞好一个组织或企业的内部公共关系,实质上讲,就是要满足组织内部的"人"——员工在各个层次上的需要。

薪酬,对于每个员工而言当然是重要的,但并不是最重要的,更不应该是全部。一个好的公共关系的协调者,应该考虑得更多、更全面。

惠普公司在内部公共关系方面的成功,就在于信任职工,尊重人才,并把这种信任和尊重化为日常运作中的原则,于灵活、宽松的气氛中,在各个方面体现出来。

案例四

从可粘贴便条纸说起
——3M公司给员工一个广阔空间

美国的《幸福》杂志每年都会评选十佳企业,3M公司(明尼苏达矿业制造公司)次次榜上有名。美国《读者文摘》评选20世纪最伟大的100项发明,3M公司的可粘贴便条纸跻身其中。1994年,3M公司在全美公司中排在第34位。

3M 公司成功的秘诀,就在于他们对内部职工的公共关系工作做得极为成功。在公司内部,给员工充分宽广的生存空间。

技术人员爱德·弗雷是个虔诚的基督教徒,每星期,他都要去教堂唱诗班参加唱诗,但他每次总是忘掉上次唱到了哪里。为了在赞美诗集上做下记号,他想弄出一些东西来,既不污损书页,又可十分方便地留下标记。他想到了做一些胶粘纸。当时,弗雷所在的部门忙于产品开发,他自己也常常忙得不可开交。但他还是抽出了部分上班时间,和研究胶粘剂的同事席尔沃合作,研制出了不粘胶纸条。现在,这种即用即撕的纸条已经风行于世界的各个角落,为人们的生活带来了极大的便利。3M 公司也因此每年净收入一亿美元。

弗雷之所以能于百忙之中占用上班时间去做自己感兴趣的事,是因为 3M 公司有个规定:如果员工的新点子得到公司各个部门的认可,他可以拿出 15% 的时间和精力从事于未列入计划的新产品开发及相关工作。

在 3M 公司,技术交流十分广泛,无论它是谁发明的,都为公司所共有,3M 公司的员工在这种合作的气氛中都非常乐于助人,所以当他们需要别人的技术时也会十分顺利。3M 公司有个技术会议,不同部门的人员定期讨论、交流信息,用海绵擦洗就是在这种会议中讨论出来的。3M 公司的经理级管理人员,大多数都在公司内做过 25 年左右,因为 3M 从不任用外面的人担任高级职位,这种制度是为了鼓励职工对公司的忠诚。出于同样原因,他们也极少解雇员工。

3M 公司鼓励员工进行发明创造。当员工有了好的构想之后,他可以从技术、制造、营销部门中找出志同道合者,负责设计产品,使之批量化生产及推向市场。如果这种新产品获得成功,关键人物的职务与报酬就会自动提高。

J·强生是个初级管理人员,他发明了胶带纸。当他的新产品进入市场之时,他的职位变成了“产品经理”。很快,胶带纸在包装业大行其道,其销售额突破了百万美元。该产品成为公司的正式产品。两年之后,胶带纸的销售额升至 500 万美元,此时强生成为“产品线工程经理”,被派往国外任职 3 年。当这项产品销售额达 2000 万美元时,他已荣升为“研究与发展经理”。当然,每次升迁,他的工资都呈几何级数递增。

这种激励模式,使员工们有了这样的共识:只要搞好自己的工作就可以实现自己的价值。从而,大大提高了他们的工作积极性和创造欲望。事实上,公司的几任董事长都是公司内创新做得最成功的人。

为了进一步激励员工,3M 公司每年都举行一次庆功会。庆功会气氛热烈而庄重,当受奖人员从总经理手中接过荣誉证书时,全体员工报之以热烈的掌声,在大家羡慕的目光注视下,他们从公司俱乐部经理手中接过会员证书。这个俱乐部是公司专为功勋职员成立的。

“如果在人们周围扎起篱笆,你除了得到一些小绵羊外,还能指望什么呢?所以必须给职工充分的自由空间。”这是 3M 公司的创立者凯耐特的遗言。

正是这种“自由的空间”让 3M 公司昂首阔步,稳步发展。

案例评点

3M公司的内部公共关系，留给人们许多富于启发性的经验。

1. 尊重职工和他们的劳动

在3M公司，15％的自由空间，是对职工的极大信任，它的前提是职工的想法及为之付出的劳动是有意义的，为公司所承认的。在这种政策下，职工的权利得到了充分肯定。而公司的升迁制度，更是从报酬上明确肯定员工的成绩。

2. 建立合作氛围

无论是技术交流会，还是产品开发过程，3M公司的合作精神都得到了充分发挥。这样的合作氛围更有利于集思广益，共同发展。

3. 激励措施是内部公关所不可缺少的

无论是从内部提升管理人员、物质上奖励有功人员还是庆功会，3M公司都力求通过奖励，表彰员工的成就，从而带动、影响其他人，为"企业文化"的形成打下基础。

案例五

人力资源管理(Human Resource Management)的魅力
——人才重于一切，人才就是资本

IBM公司是美国一家国际商用机器公司，几十年来一直在世界计算机和电动商用机器行业中遥遥领先，雄居霸主的地位。

IBM公司之所以能够名扬四海，经久不衰，重要的秘诀之一是企业发扬主人翁精神，集思广益，同心协力。他们认为：人是企业中最宝贵的财富，任何一个企业要有显赫的成就，离不开全体员工的勤奋努力，协力奋斗。因此，IBM公司把企业要实现的目标同职工个人目标紧密联系在一起，使全体职工能够发现自己所从事工作的乐趣和价值，能够从工作中享受到一种满足感，从而热爱自己的企业。

以该公司的经销人员为例，他们大多是来自美国高等院校的毕业生，每年由IBM公司的基层经理亲自参加招工工作，同时，公司设有专门机构来协调各部门的招工工作(因为IBM公司每年都要收到上百份工作申请书)，即使一流大学的毕业生也要经过严格的考核(包括学习成绩、领导才能、协调能力、体格、工作能力等)和考试。一旦录取，首先要参加一年的基础培训，内容包括公司的经营宗旨、产品知识、销售艺术、公司机构等。这种培训严格地按照公司的要求进行，采取了与学校教学完全不同的方法，把公司的目标放在首位。在IBM公司的培训中，案例教学和模拟训练占有重要的地位，通过这类实践课程，学员如临其境，可以得到全面的锻炼。

IBM公司的每一位职员都有自己的业务名片。有位职工因为工作成绩显著，他的名片上有一个蓝颜色镶着金边的盾牌,同时名片上还有感谢他的话语,并鼓励他加油干。这种荣誉怎能不激发人们奋发向上呢?

IBM 公司每年都要举行为期数天的"百分之百俱乐部"联欢会。他们选择别具一格的、具有异域情趣的地点,为工作成绩突出的人员举行隆重的庆祝活动、并为最优秀的人员颁发"金圈奖",同时放映有关他们的影片。IBM 公司组织这种活动尽管耗资很多,但能调动人们工作上的主人翁积极性,公司也以此倍感自豪。

很多人为自己能够在 IBM 公司工作而感到非常荣幸和自豪。这就是 IBM 公司高人一筹的远见。

既然是人才,就有一定的才能,而要发挥才能就必须拥有一定的权力,因此,信任并授予相应的权力是人才管理的重要方面,美国的许多公司正是如此。IBM 公司认为,责任和权力是一对不可分离的孪生兄弟。你要使职工对工作负责,你就得给他以应有的权力,这就是对人的尊重和信任。如果你做不到这一点,甚至对他们的言论总是说三道四,指手画脚,职工得不到尊重和信任,就会变得唯唯诺诺,缺乏工作的主动性和创造性,当然,你也就难以要求他们对自己的工作负责了。在 IBM 公司,各级都有责、有权,上级对下级的工作从不妄加干涉。但 IBM 公司同时认为,如果看到下级在工作中犯了错误,特别是这些错误可能给公司造成重大损失时,绝不能无动于衷,而是要及时加以指导,帮助他走上正轨,避免损失。这跟充分信任与授权并不矛盾。

美国公司特别注重物质激励以外的其他重要手段在激发人才和全体员工的工作热情方面的重要作用,其中保持上下级之间平等、密切的关系尤为突出。IBM 公司明确要求其各级经理通过各种形式同基层工作人员保持经常接触,鼓励下级人员不断就公司的工作提出批评和建议,并对下级的意见给予及时的答复,使职工认识到自己在公司和领导心目中的地位。

正是公司把人才视为"宝贝儿",并充分发挥其作用,从而使公司活力经久不衰。

美国计算机行业中的后起之秀阿普尔计算机公司正视自己的弱点,不惜重金聘请经理,使公司大发利市。

该公司的创始人斯蒂芬·乔布和前总经理麦克·马库拉虽然都擅长于计算机技术,但缺乏销售能力,所以刚开始公司发展不快。针对这一问题,公司不惜以年薪加奖金的办法,以总额 200 万美元的重金聘请美国百事可乐公司原总经理、精通销售的约翰·施库利担任本公司总经理。他到任后不负重托,在决定接受这一聘请之前,除了同阿普尔公司进行商谈外,还花了整整三个月的时间分别同该公司的每一个经理仔细交谈,全面掌握了情况。于是他一上任,就马上提出了公司的发展战略计划,并立志要把阿普尔公司变成与 IBM 公司相媲美的大企业。

美国惠普电子仪器公司在吸收人才、智力投资方面,总是具有高瞻远瞩、重才惜才的特点。他们同斯坦福大学约定,公司的管理干部和技术干部可以到大学随时旁听有关专业课程,以此来更新员工的知识。

他们规定,公司的大部分职工每周必须至少拿出 20 个小时学习业务知识。每年,惠普公司有 25% 的职工可参加各种培训学习、深造。公司培养人才所花的资金占销售额的 1%。此外,公司有 700 余名专职研究人员。

惠普公司的决策者认为,"人才就是资本","人才就是金钱","知识就是财富"。

案例评点

20 世纪 80 年代以来 HRM(人力资源管理 Human Resource Management,简称 HRM)课程发展成为一门经营热门课程,在哈佛商学院也不例外。然而,对于管理人员来说,HRM 是一项很困难的任务。像任何决策一样,得与失的权衡总是需要的,但 HRM 中要做出这种权衡更加困难,因为其决策的结果,往往会引起组织成员强烈的感触和争论。哈佛商学院教导学生们,当他们准备 HRM 问题时,应当首先分析当前的条件与环境,并确定人力资源管理的目标。

企业的人力资产,尽管没有在资产负债表上显示出来,但它们是同公司的其他资产,如技术、资金、原材料等同样重要的资产。在其他资源相同的情况下,正是因为拥有独具创造性和主动精神的管理人员,以及全体员工的一致努力,才造成了成功企业和失败企业之间的差别。

像 IBM 公司、阿普尔计算机公司、惠普公司等,由于较早就开始重视人在企业中的作用,已经采取各种办法改善组织与员工之间的关系,从而确保了公司近期和远期都取得卓越的成绩,并为员工们提供了经济上和心理上的优厚报酬,同时还支持了社会的福利。这些公司被认为是理想的工作场所,因为他们注重推行各种人力资源规划,以此吸引和留住有才能的人,并激励他们干好工作。这几家公司由此也都成了所在行业的领先者。这些公司的实践表明,将建立有效的人力资源管理体制作为公司的首要问题来抓,这样做是有充足经济理由的。

随时注意提高企业员工的素质,更新他们的知识,改变他们的知识结构,这样做要比招纳新员工更有效,能使企业永葆活力。尊重知识,尊重人才是新时代的价值观。在知识爆炸、技术进步日新月异的今天,人才显得尤为重要。要办好一个企业,人才重于一切,这是国内外企业家所公认的一条规律。

案例六

企业管理的"团队精神"
——"团队精神"的魅力

做"三菱人",用"三菱货"。企业要有合作的团队精神。合作是所有努力的开始,最能有效运用合作法则的人,生存得最久,而且,这项原则适用于从最低等的动物一直到最高等的人类。美国威科特公司总裁贝克特说:"你可以聘到世界上最聪明的人为你工作,但是如果他们不能与其他人沟通并激励别人,就对你一点用处也没有。"

三菱彩电与索尼、松下的彩电相比,产品质量不差,广告费也花了不少钱,但市场份额却占得很少。

什么原因呢?拥有10万多名员工的公司,多数家庭用其他牌子的彩电。每家若有10多名亲友来访,则反面广告将为100多万份。

为此,公司开展"做三菱人,用三菱货"活动,增强每一位员工的公共关系意识。

通过全员管理,100多万份反广告变为正广告,甚至,每名职工都成了企业的宣传员、推销员、信息员。这样,企业市场份额增长很快。

马柯米克危难之机出高手。公司的员工就好比是演员,而老板就是主持人。假使"主持人"能根据"演员"的不同性格,使某个节目由最合适的演员出演,能奏出和谐美妙的乐章,那么这场节目一定取得成功。

马柯米克公司是一家名震四海的香料公司。但是,该公司曾经有过一次重大的危机。公司创始人威罗比·马柯米克先生是个彻头彻尾的独裁经营者,他的管理方法已远远落后于时代的潮流,管理不好,马柯米克公司终于面临这样的窘境:将所有员工的薪水减去10%,不然公司收支将倒挂。

正在这个时候,威罗比先生又突然因病去世。这对于面临危机的马柯米克公司来说无疑是落井下石,苦不堪言。

威罗比先生的侄子查理斯·马柯米克先生临危受命,出任公司董事长之职。查理斯先生召集公司全体员工,十分诚恳地说:"从今天开始,所有公司职工的工资增加10%,工作时间缩短。我们公司的命运完全担负在诸位的双肩上了,希望大家努力工作,生命不息奋斗不止,拼搏到底,拯救我们的公司。"

就当时的恶劣情况而言,将公司员工的工资削减10%还不行,不料查理斯先生却给大家加薪10%,并且工作时间大幅缩短。

在场的公司员工们目瞪口呆,不敢相信。当他们终于明白新董事长此举是为了表示他对全体员工的完全信赖时,公司上下立即大有好转,结果不到一年的时间,马柯米克公司就扭亏为盈,公司业务蓬勃发展。

案 例 评 点

企业内部公共关系是一项重要的工作。内部公关实施的对象是企业内部的成员,且主要是企业员工,既包括群体,也包括个人。

企业内部公关是一项非常细致、复杂的工作,需要配合日常业务工作,持续不断地进行。它不追求表面的声势和社会轰动效应,而是通过扎扎实实的工作,以实事求是的态度和富有人情味的工作艺术,使公司凝聚力提高,人员素质得到增强。当然内部公关不能代替内部管理,它一方面配合公司其他管理工作,为企业管理科学化、高效化服务;另一方面,它又站在比其他管理工作更宏观、更综合的角度上参与管理。

协作的精神是一个企业不可或缺的团队精神。团队精神的培养是企业内部公关的重要内容。企业富有团队精神才能上下齐心,共举一事,遇山翻山,遇河越河。企业要造就团队精神,决策者应时刻想到员工的切身利益,满足员工的最大需求,这样公司上下才会团结一致,员工才会为公司效力,何惧它困难重重。顺应时代潮流,树立新经济时代的团队精神,开拓新的企业内部公关的新途径,这正是当代我国企业家应当探索和实践的。

案例七

卖服装就像 Facebook,核心是对人性的理解
——凡客诚品的公关之道

项目背景

2007 年 10 月 18 日 VANCL 凡客诚品正式上线运营;2008 年凡客获得联创策源、IDGVC、软银赛富、启明创投等投资,;2009 年被评为"2009 年最具成长性的新兴企业"。利用两年不到的时间,凡客在互联网建立了自己的品牌基础,快速成长。2010 年 5 月 V+正式上线,2010 年 10 月获"清科 2010 年中国最具投资价值企业 50 强"企业。

VANCL(凡客诚品)由原卓越网创始人陈年先生创立,VANCL 运营所属之凡客诚品(北京)科技有限公司,主体运作者均系原卓越网骨干班底。由欧美著名设计师领衔企划,集结顶级男装品牌经典款式之精华,同时参考亚洲男士体型特点,精选高支面料贴身制作,让用户以中等价位享受奢侈品质,提倡简约、纵深、自在、环保。

品牌名称来源:VANCL 中文名称是:凡客诚品,简称"凡客",意思是凡人都是客,表明凡客是一个诚恳的品牌。有人对凡客进行分解,解释为 VAN 代表先锋,C 代表陈年(凡客创始人),L 包括雷军(原金山集团总裁,VANCL 股东之一)。

凡客品牌理念:● VANCL,互联网时尚生活品牌
　　　　　　　● VANCL 提倡简单得体的生活方式
　　　　　　　● 坚持一线品质、合理价位
　　　　　　　● 致力于为互联网新兴族群提供高品质的精致生活

凡客诚品虽然创办只有短短的三年多时间,但是凭借对电子商务互联网营销的深刻理解,不但超越了最初市场形态的竞争对手,而且不断以微创新方式提升客户体验。甚至当今 B2C 互联网的许多基于客户体验的基本性规则,都由凡客诚品所创新设立。

项目实施

1. 凡客新一季广告投放

2010 年凡客选择韩寒与王珞丹担任其品牌代言人。韩寒是赛车手、作家、个性

张扬，文笔犀利，是互联网上最知名、最有话题性的人物；王珞丹青春亮丽，时尚健康，两人最为青春偶像，具有很大的的影响力，在代言确定之初，凡客已大受关注。2010年5月，凡客诚品在北京、上海等一线城市的公交、地铁投放了第一轮"凡客体"广告，反响颇佳。凡客体广告文案出自远山广告合伙人邱欣宇之手。最初的文案是为韩寒和王珞丹量身打造的凡客新一季广告。

2. 全民掀起凡客体 PS 热潮

7月份，网上出现第一张凡客体的 PS 图黄晓明的"闹太套"出自北京印刷学院大三的学生寇帅之手，用以讽刺黄晓明的英语口语发音。

8月1日，凡客诚品营销副总裁杨芳收到了朋友给他转来的第一张"凡客体"PS图。她收到的是出自上海互动广告公司 AKQA 的首席文案朱宇恶搞的一张郭德纲"鸡烦洗"版本的 PS 图片。而这张恶搞图片马上便被多次转发，凡客体开始迅速的流行起来。凡客诚品方面也开始关注事件的发展动态。

8月2日上午，凡客诚品内部开会讨论，确定公关部紧密关注事件的动态，同时引导网友把自己作为 PS 的＞＞对象，希望 PS 风潮向着善意和积极的方向发展。公关部门开始在微博、论坛等互动平台上查看网友发出的图片，统计内容倾向、网友评论倾向。

在凡客诚品的官方线上活动还没有展开，网友自发的凡客体活动在微博、豆瓣、开心网等互动平台上传播开来，古今中外、名人糗事、小说游戏，凡是热点几乎都会被网友拿来"凡客体"。豆瓣同城的"调戏凡客"的活动在 7 月 31 日建立，到 8 月 9 日已有 11158 人参与，收集了 2769 张凡客体 PS 图片。

凡客体的传播不仅仅是网友的自娱自乐活动,它已经从网络线上活动逐步扩展到线下实际生活中。

广州亚运会期间,辽宁晚报打破传统报道模式,力求创新,将当今风靡网络的"凡客体"、"羊羔体"融入报道中。对亚运热点和焦点新闻以此文风在封面进行报道,文风诙谐且内涵深刻。这种报道模式深受读者好评,成为亚运会期间的一大亮点。新浪、搜狐、网易等门户网站也都报道辽宁晚报凡客体亚运报道,其中优酷制作的本报凡客体亚运报道视频,点击率一直在攀升。

华中师范大学汉口分校的迎新现场,一位辅导员采用凡客体进行自我介绍,并对新生也布置了一份作业,用同样的形式写自我介绍。该辅导员表示这样做是为了拉近与90后新生的距离,从学生的反应情况来看,对于这样新奇的自我介绍方式也表示很感兴趣。

上海交警"凡客体"宣传海报劝阻飙车:"爱飙车,爱兜风/爱超员,也爱逃避处罚/爱超速,更爱不戴头盔/不是什么赛车手/不是行为艺术/我是交通违法人/我不走寻常路,我和你不一样/我拿着通向天堂的签证。"'凡客体'用于交通安全宣传,特别是海报制作对静安交警来说是第一次,也是一个有益的尝试,市民反应,该种方式的海报内容简单易懂,传播性很好。

赵文柯是西南民族大学的应届毕业生利用华西都市报的封面模板,将自己放为"头版头条"人物,制作成个性简历,并利用微博在网络进行传播,引起众多媒体圈内人士的关注。

项目评估

凡客体在线上、线下的火爆是凡客这次代言人广告宣传的表现,通过凡客体的传播打响了凡客的品牌知名度,从我个人角度来讲,对于凡客的关注度也是在这次的广告之后开始有了更多的了解。凡客在2010年晋升为互联网新贵,集万千风投与忠实用户的宠爱于一身。今年预计达到20亿元的销售规模,同比增长300%,创造了互联网营销的传奇。随之而来的品牌效应更是被称为业界的神话。

案例评点

此次,凡客不仅首次采用高调代言人策略,而且将凡客体的品牌精神内涵成功植入现代年轻人的生活消费模式,使2007年成立网站的凡客诚品,在三年的时间内,树立起又一块公关丰碑,这离不开凡客诚品一贯坚持的整合传播策略的成功。然而,凡客诚品在半年内的过快成长,也带来相应的公关问题,笔者也将进行相关的点评。

1.凡客诚品的重要资产是对人性的理解,唤醒目标消费群体"人人都是凡客"的生活消费模式,成功引爆品牌消费

(1)洞察目标受众特征,打出"凡客体"

凡客宣传策略的成功,首先在于对于目标消费群体的正确认知和把握。热衷于电子商务的人群是年龄跨度在 20～35 岁的"70 后"、"80 后"的新生代。这些人是伴随着互联网成长起来的人群，媒介接触习惯以电脑和手机为主，并且在工作、生活中也不断和互联网发生着关联。他们活跃于社交网站、论坛等网络互动平台。喜欢"灌水"，发帖转帖，在网上嬉笑怒骂、厌弃虚伪、讽刺时弊。于是凡客便采用了一种随意自然，不做作，平实、直白，又与众不同的叙事风格来迎合网民的认知习惯。以彰显个性，强调真实生活趣味的"凡客体"拉拢目标消费群体，使其产生好感，引发品牌消费，巩固品牌忠诚。

另外，此次，凡客诚品选择韩寒、王珞丹作为品牌形象的代言人，也建立在充分调查的基础上，选择目标受众心中个性率真、代言又相对较少的公众人物。韩寒因文风犀利、个性独立、同情弱势群体而被网友所追捧。其自身的形象为"与众不同、颇具公民精神"，与凡客诚品一直倡导的"大众时尚、平民时尚"的主题不谋而合。韩寒的个人形象恰到好处地契合了凡客的企业文化，以他为模板的凡客体真实、自然、不说教，契合了互联网自由民主和娱乐至上的网络文化。

（2）通过提升服务质量，注重口碑营销，获取公众支持

由于凡客的主要销售渠道是网络，而网上购买产品无法接触到实体样式，也无法试穿，消费者更多的借助产品过往用户的评论来判断产品价值，好的口碑也就代表好的公关口号。凡客也正是充分认识到口碑营销的重要性，在网络公关上做了不少的努力。但是，网络评价并不完全真实，其中有用户的真实评价，也有竞争对手的恶意诽谤。一开始，面对不可避免的负面消息，凡客采取的是通过后台管理删除不良记录的方式，曾经引起网民的不满，而随着 VANCL 网络公关的加强和质量，服务等方面的提高，凡客才真正相应地减少了网络中的负面评价。作为凡客的创始人，陈年坚持的是这样一种观念：从用户的角度出发，把物流当作服务来做，看作口碑维护成本，而凡客营销主打的就是服务。

2."人民时尚—放下自我—乱来哲学—微创新"的内部公关哲学

凡客品牌定位的灵感来自陈年对于生产线上的年轻人衣着购买习惯的洞察，喜欢在网上淘买便宜货的思想，使陈年萌发了人民时尚这个概念。然而在内部推广这个概念就首先遭到反对，员工们觉得这个概念太具有攻击性，是道德用词。而陈年提出口号"我希望生产线上的人都穿得起。"陈年坚持即使这是个道德用词，那凡客也应该具有这样的道德。最终，大家不是被说服，而是被感染，而这种概念的接受方式，也正是凡客的宣传一贯带给受众的方式。从此，凡客就顺着这个概念走下去。团队的核心价值概念包括：放下自我，乱来哲学和微创新。

所谓放下自我，就是鼓励团队能够突破自我的局限，敢于"乱来"，大胆畅想，不停地抓住细小的灵感闪光，进行"微创新"革命。就是要多尝试，多犯错。但是，"乱来"的背后有一条红线，即"结果导向"，只有达到良好结果的"乱来"才会被大力鼓励。正是这种空间和思想上的自由，才使得凡客能够与时俱进，不放过每一个与目标受众可能的沟通机会。此次代言和宣传方式的大胆转型，也是源自这样的内部哲学。靠着

这种鼓励"乱来"的谋势哲学,凡客一路狂飙。2010年,凡客增长速度高达300%。

3.公关营销,与消费者的战略双赢

由于凡客的路线定位为"人民时尚",而对于同样主打网络市场的淘宝来说,要买一双雪地靴都要好几百,这样的竞争分析,使凡客大胆地提出了99元的攻击性价位,同时,带来的市场冲击效应,也助推了凡客的知名度和品牌市场份额。而对于羽绒服的定价策略,凡客更是从洞察消费者需求和实际市场状况出发,在电视宣传原材料上涨,羽绒服在浙江拿货都很难下200元的条件下,推出199元的羽绒服,有了这两款杀手锏,凡客通过低价策略培养潜在用户,提升知名度的目标基本达到。而在低价策略为消费者带来实惠的同时,通过主打单品,带来的相关产品的大量销售,也保证了凡客的利润。

4.整合传播,注重品牌宣传的前后文脉与用户体验

(1)通过文案预热消费者品牌概念认知

凡客此次的宣传策略,首先采用路牌平面广告进行地面宣传,加大受众的认知度。凡客成功抢滩几大城市的公交路牌广告和地铁广告。在这些白领上班的必经之地,随处都可以看到韩寒低头和王珞丹穿白裙子的平面广告,上面悠然地散布着凡客体的清晰文案。很多韩寒的粉丝还惊喜地拍下了凡客的路牌广告传到网上。

(2)事件营销,促成品牌概念的深度沟通

此外,利用网络媒体进行互动营销,达成深度沟通。凡客在号称文艺青年集散地的豆瓣网上,举办以"创意帝!豆瓣青年戏'凡客'!——PS凡客,送《独唱团》"为主题的活动,号召参与者以韩寒正版广告内容构成为蓝本,按照固定的模板进行图文创意。然后由网民对自己所喜欢的某件作品进行投票,得票高的将获得韩寒的《独唱团》。凡客这样的一个"诱饵"对网友或者韩迷们来说是个不小的诱惑。同时,新浪微博也是PS作品创作和传播的重要平台,凡客的官方账号发起了转发凡客PS作品,送《独唱团》的活动,对凡客体的走红起到了推波助澜的作用。其他的互联网媒体如大旗网等也对凡客的广告活动给予了协助传播。再借助代言人的名人效应,使得凡客以更快的速度传播,达成进一步的沟通。

(3)核心概念软着陆,还需规范化的舆论引导

凡客借助凡客体从寂寂无名到为众人所熟知,"凡客体"甚至进入到百度百科中,使得为凡客赚足了眼球和人气。然而,盛名之下,由于凡客体的创作超越了凡客产品本身,同时大量恶搞娱乐名人的PS创作纷纷出现,如果任由"凡客体"的外延这样发展下去,就有可能被越搞越恶,影响品牌的内涵甚至引发负面的社会效果。凡客品牌策划团队始终做好准备对不良的风潮进行及时的引导,如:发现有不合营销目标的苗头发生时,就会适当调整营销策略,尝试引导网友把自己作为PS的对象,而凡客也尝试设计了新的绿色模板,让网民感受凡客体的精神和态度。如一些诠释广告创意的凡客体模板"爱碎碎念,爱什么都敢告诉你,爱大声喊'爱爱爱',要么就喊'不爱不爱不爱',请相信真诚的广告创意永远有口碑,我不是'某白金'或'某生肖',我是凡客

体"。以此类模版来诠释凡客广告的态度与坦诚,以毒攻毒,引导受众,有备无患,预防不良事件的发生。

凡客现阶段的工作更是没有就此罢手,做好了让"凡客体"软着陆的准备,毕竟提升凡客的品牌认知度、好感度,提高市场销量才是凡客诚品的目的。

(4)微创新——不放过与目标受众每一次细微沟通的可能

凡客诚品的外包装充分表现了其对于微创新和用户沟通的重视。凡客诚品的外包装经过多次改良,最终被定型为3层牛皮纸外盒附加环保无纺布内包装。3层牛皮纸确保了硬度足够强,在快递过程中不会被压坏。同时根据顾客不同的商品购买量,凡客诚品都配以不同型号的外包装盒,具体尺寸都经过细致的手工测量确定。而无纺布袋是附在装衣服的塑料袋外面,让消费者在打开外包装的时候感觉舒服。

针对线上卖的每类商品,凡客诚品几乎都有对应的不同商品内包装,从鞋子到饰品、钱包、婴儿礼盒、领带等共有十多个不同款式,仅鞋子就分帆布鞋、雪地靴、皮鞋这几类的不同。

在大多数人认为这些体验其实增加了凡客的麻烦和成本的时候,凡客诚品创始人、董事长兼CEO陈年却不这么认为。"这跟高档无关,只是为了增进消费者的亲近感"。就是为了增强消费者在收到凡客诚品快递、打开精美包装那一刹那的愉悦感,凡客诚品加大了在包装方面材料、仓储等的投入,占整体费用5%的钱花在外包装上。

5. 一次危机公关引发的思考

2010年5月,由于仓库搬迁,凡客十几万订单延迟发货,用户投诉成倍增长。用陈年自己的话说:"最深层的原因是,过去我们是一匹快马,现在成为一群快马,却没有意识到,你在前面狂跑,后面一个环节没跟上就会集体歇菜。"销售额骤然放大之后,凡客面临着诸多不适。此次危机,陈年通过向消费者发布公开道歉信和给予补救和补偿措施勉强度过。

以下为陈年道歉信全文:

尊重的凡客诚品客户:您好,过去一周,凡客诚品先后经历了广州和北京两地仓储搬迁。搬迁之后,凡客诚品的仓储功课面积,由原来的不足两万平方米,跃升至10万平方米,可见这次搬迁的工程之大。也可谓,这是凡客诚品成立以来,地面动作最大的一个项目。与此同时,各地气温全面上升,凡客诚品订单连续增长。遗憾的是,原本为了晋升客户体验的仓储搬迁行动,却因为考虑不周到,引起自5月19日以来的数万订单推迟发货,以我瞅见的用户投诉,与此相关者在98%以上。其中愤怒与不解,反感与无如等等情绪与措辞,扑面而来,令我不安和痛心。尊重的客户,我在这里,为此事件给大家造成的不便和失望,郑重道歉。请原谅我不能给所有投诉的用户一一回信。并期待因此事件受到影响的客户们,能够相信凡客诚品纠错的能力,以及连续晋升客户体验的决心。2010年第一季度,每一天惠临凡客诚品的客户中,二次采办的客户已接近80%。正是来自各位这样的撑持，不足三年的凡客诚品，方有今日的一番光景。也正是这样的撑持，让我们坚决相信客户体验至上，乃是凡客诚品立身之本。更加时尚、更高性价比的产品之外，更加开放的客户体验晋升，是责任，也是凡客诚品唯一正确的选择。

此次道歉之后，网上的舆论多半表示对于凡客诚品的理解，也有消费者只能无奈地接受这种以道歉为表面的危机公关，但更有消费者对于凡客促销和仓库搬迁同时进行的策略表示管理方面的质疑，凡客的过快发展揭示出运营体系还不完善的客观现实，这是值得凡客深刻反思和认真解决的问题。

公关评估

凡客诚品这一系列的公关活动，形成了一股全民凡客的热潮，使得凡客在人民时尚的道路上又迈出了具有历史意义的一步。《21世纪经济报道》称凡客自2010年6月以来的公关为"新病毒营销"，《第一财经周刊》名之曰"凡客诚品中毒"，媒介与传播领域的学者则形容这股全民从"凡客"的内涵出发，自觉发展"凡客"外延的热潮为"戏仿的狂欢"。

凡客品牌概念和价值的快速传播与成长，很大程度上依赖于目标消费群体自发的热忱。而热忱得以被点燃则离不开凡客诚品所关注和强调的品牌核心价值——对于人性的理解。针对目标群体制定的"凡客体"，相关的代言人选择，网上事件营销以及关注消费体验与沟通的微创新，使得凡客诚品真正具有感染目标受众的力量。

然而，凡客在短时间内的快速成长，也不可避免的带来一些问题，需要引起凡客人的注意。一方面，是要避免"凡客体"外延走向误区；另一方面，则是不断完善整体运营体系，提高物流效率，进一步巩固品牌忠诚度，提升美誉度。从这些方面重新审视品牌建设的生存环境，将为下一阶段的品牌发展打好基础。2011年，陈年的目标是60亿，我们拭目以待。

第二章

顾客公关——我眼中只有你

你遭遇下列问题了吗

- 你的顾客是谁？他们在哪里？
- 顾客需求是什么？有什么行为特征？
- 你应该与哪些顾客建立并保持关系？
- 你对顾客的重要程度有排序了吗？
- 你欢迎有问题的顾客吗？冲突了怎么办？
- 你通常用什么办法保持与顾客的联系？
- 如何维持顾客忠诚？
- 您知道顾客满意度吗？
- 如何实施顾客满意度的调查？

关键词链接

顾客公众：指购买使用本组织提供的产品或服务的个人、团体或组织，如企业产品用户、商店顾客、酒店客人、出版物读者等。

顾客公众：包括个人消费者和社团组织两类。

CS：Customer Satisfaction 的英文缩写形式，CS 活动简而言之就是"让顾客满意"。

顾客满意度：是全面质量管理的内在组成部分。顾客确立的期望、标准和绩效要求推动着全面质量管理，全面质量管理的核心就是通过产品和服务解决顾客的问题。顾客满意度集中两个关键问题：一是理解顾客的期望和要求；二是确定一公司与其主要竞争者在满足这些期望和要求方面成功的程度。

智慧提醒

1.顾客是与组织具有直接利益关系的外部公众，是工商企业组织传播沟通的重要目标对象。

2.建立良好顾客关系的目的

① 促使顾客形成对组织及产品的良好印象。

② 提升组织知名度和美誉度。

③ 实现组织与顾客利益的双赢。

3. 顾客 PR 的传播意义

① 良好的顾客关系能够为组织带来直接利益。

② 良好的顾客关系体现企业组织正确的经营观念和行为。

4. CS 是现代经营意识的核心。

操 刀 秘 笈

如何确定顾客关系？

调查研究＋关系营销（制定营销决策）

以下是一个调查研究制定决策的模型：

如何进行顾客关系运作？

1. 顾客认知决定他们的行动

2. 决定顾客关系需求的因素是经验的影响和口碑效应

3. 决定顾客关系的不同层次的元素

　　①联系的媒介，如：电话、邮件、或当面交谈……

　　②联系的频率，如：是每天、每周、还是每月……

　　③同谁联系，如：哪个部门、哪位员工等。

　　④每次联系的内容范围，如：哪些主题等。

　　⑤每次联系相互交换的信息。

⑥每次联系达成的共识,即双方下一步各自该做些什么?

⑦每次联系的成本,如:费用、时间、顾客诉求所引起的工作压力……。

4. 目标顾客满意的构成要素

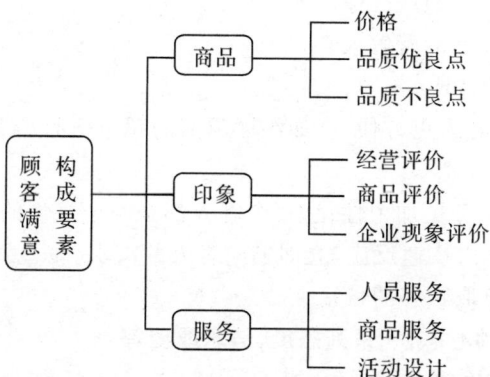

```
                    ┌─ 价格
            ┌─ 商品 ─┼─ 品质优良点
            │       └─ 品质不良点
 顾 构       │       ┌─ 经营评价
 客 成 ──────┼─ 印象 ─┼─ 商品评价
 满 要       │       └─ 企业现象评价
 意 素       │       ┌─ 人员服务
            └─ 服务 ─┼─ 商品服务
                    └─ 活动设计
```

5. 造就忠诚顾客

顾客—购买—满意—忠诚—传播建立口碑—产生利润

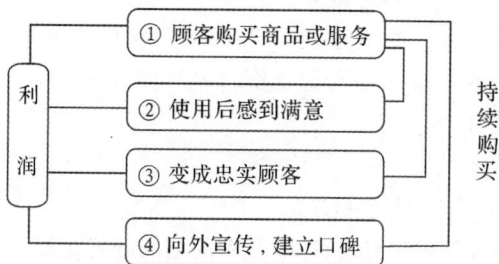

```
      ┌─ ① 顾客购买商品或服务 ─┐
 利    ├─ ② 使用后感到满意 ────┤  持
      │                      续
 润 ──┼─ ③ 变成忠实顾客 ─────┤  购
      │                      买
      └─ ④ 向外宣传,建立口碑 ─┘
```

10%的利润由一般顾客带来;

30%的利润由满意顾客带来;

60%的利润由忠实顾客带来。

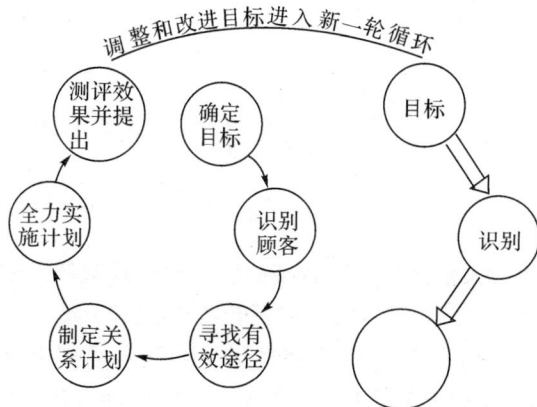

调整和改进目标进入新一轮循环

测评效果并提出 → 确定目标
全力实施计划 → 识别顾客
制定关系计划 ← 寻找有效途径

目标 → 识别

6. 赢得目标顾客的方法

　　① 与您联系很方便。

　　② 让他觉得他有一定的"特殊"地位。

　　③ 你总能快速有效地解决他的所有问题。

　　④ 让他觉得你非常的善解人意。

你总是努力做到 CCPR：

Convenient——让客人更方便，犹如小区门前的超市应有尽有，收取自如。

Care——对客人更关心。

Personalized——服务更加个性化，每个客人都是一个永恒的宝藏。

Real time——为客人快速反应，立即响应客人的需求。

以上正是 E 时代争取顾客的秘笈。

◆ **关于忠诚：忠诚是一种心态，一系列态度，信念愿望等**

　　保持顾客比赢得顾客更关键。

　　对顾客忠诚的管理是组织管理内容的永恒主题。

　　① 确定顾客忠诚的管理目标。

　　② 识别顾客需求及评估其忠诚倾向。

　　③ 寻找增强顾客态度的有效途径，找出最有价值的忠诚增强器。

　　④ 制定关系计划为保持顾客同您合作制定具体方案。

　　⑤ 全力实施关系计划。

　　⑥ 进行有效评估测试。

◆ **100 个满意的顾客会带来 25 个新顾客**

◆ **每收到一次顾客投诉，就意味着还有 20 名有同感的顾客，只不过他们懒得说罢了**

◆ **获得一个新顾客的成本是保持一个满意顾客的成本的 5 倍**

案 例 点 击

案例一

诚 信 企 业 形 象 之 基

——一部电梯两种态度

　　2001 年 12 月，浙江大学使用的一台某品牌电梯出现故障，该电梯公司的维修人员称"电脑板坏损"，只能换不能修，需支付更新费用 11000 元。

　　2002 年 3 月 7 日，西溪校区教学主楼的另一台同一品牌电梯又出现故障，维修人员又以同一故障为名，要求支付更新费用 4000 元。因维修人员没向校方证明电脑板的坏损程度,又不能提供任何费用清单或报价依据,学校多次与该公司总部、配件中心等部门联系,要求提供相关依据,均被拒绝,致使这幢 12 层高、每天进出上千人的教学楼电梯停机 21 天,给教学工作带来严重不便。

3 月 26 日,学校试着向浙江省质量技术监督局求助。当天下午,省质监局特种设备检验中心的工作人员就赶到学校,把"坏损"的电脑板带回中心并立即进行检测。结果发现,电脑板一切正常,只是电梯开关出了点小问题。第二天,中心的工作人员就上门安装,电梯恢复了正常运行。

事后,该电梯公司浙江分公司的负责人上门为此事道了歉,并表示将对相关责任人作出处理。诚信经营是企业之本,及时为用户提供产品维修保养是企业份内之事,企业更不能利用用户对技术的不了解,蒙骗、敲诈用户。而对这件"份外事",浙江省特种设备检验中心则以实实在在的行动,不仅及时为学校挽回了经济损失,维护了用户的合法权益,还给企业上了"诚信"一课。

案例评点

公关活动以事实为依据,以公众利益为出发点。要实现这一公关活动的原则,就必须踏踏实实在"诚信"上下工夫。质量是企业的生命。这家电梯厂输就输在一个"诚"字上。产品质量有瑕疵、服务质量一团糟,而最不可原谅的,是其欺诈行为。

1. 企业内部信息传递渠道不畅通

当企业遇到消费者因产品质量问题上门求助时,企业就应当将它视为一个重要的信号:产品到底过硬与否? 问题出在哪里? 如果真有问题,则应及时补救;如果不是,也应当急消费者之所急,尽企业的能力为他们排忧解难。

该电梯厂的维修人员有如此作为,一定不是公司愿意看到的。那么,此事拖了半年之久,弄到媒体曝光如此被动,是什么原因呢?

企业内部信息传递渠道不畅通!

如果这一事件能及时传递到公司主管那里并及时制止事态的进一步扩展,那么情况一定会好得多。

2. 企业内部公关失利

良好的企业形象取决于企业优良的内在素质。提高内在素质是一项系统工程,而内部公关则是必不可少的部分。

内部公关将企业的价值观渗透到每一个员工心中,使每一个员工达成一致的企业文化认同。只有这样,才能形成合力。

该电梯厂的维修人员显然游离于组织目标之外,给组织形象抹了黑。

3. 企业危机公关的意识漠然

如果企业有足够的危机管理的观念和意识,那么企业的形象非但不会被损害,相反,企业可以乘机传播组织的管理理念,有效提升组织形象。

4.顾客利益至上观念淡漠

　　企业发生这样的事件,显然在管理上存在漏洞,上下均缺乏一种最起码的观念,即公众利益至高无上的意识。一个企业要想有可持续发展的潜力,树立起全员的公众利益至上的意识是至关重要的。

案例二

方便上帝就是方便自己

——从麦当劳代售公交月票说起

　　北京的麦当劳食品有限公司推出一项新举措,在所属 57 家麦当劳餐厅内代售公交月票。麦当劳在对北京发售月票网点的调查后知晓,北京有 600 多万人使用月票乘公交车,而发售月票的网点只有 88 处,乘客深感不便。于是他们便"拾遗补缺"干起了"代售月票"的营生,为广大乘客创造便利条件。此举一推出就吸引了大批食客络绎而来。

案例评点

　　其实,这种"好人好事",麦当劳做了不少并且一直在做。在 2001 年高考前夕,在麦当劳宽敞明亮的餐厅里就坐着不少手拿书本只要一杯饮料就上好几个小时的考生,面对此景,麦当劳不但未赶他们走,反而特意为这些学子延长了营业时间。这些让顾客着实感受到方便的行为和麦当劳方便快捷的快餐形象得到了很好的协调,使麦当劳形象深入人心。

　　现代企业公关的"金律",即"让公众满意,赢得公众支持",从来没有发生过丝毫动摇。处于复杂社会关系之中的企业,要想提高美誉度、赢得良好的口碑,必须与外界建立起水乳交融的融洽关系,尤其是形形色色的消费者,在某种程度上,消费者的态度决定了企业的兴衰。消费者除了购买产品,也购买了企业的服务,消费者对产品和服务越满意,购买率就越高,企业就会兴旺发达。反之,企业就会衰退。这虽然是"老生常谈",但多数企业并没有踏踏实实、兢兢业业做到这一点,只有麦当劳等优秀企业埋头做到了。赢利固然是企业最直接的目标,但赢利是需要经过一系列中介行为,尤其是公关行为的帮助才能最终实现目的的。

　　勿庸讳言,麦当劳以其优良品质、快捷服务、清洁环境和物有所值而闻名,这些既是其品牌个性,又是它长期奉为经典的经营信条。根植于此,麦当劳的形象广受世界各地人们的喜爱和欢迎。然而,就是麦当劳这样的优秀国际化大企业,却在取得斐然经济效益和国际声誉之同时,仍不忘记向曾呵护过他们的公众投以关爱,还没有一点儿"巨人"或"成功者"的架子和故作姿态。虽说仅仅就是代售公交月票,抑或只是为那些普通学子提供学习环境,微不足道,却无疑向我们演绎出一幕当今世界最具人文情怀的精彩话剧。麦当劳早已把公关最本质的理念发挥到了极致,而且是那么游刃有余,那就是:企业需要社会公众的理解和支持,而公关活动正是企业与社会联络感情,增进了解的有效手段。古人云"处处留心皆生意",无论企业从事的是哪一个行业,只要让公众感到了方便,满足了他们的需要,成功也就不远了。而今天,无论是麦当劳代售公交月票还是为学子延长营业时间,带给我们的一个最重要的启示就在于:任何一个行业都可以凭借方便公众而创造优势。这种方便,可以涉及到从公众购买到使用、到售后服务的方方面面。越是细小之处,越是容易凸显一个优秀企业的个性,也越是容易打动公众的心。

案例三

色香味美的九百碗老汤面
——九百碗老汤面顾客公关

项目背景

近几年来,杭州迅速崛起了一家全新的快餐店——九百碗,其全称为九百碗老汤面。顾名思义,九百碗的拳头产品为汤面。在短短几年间,九百碗由一家门面不大的面店发展成了拥有六家连锁店的快餐店,其发展势头有目共睹,在竞争激烈的杭州饮食业中占有了一席之地,并且其声誉与影响力也在与日俱增。

如今的九百碗,每到吃饭时间,尤其是用餐高峰期——晚上五六点钟,就会人满为患,许多顾客要等很久才能吃到面或者才有座位。尽管如此,九百碗依旧生意兴隆,每日宾客盈门。九百碗如何能在竞争激烈的杭州发达的餐饮市场站稳脚跟并争得一杯羹呢?究其原因,最根本的无非是由于九百碗掌握了餐饮业制胜的三大法宝:质量、服务、卫生。

项目实施

①质量。九百碗的汤面有特定的烹调程序,每碗面都要炖到一定的火候、一定的时间才能上桌,这才是真正意义上的老汤面,因此口味与众不同;面的配料也很有讲究,对其量的多少和质的好坏都有严格的规定,并有专人进行监督;九百碗始终信守他的承诺,所有食物都是点菜后现烧、现烤的(除一些饮料外),因而保证了味道鲜美。俗话说,质量是取胜的关键,依靠如此的高品质,九百碗打响了名气。

②服务。九百碗服务的特点是便捷、舒适而又具有人情味。九百碗点餐采用的是顾客排队的方式,这既节省了人力又方便收款和找钱。顾客点完餐后只需要找个

位置坐下,把小票交给服务员就可以了。服务员会依次陆续把你要的东西端过来。九百碗的服务员都是经过专业培训的,端起盘子来平稳而又轻巧。每次为你端来食物时都会先问声好,告诉你是什么菜,然后把菜轻轻放到桌子上,并会说一声"请慢用"。每个顾客吃完出门时,服务员都会对你说声"请慢走,欢迎下次光临",即使他正忙着其他工作。九百碗提供服务不仅是按照规定进行的,还在很细微的地方体现出对顾客的关心。例如,下雨天走进九百碗,服务员会递上一个塑料袋,并帮你将雨伞放进去,这样你就不必为没地方放伞而发愁了,清洁的地面也不会被淋湿,一举两得。点菜处的菜单设计也体现出以顾客为先的思想。首先不追求花里胡哨,只是用黑底白字明明白白地写上去;所有食物被分成四类,写在四快不同的黑板上,找起来很容易。其次,食物标价也很清晰,并且在标价后都标明计量单位,清楚明白。服务员的态度也是相当好的,他们会不厌其烦地回答你各种问题,比如有些食物的馅是什么,比如哪段时间有优惠券等。顾客如果稍有留意会发现每天上班前、下班后九百碗门前会出现一排绿色的身影,那是九百碗的领班每天对本班服务员的例行训话,提出每天的要求,指出他们的错误之处,以进一步提高服务质量。

③卫生。九百碗的店堂几乎可以用一尘不染来形容。去过的人都会觉得此话毫不夸张。只要顾客一走,服务员就会立即过来收拾东西,把桌子擦干净。地面上有一点点污垢也会被马上清理掉。每天营业结束后,工作人员都会给九百碗来个大清洗,服务员会蹲地上一点一点擦干净地板缝隙。九百碗的厕所每天要清洗十次以上,从而时刻保持绝对的清洁。可以说,在清洁这一点上,九百碗已经为顾客考虑到细微处了。餐具是体现卫生的另一大关键,除了高温消毒,九百碗还重视"看上去干净",尽量给顾客留下好印象:筷子是装在特制的牛皮纸袋中的,每一个瓢盖都是放在小托盘内由服务员送过来的。有付出必定有收获,营造幽雅清洁的就餐环境为九百碗赢得了大批忠诚度极高的消费者。

此外,九百碗的就餐环境也是吸引顾客的因素之一。其室内装饰简洁古朴,着重体现老汤面的一个"老"字,其桌椅墙柱的设计都力求大方而不失传统风味。力求使顾客坐得舒心,吃得放心。同时,九百碗的定价属于大众消费,尽量让顾客觉得物有所值。九百碗在自身形象宣传上也是做足了工夫。古色古香的九百碗标志缀满了每个餐具和餐厅的显眼处,让顾客在就餐时时刻能看到,所有餐具及墙面都设计精良,与九百碗的风格相统一,并且仿造西式快餐,连续推出了几期设计精美的优惠券,既推广了自身形象,扩大了影响,又给了消费者实实在在的好处。

项 目 评 估

放心的质量、周到的服务、幽雅的环境、无处不在的宣传……置身于热闹非凡的九百碗,看着身旁忙忙碌碌的服务员,顾客在九百碗品味到的不仅是好味道、好环境,还有一种宾至如归的安全感,更是感受到了一股欣欣向荣的蓬勃生机。

案例评点

对于服务行业而言,顾客关系是最重要的。"顾客第一"是必须牢牢树立的观念。作为服务行业中的餐饮业,九百碗正是抓住了这一点。

以顾客为先。无论是质量、服务、卫生还是就餐环境,九百碗都立足于顾客的需要,想顾客之所想,急顾客之所急,一切从顾客出发。时刻让顾客处于舒适卫生的就餐环境中,力争使这三方面都达到平衡完美的状态。

提供一流的服务。九百碗的服务是有口皆碑的,尽量提供全方位的平等待遇的服务,使顾客感到在九百碗用餐既放心又是一种很好的享受。只要顾客有需要,九百碗就会设法达到客人的要求。套句俗语,没有做不到的,只有想不到的。这一点我们从九百碗提供极其细微的各方面服务中可见一斑,能持续地做到这点并非易事。而九百碗做到了,因而它也最终站稳了脚跟。

案例四

深入心灵的花

——百消丹母亲节免费送鲜花活动

项目背景

据长甲集团百消丹杭州负责人介绍:作为一个专门致力于女性健康事业的公司,长甲集团发展的每一步,都离不开广大女性的支持。为了回报华夏女性的厚爱,长甲集团多年来,组织了很多有益女性的社会活动:免费 B 超、"关注女人"征文……本次母亲节活动只是其系列社会活动的一部分而已。

另外,长甲集团百消丹认为,母亲的身上,集中体现了华夏女性的善良、坚韧和牺牲精神。因此,长甲集团百消丹更希望能通过这样的活动,唤起社会和更多人对母亲更多的敬爱和关注。

项目实施

在 5 月 12 日母亲节,长甲集团百消丹举办的免费送鲜花、送祝福活动,为杭城1000 多位母亲送上了一份特别的节日祝福。

"打个电话,我们就会把您最想和妈妈说的话与一盆鲜花,在母亲节送到您的母亲手中。"今年母亲节,长甲集团百消丹组织的这一别出心裁的活动,得到了广大市民的赞誉和踊跃参加。短短的 3 天时间,打电话参与活动者超过一千人:"妈妈,您是儿子永远的港湾,不论走多远,最后都要回到您的怀抱";"妈妈,真的感谢您,您是女儿永远的最爱";"妈妈,我爱您到永远"……

当儿女们饱含深情的话语,随着一盆盆、一束束鲜花,一起送到一位位母亲的手中时;当看到一个个母亲捧着鲜花,脸上绽放出比鲜花还灿烂的笑脸时,浓浓的母亲节氛围也在杭城洋溢开来。一时间,长甲集团百消丹举办的母亲节活动成为市民关注的热点。

长甲集团还拟出一套"女人三部曲"丛书,而作为其中第一部的"母亲篇",已经进入紧张的筹备阶段,它将成为长甲集团为所有的母亲献上的又一份大礼。

项目评估

市民发言:感谢百消丹。作为本次活动的参加者,家住延安南路的孙女士说:非常感谢此次活动的举办者——长甲集团百消丹。因为是长甲集团百消丹的这次活动,给了我一个向母亲表达爱意的绝好机会。

在随机了解的市民中,7人表示知道这次活动,并表示赞赏这次活动的形式。一位杨女士评论说:"送鲜花、送祝福,本身并不稀奇,最重要的是它提醒了我们对母亲的关怀。虽然因时间关系没能参加这次活动,但受这件事启发,我在母亲节给妈妈送了一束鲜花。因此也想对活动的组织者表示谢意。"同时,被了解的市民也都表示,希望以后有更多的企业搞这类既能宣传企业,又是消费者喜闻乐见的公益活动。

企业送花活动留下的反思。企业母亲节送花,说到底就是做广告。但它与其他广告形式相比,百消丹送花、送祝福的亮点在于:企业在宣传自己形象的同时,很好的考虑到了消费者的接受程度,提醒人们关心母亲、珍惜亲情。的确,现代社会由于工作、生活的忙碌,很容易忽视亲情的沟通。送花,送祝福恰恰勾起了人们亲情沟通的冲动。这个活动也能给同类企业很多启示。百消丹这个活动独辟蹊径,加强与消费者的沟通,得到了消费者的广泛共鸣,应该说是一种很好的新思路。

案例评点

企业通过专题策划的公益活动来提高知名度,建立企业在消费者心目中的良好形象的形式已见多不怪了。要如何搞出新意,吸引消费者眼球,又要尽量淡化商家的宣传之嫌,成为企业公关活动成败的关键之举。百消丹的这次活动在这点上就做得相当成功:

1. 大打亲情牌

所谓"树高千尺也忘不了根"。母亲的养育之恩,那血浓于水的亲情是最能打动人心弦的,此乃其一。其二,当前社会生活节奏加快,且不少子女与父母分居两地,平时与父母相处的机会不多,内心愧疚,而父母也感到寂寞孤独。百消丹的这次活动给了双方一个机会:儿女可以把最想说的话和一盆鲜花送给母亲,聊表孝心;母亲也可从中感到安慰,感到快乐。

2. 淡化企业广告色彩

目前,广告铺天盖地,很容易引起消费者反感。所以,要尽量在活动中让消费者感觉到你是在为他服务,而不是拐着弯推销商品。要让他对你的企业通过活动产生爱屋及乌的好感,而好感通常是消费者对某产品进行长期消费的基础。反观另一家"柔依口服液"在母亲节举办的派送活动,只是单纯的赠送产品,商业色彩明显要浓得多。两个活动成本相差不多,论效果,后者显然稍逊一筹。

3.这次活动的活动面广,能成为舆论的热点,同时活动的参与者大多又是企业产品的目标消费者

一个成功的活动首先要引起社会的广泛关注。母亲是人人都有的,而养育之恩又当涌泉相报,参与者当然不乏其人。

企业一切活动的最终目的是要推销产品,为企业赢利,让产品的目标受众建立对企业的好感。这正是此次活动的出发点和成功点。

案例五

三菱败走中国
——忽视生命权利的下场

日本三菱汽车公司是日本三菱集团成员之一。1970 年在三菱重工业公司和美国克莱斯勒公司共同出资之下成立了三菱汽车股份有限公司。公司总部设在东京,目前公司汽车年产量在 100 万辆以上。三菱的汽车有华丽、扶桑、海市蜃楼、米尼卡、蓝多等十几种品牌,产品远销英美地区及中国和东南亚地区。

2000 年 9 月 15 日,宁夏回族自治区地矿厅司机黄国庆发现三菱帕杰罗 V31 越野车在正常行驶中制动突然失效的安全质量事故。自此,帕杰罗 V31 在中国市场车祸频出,事故不断。

2000 年 9 月 29 日,三菱公司接到国家安全检验局的通知,着手对其产品进行了质量检验。但是,三菱公司只有态度没有行动,直到 11 月份总部才通知其在中国的特约维修服务站对帕杰罗 v31 进行了检查,规定对发现刹车管磨损的汽车进行更换,对没有磨损的调整刹车管和感载阀的位置。除此之外,三菱公司再无任何行动。

2001 年 2 月 8 日,国家检验检疫局发布通知停止对三菱帕杰罗 V31、V33 的进口,敏感的新闻媒体立刻捕捉到了这一信息,2 月 9 日中国的媒体开始全线关注三菱汽车的各种消息,在客户到维修站进行检修、更换部件的两天内,三菱公司仍旧没有采取任何措施。

其实,自 1997 年以来,三菱公司工人和管理层蓄意并有计划的隐藏了消费者关于汽车故障的 6.4 万个投诉。尽管丑闻曝光之后,三菱公司采取了扑救措施,既减薪和裁员。但是,适得其反,这样的决策刺激了股民对三菱的信任度,致使公司股价应

声而泻。从 2000 年的 497 日元跌倒 340 日元，下跌幅度超过 32％。截至 2001 年 3 月，公司全年亏损达 700 亿日元。而且三菱公司的其他品牌的汽车、卡车、小轿车的销售额更是与日剧减，比 2000 年同期水平下降 16.4％。

2000 年，日本运输省调查发现，三菱公司故意隐匿不报的缺陷车共计 81 万辆，多达 21 个车种，生产日期跨越 1990 年 12 月到 2000 年 7 月。而且，三菱公司至少从 1977 年开始，在长达 23 年的时间里，一直对运输省隐瞒三菱汽车的发动机、刹车和油箱等方面存在的问题，以及用户请求索赔的大部分情况。三菱汽车公司无视消费者利益。

即便三菱帕杰罗 V31、V33 在中国被禁之后，日本三菱公司也一直采取遮遮掩掩的态度。国家出入境检验、检疫部门在发现问题后同三菱汽车公司接洽，紧急约见三菱汽车北京事务所代表，通报了有关情况，要求日方尽快采取措施解决问题。而三菱汽车公司最初竟提出这种情况是由于中国的路况不好造成的。然而据三菱汽车公司有关人士透露，这样的车型是专门为中国设计的！

2 月 10 日，客户开始到特约维修站进行检修，部分车辆更换刹车管。

2 月 12 日，三菱公司宣布，召回检修旧款帕杰罗（V31、V33 于 1991 年 7 月开始生产，1999 年 12 月终止生产），并已将有关事宜通知了三菱汽车在中国的 4 家地区总代理及 44 家特约维修服务中心，只为有磨损的车更换设备。

2 月 15 日，三菱公司宣布，由于近期国际市场上三菱汽车屡次出现质量问题，三菱将收回全球 150 万辆有潜在问题的汽车，其中包括日本国内市场的 40 多万辆和去年召回的 23.7 万辆。但我国境内的 7.2 万辆帕杰罗 V31 和 V33 越野车却不在此列，只召回中国境内 55 辆戈蓝车。

2 月 15 日，中国消费者基金会表示，三菱公司存有隐瞒帕杰罗质量缺陷的嫌疑，决定调查这起事件，并支持消费者向三菱公司提起诉讼，按照法律规定提出索赔。

2 月 18 日，日本三菱汽车公司就旧款帕杰罗召回一事在中国媒体上刊出整版广告，这是国内第一例汽车召回广告。

2 月 19 日，专程来京处理帕杰罗事件的 4 名三菱总部代表与中国消协负责人举行首次会谈。日方希望通过中消协再次向中国消费者表示歉意，并希望与中消协合作，成立一个中日联合工作小组来应对这件事。

2 月 21 日，三菱公司致函国家出入境检验检疫局，对中国帕杰罗 V31、V33 型越野车的用户表示歉意，表示对全部帕杰罗 V31、V33 的后制动油管进行无偿检修、更换。对于这一表态，中消协于同一天发表 5 点意见，认为三菱公司应该端正对中国消费者的态度，仅仅召回汽车是不够的，必要的时候还应该负责赔偿，甚至接受消费者的退货要求。

2 月 20 日，长沙消费者李志明及伤者陆慧的代理人郑强，一起到三菱北京事务所，递交了一封要求赔偿的公开信。这样，国内消费者投诉帕杰罗的案件开始出现。在这一过程当中，三菱方面对郑强的态度，安次英明所长矛盾重重、疑点颇多，在答记者问时,三菱代表躲避记者,对质量监督局和消费者协会不合作的态度,引起了各方的愤慨。

2月22日,三菱公司第一次就"长沙帕杰罗伤人事件"做出反应:"出于人道主义考虑,愿意垫付医疗费人民币12万元"。但陆慧的亲属对此表示不满,认为"这只是垫付,并不是正式的赔偿。陆慧以后就算出了院,生活不能自理怎么办? 我们全家的精神损失费又怎么算?"

2月23日,日本三菱汽车公司终于改变以往的回避态度,表示将依据中国法规,对中国用户提出的报告尽快进行"彻底调查";对证明确为该公司产品技术问题引起的事故,将按照中国的法律给予"补偿"。然而,中国消费者协会指出,对于因三菱汽车质量问题引发的误工、误时等问题的赔偿,三菱公司依然没有作出明确答复。

2月28日,三菱又向中消协递交召回旧款车及对消费者赔偿方案。对此,中消协提出"承诺是银,践诺是金"的四点意见。同时,就社会关注的两款车重新设计的制动油管发送到维修站的时间表问题,要求日方尽快解决。

3月2日,三菱就帕杰罗检修做出七点新的承诺。

3月6日,有1800辆V31、V33的云南帕杰罗用户开始向三菱公司索赔。湖南省法律援助中心预备向受害者提供无偿法律援助。

3月7日,李志明向三菱发函,索赔200万元。

3月17日下午5点左右,又一起三菱车悲剧发生:昆明华晓东驾驶的三菱吉普车将横过马路的秦南才、李明惠夫妇及4岁的女儿秦山山撞倒。小山山当场被撞死,李明惠经抢救无效死亡……

经过这一系列问题的发生,三菱公司目前的处境可以用"官司缠身、名誉扫地"来形容。因三菱车问题的出现,2月26日公司宣布裁员9500人,年产量由130万减至100万辆,车种由24个减至12~13个。此外,还有数以亿计的召回维修费和难以精确估算的赔偿费。有中国媒体称,尽管帕杰罗事件最终将被历史淹没,但是三菱公司将失去广大的中国市场和数以万计的中国消费者,并退出中国这块最有潜力可挖的商业舞台。

案例评点

数名消费者的死伤事故,使"三菱"一时间成为众矢之的,声誉更是一落千丈。公司最终不得不面临亏损甚至倒闭的局面。由此可以看出,当组织者与环境的关系严重失调,组织遇到巨大风险时,如果不能及时的发现问题,积极采取有效措施,纠正错误改善不良形象,不要说组织的发展,即便是它的生存也将岌岌可危。

三菱公司的教训有以下五点:

1. 最重要的一点就是缺乏质量和公众利益至上的意识

产品和服务的质量是公司的生命。谁重视质量谁就掌握了公关的主动权,只有在优质产品和优质服务的基础上建立公关,才能塑造完整的企业形象。站在消费者的立场上,汽车的质量是关系到人的生命安全的重大问题,三菱忽视了这一点也就是忽视了消费者生命的权利,更何况它是在中国的市场,敏感的中国人已经由此产生了日本军国主义残害生命的联想。其实,从1991年欧美市场第一辆帕杰罗越野车出现问题到2001年中国检验检疫局发布了停止进口该车前后共有十年的时间。在此期间只要企业认真负责的面对问题,投入人力物力改造车型设计,甚至一了百了的停止生产和销售问题车辆,是完全可以避免今天的尴尬局面的。

2. 三菱长久以来一直忽视企业文化的建设

从建立之初三菱公司就十分不注重对员工制度文化和精神文化的培养,使企业内部形成了松散拖沓的工作作风。内部员工之间,员工与上层之间的沟通受阻,小集体主义在各部门滋生蔓延。从三菱公司隐瞒顾客投诉就可以预料,公司员工对公司产品质量的不信任反映到员工精神风貌上,将会向外界提供多少"不信任"的信息。三菱派到中国的调查员的傲慢和失败的决策都说明了该公司长久以来忽视企业文化建设的恶果。

3. 三菱公司没有稳住新闻媒介

尤其是在中国地区,从中央电视台到各级地方的报纸杂志都纷纷竞相刊登三菱的负面新闻。三菱调查员的冷漠更激怒了中国媒体对他的狂轰滥炸,这是任何一个企业都难以抵挡的。我认为,当伤者纷纷提出索赔时,若三菱公司能够积极的做出回应,充满人道主义的给予一定的抚慰,并同时借助媒体开展正面的宣传的话,也许有扭转局面的一线生机。遗憾的是,他们放弃了这次反败为胜的良机,不但没有及时与媒体沟通,反而听之任之,更是始终采取逃避态度,闪烁其辞!

4. 三菱公司对中国政府和有关部门的敦促置之不理,态度消极,一味拖延

三菱没有与中国有关部门达成谅解和协商,更令事态火上浇油。在中国,一个外国企业失去政府的政策支持和有关部门的质量保证,其悲惨结局是可想而知的。

5. 三菱公司没有处理好与其他公众的关系

特别是那些在中国特约维修站的员工和代理商们。事情发生的从头至尾,公司都没有给他们一套行之有效的方案来应对消费者的质疑,更没有给他们任何形式上的经济奖励和补偿,使维修站失去了直接解决排除问题的热情和权力,使代理商失去了对三菱的信任,转变了阵营。让应该与公司站在统一战线上的"中国内援团"完全丧失了与企业共渡难关的信心和工作的热情。

综上所述,有效的公共关系活动对一个企业的顺利发展十分重要,尤其表现在对恶性突发事件的处理上。公共决策恰当及时,企业可以迅速摆脱危机,甚至化危机为机遇;相反,迟钝失策的公关将令企业举步艰难,雪上加霜,最终走上不归之路。

"前车之鉴,后车之师",希望广大的企业决策者和公关人员能从三菱公司的帕杰罗事件中吸取教训,不要重蹈覆辙。

案例六

养 生 堂 与 她 的 最 美
——把最美的我奉献给你

海南养生堂有一群"制造事端的人",近年来创造了一系列事件。这些事件有人点头,有人摇头,也不乏指责声。然而你不得不承认,养生堂已经成为最引人注目的企业,它拥有的一系列品牌也在人们有限的记忆中占据了位置。

一个现代企业要想最终战胜对手,赢得市场,良好的企业形象不可或缺,这个道理是每个老总都强调的,然而用巧妙的方法宣传企业,提升企业形象,却是公关策划人员的功力所在。

养生堂是最早(国内)提出企业旅游的厂家之一,以此为中心而展开的公关活动,使得企业和产品的知名度、美誉度甚至销售业绩上升,并节省广告开支取得了很好的社会效益和经济效益。养生堂热心公益事业,主动出击,引起消费者关注的,关爱社会,回报社会的事端:让我们简单回顾一下海南养生堂近年来制造出的公关事件。

- 助考大行动(1994 年 6 月始,江、浙、沪)
- 大规模"寻找十大类千名病友"活动(1995 年 3 月,浙、沪、江、粤、闽、鄂等省市)
- "百名抗病勇士"和"百名特困病友"寻访活动(1996 年,沪、浙)
- "寿星"和"孝星"寻访活动(1996 年,江苏)
- 寻找"中华好公民"活动(1997 年 6 月,沪)
- 养生堂金秋敬老健康咨询日(1997 年 10 月 19 日,广州)
- 雄鹰计划(1998 年 4 月,江、浙、沪)
- "健康中年"体质检测活动(1998 年 8 月,江、浙、沪、粤)
- "免疫工程"大型专家义诊咨询和知识竞赛(1998 年 10—11 月,江、浙、沪)
- 设立"谈家桢生命科学养生堂奖学金"(1997 年 4 月)
- 千岛湖大自然观光夏令营(1997 年 6 月)
- 捐赠抗洪救灾(1998 年 8 月 16 日,"万众一心"晚会,160 万元)
- 关爱知识分子健康系列活动(2001 年 12 月)
- 朵而杯"我心目中的妻子"征文大奖赛(1997 年 3 月)
- "女人什么时候最美"设问征答活动(1998 年 2 月)
- 朵而女性、新主持人大赛(1999 年 4—8 月)
- "在你最美丽的时候遇见谁"设问之二(2000 年 8 月)

案例评点

从以上这些活动中不难看出养生堂公关与广告策划人员的煞费苦心和悉心筹备。活动多集中在大众关心的健康、科教方面,在提升企业美誉度上不无裨益,成功地在大众心目中建立了资金雄厚、贴近百姓、关怀万众的有利企业发展的良好形象。

在推出其女性产品"朵而"时,更可以看出养生堂人敏锐的触角和不懈的探索思考。

相信这些活动再不会令人陌生,这种与社会倡导精神文明相结合的公关活动的确到达了人们内心,层层激浪过后,人们不得不承认养生堂越来越"美"了。

在制造企业旅游等经典事件中,人们更不会忘了养生堂"最美"的时刻:"100%野生龟鳖海南寻真"大行动和"农夫山泉"千岛湖"寻源"活动。

两次活动异曲同工,把企业和消费者拉得更近,令消费者破除疑虑,走到企业内部参观,台前幕后一目了然,坦诚、自信、真材实料的形象不可磨灭。

1994年,新闻媒介对当时的保健品市场中的龟鳖副食品进行了曝光,看到一只甲鱼熬巨型锅汤的画面,群情哗然,一时间龟鳖制品信誉扫地。而养生堂却逆流而上,全力推出龟鳖丸。先推出"纯不纯,每粒风险十万元"的承诺,产品由中国人民保险公司承保,1997年推出了"海南寻真"活动,邀请435名消费者和社会各界代表赴海南养生堂生产基地实地考察,被誉为"向消费者亮底,从消费者角度出发,沟通企业与消费者的绝好行为"。因其活动的新颖性引得媒体争相报道,从而制造了相当有利的舆论环境。

在此成功基础上,农夫山泉也推出了"千岛湖寻源"活动,在淳安农夫山泉生产基地专门修了一条便于消费者参观的封闭式、全透明的参观走廊。

养生堂在总结心得时强调消费者意见,在出台一个新的公关活动之前,都会进行前期的概念测试和消费者调查,过程中也十分注意消费者的反馈意见,这使公司的每一次活动都符合消费者的需求,使消费者有较强的参与意识。说到底,养生堂公司之所以能奉献出最美,是因为他们的心中永远装着顾客公众,公众的利益永远第一。

同时,在公关策划领域中,我们认为没有最好,只有更好,养生堂正实践着这样的理念,她在描绘着自己的最美。

案例七

北京"现代城""氨气事件"
——物业管理应有的公众意识

2001年1月初,北京现代城二号楼两位业主反映房间有异味。客户服务部在接到业主的反映后,按程序及时将情况传达给维修部门。维修部门仔细检查过所有排风管道、烟道、下水道以后仍然没有发现问题所在。

由于春节即将来临,为慎重起见,客户服务部经理约请了开发商工程部负责人及水暖工程师、精装修工程师、施工单位以及负责该楼施工的装修公司经理两天后对出现情况的房屋进行了"会诊"。令人遗憾的是,"会诊"并无任何结果,业主也对开发商解决问题不力而感到不满。

2月15日,春节后刚刚上班,客户服务部就此事向国家环境保护研究所的北京医学院联系,希望能够得到帮助,结果没有任何进展。

进入3月份以后,二号楼又有四位业主对房间有异味进行投诉。公司要求在此事未查清之前任何人不得外传。

一日,某业主推荐一位在管道公司任职的挪威工程师前来解决问题,公司客户部洗耳恭听,全力配合,结果费尽周折仍无法找出原因。

3月底,反映有异味的二号楼业主已增加到十余户。正在众人一筹莫展之时,北京市劳动保护研究所刘海华高级工程师,提供了房内的异味可能是氨气所致。

经过检验,造成此次"氨气事件"的罪魁祸首正是楼房内无处不在的混凝土。开发商老总潘石屹立即向"现代城"施工方求证,而施工方承认,能够挥发氨气的物质来自混凝土中添加的含有尿素的防冻剂。由于北方天气寒冷,混凝土在浇注时常常未捣实就出现上冻的情况,从而影响到强度,因此在冬季施工期间需要向混凝土中添加防冻剂。尽管2000年3月以后,这种防冻剂就被北京市建委宣布为淘汰品,不再使用,而"现代城"二号楼部分楼层是在1998年冬季施工的,使用的是当时属于合格的防冻剂。

找到原因以后,客户服务部马上寻找可以治理氨气的公司,经过比较、招标,上海鸿山设备厂的除氨设备被选中。尽管价格高达每套一万余元,潘石屹在为氨气事件召开的公司高层会议上决定购买,"五一"节前,20余台设备运进二号楼。

时间进入6月,由于温度与湿度上升,氨气释放加速,加上部分业主对于除氨设备的庞大与噪音难以忍受,一时间,投诉氨气问题的业主激增到50余户。并有业主在楼内散发传单并征集签名,要求赔偿。

7月24日,部分业主通过律师事务所向开发商发来律师函要求进行磋商,双方矛盾进一步公开化,尖锐化。自"五一"以来,潘石屹已经和房间存在问题的业主展开了面对面的沟通,但由于双方分歧较大,每次都不欢而散。在7月份的一次部门经理会议上,潘石屹决定向所有受害者表示道歉,并接受住户的退房,同时支付住户所缴房款的双倍利息的条件。

8月17日,《北京晚报》刊登了《潘石屹向受损用户道歉》的文章,文章中首先对所有受损的住户表示诚挚的道歉;其次,他希望在通过法律途径有一个公正的判决之前,愿意接受退房要求;最后潘石屹向社会各界征集更有效的除氨气的方法。

在现代城"氨气事件"的发生发展过程中,始终没有一位业主提出退房,但有几位业主又提出了希望得到几十万的赔偿,开发商表示对受损业主的赔偿将一视同仁。

案例评点

这是一件典型的危机公关案例,作为公关的主体,开发商中鸿天及其老总潘石屹对"氨气事件"的处理,在公关方面有几点经验是值得探讨的:

1. 从顾客的角度来说,顾客关系是企业的生命线

作为商人,潘石屹深知"顾客是上帝"的道理,他也有一句名言"顾客是最先进的,落后的只有开发商。"因此维护客户的利益,就成了危机公关的出发点,而要维护客户的利益,第一要素就是顾客的知晓权。只有当双方在信息的占有权和占有量是相等的情况下,才有可能平等地解决问题,这是危机公关的基础。否则,将引起双方的不信任感,互相猜忌,那么相互之间就不可能进行良好的交流,也就无法展开良好的合作。

"氨气事件"用潘石屹的话来说,此次危机的爆发就如自家的小孩在床上撒了一泡尿,又恰逢客人来到,大人的第一反应就是拿被子盖上,免得家丑外扬。然而臭味定是盖不住的,真相最终还得大白,与其遮遮掩掩,不如坦白告诉客人家里发生了什么事,然后尽快打扫干净。因此在事件处理过程中,中鸿天决策层始终坚持以最短的时间对客户的反映做出处理,事无大小,公司主要领导能够及时到达现场,及时解决。

实事求是地讲,这件事当中,开发商也是受害者,但损失不应该让顾客承担。维护弱势群体是潘石屹的经营理念,因此他做出了令业界哗然的"无理由退房""支付双倍利息"的决定,在招致同行批判的同时,却赢得了社会公众的谅解,扭转了中鸿天的不利局面。

可见,无论行业标准、行业惯例还是商业利益,都要以公众利益为出发点,当企业站在如此的制高点之上时,企业才会有更强大的战略持久力。

2. 巧妙地处理与新闻界的关系

"氨气事件"爆发以来,《北京青年报》站在业主的立场,将矛头指向开发商,首先披露此事。潘石屹随即前往该报社说明情况,取得和解。接着又通过媒体发表公开信向业主主动道歉。在以后事件的解决过程中,中鸿天主动邀请媒体参加,取得了媒体方面的主动权,扭转了被新闻媒体口诛笔伐的不利地位。

从技术角度来讲,解决"氨气事件"并不是太大的难题,但中鸿天巧妙抓住这一机会,邀请全国知名的氨气处理企业和新闻媒体召开"除氨招标会"。事实上,北方的许多房产商都为这一问题所困扰,中鸿天敢为第一,并宣称愿意购买除氨技术为北京市建设作出贡献。经媒体推波助澜,中鸿天由"环境污染者"的不利形象很快转变为"环保主义倡导者",现代城的不利境地完全消失。

尽管最终仍有个别的客户对事件的处理不满意,并表示将诉诸法律,但中鸿天的不利境地完全得以改善,事件的处理也得到了大多数的公众与媒体的谅解。而且这一事件纷争,对现代城,对中鸿天及潘石屹本人的知名度的提高起到了极大的作用。

不过,笔者认为,在这次公关活动中也暴露了一些不足:

① 公司技术能力有待改善。"氨气事件"曝光达两个月之久,才由其他单位的工程师找到原因,公司技术部门显然在这方面缺乏应有的技术水准和经验储备。两个

月的时间虽然做了很多努力,但仍然不能得到业主的谅解,反而激化了矛盾。

② 公司公关操作上有漏洞。事件发生在春节前夕,在春节假期期间,客户服务部没有向受损业主表示过任何形式的道歉和慰问,错过了缓解矛盾的良好机会,反而导致业主情绪进一步激动,矛盾升级。

而问题最终的解决还是依靠了开发商老总的个人魅力,从侧面也反映出"现代城"的公关机制急需进一步完善。

案例八

快乐中国超级女声
——"零距离"的媒体公关

事件:快乐中国超级女声——大型零门槛音乐选秀活动

口号:不分唱法、不论外形、不问地域;全民快乐、想唱就唱

主办:湖南卫视与上海天娱传媒

适用范围:全国喜爱唱歌并年满16周岁的女性

扎营地点:湖南、湖北

奖赏诱惑:巨额投资包装、出演电视剧

自2004年5月的某个中午起,经常收看电视的观众不经意间,会看到一个奇怪的歌手选拔赛——一个蓝色幕布的小房间里,"不加修饰"的参赛选手报上自己的编号,清唱30秒,三位评审按铃中止,点评,选手聆听,感谢,然后离开。

参赛选手可谓"千姿百态",老少、肥瘦、美丑,林林总总,台风滑稽者有之,五音不全者也有之;穿的也是五花八门,礼服、旗袍、露背装,甚至还有穿一套睡衣,大大咧咧站在评审跟前的;唱起歌来更是千奇百怪,有唱一半就没声的,有跑调十万八千里还摇头晃脑的,还有的手舞足蹈、连唱带跳,动情之处忽然下跪。

评委的点评也不加掩饰,"好好学习,前途无量;要想唱歌,死路一条"、"你年纪不大,却像怨妇一样"、"你唱歌和你说话一样做作"等。

就是这样一个叫《超级女声》的电视"选秀"节目,既不悦耳又不悦目,却在一夜之间红遍大江南北。从参赛者到观赛人,无不对此表现出异乎寻常的热情。

项目背景

"快乐中国超级女声"是由中国湖南卫视与上海天娱传媒联合打造的一个新锐品牌,一个"大型无门槛音乐选秀活动"。该活动以一种不分唱法、不论外形、不问地域的互动性、参与性超强的"海选"为主要特征,只要喜爱唱歌并年满16周岁的女性,均可报名参加。通过层层淘汰选拔,征选出真正具备培养前途与明星潜质的歌手。

在《超级女声》之前，湖南卫视曾参照《美国偶像》创办了《超级男声》，最初只允许男选手参加，节目也只在湖南播出，第一次报名只有 100 多人，但节目开始播出后，每日以 200 人的速度递增，两周内便有 3000 人报名。节目中心由此大受启发，经过不到半年的筹划，便先后在长沙、武汉、南京和成都四地启动了《超级女声》的活动。

据观察，这种"无门槛女声原味大比拼"，目前在国内卫星电视频道中尚未有同类产品。它这次由中国湖南卫视"首发出场"，其独特的形式、超强的互动参与性以及残酷的淘汰率，在全国范围掀起了一股狂潮。

项目实施

《超级女声》将综艺节目的"阵地"大幅度前移——深入武汉、成都、南京、哈尔滨、合肥等城市，与报名参赛的选手进行"零距离"接触。

数以万计、不惜长途跋涉的各地选手前来报名参赛。据报道，长沙赛区的总报名人数超过 16000 人，南京赛区为 11000 人，武汉赛区和成都赛区均达到一万人左右。由于报名人数太多，每个赛区控制在一万人。如此超高人气，至少从选手规模上讲，是令国内名目繁多、林林总总的其他各类电视歌手大赛难以企及的，就算中国最负盛名的"CCTV 全国青年歌手电视大奖赛"，也没有遭遇过如此壮观的报名"人海"。

预赛——全国范围各赛区"海选"：所有参赛者的背景都是一个蓝色幕布的小房间，素面朝天的参赛选手报上自己的编号，接着清唱 10 秒左右，对面的三位评审按铃中止，直白地点评，选手听，说谢谢，转身，离开，然后是下一位。

"海选"出 50 名后，接着是 50 进 20、20 进 10、10 进 7、7 进 5，最后决出三位选手获得赛区名次。各赛区前三名齐集湖南，进行全国总决赛。设立大众评委，最终名次由观众投票产生。活动全程长时段录播，每天中午强力推出，自 2004 年 5 月份开播以来，收视率一直稳居全国同时段节目的第二位，仅次于央视一套。另外，湖南卫视利用自己的媒介优势，对活动本身进行了到位的包装宣传，例如：网上辟出大幅阵地进行宣传互动；参赛的优秀选手拍摄大量宣传片，高频率播出；选手做客本台的优势节目，进行宣传；晋级全国总决赛前三甲的超级女声分别上网与观众互动聊天，新浪娱乐、湖南卫视网站将进行图文直播；冠亚季军为湖南卫视其拍摄电视台的形象宣传片，借助红火的《超级女声》为电视台自身造势。

项目效果

这种不设参赛限制，不收取任何费用的比赛，对观众产生了极强的吸引力，在湖南与全国都产生了十分广泛的影响。参赛选手说，去《超级女声》的原因，一是渴望被人注意，二是希望改变自己，打破现状，让自己的生活有所起伏。很多人都不约而同地表示，参加《超级女声》很快乐，很满足。

《新周刊》2004 生活方式创意榜中，"快乐中国超级女声"被评为"年度创意 TV 秀"。

案例评点

当展现自我、彰显个性成为青年一代的意识主流，当精英文化的传统领域正逐渐被大众文化所侵蚀，当快乐作为一种生存理念日益被大众消费社会所接受时，以年轻受众为主攻目标的电视娱乐节目也获得了肥沃的生长土壤。而《超级女声》则顺应了这种娱乐文化观。

究其成功的主要原因，最突出的表现为以下几点：

1. 真正的"平民游戏"

《超级女声》将电视屏幕变成一个巨大的游戏场地，并且免费对大众开放。参加比赛的选手多是抱着"玩一玩"的态度前来报名。参赛者在享受快乐的同时，还过上了一把"上电视"的瘾。这种具有强烈心理接近性的"平民游戏"借助电视媒体高效的传播能力，迅速征服了"屏幕里"和屏幕外的每一个受众。

只要报名，就可参赛，"无门槛"参与法是组委会的成功策略；不用交报名费是节目成功的最重要因素，这几乎让所有女性都能一圆自己的明星梦。

在参与《超级女声》节目的过程中，资深电视策划人夏青对自己从事多年的电视工作有了全新认识。她说："我1991年大学毕业，作为电视人，做了10年的文艺晚会，请过大大小小无数明星，希望引起观众兴趣。但在这个节目之后，我感觉到一直以来，我们太想当然了。我们总认为，大众喜欢的是美丽、英俊、专业、完美的明星，事实却不是这样的，他们要的是没有距离感的电视艺术。"

2. "原生态"的现场表演

众多参赛者绝大多数从没有经过专业发声训练，在简单的照明灯光下，演唱者们不经过化妆，不借助任何设备原声清唱。给观众的是最真实的面孔，最真实的声音。于是紧张拘束者有之，台风滑稽者有之，跑调甚至五音不全者也有之。如果把《超级女声》视为一次传统意义上的电视歌手大赛，在荧幕上出现这种场面可谓犯了节目制作的大忌。然而正是选手们这种"原生态"的现场表演，却成为节目海选阶段吸引受众眼球的主要因素。这群看上去有点傻、歌唱得也不怎么样的选手让跃跃欲试者信心大增，由此又吸引了更多参赛者。而这种完全真实的"日常美"的展示，让参赛者们看起来又可乐又可爱。

3. "刻薄"的评委

评委不加掩饰的点评是节目收视成功的关键一环。如果觉得选手表现不佳，评委可以随时打断，再加上冷嘲热讽式的评点。与青年歌手大奖赛等学者型评委不同，《超级女声》的评委人人几乎称得上是快人快语、尖酸刻薄型，这样观众即使一边骂却也忍不住一边看。

一位观众就如此分析自己喜欢这档节目的原因，"漂亮的选手看容貌，丑的选手就看笑话，要不还有评审刻薄的点评。"

4.良好的互动平台

《超级女声》的成功，除了节目形式本身颇具新鲜感和吸引力外，建构良好的传、受双方交流平台，贯彻于节目各个环节的互动参与理念也是重要因素。大赛奉行的亲民性宗旨，也令参赛选手看到了希望，因为决定选手进入下一轮的不再是评委，而是观众的投票。

按照节目设计方案，《超级女声》各分站比赛的冠亚季军究竟花落谁家完全由观众短信投票来产生。这种充分"放权"的做法使这个从一开始就聚集了大量人气的节目牢牢抓住了受众的参与心态，因而也长时间保持了较高的收视率。据统计，在最后的票选阶段，仅仅是长沙站，冠军选票就达到 17 万张，亚军达到 15 万张。作为一个具有明显地域接近性特征的电视节目，这样的参与人数已经相当惊人。身处其他电视娱乐节目和网络娱乐双重夹击下的《超级女生》，无疑顺应了大众文化的发展趋势，给电视贴上了网络时代的标签。

总之，透过《超级女声》火热的现象，我们试图去寻找其下隐藏的"成功配方"，对其"成功配方"的"提炼"，为电视娱乐节目发展的大致走势提供了思路："原生态"作为大众文化中一种极具代表性的文化样式，无疑将获得更为广阔的生存空间；吸引普通电视受众踊跃参与是这一节目类型的典型特征和取得成功的重要因素；拒绝明星而改走大众路线的"海选"，也反映出我国电视娱乐节目制作理念正悄然转变，充分体现了"全民自娱自乐"的电视娱乐新概念。

案例九

十 年 感 动，我 们 一 起 回 忆
——腾讯公关

项 目 背 景

活动日期：2008 年 11 月 11 日—2009 年 2 月 28 日

活动口号：10 年间，你有多少发生在 QQ 上的故事不能忘怀？

活动简介：11 月 11 日，腾讯迎来了自己的 10 岁生日。这个时刻，与腾讯的成长相比，我们更关注您的感受——你们在哪里，你们过得好吗，你们是否与腾讯一起感受到时代的进步，并贡献自己一份力量？10 年来，使用 QQ 过程中，您经历了哪些难忘的故事，爱情、亲情、友情、成长、报效社会……快写出来与大家分享吧，有大奖等你来拿哦！

（1）活动内容

①十年感言：重拾感动的瞬间，回忆逝去的岁月，只要轻松写下十年感言，我们将

为你点亮独一无二的"十年图标 "。

②十年故事:还记得你的第一次 QQ 初体验,那种加了一个陌生女孩(男孩),聊天时的怦然心动? 还记得你初到异乡,看到妈妈在视频一端的问候时,突然之间的热泪盈眶? 10 年间多少故事在 QQ 上发生,快写下那些最打动你的 QQ 故事吧,还有机会获得丰厚奖品哦!

③十年接龙:你还记得曾经借给你半块橡皮的同桌吗? 你还记得那个睡在你上铺的兄弟吗? 你还记得和你一起共同打拼的同事吗? 快来邀请好友参加话题接龙传递,共同填补属于你们的珍贵回忆。

(2)评选以及奖项设置

①活动历时 3 个多月,每个月评选一期,活动组委会每月将对所有投稿的文章进行评选。

②评选结果将在活动首页上公布,优秀作品将获得奖励。

③奖品及发放形式:奖品将于 2009 年 3 月 31 日之前统一发放。

④获得故事奖品的用户请在个人专区"获取奖品"处,填写通信地址和联系电话(方便我们及时通知您中奖结果),Q 币、红钻、黄钻等奖励将直接充入您填写的 QQ 账户中。

评奖分为三期,每期的奖品为:一等奖两名,每人 5000 元人民币;二等奖 10 名,每人 1000 元人民币;三等奖 100 名,每人 100Q 币;

纪念奖奖品:所有被活动首页推荐的征文,将奖励 10Q 币。

(3)参加活动条件

十年故事和十年接龙只要是 QQ 注册用户都可以参加,成功登录活动官网即可。参加"十年感言"点亮 QQ 主面板图标的用户,需 QQ 版本在 QQ2008II beta1 或者以上。

(4)活动进行现状

QQ 用户可以登陆官方网站查看自己的 QQ 年龄,官方网站上也每天都会更新参与此次活动的人数,及网友的精彩文章。到 2008 年 11 月 25 日时,已经有5626568 人参加了各项活动,网页上出现了许多网友提供的精彩文章,分为社会篇,事业篇,爱情篇,成长篇,亲情篇,友情篇,各网友都通过自己的文字分享了自己在使用 QQ 中的一些精彩故事,如地震中见真情,QQ 事业给我带来的第一桶金,我在 QQ那端悄悄爱你,QQ 是习惯和我永相伴。很多社会名人也通过 QQ 讲述了自己的 QQ十年故事,如鲁豫,刘墉,郑渊洁,张怡宁,海岩等等。

十年接龙中,每位网友都可以邀请自己的 QQ 一起参加接龙。截至 2008 年 11月 25 日已经有 727 个接龙产生。

而十年大事记录中,腾讯的口号为:1998—2008,十年,不短,也不长。十年之前,你不知道我,我不记得你;十年之后,我们是朋友,还可以问候。还记得 1998 年的大洪水吗？举国抗洪抢险。还记得1999年的五·八大游行吗？对，就北约炸大使馆那次。还有，2003年的非典，想起来还是心有余悸呀……十年多少事，我们共同回忆。网站页面展示了1999—2008年国内国外发生的各种大事，同时，也会顺带提到每一年腾讯的重大发展。

总体来说，此项活动的得到网友的热情支持，许多精彩的十年故事通过网友的键盘展现在大家眼前，页面上的参与人数也时时刷新。

案例评点

1. 先天优势，情感媒介

腾讯QQ作为国内占有绝对地位的聊天工具，占据了网友日常生活的重要部分，大多数网友开电脑时都会开启QQ聊天工具，传文件或是与同事，朋友，亲人聊天。同时，各种QQ群的建立也方便了各种团体之间的互动和交流，归属感油然而生，视屏技术让千里之外的两个人可以瞬间咫尺。可以说，QQ不仅是一种聊天工具和传输工具，它更是一种情感媒介。

腾讯借自己的十年生日之际，将注意点放到自己的QQ用户之上，邀请他们共同回忆自己在使用QQ中感动的点点滴滴，更加凸显了QQ作为一种情感媒介的特质。参与到活动中的用户回想QQ带给的各种感动瞬间与生活美好，而后，自然会进一步增加自身对腾讯QQ的好感并持续使用它，品牌忠诚度也在不知不觉中得以加强。

2. 以用户为中心，真诚交流

公关处理的是组织与公众之间的关系，而此次公关活动所面对的公众是腾讯QQ的用户，即顾客公众，直接目的是促使顾客形成对组织及其产品的良好印象和评价，提高组织及其产品的知名度和美誉度，增加对市场的影响力和吸引力，为实现组织和顾客公关的共同利益服务，体现企业组织正确的经营观念。腾讯通过网络与众多网友互动，向网友传递一种感情的交流，促成了两者之间良性的协调沟通，通过此次活动，众多QQ用户可以感受到腾讯所传达的对自身的关怀，同时在互动中体会到自身与腾讯的密切联系。所以在这种情况下，腾讯作为一个社会组织，使用户感受到自己是一个亲切可感的形象，而这种形象，正是众多用户们的忠实朋友。因此，此次我的十年活动可以建构腾讯与QQ用户之间良好的关系状态，打造良好的关系网络。

公关也以公众利益为出发点，让公众爱企业。腾讯也正以也用户为出发点，触及用户们心中最柔软的感动神经，让他们再一次回味曾经的感动，更好地审视生活。腾讯QQ试图通过这样的回忆活动向公众宣誓：腾讯是爱用户的，腾讯关心你们的生活，关注你们的情感，腾讯希望用户们生活永远健康快乐，用户们的感受是腾讯最关心的事情。腾讯的十年，就是用户们感动的十年。

3. 巧用文化名人，扩大社会舆论

公关还要适时制造舆论以实现信息的大范围传播。此次活动通过具有极大传播效力的互联网发布，信息会在最大范围内得到扩散。同时，由于腾讯QQ本身就是一

款网络聊天工具，用户们经常会在互联网上活动，注意到这样的信息会很容易。同时，腾讯还将活动面向名流公众，鲁豫，郑渊洁，刘墉等在社会上有良好口碑及素养代表的名人们都为腾讯提笔。众所周知，公关中，借助名流公众的知名度、知识与专长，可扩大组织的公共关系网络，扩大组织的公众影响力，丰满组织的社会形象。邀请许多社会名人撰写十年故事，这样无疑会增加媒体与公众的关注度，公关信息传播在深度与广度上会有更大的提升，腾讯的整体形象也可得到提升。

总之，公关对树立组织的良好形象有促进作用。腾讯通过我的十年，让用户们回忆使用 QQ 中的美好故事，其实是间接树立了自身关心用户的良好形象——即使用 QQ 这个聊天工具，可以让你的生活更加美好与丰富多彩，众多感动瞬间都因 QQ 而存在，QQ 是你忠实的情感媒介与工作伙伴。

案例十

全国青年文明号列车 2008 北京奥运文化之旅
——成功的奥运公关

项目背景

奥运会是全球最具影响力和参与最广泛的体育盛会，不仅影响到体育文化产品和服务等产业的发展，而且影响到举办城市的经济增长，区域经济的发展，进而对一国经济产生重大影响。奥运期间各举办国经济都处于景气高位，奥运对经济的拉动在奥运举办前两年达到高峰。

项目实施

"全国青年文明号列车 2008 北京奥运文化之旅"活动是以北京奥运为背景，在 2007 年 8 月—2008 年 12 月期间将目的地为北京的"全国青年文明号"列车作为宣传载体，将其打造成为一道流动的现代奥林匹克风景线；并在全国高校范围内开展"2008 北京奥运"相关奥运内容的系列宣传活动，传播奥林匹克精神，成为延展北京奥运会宣传的主题活动之一。

现代奥运的历史、奥运风云人物、奥运项目介绍、北京奥运的申办历程、北京奥运的场馆建设等丰富的史实资料将通过文字、图片、影像、实物和奥运专列讲解员生动的解说呈现在奥运专列上，这将是从未有过的一座流动的奥运博物馆。奥运列车一方面担负奥运会期间客运、物流等重大任务，另一方面通过其所特有的流动性和主题性，将营造一个集视觉、听觉、行为、时间为一体的多维的奥运文化的宣传空间。期间，冠名赞助商会获得多种权益。如合作媒体对本次活动进行新闻报道、跟踪报道及深度报道，至少提及企业相关信息 10 次；在活动新闻发布会、奥运专列发车仪式上宣传相关企业品牌或产品标识等。

案 例 评 点

1. 借助奥运，策划事件

2008 年奥运会就像一阵东风，在吹遍神州大地各个角落时也撒下无数机会的种子，全国青年文明号列车无疑抓住了这缕东风，运用驶往北京的列车策划了一场既有经济效益又有社会效益的活动。这种从自身特点出发，懂得与时俱进，又善于进行事件策划的行为是公关活动中值得学习和提倡的。

2. 公共策划，服务公众

公共活动的策划要坚持公众利益的原则，从公众出发。全国青年文明号列车2008 北京奥运文化之旅对乘客进行奥运信息的传播，这种公益行为无疑会使乘客形成对组织良好印象和评价，提高自身的知名度和美誉度，为实现组织和顾客公众的共同利益服务。

3. 多方合作，赢利共生

2008 北京奥运文化之旅联合多家赞助商，从中获得经济支持，同时利用多种途径为赞助商做广告；与多个媒体共同合作，媒体对活动广泛宣传，在获得大量新闻来源时，也以扩大传播效应满足了列车、广告商的利益；广大公众更是在单调的乘车旅途中享受了奥运知识大餐。在这种多方面的共同成功合作中，共赢也就出现了。

第三章

媒介公关——永远之痒

你遭遇下列问题了吗

- 为什么媒介总是不配合？
- 为什么好事总会变成坏事？
- 为什么一点风吹草动就变得满城风雨？
- 如何利用舆论？
- 一年中有几次新闻发布会？

- 新闻记者能成为朋友吗？
- 媒介进入你的组织有障碍吗？
- 如何与媒介保持经常性沟通？
- 媒介需要设防吗？
- 对媒介是告知还是让他自己获知？
- 媒介需要关系营销吗？

> 每一张报纸当它到达读者手里的时候，都是一整套系列选择的结果：应该发表什么样的消息，它们将发表在什么位置上，每一条将占据多少版面，每一条将强调什么。这里没有任何客观的标准，只有一些约定俗成。
>
> —— 沃尔特·李普曼

关键词链接

媒介公众：指新闻传播机构及其工作人员。如报纸、杂志社、广播电台、电视台及其编辑记者。

媒介公众双重性：指媒介公众方面是组织与广大公众沟通的重要中介；另一方面新闻界人士又是需要特别争取的公众对象。由于媒介与公众对象的合二为一，决定了新闻媒介关系是一种传播性最强，公关操作意义最大的关系。

把关人(Gate Keeper)：美国传播学者库尔特·卢因提出的概念，用以说明传播者在社会传播中的控制作用，主要指在传播活动中制作加工信息的新闻记者、编辑、电视、广播节目的制作人员。指他们决定着各种社会信息的取舍流量和流向，确定着公众舆论的中心论题，能够赋予被传播者特殊的、重要的社会地位，即具有"确定议程"和"授予地位"的功能。

媒介：指信息传播的物质载体。

媒介间隔的时间：指一个媒介为了得到新闻的素材以及转变成报道以便发表或

者播出所需要的时间总量。间隔时间决定着你应该(或者不应该)在什么时候向一个媒介发送信息。这是一种"加热"媒介的基本功。

策划新闻:策划具有新闻价值的事件也叫做"制造新闻"或"策划新闻",是组织争取新闻宣传机会的一种技巧。即在真实的、不损害公众利益的前提下,策划、举办具有新闻价值的事件或活动,吸引新闻界和公众的注意力,制造新闻热点,争取被报道机会,使本组织成为新闻的主角,以达到提高知名度、扩大社会影响的目的。

新闻发布会:新闻发布会是组织与公众沟通的例行方式。它是一种两极传播;先将消息告知记者,再通过记者所属的大众媒介告知公众。新闻发布会用于树立或维护组织形象,协调公共关系,作好舆论导向。

智 慧 提 醒

①搞好媒介关系的目的争取新闻传播界对本组织的了解、理解和支持,以便形成对本组织有利的舆论气氛;并通过新闻媒介实现与大众的广泛沟通,增强组织对整个社会的影响。

②媒介公共关系的意义:良好的媒介关系有利于形成良好的公众舆论,良好的媒介关系是运用大众传播手段的前程。

> 以"帕金森定律"(Parkinson's Law)著称的诺斯科特·帕金森教授(North Cote Parkinson)这样描述关于沟通的定律:
>
> "在当今社会,保持沉默意味着丧失机会。过去,极其沉默的人有可能仍有机会表明自己的观点。但今天,如果你不说出来的话,其他人将不会认同你。每个人都必须声明自己的观点,并采用比对手更有效的方式进行说明。"

操 刀 秘 笈

①了解媒介知道怎样与每一个媒介一起工作,怎样针对每一个媒介制作不同的内容,怎样满足每一个媒介的截稿时限,怎样坚持特定的风格和要求,并且怎样能吸引每一个媒介的受众。这些是PR从业人员的一项主要工作。

②媒介与从业人员是互相依赖、互惠互补的,但更是对手关系,他们需要互相尊重和信任,也需要竞争。他们总是处在一种互动状态中。

③媒介关系是组织所做的一种长远投资。

④与新闻媒介打交道最佳政策是开诚布公,最重要资源是信誉。

⑤如果某种合法的理由你不能说真话,那就什么也别说。千万别撒谎噢!

⑥尊重独家新闻的合法权益,并非意味着可以偏爱某个新闻渠道,并以牺牲其他新闻渠道为代价。新闻和素材应在媒介中间均衡交替发布。

⑦对媒介公众千万不要乞求或者吹毛求疵。大部分媒介公众均有出色的新闻辨别力。对于以"抽走我们的广告"相威胁的行为是愚蠢而无知的。

⑧别指望寻求封杀那些不利于组织形象的报道,最聪明的做法是杜绝产生此类报道的根源,问题还是在于自己。

⑨不要大水漫灌媒介;尊重新闻标准;保持媒介邮件发送清单的及时更新;对每一个新闻媒介,只发给一位最适合的新闻记者。

⑩千万不要与记者们争论或失去自制而激动起来,因为这些人拥有最后的发言权。

⑪告诉事实真相,即便这样很痛苦,长痛不如短痛,何况 PR 从业人员的工作并非是不让媒介得知坏消息。

⑫有一种投资至关重要:那就是让所有的行政长官参加如何与媒介打交道的媒介培训。因为这是一个人人需要媒介悟性的年代。

> 前哥伦比亚广播公司的新闻记者和顾问切斯特·伯格说:"新闻界常常是不公平,不合理甚至简直就是错误的,但是,即便它不是我们的朋友,它也是这个国家最好的朋友,而且我们应该感谢它。"
>
> 媒介顾问罗杰·艾尔斯法则:问题越棘手,回答应该越简短。

案例点击

案例一

摘掉总统的乌纱帽
——水门事件的媒介关系

1974 年 7 月底,美国国会弹劾总统尼克松。其罪名是:"妨碍司法程序,滥用职权,蔑视国会。"8 月 8 日,尼克松被迫辞职,丢掉了头上的乌纱帽。

对于尼克松,人们记忆中最鲜明的恐怕就是两件事,尼克松访华,改善中美关系;水门事件丑闻曝光后被迫辞职。作为一位对人类历史曾做出过杰出贡献的美国总统,为何会被迫辞职呢? 这得从"水门事件"说起。

美国社会有两大政党:共和党和民主党。这两大对手的力量对比往往突出地表现在总统竞选上。对两党而言,用尽一切办法使自己的党内成员竞选为总统,无疑是至关重要的大事。

尼克松总统是共和党领袖。1972 年在总统任上时,他手下的 5 名"争取总统连任委员会"成员于 6 月 17 日假扮维修工,潜入民主党总部大厦,在主席奥布莱恩的办公室里秘密安放了窃听器,被警方当场抓获。这件事,就是著名的"水门事件"。

丑闻被揭露后,舆论哗然,对于总统的这种不道德做法,各大媒介纷纷指责,并要求就此事展开调查。危机已经来临,弄巧反而成拙。面对此种情形,尼克松却采取了不明智的做法,不向公众发出任何与此事有关的信息,他认为还是"少说为妙"、"人们会很快忘记这件事的"。

然而,急于得到解释的公众对白宫这种缄口不言的做法产生了激烈的抵触情绪。在此背景下,《华盛顿邮报》的两位记者穷追不舍,力图促进国会对事件的调查。

沉默的总统还想封住别人的口,他为此做了以下几件事情:

1973年初,美国参议院成立了"水门事件调查委员会",要求总统及其助手出面协助调查,但被尼克松拒绝了,方式是采取了"行政特权"。这一不合作的态度引起了调查委员会的极大愤慨,他们立即将这一消息向新闻媒介透露,新闻界又大肆渲染,从而使总统的形象严重受损。

尼克松命令助手开列一份反政府人士的记者名单,用"可使用的联邦机器去勒紧我们的政敌"。这种对着干的态度使得美国新闻界那些本来就爱挑刺的记者们大为恼火,心中十分气愤。

在被迫向公众解释"水门事件"时,他们以"国家安全"为理由来搪塞,其陈述是:"为了国家安全,我们不得不获取情报,我们不得不在机密的情况下做这件事。"

1973年7月,一位总统助理证实尼克松将他办公室里进行的谈话都秘密录了音。最高法院决定迫使他交出这64盘录音带,但尼克松一口回绝。当特别检察官科克斯坚持这样做时,尼克松下令首席检察长理查生解除科克斯的职务,遭到拒绝后他竟然免去了检察长官职,副检察长拉克肖也遭到同样命运。

这种做法被披露出来之后,人们坚决要求弄清"水门事件"的真相。

在调查此事的过程中,尼克松一再指示手下人用不正当手段掩盖真相,包括作伪证、收买被告使之缄默等。这些后来都被公之于众。

在舆论压力和法律压力下,尼克松的助手开始分化并提供证据。在录音带风波之后,国会终于弹劾尼克松总统。

案 例 评 点

尼克松在处理"水门事件"中的做法,是十分典型的"反公关"事例,正是这种"失道"的做法导致了他的最终失败。不妨分析如下:

1. 与新闻界交恶

尼克松不但在"水门事件"发生后三缄其口,对外界保密,而诱发了人们的敏感与好奇心,而且企图借国家机器来恫吓新闻记者。这对于"无冕之王"来讲,简直是奇耻大辱。他们被推向了被迫自卫的敌对面上,故不遗余力地继续"扒粪运动"的精神,去揭露事情的真相。

2. 违背事实性原则

在被迫对"水门事件"作解释时,尼克松没有及时拿出勇气检讨自己的错误,请求公众谅解,反而以"国家安全"等借口来搪塞,给人留下"不诚实"的坏印象。

3.为掩盖真相不择手段

这样做走向了"公关"的反面,令公众、法律界、议会对赋予他权力这件事感到痛悔,这才有了最终的弹劾。

这些做法,都是为掩盖真相而招致的直接后果。假如尼克松一开始就能坦诚地检讨错误,结果也许会好很多。

案例二

世界上最好的工作
——大堡礁公关事件的媒体策略

项目背景

大堡礁是世界上最大、最长的珊瑚礁区,是世界七大自然景观之一,也是澳大利亚人最引以为豪的天然景观,又称为"透明清澈的海中野生王国"。大堡礁旅游在全球久负盛名,其中的哈密尔顿岛素有澳大利亚"大堡礁之星"的美誉,岛上终年气候舒适宜人,活动多姿多彩,旅游业十分繁荣。但因为随着海洋升温以及游客增多等原因,大堡礁的珊瑚虫曾一度濒临灭绝。经过一段时间的休养生息,大堡礁生态环境得到了恢复,但知名度却变得大不如从前。又由于受全球金融危机的冲击,旅客数量大量减少。鉴于这一情况,昆士兰旅游局迫切希望通过一次别出心裁的市场战略,以改善因经济衰退导致旅游人数锐减的状况,提升澳大利亚以及昆士兰地区在国际旅游市场上的知名度,最终推广其旅游产业并获得创收。

另一方面,受金融危机的影响,很多企业裁员、减薪情况十分严重,人们对于各类极具诱惑力的招聘广告充满了极大的关注度。

项目策划

早在 2007 年底,昆士兰旅游局就想策划一个全球性活动,以引起外界对大堡礁的关注。这个活动既要具有全球性创意,还要能通过网络进行传播。

在综合了全球各地办公室提出的方案后,最后产生了"世界上最好的工作"这个点子。整个活动的总预算为 170 万澳元,旅游局聘请了专业的公关公司,计划在世界各地投放广告,并和人气很高的"YouTube"视频网站建立了合作。此外,在为"世界上最好的工作"这个活动专门设立的专业网站上,还提供了五种语言版本的"招聘广告",以吸引世界各地更多的人参与其中,扩大整个活动的影响力。

之后,昆士兰旅游局又精心选择了看护员的工作地点。大堡礁有 600 多个岛屿,汉密尔顿岛是其中的一个知名度并不很高的度假小岛,为了把汉密尔顿岛推向旅游者,昆士兰旅游局计划将其选定为看护员的工作地点,并配以海景别墅、航空邮差乘坐的飞机等配套的生活设施,同时也将这些设施预先计划为未来可以开发的旅游产品。此外,鉴于中国是澳大利亚五大客源国中唯一保持持续增长的旅游大国,昆士兰旅游局十分重视与中国媒体的沟通。其与中华英才网等网站取得了联系,希望借助此次的活动,吸引更多的中国游客。

项 目 实 施

大堡礁招聘事件的活动时间表

步骤	时间	内容
一	2009.1.9—2009.2.22	接受全球申请
二	2009 年 3 月 3 日	第一轮海选决出 50 强
三	2009 年 4 月 2 日	第二轮海选决出 10+1 强
四	2009 年 5 月 6 日	第三轮 11 位选手前往大堡礁的部分群岛上进行面试决出冠军
五	2009.7.1—2010.1.1	护岛人按合同工作

招聘主要内容介绍

招聘职位:澳大利亚昆士兰州哈密尔顿岛看护员

工作时间:2009 年 7 月 1 日—12 月 31 日

工作内容:清洁鱼池,喂鱼;收发信件;每周发表文章及上传照片、影片;不定期接受媒体采访;巡游大堡礁水域内其他岛屿等。

职位薪酬:15 万澳元/半年(约合 65 万元人民币)

其他待遇:提供豪华住宿,来回工作地及申请人居住城市的机票、合约期间内的保险、工作期间往来大堡礁水域其他群岛的交通等费用。

申请条件:年满 18 周岁,英语沟通能力良好,热爱大自然,会游泳,勇于冒险尝试新事物。申请人需上网填妥申请表,上传自制 60 秒英文短片,说明自己是该工作最适合人选的理由。

招聘进行情况介绍

①1 月 9—16 日,作为活动的第一周,世界各地有 20 多万人访问活动官方网站,在最高峰时段,1 小时内有 2.5 万访问量。在报名截止之后,主办方增加人手、通宵达旦地甄选出了第一轮海选的 50 强,并于 3 月 3 日公布。

②由于入选的前 50 名候选人的才能非常出色,主办方把最后入围人员的人数由计划的 10 人扩大至 15 人。最后入围人员来自 15 个国家,年龄在 20~28 岁之间,包括 10 名男子和 6 名女子。他们的职业分别是学生、记者、电视主持人、摄影师、接待、电台 DJ、教师、慈善活动经理、演员。并于 4 月 2 日公布。

③16 位选手前往大堡礁的部分群岛上进行面试,最后 5 月 6 日结果揭晓,英国

义工本·绍索尔获得了这份工作,同时世界各大媒体进行了报道。

④7月1日,本·绍索尔正式开始其为期半年的护岛人工作,全球相关媒体作了跟踪报道。

⑤7月1日至今,本·绍索尔每周发表文章及上传照片、影片,官网与一些媒体持续进行报道。

项目评估

在今年年初的几个月中,大堡礁招聘事件占据着中外报纸和电视新闻的重要位置,标题高度统一都是"世界最好的工作"。很多国家都有本国选手入围,因此,许多国家的媒体都争先恐后地报道了该事件,例如英国BBC、《独立报》,美国的《纽约时报》等。而我国的各大电视、网络、报纸也都对这份令人难以置信的工作做了全面的报道。这些报道为大堡礁做足了大量的免费广告,使澳大利亚大堡礁在很长一段时间内聚集了世界的目光,轰动了全球。如今,"昆士兰州"、"大堡礁"、"哈密尔顿岛"等本来不甚流行的词汇在世界范围内掀起了关注,澳大利亚大堡礁也自然而然地成为全球高知名度和美誉度的旅游向往地之一。

从2009年1月9日接受申请,到2010年1月护岛人结束工作合同,整个"最好的工作"活动的持续时间将近1年。仅在招聘报名结束之时,据统计,这份工作就吸引了包括11565名美国人、2791名加拿大人、2262名英国人、2064名澳大利亚人、503名中国人以及其他各国共约3万人的报名参与。在整个大堡礁招聘事件中,昆士兰旅游局通过精心的活动议程设置,用170万美元的低成本,收获了价值1.1亿美元的全球宣传效应。

案例评点

传统的招聘事件给人的印象往往是小范围的、短时间的和不大肆声张的。然而此次大堡礁招聘事件则恰恰相反,昆士兰旅游局通过各种方法制造了一起规模宏大,影响广泛的招聘事件。它将一场简单的招聘转变为一个绝好的契机,通过精心的策划,假借招聘为名,导演了一场成功的事件营销活动。从公共关系学方面来看,这是一个关于旅游方面的成功的营销公关案例,它在全球范围内获得了巨大的成功,其中有很多的成功经验值得我们关注与探讨。笔者主要总结了以下5点:

1. 概念造势——提出最具冲击力的口号

无论是公关还是营销,一个鲜明、有力、吸引人的概念的提出对于事件受关注度有着巨大的推动作用。在此次招聘活动中,昆士兰旅游局设置了一个最具冲击力的招聘口号,它成功地将事件推广的主体——大堡礁延伸到大堡礁看护员身上,再将看护员工作塑造成"世界上最好的工作"这一概念,这一概念在吸引受众眼球方面是无与伦比的,这正是此次公关活动在概念造势方面的成功之所在。

2. 抓准时机——经济危机下的"最好"工作

金融风暴席卷全球,在这个人心惶惶的时刻谁能够拥有一份稳定、高薪的工作是很惬意的事情,澳大利亚昆士兰旅游局抓准时机,恰如其分地推出了这个极具诱惑力的职位。在澳大利亚,年薪5~6万澳元已经算是中产阶级了,而在金融危机之下,很多澳大利亚人没有全职工作。因此,工作半年15万澳元,并且工作内容类似一次观光旅行,工作环境无与伦比,这样的工作无疑是经济危机之下,令所有人都垂涎三尺的工作。

3. 巧借媒介——充分利用新媒体的传播功能

此次海选活动的一个规则是:"申请者必须制作一个英文求职视频,介绍自己,并将视频上传至活动官方网站。"在活动官方网站上,绝大多数申请者都借助世界著名视频网站 YouTube 来提交自己的英文求职视频。有很多人通过 YouTube 网站进而关注这次活动,而这正达到了主办方想要的宣传效果。值得一提的是,活动中设置网络投票环节,入选50强的选手不断拉票,关注活动的人为心仪选手投票,这些都使宣传范围与效果呈倍数增加。另外,除了传统媒体大量报道外,海选还产生了独特的讨论平台,比如 BBS、博客以及网站等,这些新媒体的有效利用,大大增强了此次活动的宣传效果。在整个人员招聘中,积极利用媒体,强化舆论。

4. 事件营销——国际化视野下的营销模式

昆士兰旅游局把目光面向全球,在国际化的视野下来做事件营销,这样的举措就很有创新意义了。世界各地的游客都是昆士兰旅游局的目标客户,因此,通过面向全球化的操作方式,它最大可能、最大范围地宣传了旅游局和旅游产品本身。在如今全球化的态势之下,这种国际化的眼光十分值得赞赏。其中的意图十分明显,假借招聘的口号,实则进行营销宣传。

案例三

奥巴马啤酒门事件
——总统的媒介公关

项目背景

美国知名学者、哈佛大学非洲裔教授亨利·路易斯·盖茨,2009年7月16日晚出访中国回国返家时,因大门卡住无法打开,和其司机破门而入。不知真情的邻居见状后报警。警方接警赶来,盖茨已在屋内,警官詹姆斯·克劳利要求盖茨出示身份证,并到屋外接受非法侵入调查,遭到盖茨拒绝,盖茨向警方出示了自己的哈佛大学工作证及驾驶执照。盖茨后随警方到屋外,与警方发生争执,指责克劳利警官"有种族偏见"。克劳利警官以盖茨"行为嚣张,声音吵闹,属妨碍治安行为"为由将其逮捕,带回警局审讯,数小时后,盖茨缴纳保释金后获释。21日,警方宣布撤销盖茨所受的指控。此事在社会上产生较大反响,并惊动了奥巴马总统。22日,在记者会上,奥巴马表示在这件事件中警察的行为"十分愚蠢"。此言一出,在引来赞赏的同时,也引发争议,更助长了奥巴马上台后试图平息的种族争端。短短数日,事件所产生的风波迅速加剧,不断升级。奥巴马因此饱受保守派媒体的攻击,他的不当言论同时导致了他在白人中的支持率下跌。

项目实施

不当言论引起争议之后,奥巴马立即采取了一些措施来平息风波。

奥巴马在24日现身白宫新闻发布会,就此事做了促使和解平息的表态。奥巴马承认自己措辞不当,而且对这次事件中种族争议的局势起了推波助澜的作用。奥巴马强调,自己的言论绝非批评执勤警官愚蠢。

奥巴马又亲自打电话向白人警察克劳利致意,对自己用词不当表示遗憾,并表示通过交谈感到克劳利是"一位杰出警官,一个好人"。

同时,奥巴马又听从克劳利的建议,在7月30日下午在白宫举办"啤酒聚会",邀请早前因误会被捕的黑人教授盖茨,以及警长克劳利前来一起喝啤酒,共同畅饮一番,化解矛盾。过了一会儿,副总统拜登也来了,于是展现出专供记者拍摄的两位白人和两位黑人的对称画面。众人有说有笑,气氛融洽,奥巴马形容这是友善和有见地的交谈。

项目评估

奥巴马的不当言论使美国长期存在的种族矛盾加剧,他在此事件中的表现引起了全民关注,调查显示约有80%的美国人都注意到了奥巴马的言论。然而,他及时的采取了相应的措施,运用高超的公关技巧来化解事件带来的负面影响,使得自己和政府的形象得到了回升,安抚了矛盾的冲突。

案例评点

种族分歧在美国是一个"剪不断,理还乱"的民众意识问题,是一个在历史进程中不断演变至今而未解决的涉及全民的社会问题。对于这样的问题,任何人和任何论断都难以得到绝大多数的公认。奥巴马不小心误入"雷区",意外卷入种族问题,使得问题更为令人关注。但奥巴马和白宫高超的危机公关技巧和平息事态的能力更认人折服。

危机公关处理指的是以最快的速度,尽最大的努力来挽回组织形象和公众的损失的公关举措。奥巴马应对不当言论事件所作出的一系列举措,是相对成功的,其成功之处在于:

1.危机决策机制

奥巴马的迅速反应虽然有来自社会的压力,但是更多的是他的背后站着白宫中一班为其出谋划策的人马。发生危机,总统自然要有所反应,向当事人致歉,联络新闻媒介等,这都需要整套体系的支持。作为美国的总统,其一言一行都必须通过形象班子的反复推敲和科学指导。在短时间内作出这么多挽回形象的举措,重新赢得民心,无疑是需要健全的危机决策机制来发挥作用。

2.真诚亲民的形象

奥巴马在不当言论之后,立即召开新闻发布会,勇敢承认自己的失误,并且真诚的向白人警官克劳利道歉,又在白宫举行啤酒会,邀请当事人来和谈。甚至在啤酒会上没有端总统的架子,穿着便装。这些,都塑造了他真诚亲民的形象,体现出了总统也是人,也会犯错,但是错了能够真诚的改正。这对挽回总统和政府的形象有很重大的意义。

3.充分利用媒体

奥巴马在危机发生后,迅速召开新闻发布会,澄清事实真相,为自己的行为作出解释;在事件的处理过程中,也不时的对外发布积极信息;同时,又在啤酒会上营造出良好的交流氛围,并留出 30 秒的时间给媒体拍摄。这一切,都能起到促进宣传的作用,利用媒体控制舆论导向,创造了一个良好的解决矛盾纷争的氛围,最终使事态得以缓和,取得较为圆满的结局。

案例四

拨 云 二 度 终 见 日
——看红太阳集团如何与媒介沟通

项 目 背 景

以 2000 元起步,经过 6 年惨淡经营,如今哈尔滨红太阳集团已发展成拥有数千万资产的现代化企业集团。彼阳牦牛骨髓壮骨粉是集团的主打产品。该产品经过卫生部批准生产,1998 年 3 月至 1999 年 4 月连续两年被黑龙江省消协评为纪念"3·15 国际消费者权益日"特别推荐商品,被四川省授予"四川省群众喜爱品牌",被武汉市消协评为 1998 年度推荐产品,被江苏省消协授予"江苏省消费者协会推荐商品"……几年来,集团守法经营,积极纳税,热心参与地方经济建设和公益事业。哈尔滨红太阳集团的拼搏开拓精神足以令每一个黑龙江人引以为傲。

1999 年 3 月 26 日下午,三位从外地来采访的某报记者来到哈尔滨红太阳实业集团。记者道明来意：今年是食品质量年，想对质量上抓得比较好的企业进行采访。集团办公室负责人刘宏伟于是将企业的基本情况、发展历程、产品研发过程及企业的管理等情况如实作了介绍。但三位记者对此似乎不感兴趣，反而提出了一些涉及企业绝不外泄的"商业机密"的问题，并执意要去查看和拍照生产过程，但被刘宏伟婉拒。

天有不测风云，1999年3月30日，又发生一件出乎意料的事：三位职工在街头殴打了记者。一时间，舆论哗然。黑龙江省和哈尔滨市有关部门及省市对此十分重视，打人者被拘传至公安部门，记者被及时送到医院治疗。

红太阳集团闻知此事迅即召开董事会议。在南方出差的总裁立即飞回哈尔滨，一方面派人看望了记者，妥善安排治疗；另一方面，做出决定：将参与打人的员工从集团除名，以此事作为反面教材对全体员工进行素质教育。同时，集团高层领导向报社负责人诚恳道歉，取得了谅解。

至此，事情似乎有了比较圆满的解决。然而，一波刚平，一波又起。事件平息数天之后，哈尔滨市的一家地方媒体，以"红太阳集团棒击访假记者"为题（以下简称《红》文），用整版篇幅披露了已经平息了的这个事件。于是红太阳集团及其产品蒙上了不白之冤：不仅棒击，而且是访假记者，可见其集团、其产品是什么样了。

自4月6日《红》文见报后，全国各地的记者纷纷赶赴哈尔滨调查所谓的打假真相。由于《红》文把棒击打假记者的定论放到了红太阳集团公司的头上，并把个别员工动粗与产品原料来源、质量混为一谈。一些不明真相的消费者和经销商，闻讯后纷纷退货，销售情况不断恶化，一则与港商谈妥的合资开发项目，应于4月12日到位的第一笔巨款资金也因看到报道而提出暂停合同。

项目调查

突来的风云又使集团陷入了窘境，但集团马上着手调查，发现《红》文有不实之处，它把个别员工的不当行为与企业联系起来，并以此抨击企业产品的原料来源和产品质量，把员工的个体行为放大到了企业的高度。

项目实施

找到了问题的症结所在后，为了尽快摆脱厄运，重塑形象，红太阳集团立即召开记者招待会，向各地记者介绍业绩，说明《红》文的不实之处，同时针对各方共同关心的集团产品原料（牦牛鲜骨骨髓）生产场地在哪里的问题，向记者们出具了青海省畜牧厅提供的"背景材料"，最后，红太阳集团还发出呼吁：恳请舆论公正引导消费者，不要先入为主，肆意炒作，企业和产品承受不了这种"笔伐"。

为了进一步证明产品原料不是取自国家一类保护动物野生牦牛，为了说明产品原料牦牛骨髓、骨粉充足，红太阳集团公开面向全国分批征集消费者代表"去青海、看牦牛、回归自然"之旅。首批来自北京、武汉、沈阳、南京、杭州、哈尔滨六大城市的12位消费者汇集北京，5月17日一同飞往青海省会西宁。5月18日，在红太阳集团总裁带领下,代表们参观了距西宁 90 公里的青海省大通种牛场。代表们还参观了集团设立在青海的原料生产基地——西宁青和牦牛骨髓骨粉厂。

项目评估

通过记者招待会上的澄清以及举办"去青海、看牦牛、回归自然"之旅活动,让消费者代表们亲眼目睹了牦牛的真实面貌,使他们消除了对产品原料和质量问题的怀疑,也体会到了集团的真情实意和以消费者为先的诚心。通过这次经历,代表们也深深理解了企业货比十家选用牦牛壮骨的良苦用心。

案例评点

所谓风云变幻莫测,人亦祸福难测。红太阳集团正准备一展身手到国际市场放手一搏的前夕,却突然遭到一些媒体令人畏惧的"笔伐",造成市场销售急剧恶化,合资开发项目暂停,企业面临灭顶之灾。面对这种不利形势,红太阳集团迅速果断的采取了一系列措施,消除了危机,并间接重新塑造和宣传了企业的形象,扩大了企业的知名度和美誉度。红太阳集团处理此次危机的成功经验在于:

1. 注重了与公众的沟通

公众是企业赖以生存和发展的基础。企业仅仅完善自我是远远不够的。在当今这个开放的社会里,企业必须敞开心扉让广大公众了解自己。在不泄露企业机密的情况下,必要的传播沟通是不可缺少的。红太阳集团组织的征集各地消费者代表"去青海、看牦牛、回归自然"之旅就是一个富有创意的大手笔。它通过代表们的亲身感受,驱散了人们心中的谜团,展示了企业的良好形象,大大拉近了企业与广大消费者的心理距离。

2. 积极、主动地与新闻界合作

在危机期间,新闻媒介将自始至终对事件的发展抱关注态度,如何对待新闻界,将成为企业的一项重要任务。

"吃一堑,长一智",红太阳集团在找到了问题的症结所在后,立即召开记者招待会。并且,切实遵循了公关的一个基本原则,即真实传播,绝不隐瞒事实真情。隐瞒事实只会引起新闻界的猜疑和反感,促使他们千方百计地去挖掘消息,从各种渠道获得材料,甚至凭自己的主观感觉和推测作出判断,这就很不利于企业。红太阳集团在记者招待会上,针对各方共同关心的集团产品原料(牦牛鲜骨骨髓)生产场地在哪里的问题,向记者们出具了青海省畜牧厅提供的"背景材料",有效而迅速地求得了媒体的理解和支持。

这次公关危机也说明了企业要摆脱危机,必须有踏实的运作、新颖的策划和实在的宣传才行。尤其是需要与媒介的有效沟通。

案例五

刘 翔 退 赛
——考验赞助商危机公关的智慧

背 景

2008 年 8 月 18 日 11 时 55 分,动作僵硬、表情痛苦的刘翔缓慢地离开了跑道,随后广播宣布这位中国"飞人"因伤退出 2008 年中国奥运比赛。

刘翔是中国人在田径项目中唯一心系着的英雄式人物,他的退出让等待爆发的赞助企业骤失最后的引爆点。刘翔在 2007 年代言了 14 个品牌:安利纽崔莱、VISA、伊利、耐克、交通银行、联想、中国邮政、元太、奥康、杉杉、双钱、升达、白沙、中国移动。2008 年,又增加了平安保险、凯迪拉克等重量级的企业和品牌。数家公司已经投入巨资拍摄好了为胜利(或者失利)准备的广告片,可如今,这些制作精美的广告尚未登场就要"胎死腹中"。

这位身负数亿广告资产的体育明星在这次颇负众望的体育盛会中的退出给至少 7、8 家体育运动商带来了公关难题。撤?不撤?还是换?

相同的选择,不同的策略

这时候,终止赞助协议一定会被别人看作是落井下石,这种风险是绝对不能冒的。于是,几乎所有公司都表达了对刘翔未来的支持。

耐克

耐克公关总监朱近倩透露,在刘翔 18 日 11 时 55 分退赛后不久,耐克公司就制定出一系列的措施并开始实施。

他们和 Wiedenkennedy(韦登迪)公司首先确定:要将退赛演绎成为另一种成功,努力把刘翔受伤演绎为他个人经历中的一个闪光

点。随后,18 日当天下午,负责耐克广告投放的上海传立媒介公司向各大报纸预定广告版面。19 日 0 时前后,韦登迪公司给 NIKE 制订的新版广告出炉定版,广告词:爱比赛、爱拼上所有的尊严、爱把它再赢回来、爱付出一切、爱荣耀、爱挫折、爱运动,即使它伤了你的心。

19日一早,耐克的新广告《爱比赛》篇就开始出现在北京、上海、广州、成都和武汉等地的都市报和中国日报、体坛周报这样的媒体版面上,随后在门户网站和耐克自己的主页上也可看到这个广告。

此广告用简单的几句广告语,配合一张慎密编制的"网",使得NIKE把刘翔这次退赛的事件升华到"精神"的层面——放弃也是一种勇气。画面用黑色、土色为主色,营造出唏嘘沧桑的意境,配上刘翔坚毅的眼神,视觉效果一流。

爱比赛——刘翔的身份是运动员,而不是代言人,淡化了人们对刘翔的代言所得的注意。

爱拼上所有的尊严——通过这句话,首先加固刘翔在国人心目中的英雄形象,尽可能降低退赛事件对刘翔个人形象的影响。

爱把它再赢回来——暗示会卷土重来,并且夺取胜利。强调这次退赛事件只是一个插曲,而不是结局。为将来的东山再起埋下伏笔。只要日后刘翔在国际大赛上重新获得金牌,这一伏笔将对日后各项市场策划提供极大的发挥空间。

爱付出一切,爱荣誉,爱挫折——暗示退赛事件实属无奈。相信NIKE也预估到人们对此次退赛事件是否预先策划会产生疑问,在淡化人们这种想法的同时,也再次加强刘翔的正面形象。

爱运动,即使它伤了你的心——最后一句很有"苦肉计"的味道。相信大家看了潜意识里面很大可能会浮现"刘翔也是受害者"这种想法。这样便很容易激起受众的同情心,减少了被口诛笔伐的机会,间接保护了刘翔的形象。

最后NIKE的招牌口号"Justdoit"起到画龙点睛的作用,完美结合自己的品牌。成功将一个客观的"事件"升华到主观的"精神"层面。向受众传达"放弃也是一种勇气"的正面积极思想。

当日,耐克公司还开始在北京各大直营店和体验店派发与新广告版本对应的大幅海报,所有到店的消费者都有机会免费索取。至于电视广告,与刘翔相关的正在播出的广告版本会考虑调整播出时间或撤换,具体会带来多大的损失耐克不予置评。

耐克说,希望通过这一广告创意,可以让消费者领悟一种运动精神,因为很多优秀运动员都经历过临时退赛的挫折。耐克此举赢得了运动员的尊重,也赢得了消费者的尊重,这就是基于人性的营销力量。

伊利

在WPP Group旗下智威汤逊(JWT)广告公司位于北京金宝大厦5层的会议室里,一个电话会议正在召开。该公司负责伊利客户的事业发展总监徐进以及执行创意总监薛振添正在和伊利集团品牌部的人士讨论调整刘翔退赛后的广告策略。

20分钟后,会议结束。当天下午4时半创意团队完成所有脚本,凌晨3时拍摄后期全部做完,次日早上交到了伊利公司的网络媒体投放公司。19日中午13时左右,主要门户网站上伊利公司新的支持刘翔的广告已经落地。

伊利公司的调整也极为迅速。伊利在当晚的央视并没有投放之前一直播出的刘翔"12 秒 88"版本的广告,广告中随着台阶上升的主角是之前不负众望夺得两块北京奥运会金牌的郭晶晶。

徐进表示,"我们要第一时间确定伊利的传播策略,当然,这个策略一定要反映大企业的风范"。于是一则"有梦想就有下一次的飞翔,刘翔我们支持你"的网络广告在 8 月 19 日凌晨 3 时完成制作。他随后还表示:"智威汤逊为伊利精心制作了 7 支奥运广告版本,因此刘翔的退赛虽然突然,但对伊利整体品牌传播计划的影响并不大。"

东方证券食品饮料行业分析师林静认为,刘翔的退出对伊利品牌的影响不大,因为伊利没有在产品上贴刘翔的标志,而且刘翔只是为伊利做广告的众多体育明星之一。而同为伊利产品代言的中国跳水队和羽毛球队捷报频传,收获的奥运金牌数超过赛前预期。

中国大型乳制品供应商——内蒙古伊利实业集团股份公司北京 8 月 20 日表示,产品代言人刘翔因伤退赛,不会对公司品牌产生不利影响,公司近期亦不会调整有关的广告宣传。

公司执行总裁张剑秋在新闻发布会上称,"飞人"刘翔因伤退赛仍吸引了无数中国人的目光,而且还引起了很多外国人的关注. 从广告角度而言,这件事究竟是坏事还是好事还说不定。

联想集团

联想集团和中国田径协会于去年 7 月在北京签署合作协议,正式成为中国田径队战略合作伙伴,中国飞人刘翔同时成为联想二级代言人(一级代言指企业形象代言人)。

刘翔退赛后,联想方面市场部的相关人士当时表示,对于联想的广告计划影响现在来看还不大,"在平面媒体和网络媒体上的广告投放计划不受影响,只有电视广告略受影响。"但是联想与刘翔合作的一款笔记本广告已经撤销的事实似乎也在昭示着什么。

再看刘翔退赛后联想品牌的态度,联想集团表示"合同期满是否继续有待评估"。联想在广告投放上,将投放在电视媒体以及地铁站中由刘翔代言的联想笔记本电脑广告,全部都撤下了。网友对于联想品牌撤下刘翔的代言广告反馈不好,在刘翔退赛事件发生后,对于联想品牌的关注度提升比率仅为 40.66%。刘翔退赛后,与网友对于耐克品牌持正面态度上升的比例相比较,联想并没有能把握住机会,顺势提升品牌关注度。

VISA

4A 广告公司天联 BBDO 负责 VISA 广告的创意总监许统杰表示,VISA 广告邀请了很多运动员参与,刘翔只是其中之一,此外还有姚明、赛艇队等。那个"刷新梦想,12 秒 88"的广告是去年播出的。2008 年奥运期间包括由刘翔参与的广告主题都非常轻松诙谐,突出的是"重在参与"的奥运精神,并没有强调比赛结果。这两个电视广告中一个是刘翔采访姚明,另一个是刘翔在香港采访普通体育爱好者。另外一方面,VISA 奥运期间广告强调东道主的热情好客,在北京的户外平面广告中有刘翔、姚明、菲尔普斯和其他许多运动员站在一起的巨幅照片,广告词包括了"四海之内皆兄弟""有朋自远方来不亦乐乎"等。

许统杰说,这样的结果是事先没有想到的,所以没有采取可替代的广告策略。BBDO在奥运前的很长时间内一步步按照既定的宣传策略在做,而这次,因为广告本来就没有以结果为导向,所以也不存在多大损失。他说,刘翔的广告在奥运期间还会播放,不希望给刘翔太多压力。但是奥运结束后的情况还没有定,要看VISA公司的意愿。

安利公司

对外事务部高级经理李君称,安利并没有针对"刘翔万一失败"的备用营销方案。安利的观点是,赛场胜败是兵家常事,公司既然签了刘翔做代言人,就做好了准备。

耐克、伊利已经先跑了一步,而安利"风雨后见坚强"的广告也同样自8月20日开始在平面媒体上刊登。

奥康

其行政事务部经理周威在接受《第一财经周刊》的采访时表示,"公司在去年11月签下刘翔,就是看中他的体育精神,看中他的符号意义。没有运动员可以一次性成功,他成功也好,失败也好,都是正常的,甚至退赛也是正常的。"

据悉,国内一家以刘翔代言的鞋业制造商,在退赛之前已经做了两手准备。如果刘翔赢了,就用"2008,看中国脚步"。如果未能如愿,他们还备好了一套备选策略营销——口号就变成"脚步没有停,心中还有梦想,你就是永远的冠军"。

可口可乐

可口可乐公司公共事务及传讯部副总监赵彦红表示:"我们不会因此改变跟刘翔的广告合作,我们知道他已经竭尽全力参加比赛了,我们觉得很惋惜,也将会继续支持他。此外我们签了很多中国梦之队成员,其中包括姚明、郭晶晶。"在本届奥运会上,可口可乐的两大王牌就是姚明和刘翔,同时其奥运营销也是主要围绕这两个人在制定的,现在刘翔退赛,可口可乐就只有一个王牌了。

凯迪拉克

凯迪拉克新闻发言人丁耿也表示了和可口可乐类似的观点:"体育竞技很残酷,运动员经常要面临各种身体上的病痛,因此我们对刘翔此次的退赛表示理解,并将在以后的日子里继续支持刘翔。"

案例评点

1. Tell it fast,提升公关效率

英国危机公关专家里杰斯特曾提出关于危机处理的"3T"原则,即"Tell your own tale"(讲出你的故事)、"Tell it fast"(尽快提供情况)、"Tell it all"(提供全部情况)。从时间上考虑,Tell it fast应是危机公关的首要原则。面对刘翔退赛这一突发事件,相比刘翔代言的其他公司,耐克的表现堪称完美,应对时间不到12小时,而且

在短时间里根据该事件挖掘出了运动的多重内涵,譬如拼搏、激情、奋斗和梦想。在别的企业还在考虑下一步如何投放刘翔广告的时候,耐克已经在另一个田径场上跑出了一场漂亮的与时间的赛跑。

2. 未雨绸缪,应对危机

危机指危及组织利益、形象、生存的突发性或灾难性的事故与事件。一个公司的发展总会遇到各种突发事件,如何应对,需要公司做好危机管理,以便成功实现危机公关。选用体育明星作为形象代言人,他的赛场胜败对个人形象有着巨大影响,在此点上各个公司的预警意识均很强。所以,Visa、安利、可口可乐采用了多重体育明星保险制度,不把宝押在一个体育明星身上,这样在一个体育明星成绩不理想时可以靠其余的来支撑品牌的宣传;奥康则是有着两手准备。各个企业在事件发生的第一时间均表示"依然支持刘翔",这说明企业都具有普遍良好的公关意识。但分析这些企业危机公关的所有行为后,我们看到耐克不仅反应快而且懂得运用时机,懂得如何"转危为安",或者说如何将损失减少到最低程度。一切代言是以实现企业利益最大化为目的的,态度只是一个方面,行动才会深入人心,为公司形象作出更大贡献。如何将突发事件转变为盈利契机,这还是很多企业公司要考虑的问题。

3. 以人为本,情感公关

面对刘翔退赛,几乎所有公司都表达了对刘翔未来的支持。伊利"有梦想就有下一次的飞翔,刘翔我们支持你"的网络广告,NIKE"爱运动,即使它伤了你的心"的悲情式广告,商业味并不浓,符合人们对体育精神的追求和渴望,表达出对刘翔的人性化关怀。而随后网络舆论一边倒的对刘翔的支持,更发挥了这种人性化广告,人性化公关的功效。

刘翔的退赛是悲情的,但得到了大多数公众的同情和理解。在公众对于刘翔爱护和关怀的背景下,各公司更为极致和最大限度的表达出自己的豁达和关怀精神,显示品牌温情,大打"爱心牌",塑造健康人性化正面形象更会深入人心。

4. 中外公关,差异显见

相对于 NIKE 和安利等跨国公司的迅速反应。伊利属于反应较为迅速的一家国内企业(为其服务的是国际 4A 公司 JWT 智威汤逊),但是其最快的网络视频广告仍然在第二天 13 时才在网络上线,而平面和电视媒体中没有同步跟进,严重影响了整体效果。在大家都发布了支持宣言以后才是真正的品牌大战的开始。

事发后,联想宣布撤下刘翔代言的笔记本广告,并表示"考虑"后才能决定与刘翔的下一步合作,刘翔代言的中国移动的广告也消失不见,给人一种功利性较强,人情味淡薄的感觉。

看耐克和联想的反应从中可见中外企业危机公关存在的差异,这尤其值得国内企业的好好反思。

(单位：关注度)

刘翔退赛前后耐克、联想品牌关注度比例变化

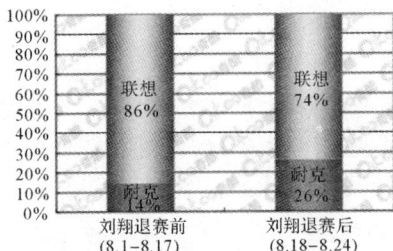

刘翔退赛前后耐克、联想品牌美誉变化

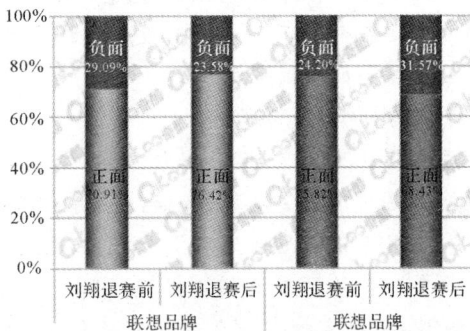

刘翔退赛后的网友对耐克品牌态度TOP5贴文示例

网友态度	关注度	贴文示例
支持		刚才看到的耐克针对刘翔退出比赛作的广告调整！看看人家！再看看联想这垃圾单位！支持刘翔支持耐克！！(张)这么大没义国耐克的东西，下次出去玩得时候买双运动鞋得咯！
赢了		耐克是最棒的.地位依然十无法撼动的！这无关代言人之一的刘翔的奥运胜败只是刘翔的退赛，反倒更加成就了耐克！耐克真的赢了！
感动		爱比赛爱拼上所有的尊严.爱把它赢回来，爱付出一切，爱荣耀挫折爱运动,即使它伤了泥的心.感动于耐克不改变营销计划而推出温暖人心的广告词:翔翔加油吧！健康就好!
遗憾		耐克真的挺遗憾的,如果刘翔博得了冠军,耐克就真的成为王者了,不过从刘翔退赛事件看耐克做的真的不错.海辉继续支持的!
力挺		新广告不错,力挺耐克,很好很强大!

数据来源:奇酷网络社区研究中心 时间范围:2008.08.01~2008.08.24

刘翔退赛后的网友对联想品牌态度TOP5贴文示例

网友态度	关注度	贴文示例
落井下石		可是就有一些目无存光的商家,以为刘翔彻底没没了,没用了,或者怕给自己沾上晦气,在刘翔最困难的时候,最需要关心的时候.不但不去关心他,反而落井下石。在第一时间撤掉刘翔的广告,简直就是奸商,惟利是图!
青光眼		如果说这个是因为和集团战略有关,那么有可能和刘翔的解约,而让人认定联想确实是一个青光眼患者。
抵制		坚决抵制垃圾的联想,就是不买拉的产品,除非刘翔广告恢复了还要看联想的认罪态度好不好! ! ! ! !
冠军杀手		杨杨在各种国际国内赛事中夺得了60多枚金牌,堪称"夺金之王"。代言,她"希望能够和联想一起努力"。得主杨杨在短道速滑女子1500米半决赛中,仅获第二小组第三,无缘A组决赛,另外的还有申雪、赵宏博、小罗,联想简直就是冠军杀手!
		联想怎么这么块就把刘翔的代言广告撤掉了呢? 太不地道了!

数据来源:奇酷网络社区研究中心 时间范围:2008.08.01~2008.08.24

案例六

泰格伍兹"虎落平阳"

——公众人物的形象管理

导火索:泰格伍兹"撞树奇案"

美国当地时间 11 月 27 日凌晨 2 时 25 分,球王"老虎"泰格伍兹在离家 15 米处驾车先后撞上邻居家的消火栓和大树。而闻讯赶来的警察,发现这位高尔夫世界第一人被卡在车里,妻子埃琳用高尔夫球杆砸碎了后车窗玻璃,似乎正试图拯救自己的丈夫。老虎的嘴唇破了,嘴里有些血迹,而且还陷入了昏迷,但看上去伤势不算太重。看上去这桩普通的车祸,没有太多的可疑,甚至还因为"虎嫂"的当机立断英勇救夫,为这段原本就令世人艳羡的完美婚姻增添了新的亮点。

绯闻曝光,事态失控

11 月 26 日,美国《国家咨询》爆料,将披露伍兹与一名叫乌琪泰儿的女子的婚

外恋情。由于伍兹之前一直以"贤夫良父"形象示人,很多人认为不过是媒体无中生有的炒作。

11月28日,该八卦杂志就爆出猛料:他们掌握了老虎与纽约的"派对女郎"瑞秋·乌琪泰儿在感恩节前夕偷情的故事,也正因为如此,老虎夫妇在27日凌晨大吵一架,老虎摔门而出企图离开,而埃琳则手持高尔夫球杆愤怒的追打车中的丈夫,因此引发了车祸。

12月2日,伍兹的团队官方一直拒绝透露任何信息,而伍兹也在网上澄清自己的车祸背后没有内幕。但几乎与此同时,格拉布斯、蒋格斯、劳顿、里斯特、莫奎恩等"绯闻虎女郎"先后浮出水面。同时还有媒体披露,为了让乌琪泰儿封口不提两人的风流韵事,伍兹的团队用了100万~300万美元让她闭嘴。

伍兹在危机发生后一直三缄其口,保持低调,他的公关团队也没有采取及时行动。然而事态不断地恶化,12月11日,牵扯到的"虎女郎"数量达到了13人。

12月14日,美八卦网站又报道出伍兹的第十四个情妇,这天他又陷入了"兴奋剂"事件。一位曾经治疗过高尔夫球员老虎伍兹的加拿大医生被怀疑给运动员提供了兴奋剂药品。因此伍兹又被卷入禁药丑闻中。

2010年1月7日,美国媒体又曝光了伍兹的吸毒史,同时又扯出了一位情妇。截至1月16号,传言的情妇数量达到18位。期间媒体不断地爆出伍兹的色情录像和图片等,赚取了公众的眼球。

采取的措施

1.伍兹的三度个人声明

11月28日,在"撞树事件"发生后,伍兹在网上发表第一篇个人声明澄清车祸事件背后并没有任何内幕。

12月3日,随着越来越多的"虎女郎"浮出水面,伍兹在网上发布第二篇个人声明,声明中谈到他非常后悔自己的违法行为,同时惊讶小报的虚假、恶毒的报道。表示自己并非完美的人,希望外界尊重他的隐私,同时让他和他的家人"分享并解决所有的问题",并未对媒体最为关心的情人问题作出任何解释。

12月11日,牵扯到老虎的"虎女郎"数量达到了13人,第二天,老虎终于发表了最震撼的一份声明,正面承认自己对婚姻和家庭不忠。

2.伍兹成功申请裸照禁令

12月11日,伍兹已经通过法律手段赢得了英国高院的禁令,禁止在英国媒体公布任何有关他裸体或者与性行为有关的图片或录像。老虎伍兹的律师向英国多家报纸以及博客发函,不过这个禁令貌似在美国并不起作用,随后,关于伍兹的照片、录像等要价飙升,高达几十万,众多媒体依然热炒伍兹事件,从中牟利。

3.伍兹"无限期"告别高尔夫

12月12日,泰格-伍兹通过个人官网宣布将"无限期"告别高尔夫球界,以挽救处于危机中的婚姻。伍兹的这个决定获得了其他球手以及官方的支持。伍兹在其官网承认了对家庭的不忠。然而在这个"宣言"后，伍兹并没有做出实际的挽救婚姻的言行，逃避婚姻咨询，拒绝治疗性瘾，如此种种都让妻子艾琳难以相信他能改变，最终还是导致艾琳的离婚年头。

4. 伍兹向海地灾区捐资 300 万美元

伍兹终于利用地震这次"好"的危机了，再次出现在媒体面前的他带来的不是丑闻，而是良好的公益形象。伍兹已经花钱租用了一架运输机，前往海地灾区进行医疗救援工作。飞机上带有一个流动医院，有 50 名医生和护士随行，总计约 300 万美元。

案 例 评 点

1. 违背"帕金森定律"，丧失媒体自主权

诺斯克特·帕金森说"在当今社会，保持沉默意味着丧失机会。每个人都必须声明自己的观点，并且比对手更有效的方式进行说明。"从 11 月 27 日车祸事发到 12 月 12 日，宣布"无限期"推出高尔夫球界，伍兹一直远离媒体，没有作出任何正面的澄清。他没有真正站出来对外界说话，只在网上发表了三次声明，而且三次的声明中都没有提及自己的绯闻事件，只表达了对妻子和家庭的愧疚。这样的处理方式无疑给他带来众多"或有或无"的情妇，让更多的人有机可乘。当个人危机出现时，当事人不能保持沉默，必须抓住媒介机会，讲明事情，表明立场，把握媒体自主权，才能让形势朝着利于自己的方向发展。

2. 刻意隐瞒挑逗媒体，流言蜚语危害信誉

危机公关，最重要的一个原则——真实传播，绝不隐瞒事实真情。跟新闻媒体打交道的最佳政策是"开诚布公"，尽可能说明一切事实。但是伍兹在正式公开承认自己的错误之前，一直避开媒体，即使面对媒体，也是回避事实，这种刻意隐瞒的态度让伍兹最终得不偿失。因而，当个人危机出现的时候，千万不能隐瞒，反而要勇敢地面对媒体，要第一时间进行实话实说，将媒体变为化解自身危机的工具，而不是让它使自己的危机愈演愈烈。

3. 缺乏出色公关团队的及时策划

从 11 月 27 日事发，将近两周的时间内，伍兹的公关团队都没有相关的作为，没有为伍兹事件进行及时策划，以挽救公众形象危机。这是伍兹公关管理团队的失职。在个人危机发生时，即便当事人是低调个性的人，但事发后绝对不能低调处事。此时，公关团队必须行动起来，策划一系列处理危机的公关活动。

4. 脱离公众朋友圈，失去名流公众的支持

伍兹在绯闻事件曝光之后，就更换了电话号码，并且没有和任何名人朋友联系。他的好友 NBA 名人巴克利对此表示非常担心。他对伍兹说"当事情变得糟糕时，你应该和你的名人朋友取得联系，因为只有他们才能设身处地地了解当前所发生的事情"。其实，事件发生后，伍兹的很多公众朋友都积极联络伍兹，试图了解真相帮助伍

兹尽快解决麻烦。但伍兹竟然主动与他们断了联系，断了这条非常重要的与外界联系的主线，真是伍兹很大的损失。

5. 善于分析公众的心理，适时进行"形象修复"

"形象修复"是个人危机事件处理的一种自救行为。在个人危机发生时，公众人物的形象在公众眼中严重受损，不可能在短期内重建危机前的公众形象。但是只要公关团队善于研究和分析公众心理，在危机不同阶段采取不同的公关措施，对公众心理进行合理适时的"修复"，其公众人物的形象也能够得到有效的"修复"。在连连失去绝好的危机公关的机会时，伍兹在地震中的表现为自己的形象修复起到了一定作用。一方面是伍兹确实有重要的贡献，另一方面海底地震离丑闻有一段时间，人们在丑闻关注度降低的情况下，会对伍兹刚竖起的公益形象有所褒奖，印象深刻。

案例七

"抵制门"事件
——看家乐福的双重应对

项目背景

2008年4月7日北京奥运会圣火在巴黎的传递遭到"藏独"分子的破坏，而法国当地媒体的报道，更让国内外华人感到"不友好"。之后有消息称，由于路易威登—莫特轩尼诗集团（LVMH）涉嫌曾予以"藏独"资金支持，而该集团刚刚成为家乐福的最大股东。因此海内外华人网民发起了一场"抵制法国货"行动，之后抵制潮的目标转向了家乐福，在短信、论坛、网络中同时号召国人抵制家乐福。

约4月9日开始，一条抵制家乐福，支持北京奥运的短信，通过手机、MSN、QQ、BBS等渠道迅速传播。短信内容大意为："5月8—24日，正好是北京奥运的前三个月，大家都不要去家乐福购物。理由是家乐福的大股东捐巨资给达赖，支持藏独。那我们现在来抵制家乐福。请转发给你所有的手机、MSN等的联络人，让家乐福门可罗雀17天。"与此同时，北京、青岛、昆明、福州等地的部分家乐福门店前，陆续有人聚集，拉起了"抵制家乐福"的横幅。

家乐福公关回应

家乐福中国区媒体经理的电话从14日起就处于无人接听状态，内部人士表示"正在积极调查"中，其上海区公关部在接受《每日经济新闻》采访时表示，网友描述的情况并不准确，家乐福自始至终从来没有进行过任何资助达赖的行动，也不可能支持"藏独"，此外，对于其幕后老板的传言也做出澄清称，路易威登公司此前曾购买过公司的部分股份,但家乐福不能算是路易威登的子公司,虽然路易威登的一个大老板有过资助达赖的行为,但这并不代表家乐福也参与其中。家乐福表示,不排除有竞争对手在幕后恶搞他们。

针对出现的"抵制家乐福"的口号,4月16日家乐福集团授权家乐福中国区向媒体发出声明。声明称,作为一家在全球拥有员工50多万,在超过20个国家和地区从事商业经营活动的跨国企业,家乐福集团的宗旨是促进各个国家和地区的经济和社会发展。家乐福集团从来没有,将来也不会做任何伤害中国人民感情的事情。

对于大股东涉嫌支持"藏独"的传闻,声明中指出"家乐福集团支持个别非法政治组织的传闻完全是无中生有和没有任何依据的";进一步表示"家乐福将保留对恶意制造和传播上述谣言的组织和个人采取法律行动的权利"。

声明还指出,家乐福集团始终积极支持北京2008年奥运会,在中国和法国倡议组织了形式多样的支持北京奥运的活动。目前,家乐福北京的各家超市正在为迎接奥运会而积极筹备。同时,作为北京市长国际企业家顾问单位,家乐福集团衷心祝愿北京2008年奥运会取得圆满成功,家乐福集团总裁和家乐福中国区总裁兼首席执行官将荣幸地亲临奥运会开幕式。

不过,针对5月1日可能发生的抵制行为,家乐福超市华南区有关负责人向记者表示:"5月1日当天的销售额或多或少会受影响。目前五一小长假期间的商品促销计划也在有条不紊的制定当中,家乐福超市将一如既往地以优质、低价的商品欢迎广大市民的选购与支持。至于传言中所指的超低价、防卫等非正常行为,截至今晚9点钟,我们依然没有接到总部的相关决定。"

随后,法国家乐福集团总裁迪朗21日在接受中国媒体联合采访时表示,家乐福不愿在政治中扮演任何角色。迪朗也坚决否认了家乐福是"记者无国界"组织合作伙伴的传闻。但是他的声明并没有得到广大中国网民的认可。

但随着家乐福大股东表态反对"藏独"、支持北京奥运,商务部对家乐福的态度表示欢迎,中法两国高层的政治斡旋,"抵制门"事件慢慢淡化。

案例评点

家乐福自进入中国以来,一直是非不断,而他们在遇到危机时又表现的差强人意。2003年,由于不满家乐福索取"进场费",国内10家著名炒货企业停止向家乐福供货,随后10多家行业协会对炒货企业表示声援,瞬间家乐福就被推到了舆论浪尖。同时在韩国由于众供应商无法忍受其高额的进场费而集体退场,釜山家乐福陷入破产的边缘。那年夏天,家乐福的品牌形象真可谓跌到了最低点。而在这次"抵制门"事件中家,乐福危机公关的意识和措施还显示出很多的漏洞,与其自身国际知名企业的身份不相符合。

1. 危机反应速度迟缓,未在第一时间主动提供事实情况

4月9日,抵制家乐福的短信开始见诸QQ、MSN和网络BBS,其后几天,这条短信呈几何递增的态势在数亿网民中传播。6 天后，网络中已出现各地关于抵制家乐福的 QQ 群，而且云南、北京等地已有部分网民走出网络，在家乐福门店示威。但直到 4 月 16 日，家乐福中国区才发表声明，回应网民抵制和相关传言。期间，家乐福中国区媒体经理的电话从 14 日起就处于无人接听状态，内部人士表示"正在积极调查"中。面对此次危机，家乐福并没有第一时间组织起良好的危机管理团队来介入事件的调查和信息沟通工作。甚至，家乐福没有设立危机新闻中心来接受媒介或公众的电话询问。这样，家乐福首先放弃了主动澄清事实的好机会，使得各种抵制信息有时间在更大范围更大程度上进行传播。

2. 缺乏本土意识，未真正实现以公众利益为出发点的原则

拓展国际市场，就要了解投资地区的政治、文化、历史，入乡随俗。跨国公司遭受民粹、民族主义伤害的政治风险永远存在。在这方面，家乐福可能对中国的爱国热情、宗教政策等方面了解不够全面，太低估计中国的爱国热情了。其实，中国网民在面对法国媒体甚至政府施加的民族伤害时，对于家乐福的抵制在更大的程度上是转嫁某种情绪的发泄，但是家乐福没能很好地认识到两国文化的差异并通过符合当地文化、风俗、情感的传播方式来应对这次危机。

那份仅 412 字的声明仅传达了两个信息：其一，家乐福集团未支持藏独分子，不做伤害中国人民感情的事情；其二，家乐福集团总裁和家乐福中国区总裁将亲临北京奥运会开幕式。这两个信息其实都不是中国网民需要得知的。这份措辞简单、内容单薄的声明在义愤填膺的数亿网民面前显得很苍白无力，且毫无诚意，并没有真正地考虑到广大中国人民在爱国主义感情受到伤害时的真正利益点。

3. 缺乏诚意，家乐福犯了公关危机的大忌

家乐福从 4 月 10 日开始被抵制到 18 日，一直宣称销售量没有下降，这种打肿脸充胖子的公关策略，好像是在告诉那些抵制的愤青们，你们尽管抵制吧，我们的销售还是很好，这只会招致愤青们更多、更积极的联络参与。而家乐福正常的促销行为也被愤青们理解为反抵制的措施，家乐福真诚的沟通没有表现出来。

4. 家乐福对媒体公共关系处理值得商榷

对于传闻报道，家乐福在声明中说"家乐福将保留对恶意制造和传播上述谣言的组织和个人采取法律行动的权利。"从语气来看，态度非常强硬。这虽然对"家乐福大股东曾资助达赖"传闻的传播有威慑作用，但这个传播面已经很广了，而且很多媒体都用转载的形式或引用报道的形式，钻家乐福声明的空子。危机公关中最忌讳与媒体为敌。一旦犯了这个忌讳，再好的公关策略和经费、人力投入都是失效的，而且还会招致长期的噩梦，媒体会紧追不放，不断制造麻烦，把企业引向危机的深渊。

案例八

让 你 猜 猜 我 是 谁
——《我悄悄蒙上你的眼睛》公关策划探视

2001 年中秋节前夕,北京 100 多位企业老板在短短数日之内,忽然陆续收到"快递公司"送来的玫瑰、美酒、月饼,且每份精美的礼品中都捎带一张造型新颖别致的小纸封,纸封上留的"墨宝"依次为:

玫瑰:我真的很感谢你!

美酒:请让我敬您一杯!

月饼:恭祝月圆梦更圆!

在最后这张纸封的另一面透出一丝"亮光":欲知我是谁,请留意 9 月 20 日《计算机世界》要闻版小四封封四。

这浪漫的礼品,温馨的话语,宛如石落静湖,在这群老板中激起"轩然大波",在京城演绎出一连串耐人寻味的"大故事"。

中秋节这天,记者造访了这个被誉为"我悄悄蒙上你的眼睛"的策划活动的"设计师"。他不让记录,不让采写,只让听。于是,记者听到一阵又一阵爽朗的笑声。

一家公司的女老板,将"快递公司"送玫瑰的小生堵在办公室门口,"你今天不如实告诉我送花者是谁,我绝不收这朵红玫瑰!""尊敬的老板,为客户保密是本行业的职业道德准则,如果您实在拒收,客户允许我再给您一张纸条。"说着,那小生毕恭毕敬的呈上纸条。女经理展开一看,更加困惑:"打死我也不说!"是谁呢? 客户,友人,亲人……万般无奈之下,她终于收下玫瑰,将小纸封掖进口袋。

夫妻同在一家公司的一位男性老板,自收到第一件礼品——红玫瑰后,简直是白日搜肠刮肚,夜晚辗转反侧。太太充满火药味的话不时在耳边炸响:"员工夸你不'花'是拍你马屁讨好我,你说你不'花'是做贼心虚蒙哄我。你自己说说看,这含情的玫瑰、撩人的话语,是你第几个情人的杰作?"他不"花",他"哑巴吃汤圆——心里有数",可送花人是谁呢? 他翻出发黄的公司员工花名册,像看一部绝妙的电影一样,细细地过了一遍又一遍,也没找到"感觉"。

京城百余位公司老板:男老板、女老板、大老板、小老板、花老板、纯老板、热恋中的老板、金婚银婚的老板……面对这半空飘来的一件件"礼品",几乎人人心底静湖泛起阵阵涟漪。有甜甜的回味,有淡淡的忧伤,有深深的自责,有丝丝的迷茫。每个人的情感世界都在骚动。

焦灼的人们,煎熬的人们,几乎无一例外地痛下一个决心:等! 等到 9 月 20 日,等到第一个买来带有墨香的《计算机世界》,看看你是谁。

这一天终于来了。有的老板事先吩咐得力的"心腹"早早上路，一定要第一个买到这张报纸；有的老板亲自驾车，冲破秋日清晨的薄雾，早早伫立在街头报摊前，静候报贩的到来。

捧读着带有印刷机"体温"的报纸，再一次见到熟悉的玫瑰、美酒、月饼，人们终于知道了这个"故事"的制造者。他们欣喜若狂，他们如释重负，他们深受启迪，他们奔走相告，他们惊呼着他的名字。

这一位广告业内的公司老板，虽然他至今不让透露他的姓名。这已不太重要，更重要的是，这次精心策划、精彩实施、令人击掌叫绝的公关策划活动——我悄悄蒙上你的眼睛。

这次公关策划活动的"设计师"承认，令他始料未及的是：活动的回报，竟是意外的丰厚；活动的收获，竟是出奇的多元。活动的总投资 10 万元左右，居然赢得数以千万元计的经济效应和看不见的巨大社会效应。

一家颇有实力的广告客户，原计划在新的一年另谋广告人，易主更章，只因受惠于这次活动，改变了初衷，决定继续与"设计师"的广告公司紧密合作。客户老板放出话来："能策划实施这般精彩活动的广告人，我们与之合作信心倍增，继续签约。"

一家广告公司的老板，召集公司全体员工会议，向员工隆重推介这个"成功策划"，并要求每位员工畅谈由此引发的感想和启示，希望类似策划在本公司开花、结果。

活动掀起"盖头"后，如拨云见日，温馨和煦的阳光洒满人们的心田，一切愤怒、狐疑、猜忌旋即烟消云散。许多老板的家庭关系、恋情关系的"亲和度"大大增加，相互信任度、理解度、认知度大大加深。不少老板如释重负，平素日理万机，迫不得已频繁出入交际圈内应酬周旋，每每得不到太太或恋人的理解，时常引发幽怨和矛盾，徒生许多无奈和重负。通过这次活动后，疲惫的身心受到一次难得的清洗和抚慰，顿生悠然轻松之快感。

案例评点

这是一个极富诗意和创意的公关策划。广告公司对看似人少的目标公众进行了有的放矢的理念传达，实际上已发生了公关的连环效应。该广告公司在实施这一策划的整个操作过程中，巧妙地体现了广告业内的营销概念，成功的演绎和塑造了本公司品牌形象。这种对无形资产的"营销"，其增值价值难以精确估算，不亚于在客户和业内人士面前矗起一座丰碑。

这是一个极富人文关怀的策划。美好的关爱，美丽的情感人见人爱，正因为策划人深知人类心灵深处的需求，才能造就如此美丽的策划。这也应验了公关策划中的一个最根本的原则，那就是公众的需求是最大的需求，公众的利益永远是第一的。

一个成功的策划同时也是内部公关的一次提升。据说该公司事前专门设立了一项"保密押金"：中层干部押 400 元，一般员工押 200 元。如今策划实施"保密"成功，中层干部得到 800 元的回报，自愿交押金的员工也得到了 400 元的奖赏。公司领导说话算数,信誉深入人心。公司因此而人气大振,向心力、凝聚力、创造力倍增。

此次公关活动的"设计师"在总结活动所产生的"内部效应"时喜不自禁地说:此次活动锻炼了人、培养了人、甄别了人、提升了人,公司的人气状况出现了空前的"火爆"。

案例九

农夫山泉叫板全国纯净水
——对媒介策划的审视

项目背景

据不完全统计,目前全国有各类饮水生产厂家超过 1500 个,名目不同、品牌繁多的各类瓶装、桶装饮水在市场上旺销。在这些品种中,以纯净水最多,目前纯净水在国内市场每年销量多达 29 亿升。

面对乐百氏与娃哈哈这两大竞争对手相继与达能合资,"农夫山泉"在纯净水市场上将面临严峻的竞争压力。这种压力不仅来自于品牌的影响力,而且"农夫山泉"的营销渠道和产品的终端售价也不及前两者。"农夫山泉"只从千岛湖取水,运输成本高昂,而乐百氏和娃哈哈的产水点遍布全国,这很有点像可口可乐与百事可乐的竞争方式,一个讲求网络的规模,一个讲求局部的规模。

生产农夫山泉的养生堂公司面临严峻的整合形势。国家药品监督管理局发出的"关于开展中药保健品整顿工作的通知"中明确指出,至 2001 年 1 月 1 日止,国家将公告被撤销批准文号的保健品名录,所有在名单上的品种从当日起将不得再生产,2002 年元旦起不得在市场上流通。2002 年 12 月 31 前,各省"健"字号保健品全部撤销,2004 年元旦起不得在市场上流通。

养生堂的当家产品其实是龟鳖丸和以女性为销售对象的朵尔,两者均为健字号产品,都将面临重大抉择

养生堂对市场形势的判断很清晰,两大"健"字头的产品前途未卜,而在纯水市场上,农夫山泉对抗娃哈哈与乐百氏,如果没有特别的手段,将很难打赢。如何来避开激烈的纯净水市场,另辟蹊径,引入新概念,让消费者接受"天然水"? 与在纯净水市场中的老大娃哈哈和乐百事相比,原本也是生产纯净水的农夫山泉入行较晚,要在众多强手之中脱颖而出必须要有别出心裁的公关手法。

项目实施

1999 年 6—7 月间,农夫山泉的生产者——浙江千岛湖养生堂饮用水有限公司,在中央电视台播放了一则"天然水与纯净水"的对比广告:两株水仙花,一株浇纯净

水,一株浇农夫山泉,结果两株花的生长不一样。这一广告点燃了全国范围内的大规模"水战"。2000 年 4 月 24 日,浙江千岛湖养生堂饮用水有限公司又向媒体宣布"饮用水对健康无益",引起了全国纯净水行业对农夫山泉的一片讨伐……

以下是纯净水企业投诉农夫山泉背景及事态发展的时间表:

中国包装饮用水行业 20 世纪 80 年代中期起步。1987 年青岛崂山生产出第一瓶矿泉水,1995 年,娃哈哈生产纯净水,1996 年,第一支水产品广告出现在中央电视台。

1996 年,法国达能对乐百氏控股。

1997 年 5 月,中国预防医学会主办"纯净和健康"研讨会,专家指出,过 10 年之后,喝纯净水长大的青年或许会出现乏力或提前患上心血管疾病。

两个月后,上海获特满公司主办另一研讨会,指出喝纯净水对人体无害。

1999 年,法国达能参股娃哈哈。

1999 年 8 月,北京国信向北京朝阳区法院起诉农夫山泉,导火线是农夫山泉的一则在中央电视五台的广告:"受过污染的水虽然可以提纯净化,但水质已经发生了根本性变化,就像一件白衬衣弄脏以后,再怎么洗很难恢复到原来的样子。"

2000 年元月 18 日,中国奥委会在北京人民大会堂举行大型新闻发布会,指定农夫山泉为 2008 年奥运会中国体育代表团比赛训练专用水。

2000 年 3 月,娃哈哈向浙大学生宿舍赠送饮水机。

2000 年 4 月 24 日,农夫山泉宣布基于浙江大学白海波博士后的阶段性成果,停止纯净水的生产。该实验对大白鼠、水仙、洋葱、细胞切片等动植物,以"不含矿物质的水"与农夫山泉天然水(含矿物质)比较。

同时,关于对比实验的广告在中央台播出。

4 月 27 日,成都全兴矿泉水公司宣布将于 5 月公布喝纯净水无害的证据。

5 月 25 日,农夫山泉与中国青少年科技辅导员协会联合开展名为"争当小小科学家"的活动,计划在全国 21 个大中城市的 2700 多所学校中开展此项活动。

6 月 5 日,世界环境日,"争当小小科学家"活动在成都率先举行。

同日,成都市 11 个品牌纯净水企业老总联名签署向国家工商局和四川省工商局递交对农夫山泉的举报书,并向新闻界宣布其对抗实验启动。

6 月 8 日,全国 69 家纯净水企业由娃哈哈牵头在杭州召开"2000 年纯净水研讨会"。会后,由浙江娃哈哈、广东乐百氏、上海正广和、四川蓝光、北京的国信和鑫丽等六家公司组成申诉代表团,分别向国家工商局、国家质量技术监督局、教育部、卫生部和中国科协投诉,要求从不同方面对农夫山泉进行制裁。

6 月 8 日晚 8 点 30 分,农夫山泉举行"记者恳谈会"。

与此同时,娃哈哈向记者和纯净水企业开放生产车间,农夫山泉也请记者和纯净水企业参观生产线。

案例评点

尽管在 8 月 5 日，农夫山泉被北京市朝阳区人民法院一审判决向北京国信纯净水公司公开赔礼道歉，并赔偿其经济损失 5000 元。但我们不得不承认，今年，农夫山泉收获颇丰。一句"为了人类的健康，我们不生产纯净水，只生产天然水"的口号，不仅动摇了纯净水在市场中的绝对支配地位，更成功开辟了水市场中天然水的新战线。

农夫山泉似乎是这方面的高手，利用其特有的纯净水改成了天然水，再加一组天然水与纯净水对比实验，随后郑重宣布：为了人类的健康，我们不生产纯净水，只生产天然水，俨然一副以人民的利益为重，塑造企业的良好形象。随着媒体的不断跟进名声大噪。但是，纯净水企业一看，这不是彻底砸烂哥儿们的饭碗吗？勃然大怒，群起攻之。先有广东"水师"召开"齐批农夫"研讨会，后有娃哈哈英雄帖，组成 69 家生死同盟对付农夫山泉，既而农夫山泉又染上官司。"农夫"如何全身而退？平心而论，养生堂此番计中计还是很巧妙的，从目前的事态来看，他们至少还希望这场论战再延续一段时间，或至少要打到 9 月。因为那时奥运会就要开幕了，而农夫山泉是中国奥运代表团指定饮用水，农夫山泉的巧妙之处还在于此，他们可能希望这个"指定用水"可以为这场争论划一个圆满的句号。

养生堂的农夫山泉这次制造的事件，是营销人、广告人和公关人共同策划的结果，是对养生堂近几年来广告策划进行研究和总结的结果。虽然说这次事件在社会上引起了轩然大波，但是于农夫山泉来说还是有利的，农夫山泉，在中国纯净水市场排名老三，是不争的事实，为能够更上一层楼，搞点花样，也不足为奇，"4.24"宣言无疑是他精心策划的"圈套"，不管你进不进，都有上套的感觉。具体可以从以下几点分析。

1. 对公共关系的原则了如指掌，运用自如

公关有事实第一性的原则，他用了一个谁也说不清的科学实验佐证天然，不能不说策划精明。打着维护消费者利益的旗子，公众是首要的，反映公关职业道德问题，农夫山泉利用消费者怀疑心理，获取利益，天然水还是纯净水对人体更有利的说法并没有定论，但农夫山泉有点甜已留在人们心中。公关基本原则之一，以科学指导，研究科学指导在当今社会是必然的，用一个科学的实验证明，让公众有理由相信，即使不信，也让公众有怀疑的理由，这样农夫山泉的目的自然也就达到了。

2. 对事件传播载体的了解利用

任何广告，特别是事件广告，都离不开新闻媒体这个载体，载体熟悉，会使得企业和产品的知名度和美誉度，甚至销量一起上升，又可以节约广告开支。由于事件本身的轰动效应，产品的知名度、品牌的认知度都会有不同程度的提高，但由于事件引起的社会反应不同，因此对美誉度和产品销量也会有不同的影响，但是纯净水和天然水之战，无形中在社会上树立了农夫山泉关心消费者利益品牌形象，自身的美誉度得到了大幅度的提升。据上海市英友自选市场检测数据报告，1999 年 6 月上海桶装水的

销量排名,名列市场份额三甲的是农夫山泉20.3%．获特满13.3%,奥巴克林11.8%。而2000年6月上海桶装水的销量额排名:农夫山泉30.9%,雀巢俊士10%,延中8.3%。从上述资料看出农夫山泉市场份额在上升,而竞争对手的份额下降。这次事件无疑给农夫山泉做了免费广告,显然媒介事件的制造比那些刊登的广告所起的作用更大。

3. 及时传达企业的形象理念

农夫山泉叫板策划是一次完整的公关广告策划,在对手尚未开展的新的市场策略升级时,及时树立品牌良好形象,赢得更多潜在消费者,将有利于今后的生存和大规模的发展。这种及时传达企业的形象理念的策划,不仅开拓了组织形象的新空间,当然也取得了很好的社会效益和经济效益。

4. 对消费者的消费心理和消费行为了解

农夫山泉选择了独特的消费群体中小学生和运动员的设计是这一定位的体现。本次事件争端的缘由是水源的保护,提醒人们重视水源保护是一件功德无量的好事,用这样的主题引导儿童,可以赢得在消费者的心目中的关心环境,关心明天的企业形象。

虽然农夫山泉在一系列的公关广告策划活动中在很多方面表现得过于急功近利,但是总体来说,这样的策划还是成功的。

但从另一方面说,农夫山泉要力求处理好与环境的关系。有几个方面的问题必须认真面对:

如何面对行业主管? 国家行业主管部门似乎不可能发一个文件指出纯净水有害,似乎也不可能立即出台一个新的"天然水"的标准。既然不会出台一个新的标准,企业生产的合法化问题就始终得不到解决。

如何面对竞争对手? 即使水战打到最后,人们认可了所谓"天然水"的概念,竞争对手们也不会轻易"放过"农夫山泉的,因为"天然水"可能是好的,但你取自千岛湖的天然水却未必好。媒体早在1998年10月就报道千岛湖湖水污染严重的问题。你攻击了别人,别人也会攻击你。

如何面对市场? 即使农夫山泉的"天然水"被认可了,但很快也会出现全国一哄而上的局面。反正没有什么国家标准,都是所谓的"企业标准",你怎样判断孰真孰假? 全国食品工业标准化技术委员会的担心是有道理的。最后的局面很有可能是,你刚把纯净水企业打死了,紧接着你又被别人打死了? 难道那时你还能十分英明地转型?

如何面对消费者? 虽然农夫山泉在各种场合都没有明确指出纯净水"有害",但拿出的事实全部耸人听闻,既然如此,如果消费者集体诉讼要求赔偿又该如何? 法律方面的专家完全可以指出,你明明在1999年10月就明确知道纯净水无益,为什么却在今年4月才停止生产?

案例十

寻他千"百度" 危机巧处理
——"百度竞价排名事件"的媒体应对

百度,全球最大中文搜索引擎,全球最大中文网站,覆盖95%的中国网民,每天拥有超过1亿次搜索。

百度,2005年8月美国纳斯达克轰轰烈烈上市,成为很多中国民众心目中敢于对抗国际强势的"国民英雄"。

百度,源起辛弃疾《青玉案》"众里寻他千百度"的百度,却在纷纷扰扰的2008年末,因其一连串的负面消息,成为众矢之的。面对空前的危机,百度该予"众"怎样的回答? 该"寻"哪条路?

危 机 爆 发

2008年11月15日、16日两天,央视《新闻30分》栏目以《记者调查:虚假信息借网传播百度竞价排名遭质疑》、《记者调查:搜索引擎竞价排名能否让人公平获取信息》为题先后对百度搜索引擎模式进行了报道。央视新闻称,由于愿意出较高的价格购买关键字,例如"癌症"、"性病"等,一些非法医疗网站在百度搜索结果中的排名位于合法网站前边,而一些网站由于没有资金购买关键字而遭到了百度屏蔽,央视《新闻30分》的目标直接质疑百度的商业模式竞价排名。

然而,这却不是百度危机的开始,而是其危机爆发以来的最高潮。

①2008年9月8日,阿里巴巴集团旗下的C2C网站淘宝网宣布屏蔽百度对淘宝网信息的抓取。随后,阿里巴巴B2B网站也宣布由于虚假点击等原因不再在百度上投放广告。

②2008年9月12日,有网友上传了一份"三鹿集团危机公关建议"文件,透露三鹿公关曾建议跟百度接触,希望百度协助其删除近期有关负面信息。此文件迅速被误读、谣传为"百度收取300万替三鹿屏蔽负面信息"。百度旋即在9月13日向公众发出声明,指出百度从未屏蔽与三鹿事件有关的任何搜索结果,搜索结果说明一切。

③位于河北唐山的全民医药网突然宣称将起诉百度垄断,要求百度赔偿其1.7亿元人民币。金德管业集团有限公司亦将百度起诉到北京海淀区人民法院,要求百度公司赔偿一元钱并立即停止侵权行为,断除侵权信息链接,并在有关网络媒体上作出赔礼道歉。

如果说,阿里巴巴屏蔽事件在一定程度上是两者利益冲撞的结果,三鹿事件是彻头彻尾的误读谣传,那么,全民医药反垄断事件就是今天百度被推上风口浪尖的前兆。原因就在于"竞价排名",这一让百度取得商业成功并且赖以生存的赢利模式。

竞价排名——广告推广

百度竞价排名是网络广告中的关键词搜索,是搜索引擎赢利的主要方式。搜索引擎广告是诸多小企业为了在大媒体平台上投放广告,并且获得广告效益最大的方式。它也是一种按效果付费的网络推广方式。用少量的投入就可以给企业带来大量潜在客户,有效提升企业销售额和品牌知名度。每天有数亿人次在百度查找信息,企业在百度注册与产品相关的关键词后,企业就会被查找这些产品的客户找到。竞价排名按照给企业带来的潜在客户的访问数量计费,企业可以灵活控制网络推广投入,获得最大回报。出价最高的就会被显示在百度搜索结果的第一个位置,其获得的效果显而易见。

"竞价排名"本是经济社会的无可非议,一直以来就是内行看门道,外行看热闹甚至不予关注。但是诸如央视曝光中反映的虚假医药信息,就是竞价排名发展到目前的、给予百度的"无可奈何"。

百度的危机公关处理:

虽然百度方面没有召开新闻发布会,但是曝光事件一周后,依然是央视的报道为我们总结了百度的努力。

1.迅速改正错误,删除虚假信息

在 CCTV 曝光的第二天,百度立即将所有"涉案"的虚假信息下线处理,撤掉的关键词达到了上千个。同时还对广告客户展开了大规模的资质审查,重点审查的医疗等行业,必须出具国家承认的相关证书,方予以重新"上线"考虑。

2.加快产品研发、净化行业环境、谋求"长治久安"

百度在"竞价排名"模式的公正性遭到质疑后,已加快推出新的广告系统——"凤巢计划"——的步伐。这一系统正是为解决当前"竞价排名"带来的负面效应而开发,可以说是安装了补丁、全新升级版的"竞价排名"。

3.处罚责任人,"重典"显示决心

百度被指"造假"的员工已经被开除,由此可看出百度这一次是下了狠心要"刮骨疗伤",重新交给中国网民一个便捷、干净的中文搜索引擎。

4.人事变动

内部急调企业市场部总监舒迅出任公司品牌市场总监。百度方面称舒迅出任品牌市场总监后将利用其业内丰富的人脉资源重整公司品牌宣传、市场公关策略。

案例评点

1.迅速回应,诚恳道歉

三鹿的教训告诉我们在面对危机时,组织应该给予及时的正面的反应以及合理的公开处理方式。危机在所难免,组织形象很难长青,关键是态度和行动。百度处理危机时的及时回应和诚恳道歉是值得肯定的。

百度官方在 11 月 17 日就正式对外公开道歉,其中说到"……是百度对销售运营体系的管理不善造成的",可见它在承认错误时没有推卸责任,表达出了自己的诚意。11 月 18 日晚间,百度 CEO 李彦宏紧接着又向所有员工发出公开信,主动承担全部责任。现代商业社会,企业领导人的形象早已被明星化、品牌化,李彦宏的承担对于百度内部是定心丸,对于社会各界是一种负责任的整体企业表现。

2. 寻找转机,情感沟通

百度的竞价排名是以牺牲广大公众利益代价为前提的,在这种与公众发生利益冲突、矛盾焦灼的情况下,百度的危机处理该如何较快获得公众的谅解呢?百度打起民族情感牌,在回应中直接指出与 Google 之间的竞争:"在百度 8 年的成长过程中,为了与 Google 这样全球领先的技术公司进行竞争,百度过多地关注了技术和研发,而对销售运营缺乏严格的管理和系统的投入,百度对此进行了深刻的反省。"这句话,一方面解释了自己犯错的原因,另一方面更不讳其想打响民族品牌并且击败 Google 的目标,所以忽视了某些要素,导致危机。这就很妙地在无形中提醒了公众,对于这样一个渴望自立自强的品牌,我们应该给它改错的机会、成长的空间。

3. 联系媒体,传播沟通

在争取获得理解的同时,百度没有忘记媒体,尤其是"系铃"的央视。事件发生一周后,11 月 23 日晚的中央电视台新闻频道的《新闻周刊》节目回顾了这次事件、全面报道了百度迅速的整改与李彦宏真诚的道歉,白岩松更是代表媒体和公众表达了对百度和年轻的中国互联网的一丝温情和更多期待。

外化迹象显示,正是李彦宏诚恳的致歉和迅速的整改,让央视和白岩松在评论中有了一丝语重心长,"有错能改,善莫大焉"。但其背后必定还有更多的百度与央视的进一步沟通,展现其更多的"悔意"和努力。毕竟,央视的权威性和受众广泛性足以在推你向深渊的时候再拉你一把,更何况对象是百度这样的中国互联网业的标志性品牌。

4. 付诸行动,重建品牌

近年来,百度的形象一直在走下坡。从裁员风波、到加班员工被害、到与天极网的争端、再到副总裁梁冬被调离、再到 CTO 刘建国辞职。所以无论怎样,百度在公开道歉、措施提出之后,接下来的付诸实际的行动和最终可见的效果才是品牌形象重新建构的关键。而百度也加快了推出新的广告系统——"凤巢计划"——的步伐。用央视报道中的话说,百度正在"积极准备"。这一系统正是为解决当前"竞价排名"带来的负面效应而开发,可以说是安装了补丁、全新升级版的"竞价排名"。

第四章

政府公关——背靠大树好乘凉

你遭遇下列问题了吗

- 政府的政策不对路怎么办?
- 经常搞不清应该与政府的什么部门打交道?
- 政府职能无限吗?
- 政府的支持到底有多大?
- 如何维护政府权威? 如何获得安全空间?
- 政府与法律等同吗?
- 政府公众到底有哪些?
- 如何维护保持与政府关系的顺畅?

关键词链接

政府公众:指政府各行政机构及其工作人员,即组织与政府沟通的具体对象。任何社会组织都必须接受政府的管理和制约,因此需要与政府的有关职能机构和管理部门打交道。这是所有传播沟通对象中最具社会权威性的对象。

"院外活动":在欧美,与政府打交道又被称为"院外活动",这是一种极为特殊的沟通领域。政府的政策、立法、法规均规范着各家公司和各种机构从事经营活动的大环境,与各级政府的沟通是必不可少的。

PR10忌:

说谎或欺骗　蔑视　过于小心　打扰　拖延,犹豫不决　做一个谦逊的人

难以接近　为短期利益牺牲长期关系　贿赂　行为不检点

智慧提醒

(1)组织与政府公众保持良好的沟通的目的

争取政府和各职能部门对本组织的了解,信任和支持;

为组织的生存和发展争取良好的政策环境,法律保障,行政支持和社会政治条件。

(2)政府公共关系的意义

政府的认可和支持是最具有高度权威性和影响力的认可和支持;与政府建立良好关注能够为组织形成有利的政策、法律和社会管理环境。

与政府沟通是一种极其专业化的沟通,《墨尔本先驱报》记者皮特·科期蒂根曾评论说:对于精明的商业人员来讲,公共服务机构已经超出了他们的理解能力,对于普通平民来讲就更不用提了,因此专业化的沟通已经成为一个迅猛发展的行业。

操刀秘笈

①让政府尽可能多地了解自己,只要有意皆不难。

②政府大权在握:指定政策、执行法律、管理社会等等功能,具有最强大的宏观控制力。

③政府是代表公众的意志的,因而走进政府等于密切公众。

④政府就像是一个小瓶颈,大肚皮的家伙,口子小,然天地广。

⑤如何密切政府关系:

- 分析政府
- 研究政府
- 把自己放在政府政策等法律许可的瓶子里
- 不失时机地向政府传播组织的重要信息
- 建设性意见不可少
- 说服性的工作不可无

⑥腐败政府公众的行为,实在罪大恶极。

努力维护政府公众的清廉性,才能真正获取双赢。

案例点击

案例一

柯达给富士的两记闷棍
——柯达的政府公关

柯达与富士都是世界上知名的胶卷生产企业。同是较早进入中国市场的外国企业,多年来,两大巨头在中国上演了一幕幕明争暗斗的"公关大战"。而在近期的公关大战中,柯达给了富士两记闷棍,着实让富士憋了好长一段时间。

"九八协议"——柯达的第一记闷棍

三年前,柯达与中国政府签订的"九八协议"是富士暗淡岁月的开始。该协议规定,柯达总计投入 12 亿美元,以控股的方式与厦门、无锡、汕头等感光企业组建合资公司,上海、天津、辽源三家企业在合资公司三年基建期内不能与其他外商合资合作,柯达为此向中方支付资产转让费 3.75 亿美元。这意味着三年内中国政府将不允许任何其他外商在国内投资胶卷企业。而这个外商,主要针对富士。另外,柯达必须在国内建立一个原料厂,目的是帮助乐凯掌握胶片制造中的核心技术。这一协定带来的直接后果就是:三年后的今天,柯达在中国处于绝对的垄断地位,占据 60％的份额,而富士只有 30％。

"九运会"前的"眼球争夺"——又一记闷棍

让富士人耿耿于怀了整整三年的"九八协议"今年终于结束了。在富士看来,柯达的好日子也该到头了,该是富士翻身解放、扬眉吐气的时候了。为此,富士人下了一个大赌注,南下广州,以 1506 万元成为"九运会"的主要赞助商之一——远远超过了柯达。但是这一次,富士又失算了。1998 年 11 月 1 日,"九运会"开幕前十天,柯达 CEO 邓凯达到达广州,出席柯达珠江大型霓虹灯亮灯仪式。仪式上,邓凯达声称:"我们将把握中国加入世贸之商机,在广州开拓更多业务,加强我们在中国南部之竞争力。"

这一招大大出乎富士的意料,柯达赶在"九运会"开幕之前亮相,再度把市场眼球聚焦到自己身上,也再一次将声势压倒了富士。这对试图借"九运会"之东风卷土重来的富士来说,又是一大打击。

案例评点

该案例中提到的柯达给富士的两记闷棍,其实就是柯达的两大公关活动。首先,关于"九八协议"的签订,这是柯达公司对中国政府实行公关的一个重大举措。我们知道,一个企业要搞得好,内部员工关系和外部公众关系都很重要。在外部公众中,政府也是重要的一个公关客体,尤其是政府职能尚未完全转型的中国,政府在企业对外公关中扮演着复杂而特殊的角色。柯达公司"九八协议"这一政府公关的最大意义在于,赶在中国入世前的关键三年内,把所有其他外资公司尤其是老对手富士完全排除在竞争范围外,从而强化了自身的地位。依照柯达公司亚太区副总裁叶莺的说法,这是柯达中国命运的转折点。柯达收获最大的是获得了中国政府的肯定,而且在营运组织的效率和质量方面将富士远远抛在了身后。至 2000 年底,"柯达快速彩色"影像中心发展到 5000 多家,中国成为柯达仅次于美国的第二大市场。

如果说柯达给富士的第一记闷棍是其蓄谋已久,而柯达赶在"九运会"前亮相珠江则又是"借冕播誉"的一个奇招了。所谓"借冕播誉",是指企业或组织借用有影响的其他社会组织、活动、新闻媒介等为自己做免费宣传、提高知名度和美誉度的公关策略。柯达选择了珠江大型霓虹灯亮灯仪式作为进行公关活动的环境空间的妙处在于:第一,珠江大型霓虹灯亮灯仪式在珠江乃至整个广东省都是一件大事。早在仪式揭幕之前,已经引起了民众和新闻传播媒介的普遍关注;第二,借这样一个机会与广东各界广泛接触,影响面大,传播速度快;第三,在地点的选择上,珠江同样位于广东省,临近"九运会"赛场,与富士是针锋相对;第四,在时间上,柯达来了个提前十天登台亮相,先发制人,占尽先机。

案例二

时 势 造 英 雄

——"9·11"事件后布什政府公关策略

项目背景

美国东部时间 2001 年 9 月 11 日,美国纽约和华盛顿及其他一些城市相继遭受恐怖袭击。9 月 11 日早上 8 点 45 分和 9 点 03 分,先后有两架小型飞机撞击纽约世贸中心两座大楼,发生爆炸,伤亡人数可能造过万人。随后,美国五角大楼和国会山也着火爆炸;与此同时,数架被劫持的飞机坠毁,机上乘客遇难……

美国正遭受到"历史上最严重的恐怖袭击",面临空前的恐怖挑战。

项目实施

"9·11"事件发生后,布什政府立即采取一系列措施来稳定民心。

世贸大楼遭袭后,9 点 20 分美国总统布什立即发表讲话。他说,美国正遭到恐怖分子袭击,美国政府将对飞机失事原因展开全面调查。另外他宣布世贸中心遭袭击是一个"国家灾难"。在讲话中,布什表示美国政府不会姑息纵容任何恐怖主义行径,同时他对在此事件中遭受不幸的美国人民和家庭表示沉痛的哀悼。

紧接着布什及其政府对该事件的处理可谓高效而步骤清晰的:首先,采取一切必要的措施抢救被困在事发现场的人们,同时,谨慎的防止进一步的恐怖行为;接下来,就是向人们保证将元凶绳之以法,并将目标锁定为藏在阿富汗的本·拉登;然后是开展外交攻势建立反恐怖国际联盟,逼塔利班政府交出拉登;并且调兵遣将到阿富汗准备攻击,同时表示此举并非针对信仰伊斯兰教的民族,顺便也告诉美国人不要向国内的阿拉伯人进行种族报复;而后向人们再次表示绝不手软,但也忠告民众要耐心,并作好长期斗争和人员伤亡的准备。

项目评估

"今天,我们的国家看到了邪恶。""恐怖分子虽然粉碎了钢铁,却无法粉碎美国人民的意志。"

这是"9·11"事件发生后布什在佛罗里达州发表的讲话中被广为引用的两句话。当时,布什表情沉重,眼角噙着泪花,两眼直视前方,让人们搞不清楚他究竟是在用坚定的眼光鼓励美国人民,还是被惊吓得目光呆滞。但正是在此次和以后几次讲话中同样表情和目光的屡次再现,并且其言行在公开场合也给人平民化和亲切的印象,如9月12日到事发现场视察穿夹克而不穿西装,透露出"我时刻与你们在一起"的信息。让美国人民突然觉得这个当初以"有争议的微弱多数"赢得总统宝座的"坏小子"在执政了34个星期之后,变成了一个新的布什。他的表情和眼神也被说成是有个性、有决心和坚定不移,人们相信他能领导打击恐怖主义的新战争。他再也不是被人们屡屡指责的"问题总统了,"众参两院随后也以压倒多数通过支持他的决议,民意调查显示的支持率也破天荒的攀升到91%。

"透过悲伤的眼泪,我看到了机会。"没错,布什不仅看到了自己的机会,也看到了美国政府的机会。起码短期内国内反对他的政府增强国防、建立国家导弹防御系统的人可能会改变主意,因为更具说服力的意见是——只有建立完善的防卫系统,才能防止"流氓国家"的突袭、政府才能保护人民以及政府雇员的生命安全。换句话说,由于形势的变化,国会拖后腿的态度将改变。

美国民心也渐渐稳定下来,并表现出了空前的团结。"9·11"之后,许多美国家庭、商店门前都挂起了美国国旗以示对政府的支持,对恐怖主义的不屈。这成为了美国政府反恐的坚强后盾。

案例评点

"9·11事件"虽然已经过去了,人们听到事件那刻的震惊已经渐渐冷却,丧失亲人的伤痛也已慢慢愈合。但这个事件给人们带来很多的思考,还有很多后续文章会相继出炉,"9·11事件"最终将如何收场还是一个未知之数,它最终会给人类带来什么影响也不得而知。我们唯一可以肯定的是:这对任何国家来说都不是一个好消息,尤其对美国而言。

毫无疑问,"9·11事件"对美国政府来说是一个危机性事件。这时布什的表现至关重要。危机公关处理指的就是要以最快的速度,尽最大的努力来挽回组织的形象和公众的损失。布什没有让民众失望,处理得相当漂亮,又一次向世人展示了一个强劲的美国,从公关角度也让我们看到了美国公关的国际级水准。布什政府采取的一系列政府公关活动效果显著,其成功之处主要在于:

顺应公众的心理。恐怖袭击美国的当头,对公众来说,领袖的首要动作就是站出来,并让人们看到,人们渴望通过领袖来克服危机时刻的不确定感。这就是危机前公众表现出来的共同心理特征。美国人往往在遇到战争或突发事件时表现出一种空前的团结,会比以往更加支持总统和政府的政策。"9·11"之后,许多美国家庭、商店门前都挂起了美国国旗以示对政府的支持,对恐怖主义的不屈便是一个例证。海湾战争期间,布什的父亲老布什的支持率也达到了75%。布什不是傻瓜,这样一个充分展示自己个性的机会岂能错过?于是,事件发生后,人们看到的确实是一个坚定的布什、一个强硬的布什、一个更有人情味的布什。

妥善周详的处理。布什在案例中的表现可以概括为：以美国和美国公众的利益为出发点，积极善后，控制局势，平息风波，挽回形象。布什抓住了美国文化中赞赏迅速而决定性的打击的特质，给民愤找到了一个宣泄的出口。既让疲惫不堪的政府和自己喘了一口气，也在一定程度上安抚了人民的创伤。对阿富汗的步步紧逼使塔利班政府陷入了交出拉登则国内分歧加剧，不交则引发战争的可怕处境。可以说，布什和美国政府的布局还是相当平稳的。

危机决策机制。布什的迅速反应有赖于美国制度体系中的危机决策机制及其智囊团。发生危机，美国政府自然要有所反应，向有关单位求助（消防、环卫），联络新闻媒介，这都需要一整套的体系支持。作为白宫的代言人，布什的一举一动都是经过其形象班子的反复推敲和以科学为指导的。9月12日到事发现场视察穿夹克而不穿西装可能是身边人的提醒（以前布什在公众场合从来都是西装革履），这样可以给人平民化和亲切的印象；18日参拜伊斯兰庙宇可能是顾问们的高招，告诉世人我们准备打击拉登和阿富汗并不是针对信奉伊斯兰教的民族，顺便也告诉美国人不要向国内的阿拉伯人进行种族报复；20日布什在众参两院联席会议上的演说稿显然也出自高人的手笔，措辞坚定而富有感情，极具煽动性，布什一口一个"民主"、"自由"，而会议现场却多次出现只在美国认为是"非民主国家"才能有的全体起立鼓掌的场面，以至于很多人误以为在台前演讲的是卡斯特罗。

危机公关的成功处理，使布什个人的形象大为改善，支持率急升，美国政府的各项决议也得以通过。突发事件造就了布什和布什政府。

案例三

发现他，发现这个国家
—— 温家宝首次访美的政府公关

项目背景

2003年12月7—10日国务院总理温家宝对美国进行了为期四天的访问。"此去多艰，重任在肩"这是国内外媒体对温家宝此次美国之行的预评。这次美国之行是温家宝担任总理职务之后的第一次重要出访，也是对新一届中国政府处理复杂国内外事务以及外交斡旋能力的一次全面考验。由于在这之前陈水扁搞"公投"、"制宪"导致台海局势骤然紧张、中美贸易摩擦接连不断以及各方筹备朝核问题六方会谈，所以在这样的背景下前往美国可谓是充满挑战。

项目实施

在短短的 4 天时间里,温家宝的日程安排相当紧凑。9 日,先后会见了美国总统布什、副总统切尼、联邦储备委员会主席格林斯潘以及国会参议院领导人;10 日,在哈佛大学发表演讲,阐明中国政府在处理重大国际问题和中美关系上的方针、政策以及治国理念。对于如何解决双方贸易摩擦问题,也提出了发展中美经贸关系的五条原则。

应该说这样的日程安排未见特别,与美方领导人会谈,参观美国大公司,会见华侨与美国商务人士,在大学发表演讲……这些都是中国领导人访美的传统项目。但特别值得一提的是这次温家宝访美一系列塑造良好形象的举动。

访美之前,温家宝主动接受了《华盛顿邮报》主编唐尼采访,这让美国媒体和公众有机会欣赏这位中国新总理,唐尼在采访之后给出的评语是:风度翩翩、言辞得体。

在赶往华盛顿抵达安德鲁空军基地的 9 日傍晚,温家宝在仪式之后未依常规乘车,而是踏雪走向前来迎接他的华侨、华人,施以"突然袭击"式的握手道谢,在场华侨、华人喜出望外。一位网友将出生于农民家庭的温家宝比作美国的林肯总统:"我爱我们的温总理,因为他是个诚实的人……而且他打心底里热爱人民,尤其是穷人。"

朴素、坦率、真诚、亲民,温家宝的气质,不仅感染了华人世界,在初到美国的两天,还激起了奉仰平民政治的美国人的加倍好感。"这是一个充满人情味的中国人,"在纽约一家电台工作的罗伯特·曼德斯在他的稿件中这样写道,"同我们想象中的不一样。"

2003 年,新的中国总理来到美国:在纽约证券交易所主持开盘,高兴地竖起右手拇指预祝吉市;在世贸遗址敬献花圈,沉默地寄托哀思;谈及中美贸易关系,寓语"会当凌绝顶,一览众山小";对鲍威尔说,我们都学地质专业,我们也都有一个苦难童年;对布什讲,我们一定会谈得很好,因为我也是一个坦诚的人。

在这个岁末的冬季里,温家宝用一种温暖的心态和方式来演绎自己的对美首访;他并不掩饰自己对美国的好感,称这是一个"伟大的民族"。在这短短的 4 天时间里,他必须让这个伟大的民族"发现"他,更要让美国人"发现"另一个他背后的伟大民族。

项 目 评 估

温家宝总理的这次访美取得了重要成果:一是中美对解决贸易磨擦问题建立了原则性共识和机制;二是促使美国政府恪守承诺,明确反对"台独";三是进一步改善了中美关系。

如果说上面所说的成果都是较为"硬性"、"高端"的,那么从塑造形象、政府公关这类相对"软性"的角度而言这次出访也是颇具成效的。

中国是在"9·11"之后才逐步走出妖魔化阴影的,这次温家宝访美更是以其坦诚、亲善在美国及世界人民面前树立了中国新领导人温和、人性化的形象。更重要的是温家宝通过这次访美向美国传达了中国作为经济强国以及世界舞台上一个负责任的国家愿意同美国好好相处的信息,并而向世界展示中国新一届政府立足经济、谋求发展的决心,以此让世界重新客观了解中国,消除国际社会对中国发展过分政治化的误读和警惕,为中国的进一步发展拓展更大的空间。

案例评点

这次温家宝总理访美的形象塑造及危机公关是相当成功的。首先来看此次访美时机的选择。2003 年的年底,已到了美国 4 年一度大选年的关键时刻,这个时候的美国,热闹而微妙,两个坐跷跷板的美国政党,很是需要寻些家伙来招呼对方。而中国问题,往往正是怎样拿住对手的利器。美国大选年,最高权位被争夺得死去活来,而美国的对华政策,在这节骨眼上也便最容易摇摆起来。每一次从摇摆再到稳定,中国付出的成本实在不菲。

抢在 2004 年上半年美国大选前夕,中国总理前往美国,这在中国对美外交历史上是第一次,其中化被动为主动的意图非常明显。在这个意义上,温家宝的访美在这个时节成行,本质上便是一次危机公关的外交,而时下因为美中贸易逆差导致的中美摩擦,与陈水扁的"公投冲线"举动,更增强了这一访问的危机公关色彩。

正如有评论指出的,不在这个敏感的时刻去做工作,原本只有一分杀伤力的贸易摩擦和台湾局势,便极有可能伤到中美关系三分,损及中国利益五分。所以在得到布什关于明确反对台湾"公投"的表态之后,温家宝的这次危机公关算是功成一半了。

作为中国政府总理,温家宝的亲民形象由来已久,包括 1998 年抗洪,2003 年 SARS 危机赴北京大学座谈,在艾滋病日与艾滋病人握手……温家宝早就是中国最受民众欢迎的领导人之一,但在打造国际形象方面还需要下一番功夫。而这次访美确实给了温家宝及中国领导层一个展示自己的好机会,温家宝在美国期间的表现赢得不少国际媒体的赞誉和民众的认可。

目前的中国新领导人比起早先在对外政策方面老练了许多,在外交风格上也更加柔韧和精工细琢。一方面这源于外交经验的增长和积累,另一方面也在于中国政府公关意识的增强和公关水平的提高。可以说在当今世界中公关的作用日益凸显,在国与国交往的过程中巧妙地运用公关往往能取得意想不到的效果。对于中国,这个谋求和平崛起的发展中大国更应该有效利用公关为自身发展创造更良性的国际空间。

案例四

重塑大国形象
——从印度洋海啸看中国

背景介绍

北京时间 2004 年 12 月 26 日 8:58,苏门答腊岛西北近海发生了 8.9 级地震。地震随即引发海啸,波及东南亚、南亚和东非地区 10 多个国家。据法新社报道,至 2005 年 2 月 4 日,印度洋海啸遇难者总人数已经超过 29.2 万人。从海啸发生的那一刻起,全世界都被震撼了,并且迅速对受灾国家进行了国际人道主义援助。无论是在联合国领导下的多边援助、欧盟集体合作或是各国进行的单边援助,这种全球范围内的援助浪潮都是史无前例的。

一些主要国家纷纷采取相应措施,展现了全球互助的行动,在援助了这些国家的同时,也树立了大国的良好形象。2005 年 1 月 6 日上午 8 点 15 分,中国、日本、韩国、澳大利亚、新西兰、美国、英国等国家以及联合国世界银行等国际组织的首脑在印尼首都雅加达召开海啸灾后问题领导人特别会议。围绕会议的举行,无论是在受灾地区,还是峰会上下、台前幕后,都成了各国竞相展示影响力的舞台。

(1)在这次峰会上,中国总理温家宝提出了 7 点建议:

①提供紧急救助;

②加快重建工作进程;

③重振受灾国家旅游业;

④建立灾害预警机制;

⑤加强信息共享和交流;

⑥充分发挥现在机制的作用;

⑦将积极参与以联合国等国际组织和以东盟为主导的援助计划。

(2)中国人民为印度洋地区人民捐款:中国红十字总会及各地红十字会、中华慈善总会及各地慈善会接受民间向印度洋海啸灾区的捐款累计已达 12483 万。

(3)美国对这次救援深表重视,最终的捐款数量为 3.5 亿美元。

①美国此次大规模地参与国际救援行动是希望借此改善不良的国际形象。

②布什政府为了由此扩大在东南亚和南亚的影响。

(4)欧洲:提高自身的影响力

①欧盟通过一系列措施,力图缩短与受害地区国家的心理距离。

②欧盟除了提供人道主义关怀、帮助灾民渡过难关,还怀有提高自己在世界、特

别是在受灾地区的影响力,拓展自身的外交空间,为欧盟进一步与受灾国家乃至整个亚洲进行更密切的外交活动进行铺垫的考虑。

(5)日本:自卫队参与赈灾

①日本企图通过对次援助活动,加强在东南亚地区的影响力,与中国相抗衡。

②同时,日本要实现旨在成为联合国安理会常任理事国的愿望,也要显示出"日本对世界的贡献"。

中国,作为正在崛起中的地区大国,如何在全世界面前塑造一个负责任的、爱好和平地大国形象,对中国甚至对世界而言无疑都是很重要的。我们很高兴地看到,从海啸发生一直到现在,在中国,无论是政府或是民间团体、个人,对海啸受灾国家的捐助或援助就一直没有间断过。这在共和国历史上是前所未有过的,而且,这足以向世界证明中国,即使是崛起后的中国,都将是负责任的、有爱心的国家。

中国的举措

中国政府

2004 年 12 月 27 日商务部宣布,中国政府将向印度、印度尼西亚、泰国、斯里兰卡和马尔代夫提供总金额为 2163 万元人民币的人道主义援助;

12 月 29 日,首批价值约 1000 万元人民币、100 吨中国紧急人道主义救援物资运抵斯里兰卡首都科伦坡;

12 月 29 日,中国驻泰国大使张九桓向泰国外交部长素拉革转交了中国政府捐赠的 30 万美元援款;

12 月 30 日,从广州起运的第二批价值 500 万元人民币、约 50 吨的救援物资抵达印度尼西亚棉兰;

12 月 31 日,中国政府宣布再向地震和海啸受灾国追加 5 亿元人民币的援助;

2005 年 1 月 1 日,中国政府派出的 DNA 鉴定专家组在泰国南部普吉岛开始和泰方人员一起记录死难者资料,为辨认遗体保留依据;

1 月 2 日,第三批价值 1500 万元人民币、80 吨的救灾物资运抵印度尼西亚棉兰;

1 月 4 日,中国政府向马来西亚灾区捐款 20 万美元,并向索马里过渡政府提供 10 万美元的紧急现汇援助;

1 月 4 日,第四批约 70 吨的援助物资运抵斯里兰卡首都科伦坡;第五批总价值 750 万元、总重量近 50 吨的救灾物资抵达泰国首都曼谷;

1 月 5 日,中国政府向缅甸政府提供了 20 万美元的现款援助,用于救助遭遇地震和海啸的缅甸灾民;

1 月 5 日,中国政府向印度尼西亚提供的第三批救灾物资随中国总理温家宝的专机抵达印度尼西亚首都雅加达;

至 1 月 5 日,香港各界已经为地震和海啸灾民筹集了 5 亿港元的赈灾款项,平均每位香港市民 73 港元。

1月6日,温家宝总理在题为《同舟共济重建美好家园》讲话中强调,中国政府已决定免除斯里兰卡全部到期政府债务;……

至3月7日,据商务部网站消息:印度洋海啸灾难发生后,中国政府向各受灾国提供了大量的救灾援助。目前,中国政府的援助正逐步转向各国灾后重建工作。

中国民间团体、商界及个人

海啸发生后,中国红十字会即呼吁社会各界对印度洋海啸进行捐助,并设立银行账号接受社会捐助;截至2005年1月13日中午,中国红十字会接受社会各界为印度洋地震海啸灾区捐款已有1.2亿元;1月18日中国红十字会启动"让世界充满爱"援助海啸受灾国孤儿计划;

2005年1月4日,中国国际救援队正式加入多国转运中心医疗行动,这是我国医疗队首次在国外灾难环境下与多国联合紧急救助危重伤员;

由中国青年志愿者协会组织、面向中国专业救捞系统招募的18名青年志愿者于2005年2月25日飞赴泰国南部海啸灾区,开展各种服务工作;

继2005年1月6日"爱心大行动"及9日"爱,来自中国"两场赈灾义演之后,1月13日,中国国际广播电台与中华慈善总会联手再度隆重推出"RADIO AID"赈灾广播义演,将所得收入全部捐给海啸受灾地区,最大限度地支援印度洋灾区灾民;

作为大型企业,联想集团捐资超过400万元,TCL捐资300万元,中远集团向中国红十字会捐款1000万元,中国石油集团天然气公司将募捐的约1257万元委托中国红十字会转交海啸灾区;……

国际评论

● 美联社报道:中国承诺提供6000万美元的援助,以帮助那些遭受地震和海啸袭击的南亚和东南亚国家。同时,中国的医疗队已经抵达印度尼西亚并正前往泰国,中国的佛教徒祈求不再发生灾难,国家电视台为缅怀死者取消了新年晚会。温家宝总理说,"我们同样感到悲伤"。他称中国是一个经常遭受自然灾害的发展中国家。他说,当我们遇到困难时,"我们得到了许多友好国家的支持和帮助";

● 法新社报道:中国引人注目地在政治上作出一个意义重大的姿态,将向印度洋周边发生

海啸灾难的国家提供6000万美元的赈灾款。中国的这笔赈灾款已明确地显示出,世界上的人口第一大国正在世界舞台上扮演越来越重要的角色。这笔赈灾款是这个世界上最大的发展中国家有史以来提供的数额最大的一次性一揽子援助款项;

● 世界卫生组织驻北京的发言人罗伊·瓦迪亚说:"这一举动令人振奋,这显示出中国致力于为本地区和世界作出贡献","中国如此慷慨解囊还属首次。中国希望以此显示它对该地区的福祉和安全的关注";

● 法国《欧洲时报》:一向将自己视为发展中国家的中国,通过对海啸受灾国的大笔援助和温家宝赴会,树立了自己的大国形象,"中国在灾害发生后反应迅速,已经成

为全球最重要的人道援助国家之一"……

案例评点

1. 作为一个人均国民生产总值不足 1000 美元的发展中国家,中国对这次海啸的国际人道主义援助是值得敬佩和赞许的

正如文章开始所提到的,中国在这次印度洋海啸中的表现足以向世界证明这样一个事实:崛起的中国是一个"负责任的大国",中国的崛起是"和平的崛起"。从某种意义上说,中国政府、民间团体及个人在这次援助中的作为,为中国在世界树立了一个仁爱的大国形象。

2. 当前的国际救援已成为一种"和平竞赛",是国家综合国力和国家形象的展示

国际援助规模的不断扩大,一定程度上代表着和平发展、互助合作的时代潮流的发展。大灾之后,各国的反应速度也立即成为衡量国家国际责任感的第一个视点。作为立志以"负责任大国"形象崛起于国际主流社会的中国,自然不会落后于其他国家。因此,可以理解不甚富裕的中国为什么会如此重视此次对外援助行动。同时,我们不应该忽视中国此次救灾的突出表现,也包含着推动友好关系发展的重要因素。因为"我们的实际行动,可以不断提升中国与东南亚地区的友好合作水平。"

3. 中国此次的援助行为也是和一直遵循的外交战略是一致的

90 年代前,中国一直以"大国外交"为主,重点放在美国、欧洲、俄罗斯等地;但此后则提出了"以周边国家为重点,重点中的重点在亚太"的战略。为此,中国已经付出了巨大努力:1997 年亚洲金融危机时,中国坚持"人民币不贬值",并为邻国提供了数千万美元的援助;2001 年,朱镕基总理提出要在东南亚建立"自由贸易区";而在由泰国发起的 ACD——亚洲合作对话组织中,中国也是积极推动的成员之一。

4. 中国此次的印度洋海啸援助大行动展现了中国国家公关的一次大成功

中国在向世人证明,我们是一个"负责任的大国",我们将在未来的世界格局中做得更好。

案例五

济南七商场长虹彩电拒售风波
——长虹彩电的政府公关

项目背景

1998 年 2 月 21 日,号称中国彩电第一品牌的长虹彩电因其所谓的"销售方式"的改变,在济南遭遇了尴尬的一幕,发生了济南市七家国有商场联合拒售长虹彩电的事件。济南市银座商城、省华联商厦、市华联商厦、百货大楼、人民商场、大观园商场和中兴商厦七家大商场召开座谈会，以长虹彩电存在大量质量问题和服务投诉而厂家不予配合为由，采取统一行动，拒售长虹彩电。《中国证券报》等国家、地方媒体纷纷发文报道进行"曝光"。由于长虹是国企的一面旗帜，而且一向倡导"以产业报国"的经营理念，这个彩电巨子突然被曝光出现质量事故，立即引起了政府、新闻媒体、广大消费者的极大关注。"四川长虹"股票受到冲击直线下跌10％以上，这对当时低迷的股市无疑是雪上加霜。

项目调查

这是一起严重的企业危机事件。联合拒售的商家声称长虹彩电存在大量质量问题，势必引起消费者的观望情绪、信任危机和彩电的滞销，将可能给企业带来收入锐减、形象受损、甚至倒闭破产的不可预料的严重后果。

在十万火急中，长虹集团总部迅速做出反应，并派遣一名副总经理和部分工程技术人员乘飞机从四川火速赶赴事发地点济南市，进行事件的调查和处理工作。刚开始，七大商场不愿配合。几经周折才开始谈判。经调查了解，商家拿不出有说服力的质量问题证据。但在售后服务方面存在不配套现象倒是事实。

同时，长虹公司也发现济南市最大的商场并没有参与这次拒售行列，这也大大降低了"联合拒售"的代表性和广泛性。

项目实施

七商场在"罢售行动"中宣称：长虹彩电虽有中国彩电"第一品牌"之名。但由于其售后服务跟不上，商家在厂家和消费者之间受夹板气，屡次找长虹协调未果，故被迫采取统一行动，有鉴于此，长虹公司一行人员到达济南后立即举办了新闻发布会，声称将对本次拒售事件进行认真调查。

长虹公司随即与济南市政府和新闻媒体进行大量接触，并将最后调查结果通过媒体公布于众：关于质量事故一说由于没有说服力的证据而不能成立，关于售后服务的投诉，长虹诚恳表示加大售后服务的配套工作。与此相配合，长虹集团请出四川省省长做总结：公开肯定长虹的快速成长、品牌信誉和对四川省、国家所做的突出贡献。

项目评估

通过以上一系列公关活动，"济南拒售风波"终于平息。长虹彩电恢复畅销，长虹股票也当即迅速强劲反弹。

案例评点

长虹公司能较快平息这场公关危机关键是注重了在危机事件处理中的传播沟通工作和注重借助政府公众的权威效应。

1. 注重危机的时效性

在危机发生后,长虹公司并没有打乱阵脚,而是火速派遣公司总部人员赶赴现场调查解决问题。我们认为在事发后,第一时间赶赴现场处理问题,这是对公众利益极大重视的具体表现。

2. 注重媒介的传播和沟通

在了解了事情的始末后,立即召开新闻发布会,向媒体和公众阐明了事情的真相,并承诺会弥补公司目前的不足,这无疑给公众吃了一颗定心丸,消除了消费者心中的疑虑,并在消费者心中树立了负责任的好形象。危机公关最需要的就是如何争取在第一时间发出企业自己的声音,这是消除消极舆论的重中之重。

3. 恰如其分的争取政府公众的支持,这是该案例又一可圈可点之处

因为政府公众具有与生俱来的权威性和巨大的影响力、号召力。籍政府之口来传播企业形象,向人们传达出长虹是值得信赖的公司。这不仅有利于危机的顺利解决,也有利于重塑企业形象,一举多得。

案例六

浙江"小家伙"风波内幕
——政府公关大有作为

2000年3月13日中午,河北河涧市沙河镇西良各庄村民黎国庆的两个孩子出现身体不适症状,被送往医院治疗,家属认为是饮用浙江小家伙食品有限公司生产的"小家伙"果奶引起,遂向河涧市防疫站报告,防疫站领导告知小家伙公司中毒事件。公司人员马上将此事汇报给正在该公司侦破案件的乐清市公安局有关人员。警方马上与河涧市防疫站取得联系,将同年3月10日乐清发生的特大借污染敲诈勒索50万元的有关案情告诉对方。当天下午,乐清方告诉河北有关方面,乐清敲诈案已侦破,与河涧市小孩子身体不适无关,但河涧市已听不进去了,断定与乐清案件有关。

河北方当即作出反应:3月14日,河涧市政府决定:电视通告停止销售饮用"小家伙"果奶;在全市范围内就地封存"小家伙",3月15日,河北省卫生厅发出《关于查封浙江小家伙食品有限公司生产"小家伙"果奶的紧急通知》,请全省各市卫生局接通知后立即对"小家伙"果奶系列予以封存,并将通知抄报卫生部,抄送浙江省卫生厅。

河北省卫生厅的紧急通知,无疑是平地惊雷,河北省的各大媒体纷纷作出反应,以《"小家伙"喝不得》、《注意"小家伙"有毒》为题进行报道,一时搞得人心惶惶。

3月17日,南京、南昌、宁波等地市场亦相继查封了"小家伙";3月18日全国糖酒会议上,全国客商议论纷纷,成都的报纸报道了该事件,"小家伙"业务一落千丈。

事态的发展引起了乐清市政府的高度关注。3月18日,乐清市政府向浙江省卫生厅报告,要求确认小家伙产品质量,并请温州市卫生防疫站化验,结果各批次产品均为合格,因此请浙江省卫生部门支持小家伙产品的市场营销工作。浙江省卫生厅对此高度重视,开展方方面面的工作。

正在浙江省紧急调查之际,3月20日,国家卫生部发出了特急内部传真电报,在全国范围内查封小家伙果奶的紧急通知,3月21日,乐清市政府派员赶往卫生部,听取了解释,卫生部当天向全国各省市区卫生厅电话通知:封存产品仅为1月22日生产的果奶;3月20日下发的内部传真电报不准转发;暂不要向媒体通报。

3月21日下午,浙江省卫生厅电传报告卫生部,排除小家伙食品生产环节受污染的可能性,并进一步肯定河北事件与浙江敲诈事件无关。

3月22日,小家伙公司向卫生部发出紧急报告:一个新兴的企业面临倒闭,3月24日,小家伙再次向卫生部书面报告要求及早下达文件解封全国各地市场。

3月25日,卫生部发出解封小家伙果奶的紧急通知——卫生部的这一文件很大程度上缓解了小家伙果奶市场的冲击波。

与此同时,河涧市村民黎国庆确认两个孩子系误食鼠药引起,与小家伙果奶没有关系! 至此,一个轰动一时的案件才水落石出。

案例评点

一次误会,使"小家伙"成为可怜的"问题少年",到处遭封杀。良好的公共关系,使"小家伙"化解一场危机,绝处逢生。这公关案例给我们的启示有以下几点:

1. 当企业形象遭受损害时,应该及时采取一系列措施,查清事实,揭示事件真相,挽回声誉

企业形象受损一般有两种情况:一是由于外在原因,如某些人的误解、谣言甚至人为的破坏,损害了企业形象;二是由于组织内在的原因,如产品质量、服务态度、环境保护、管理政策、经营方针等方面发生了问题,而导致公共关系严重失调。对于企业来说,无论遇到哪种情况,都应立即行动,迅速查明原因,制定相应对策,纠正或消除损害企业形象的行为或因素。由于当时警方及公司几位工作人员的疏忽和欠周,把没有得以证实的消息当成证据捅给河涧市,导致"小家伙"面临一场灾难。在这样的情况下,"小家伙"能冷静迅速处理危机:通过温州市防疫站重新检验产品质量,通过警方说服对方,通过政府出面作工作,一步跟一步,一环扣一环,为缓解危机全面爆发争得了有利时机。从而为澄清事实、还原真相打好了扎实基础。

2. 浙江小家伙食品有限公司面对突发事件,很幸运的是遇上乐清市一个这么真正为企业为民办实事的政府

政府也通过这次公关活动树立了良好的组织形象。与其说"小家伙"公关成功,不如说是乐清市政府的公关策略和公关活动起了关键的决定作用。其实这是乐清市政府对外公关的一次极大成功。在挽回"小家伙"声誉、形象的同时,乐清市政府在上级部门和当地百姓心目中都留下了良好印象。"小家伙"一出事,乐清市政府迅速向上级有关部门汇报,力陈理由,争取上级的有力支持,为"小家伙"重回市场立下了汗马功劳。通过这次事件,乐清市政府向当地人民证明了它是一个为民办实事的政府,向上级部门证明了它是一个实事求是的政府,不是一个出于地方保护主义需要而为当地企业护短的政府。乐清市政府派员赴京汇报、澄清事实真相,紧急向温州市防疫站、浙江省卫生厅、国家卫生部发出报告,请求支持,引起了上级的高度重视。这比纯企业的行为不知要具有多少说服力。这从另一个侧面说明,"小家伙"平日非常注重政府公共关系,注重政府关系的沟通,在危难时期,良好的政府关系发挥了重要的作用。

3. 迅速查清出事原因,是"小家伙"挽回损失的最有力证据,这最有力的证据无疑是"小家伙"杀回市场的助推器

最后查明中毒的小孩子中的是鼠毒,真相大白之后给人是一场虚惊的感觉,这证明"小家伙"的产品质量本身是可靠的。在这样的大前提下,企业形象不但不会受损,而且还会博得消费者的同情和信赖。后来,"小家伙"在首都也召开了新闻发布会,通过新闻界澄清事实,重塑企业形象。现在,"小家伙"依然是孩子们喜爱的果奶,它的广告依然在央视的少儿节目中亮相。据新闻界透露,卫生部在五天之内先后为一家企业发出两道截然不同的电传是极为罕见的。这再一次证明了"诚"字(包括诚实、诚恳、诚信)公关发挥了重要作用。

案例七

巧借东风张声势

——支持北京申奥,洋品牌大搞公关

3月7日,在各大报刊广告中,瓦尔德内尔作为爱立信的形象代言人,充满感情地向公众诉说:"我爱北京,申奥成功! 中国是我的第二故乡,衷心祝愿北京2008年申奥成功。"同时,爱立信公司也阐述了自己的观点:爱立信相信,在移动互联网成熟的时代,北京将呈现给世界一个真正的科技奥运。

4月19日,在雀巢(中国)有限公司发起的"新北京,新奥运,大家一起来描绘"——中国百万少年盼奥运千米长卷绘画创作活动正式拉开帷幕。

无独有偶,接下来的日子,宝洁、摩托罗拉等国际化的大公司纷纷打起支持北京申奥的大旗。广告中也频频出现弘扬奥运精神,支持北京申奥的词语。

案例评点

爱立信、宝洁、摩托罗拉等这些企业在中国事业开展的都相当成功,他们的产品已与国人的日常生活息息相关,密不可分,他们的品牌知名度和美誉度都十分高,可以说是妇孺皆知。不俗成绩的获得除了有过硬的质量做后盾外,还与他们常年不懈地宣传有关。我们就来看看这些著名公司高超的公关艺术吧。

1. 获取政府认同

政府关系是组织与外部公众关系中，最为重要的关系之一。组织是否受政府各级部门的欢迎，或者说，组织在他们心中的形象如何，直接关系到组织的命运，组织如能得到有关政府部门的支持、援助和赞赏，往往就能获得优越的竞争条件和有利的发展环境。相反，任何组织被有关政府部门批评、制裁，往往会给组织在社会上造成极坏的影响。因此，任何社会组织都必须高度重视并努力改善政府关系。一位国际公关公司的知名人士曾总结过这样一句话："政府永远都是目标对象。"

洋品牌深谙这一道理，他们能很好地运用大市场营销战略，以获取政府的赞赏和支持。申奥是中国政府努力了好几年的目标，经历了2000年申奥的失败，国人申奥的心情更为迫切。政府一边致力于加强城市基础建设，改善北京的软硬条件，为申奥奋斗着；一边又全民动员，号召全国上下都来支持申奥的工作。这时，在中国的外企不失时机地表达了对申奥的大力支持，当然能获得政府的欢心。像"摩托罗拉与您一起，鼎力支持北京申奥！""弘扬奥运精神，支持北京申奥"这些宣传口号是及时有效的，不仅获得了政府的首肯和赞誉，加深了与政府在感情上的沟通，还赢得了公众的好感，可谓一举两得。

2. 获取公众好感

公众是组织赖以生存和发展的基础，也是公共关系的工作对象，公共关系也由此被称为公众关系。有人说，公共关系是影响和获得公众的艺术，公共关系实际上就是组织通过各种传播途径把有关组织的各种信息传达给各类公众，从而促进某种所期望的公众舆论的形成，树立组织的良好形象和声望，维系组织与公众的良好关系。因此，如何获得公众的广泛认同，如何与公众建立良好的关系，都是一个企业塑造自身形象时所要考虑的。

纵观这些外企，他们无不例外的注重与公众的良好沟通，致力于塑造一个社会服务者的形象。他们推销的不仅仅是一个产品，更多产品诉求点是对社会有用，通过情感信息的诉诸，博得公众的好感，以赢得知名度和美誉度。

在申奥过程中，宝洁、安利在赞助活动时，他们通过在中国建立的广泛的客户与消费者的沟通渠道，将奥申委的消息传达到大江南北的每一个角落，唤起全民支持申奥的热情。同时，将进行一系列面向消费者的活动，通过参与这些活动，消费者将有机会赢得各种各样的奖项，感受"申奥有我一个"的真切感受。而摩托罗拉、爱立信、LG等，则通过情感广告来提高企业的声誉和树立产品的形象，属战略性广告，这种广告具有长期效应。以摩托罗拉公司的这次广告为例，在打出"摩托罗拉与您一起，鼎立支持北京申奥！"的口号之时，摩托罗拉介绍了它的3种新款手机，同时提出了它的优惠措施，即买手机送腕表套装或手机套装，优惠措施很普通，但与众不同之处在于这两款礼物是申奥珍藏版。申奥是全民关注、全民期盼之大事，同时希望得到各方支持，这时，摩托罗拉公司一个非本土"人士"，喊着这样的口号，为消费者颇费苦心地准备着申奥小礼品,你能拒绝它吗? 你会反感它的产品吗?

善于利用消费市场和国家的重大事件来博得消费者的认可,不能不说是这些洋品牌的高明之处,但这样的市场运作同样需要看准时机,而且活动的策划一定要贴近消费者,让大家齐参与共分享,才能真正拉近品牌与消费者的距离。

3.获取媒介关注

大众传播媒介拥有大量公众这一特点决定了媒介关系的重要地位。报纸杂志、广播电视等大众传媒已经成为现代人们日常生活中不可或缺的伙伴,成为当今社会影响和散布社会舆论的权威性机构。任何社会组织要形成某种舆论,要想有效地在公众中树立良好形象,都必须依靠新闻媒介。可见,良好的媒介关系,对任何社会组织来说都是至关重要的。

这些外企在造势宣传方面紧紧抓住当前的社会形势,进行策划。因为符合当前时势的东西往往能引起较多公众的关注,也容易获得新闻媒介的报道。尤其是针对当时的舆论焦点掀起某种活动,就更能引人注目,从而置自身于舆论中心,提高知名度和美誉度。外企抓住了中国申奥的时机,大做宣传,引起了各大媒介的关注。他们不仅在报刊电视上做广告,还请了媒介的朋友帮忙做报道,这样不仅容易做大声势,还引起了公众的注意。

我国企业在处理公共关系方面也应该学习这些"公关高手"的经验,以利于企业形象的塑造,企业的产品推销。

案例八

神舟飞天 振奋神州
——国际公关与政府公关水乳交融

项目背景

2008年9月25日21时10分零4秒,这是一个令全世界瞩目的时刻。带着13亿中国人民的期盼,迎着全世界关注的目光,载有翟志刚、刘伯明、景海鹏三名航天员的神舟七号飞船在酒泉发射中心一飞冲天,成功发射。

2008年9月27日16时41分00秒,航天员翟志刚身穿中国研制的"飞天"舱外航天服,从神舟七号载人飞船进入太空。这是中国空间技术发展的一个重大跨越。敦煌壁画上凝固千年的飞天图案在这个金色的秋天演绎成了中国航天员信步太空的动人景象。这是中国人第一次在浩瀚的太空里印上自己的足迹。从这一刻起,中国成为继美、俄之后世界上第三个实现了太空行走的国家。这是中国人民攀登世界科技高峰的又一伟大壮举。

2008年9月28日17时37分许,在太空遨游两天多的神舟七号飞船返回舱成功着陆,18时23分许,翟志刚、刘伯明、景海鹏三名航天员成功出舱,中国"神舟"七号载人航天飞行任务圆满成功。

三度金秋,三度飞天,三度突破,中国载人航天事业不断地在创造着新的辉煌。从神五、神六,再到神七,从五年前杨利伟独自一人造访"天宫",到三年前费俊龙、聂海胜携手巡天归来,再到今年翟志刚出舱漫步,中国航天人把一系列超越梦想的飞跃,标记在太空之上。在这个过程中,中国航天事业的每一次进步,都是中国国力的体现。

国际舆论评价

美国《时代》周刊报道说,中国北京奥运会上证明,自己在夺取第一上是全世界最棒的。现在,这个国家将展示给世人,获得铜牌也很高兴。继苏联宇航员列昂诺夫进行首次太空行走43年后,中国成为继苏联和美国之后第三个进行太空行走的国家,而这将是中国技术和公共关系上的双重胜利。

《日本经济新闻》22日发表了题为《中国发射神舟七号巩固航天大国地位》的文章。文章称,神舟七号载人飞船25日从中国酒泉卫星发射中心发射升空。这将是中国第三次实施载人航天飞行,而且将首次进行太空行走试验。中国此举旨在巩固自身继美国和俄罗斯之后第三航天大国的地位,同时向全世界显示其不断上升的国际地位。《日本经济新闻》9月22日的文章认为此次神舟七号宇航员首次出舱活动将显示中国的技术实力,为中国成为"宇宙大国"奠定了基础。

神舟七号发射受到英国媒体广泛关注。英国广播公司(BBC)直播了飞船发射升空的实况。BBC的报道称,对中国来说,2008年仅有奥运会是不够的。"奥运会上,世界来到中国;而神舟七号发射,中国飞出了世界。"

奥地利全国性主流媒体《标准报》当日就在其网络版上以《搭乘色彩鲜艳的航天船》为题,发表了一组7张照片,图文并茂地介绍了中国的载人航天史以及神舟七号发射前的准备工作、这次将要完成的任务、执行这次任务的中国宇航员的简况。报道说,神舟七号航天使命的成功,将预示中国在科技领域的大幅进步和宣传上的一次盛典。中国在通过其航天使命,重申其正在上升的世界经济大国的地位。

后续系列活动

①11月7日上午10点,庆祝神舟七号载人航天飞行圆满成功大会在人民大会堂召开。胡锦涛亲自为翟志刚、刘伯明、景海鹏颁发"航天功勋奖章"和证书。

②由中国航天员科研训练中心和湖南科技出版社合作出版的"太空行走"基础性科普丛书——《漫步太空》书系8日在京举行首发式,"航天英雄"翟志刚和"英雄航天员"刘伯明、景海鹏出席仪式。出版书系旨在进行一次有关"太空行走"的科普知识的传播和推广,同时让更多的人更好地关注中国航天、了解中国航天、热爱中国航天。

③11月3日,在北京中国人民革命军事博物馆举行的《飞天壮歌——神舟七号载人航天飞行纪实摄影展览》对公众开放,吸引众多观众前来重温神舟七号载人航天飞行这一伟大壮举。

④11月下旬,神舟七号载人航天飞行先进事迹报告团分别在山西、海南、陕西、山东、黑龙江等地开展巡回报告。

⑤12月3日,"上海2008航天科技展"在上海科技馆正式开幕。在此次参展的40多件展品中,翟志刚、刘伯明、景海鹏三名航天员在返回舱内的座椅将实物展出;此外,飞船返回舱使用的降落伞也会与观众见面;而与无法返回地面的"神七"轨道舱和推进舱一模一样的正样件也将亮相航天展。

⑥12月5—8日,神舟七号载人航天飞行代表团访问香港。在港期间,代表团成员将出席特区政府的欢迎晚宴,为"中国首次太空漫步航天展"揭幕,与香港大学生、中小学生座谈、真情对话,还将出席"全港欢迎神舟七号载人航天飞行代表团大汇演"。

⑦12月9日至12月11日,神舟七号载人航天飞行代表团访问澳门。访澳期间,代表团出席"神舟七号载人航天飞行报告会",参观澳门多个著名地标,并与澳门学生进行对话,并出席"航天英雄情系濠江"欢迎晚会。

案例评点

1. 中国大事,世界聚焦

在这个全球化的时代,每一个地方都会成为焦点;中国作为一个国力日增的东方大国,世界对其关注度更是甚高。所以,一旦中国有事情发生,世界各国媒体必然聚焦。这实质上是一个国家形象宣传的绝佳机会,可以让世界更多认识中国,但如何抓住这种机会,使其真正成为对国家形象塑造的机会,这就要看国家的传播能力,公关能力了。3.15事件改变了我国对外传播的一些理念和方式,最终在随后不久的汶川地震中赢得世界媒体对中国的好评。此次神舟七号的成功发射,世界各大媒体纷纷密切关注,不仅转播发射过程,在神七成功上天后还刊发了较大篇幅的新闻报道,一时间"神七"成功发射成了全世界瞩目的焦点话题,中国巩固了世界第三大宇航大国的地位,航天技术上突飞猛进的骄人成绩令全世界赞叹不已。由此向世界展示了非同一般的中国实力。"神七"飞天这一历史性的事件为中国向全世界展示的大国形象画卷添了一笔重彩。

2. 策划系列活动,延伸传播效应

公共关系在组织经营管理中要履行传播推广的职责,实现创造舆论,告知公众;强化舆论,扩大影响;引导舆论,控制形象的目的。

国内各大媒体从神七上天之前就开始关注这一航天盛举,除了大量的全程的新闻报道以及电视直播转播外,各大门户网站例如新浪也纷纷大量刊登神七相关的新闻,并为神七发射制作了专题网站,相关报道也纷纷被国内众多媒体转载。国内刮起了一股"神七"热潮,激荡着中华儿女的心。通过电视镜头和新闻报道,拥有雄厚实力

的祖国形象在国民心中深深扎根。

在这些媒体关注之后，国家又紧紧抓住这次政府公关机会，围绕神舟七号开展一系列活动，诸如庆功大会、巡回报告、实物展览等，将此次大事件所带来的国家效应、社会效应进一步传播，增强民族自信心、凝聚民族向心力。

第五章

社区公关——美丽的口碑

你遭遇下列问题了吗

- 自己的社区公众在哪里？
- 不知道自己的社区关系到底如何。
- 社区公众总是说三道四？
- 认为向社区投钱是白搭吗？
- 社区最需要的是什么？
- 如何赢得社区公众的厚爱？
- 社区的口碑传播很重要吗？
- 准自家人是什么概念？

关键词链接

社区：是社会学的概念，又称"地域社""区域性社会"。它指的是以一定地缘为纽带，联结一定数量的社会成员聚集在某一地域里，以一定的组织机构和系统中从事各种社会活动的社会群体。社会组织所形成的一种生活上相互关联的社会集体。

社区公众：社区公众指组织所在地的区域关系对象，包括当地的管理部门、地方团体组织、左邻右舍和居民百姓。

社区关系：亦称区域关系、地方关系、睦邻关系。具体包括：

① 社区总体。包括住在公司附近的每一个人。

② 社区生活参与团体。

③ 热衷各种公益事业的活动分子。

④ 社区中的各种组织。指非政府组织。

⑤ 当地社区的政府管理机构。

⑥ 特别公众与其他。

特别提示

（1）发展良好社区关系目的

一方面为了争取社区公众对组织的了解、理解和支持，为组织创造一个稳固的生存环境，同时体现组织对社区的责任和义务。通过社区关系扩大组织的区域性影响，创造一个良好的外部环境。

（2）社区公共关系意义

① 社区关系直接影响着组织的生存环境。

② 社区关系直接影响着组织的公众形象。

（3）社区公共关系活动效果评估

如果可以建一个社区公共网站,那么该网站不仅可以传播组织更多信息,还可以评价社区公关活动效果。具体可以通过:

① 在网站上进行民意测验;

② 记录社区关系网站中具体栏目访问者的数量。来检测社区公关活动的效果。

智 慧 提 醒

①社区是一个组织赖以生存和发展的基本环境,是组织的根基,共同的生存背景使社区公众具有"准自家人"特点。

②社区公众是最易造就"口碑"形象的。

③社区关心表现是立体多维的,既可以是社区政策的制订,社区财政政策是否健康。同时,也更多表现在对社区文化、教育、娱乐、商业、慈善等的热心建设和支持。

④如何让社区成为你家的后花园? ——服务,服务,再服务。

⑤社区后花园的小径通向何方? ——每一个社区公众的心灵深处。

操 刀 秘 笈

①开放企业,组织社区居民进场参观,让周边社区居民了解企业,增进对企业的喜爱之情。

②凡企业有重大的活动如开工奠基、周年庆典、联欢会、新产品问世等重大活动,可请社区居民代表光临参与。

③企业可积极参与社区各种公益活动,关心支持社区的基本建设,资助社区福利事业。

④积极开拓通向社区居民的传播沟通的桥梁,与社区共建社区精神文明橱窗,共同办好社区广播站、社区闭路电视,也可通过散发印刷品、广告等形式促进组织与社区之间的相互了解,表现组织为社区全面发展愿做实事的良好愿望。

⑤组织的企业文化可通过社区这个平台网络延伸到每个居民家中,争取社区文化与企业文化的共建共荣,取得双赢之效。

孟子言:天时不如地利,地利不如人和。远亲不如近邻。

案 例 点 击

案例一

你离不开脚下这片土地
——麦当劳的社区关系

今天,麦当劳快餐店已经遍布世界的各个角落,它之所以能有今天的成就和它一直坚持入乡随俗,尽力处理好社区关系不无关系。

在本乡本土,麦当劳公司利用一切机会,竭力向人们展示自己是社区的一分子。当公司的某些政策不合当时、当地人们意愿之时,它常常自觉地进行变动,以迎合人们的要求。

在马萨诸塞州,市民们集体抗议麦氏公司在翡翠街上建造巨大的金色拱门计划,理由是人们觉得它太俗气。于是麦氏采取一种新的设计方案,改为双重斜坡房顶嵌金属条瓦,只在室内墙上贴上小小的商标。

1969 年,美国北部的克里夫兰市发生黑人抵制运动。当时,反种族歧视运动风起云涌,黑人要求麦当劳公司在这个市里的经营权应该有黑人加入才行。为了避免全国性的抵制,麦当劳公司破天荒地将经销权给了黑人。

麦当劳快餐店还经常搞出一些奇离古怪的活动来博取人们的好感。在加利福尼亚州某地,它为"消灭肮脏"运动的女士免费供应点心;在田纳西州,它为"最安全守礼的司机"提供了一顿免费的午餐;在福特市,它为"点车灯"活动的儿童提供免费的牛肉饼,虽然每次都是小打小闹地花不了几个钱,可在个人权利意识极重的美国人眼中,这些举动却收到了非常好的效果。

到了 20 世纪 80 年代,麦当劳快餐店已有风靡全球之势。它在伊利诺斯州开设汉堡包大学,培训分店经营者,以实现全部连锁店的规范管理。其标榜的操作规程严格、卫生标准严格也广受欢迎,因此,长期执全美快餐业牛耳。可它也每天在制造大量的垃圾,在环保意识日渐浓厚的 80 年代末,对麦当劳快餐店弃物的抗议之声越来越高。

对于快餐业而言,包装就是它的灵魂,其重要程度丝毫不亚于菜单本身。当时麦当劳采用的是"宝丽龙"泡沫贝壳式包装,又轻便又保温,但这种包装极难处理,被人们称之为"白色污染"。

面对越来越多的抗议信,麦氏公司觉得应该有所行动,他们首先尝试回收,将外包装回收加工成塑料颗粒以充他用。但当它把回收规模扩大时却发现了问题——店内可以回收,但巨量的外卖部分同样回收不成。另外,回收的清理工作量也极为巨大。面对这种状况,为满足环保的需要,麦当劳公司不得不求助于环境防卫基金会 EDF。

EDF 最初的建议是换用可洗餐具,而麦当劳公司坚决拒绝这种"倒退"。因为那意味着占地的洗碗机、大量的洗涤剂与水耗和人工消耗,此外,还使店铺减少面积而丧失顾客。

但麦氏公司同意了 EDF 减少包装的建议,并在 3 个方面着手:减少包装量、减少使用有损环境的材料,使用易于化解为肥料的材料。并且增加了可重复使用的物品,如箱子、托盘等。

麦当劳快餐店重视环保,再次成为人们谈论的话题,在其他快餐业的夹攻之下,为自己辟出一条通幽曲径。

到 20 世纪 90 年代,麦当劳快餐店进入中国后,为适应中国本土的需求,他们在产品的花样、口感、服务等方面均做出了许多调整。尤其是在麦当劳快餐店所处的社区,麦当劳快餐店非常注重与社区的沟通和联络,赞助社区的慈善与公益事业,投入社区的环保建设,还组建了社区的自愿工作者,赢得了所在社区居民的赞誉,这也正是麦当劳快餐店风靡中国的原因之一。

案例评点

麦当劳快餐店之所以能够风靡全球,和它的经营方针、灵活的经销手段及各种营销、广告手段有着千丝万缕的联系。在众多的成功因素中,公关占有一席之地。

麦氏的公关手法,初看似全无主见的"随风倒",细细品来,却包含着不少的公关道理。

首先,乃是尽力处理好社区关系,无论是对黑人的让步、对建筑样式的修改、对包装的改进,都以"不犯众怒"为前提,只要是社区公众反对的,麦氏就改掉它,而公众所喜欢的,麦氏也不时地做上几件,这样虽有迎合、讨好之嫌,却省却不少麻烦,使它得以安心经营,何乐而不为?

其次,麦当劳开门办店,所有人都可能是其潜在顾客,所以麦当劳的一系列举措,皆是为了不失去这些"可能的顾客"。试想,若一个人讨厌一家食品店,他还会进去就餐吗?

把"社区一分子"作为公共关系活动的主题之一,麦当劳公司不愧为立足于全世界的大型商家。

案例二

降 低 心 中 的 分 贝
——建筑工程与社区关系

近年来,国内报刊不断登出有关"建筑扰民"和"民扰建筑"的所谓"怪圈"。

据报道,北京市海淀区一家建筑工地昼夜施工,特别是其深夜施工时,大功率照明灯亮如白昼,施工噪音在夜深人静之时也显得特别响亮,严重地打扰了周围居民的正常休息,主管部门一再接到投诉,新闻单位同样接到许多投诉。

无独有偶,广州羊城铁路总公司家属区附近,也有一所高层建设在昼夜施工,其光线和噪音污染,搅得铁路职工昼夜难眠。居民投诉至新闻单位:"我们当中有许多人是开火车的,休息时间受到如此严重的骚扰,整天难以入眠,万一工作起来出了事故,那可就不是十万八万的损失了。"据悉,此事已受到政府有关部门的关注与干预。

然而,当新闻单位带着问题找到建筑单位时,却无一例外地听到建筑单位的诉苦:"工期在那儿赶着不说,周围的居民还尽来找茬儿。"上海一个工地负责人说:"他们随便找个理由,就把路给你堵死,要不就众人坐在工地进出口不让车辆进出。这不要命吗?"

一时之间,各地的"建筑扰民"和"民扰建筑"似乎成为"公婆各有理"的扯皮事。

实际上,建筑工地步入了严重的公关误区:他们根本就忘记了还有公关的存在,他们最先必须降低的是他们心中的分贝。

首先,他们有意无意地忽略了一点,如果不是建筑扰民在先(噪音、灯光、粉尘、污水等),居民各有各的事情,何苦来与你们这些不相干的人产生别扭?

其次,正是由于建筑工地侵扰了居民正常的生活,才招致不满。而对这种侵扰工地又视而不见或漠不关心的态度,更使居民产生不满:你们为了自己的利益就必须让我们做出牺牲,我们当然不干。

再次,这种不满情绪的日积月累并没有引起工地方面的任何反应(更不用说主动的公关活动了),甚至抗议无效时,居民才"奋而反抗",走上投诉与"扰工地"之路的。

其实,建筑工地若有自觉的公关意识,主动地与居民沟通,多为居民着想的话,这些冲突皆可消弭于无形。否则,当视民众为父母的政府进行干预之时,工程恐怕要真正面临着危机了。

该案例说明,我国公关工作尚有较长的路要走,培养人们的公关意识已迫在眉睫。

下面是一个成功地处理与社区关系的案例。

英国伦敦的巴比肯会议和展览中心于1982年3月3日,在英国女王陛下的主持下举行了盛大的落成典礼。

巴比肯中心的建成过程,本身就是一个公关活动的经典之作,在其历时11年的建筑过程中,其协调和处理与各方面关系的做法尤其为人所称道。

巴比肯中心位于伦敦圣保罗教堂附近。当它开始动工的时候,周围有5000户居民。居民们对这个大型建筑的抱怨来自两个方面:工程期过长;必须忍受建筑施工所引起的所有嘈杂、灰尘和各种不便。巴比肯中心管理层接受了其公关顾问毛斯的建议,做了以下公关工作:

- 帮助受影响最严重的居民减低房租。
- 定期召开会议,向所有居民通报工程进展状况。
- 设置咨询机构,回答居民提出的问题并记录居民意见和建议,及时反馈至管理层。

● 按照政府政策,把房屋和公寓以优惠价格卖给现住、租用户。

巴比肯中心的以上措施,大大减轻了周围居民的敌对情绪,并且给他们的不满情绪提供了发泄渠道。这样,工程计划在其达 11 年的实施过程中并无受到居民的阻挠(这种抵制可能影响政府对项目的支持),从而确保了工程的顺利完成。

巴比肯的措施和国内某些建筑工地的行为比较起来,孰优孰劣不言自明,而优劣的差别就在于公关意识的有与无。这毕竟是一个组织或企业有没有形成自我意识的根本区别之所在。

案例三

走 进 公 众 的 精 神 家 园
——台湾地区的 IBM 社区公关

IBM 进驻台湾地区后,坚持"企业并非只是赢利,取之于社会,用之于社会"的经营理念,从事很多社区公益事业,并取得了很大的社会影响,1992 年获得公关基金会评选的"最佳社区关系奖"。

该公司具有一个专门从事公益活动的公共服务部,该部门对于公益事业的选取,采取了"宁为鸡首,不为牛后"的原则——不做那些企业一窝蜂都去做的事情,而是洞烛先机,挖掘别人尚未发现的而又是社会急需"解渴"的实际需要。

此外,该公司还想让自己的公益活动具有多米诺骨牌的扩散性原理。即层层带动其他组织,使公益活动的扩展能够不断由内向外,由小到大地推进。

为此,企业组织了多项社区公益活动,其中最著名的是改善社区环境的"认养地下道"和"认养民权公园的活动"。

为了清除社区环境的死角,消除地下道脏乱和犯罪根源,IBM 公司首先开始了别人不易想到的"认养地下道"活动。第一,估计该活动需要的经费;第二,邀集社区伙伴,发挥众人力量,再找市政府协商,共同解决所需要的庞大经费。第三,在取得政府支持后,在 1990 年 8 月与另外四家企业共同认养了部分地下道。

该活动取得了极大的成功,1993 年《卓越》杂志以投票的方式选举重视企业社会责任及积极参与社会公益事务的企业,IBM 公司分居第二名和第三名。

在"认养地下道"活动的成功带动下,IBM 的公关服务部又进行了"认养"台北民生区的民权公园的活动。此次活动的主题是环保,该公司在认养民权公园之后,发动员工以及员工家属三百余人参与民权公园的清理工作。在 IBM 的"精心护理"下,民权公园焕然一新,并连续两年被台北市政府公园路灯管理处评选为认养绩效第一名。

除此之外,IBM 公司还举行了大量的社区的慈善公益活动,如照顾弃婴、慈善义卖等。IBM 公司的公共服务部还在不断推陈出新,构思新的社区公益活动。

案 例 评 点

"和为贵"是中国人推崇的处世之道,与睦邻交好更是我们非常重视的问题。而对于企业来讲,有一个和谐融洽的社区关系已经成为企业发展中必不可少的关键因素。几十年前,企业也许并不需要特别注意企业在所处社区中的位置,但现在情况已经发生了根本的改变。以前企业奉行那种追求自身财富增长、斤斤计较商业利润,忽视公众利益和社会责任的经营哲学,但现在这已经成为企业的致命伤。企业要想"永续经营",必须要拥有一个好的社区关系,因为只有这样才能深深地扎根于所处的社区,成为社区中不可分割的一部分。

进行社区公关的关键是:

① 要把事情做到实处,不能只说不干,或三天打鱼两天晒网,一定要做到实处,并进行到底。

② 关于社区公关项目的选择,力求前瞻性,想别人不敢想,做别人不敢做。

③ 让有限的费用取得最大的效果。

④ 关心弱势集团是社区公共关系的重点项目之一,进行这方面的公关活动最能体现组织的人道主义精神和回馈社会的拳拳之心。

案例四

"你笑我笑大家笑,我送你送聚真情"
——银泰百货有限公司的社区公关

浙江银泰百货有限公司开业四周年以来,一直禀承"传递新的生活美学"理念的宗旨,与周边社区共建共管,为社区的慈善公益事业传递了自己建设新生活的不懈追求。以下是银泰最近进行的两则社区公关的典型案例。

一 "关爱社区特困群体,与社区共建美好新生活"

①项目背景:活动的宗旨是倡导社会爱心美德,捐助社区特困群体。

②主要内容:2002 年 11 月 15—18 日,在下城区慈善总会成立之际,在浙江银泰百货有限公司开业四周年之际,双方共同在银泰百货广场西侧举办了主题为"你笑我笑大家笑,我送你送聚真情"爱心捐赠活动。本次活动主要是以银泰百货贵宾卡顾客为主要对象,即持有贵宾卡的顾客来银泰即送店庆礼笑脸收音机一台,同时发动顾客自愿捐献 2 元以上款项作为爱心款,这些款项将通过下城区慈善总会捐助特困群体。

③操作实施:在活动的组织和开展过程中,下城区慈善总会和银泰百货领导非常重视这次活动的开展,全程参与活动的策划、组织和实施过程,并亲自到现场指挥,并

负责活动的解释工作;银泰百货负责笑脸收音机的准备以及现场赠送活动,在活动的过程中更是加班加点,毫无怨言。

④活动效果:这次活动在组织双方的共同努力下,同时由于正值银泰周年庆、喜悦气氛十分浓烈的时刻举办,因而取得了良好的效果。广大顾客给予活动充分理解和大力支持,他们在领取收音机的同时,十分乐意献出自己爱心。本次活动提倡捐款2元起,但是很多顾客捐出5元、10元甚至更多。正像一位顾客所说的那样,"献爱心给特困群体是很有意义的事情,捐点钱,应该的",言语朴实,让人感动。

银泰百货共送出收音机10800只,收到顾客捐款近30000元,这笔捐款将通过慈善总会捐赠给特困群体,以解决他们部分生活困难,其意义重大,影响深远。

二 "参与社区道路整治活动,融洽社区关系"

①项目背景:位于银泰百货旁、连通延安新村社区与延安路的主要道路耶苏堂弄,以及银泰大楼与该社区楼房的隔离道,由于人多车多,道路的磨损十分严重,给居民特别是老人的出行带来很大的困难,特别是银泰大楼与社区的隔离道,基本为土路,一到下雨便泥泞不堪。这两条道路的整治工作一直得到延安新村社区的高度重视,银泰百货了解情况后,主动配合社区的整治工作,参与两条道路的改造。

②主要内容:参与对耶苏堂弄最主要的100米路段和银泰大楼与社区的100米隔离道路的整治工作。

③操作实施:社区组织人员进行设计、测量和施工等工作,银泰百货出资金和人力。今年春节对耶苏堂弄最主要的100米路段进行施工,银泰百货投入资金8万元,工期20天,花费800余工时;2002年8月对银泰大楼与社区的100米隔离道路进行整治,银泰百货投入资金15万元,工期40天,花费近千工时。

④取得成效:经过对两条道路的整治后,路面变得更加整洁和宽阔,极大地方便了社区居民的出行和车辆进出,也有利于社区环境质量的提高。

案 例 评 点

"关注特困,奉献爱心"是社区建设必不可少的一个重要环节,也需要社会各界全心全意地在物质与精神方面进行双重投入,而这一环节的实现与企业的公益活动、企业文化建设进行有效的结合,也是一个极具实效性的操作平台。

企业与社区共建共管,同出于"以人为本"的基念,在企业对社区进行经济投入的物质文明建设过程,与人文投入的精神文明建设过程中,既可以推进社区建设,营造社区良好的文化与生活环境,又可以建立社区与企业的良好人际关系,是一个非常积极的互动关系。

这里,银泰百货带着自身"传递新的生活美学"之理念,走进社区,关注特困,奉献爱心,操办实事,有效加快了社区的建设,也形成了自身的形象价值,吸引了公众的目光,赢得了巨大的无形资产。

案例五

家家有本生活经 "档案"走进百姓家
——档案馆的社区公关

说起档案，人们总会觉得"一脸严肃"，"高深莫测"。但记者日前却在和田居民委员会看到很多"可爱"的档案，翻开它们，记者看到了生活的步步改善，看到了孩子的慢慢长大，看到了温馨的往日回忆。它们便是居民们自己制作的"家庭档案"。

家家都有一本"经"。为了让这本"经"念得井井有条，上海市闸北区档案局（馆）开始在结对的和田社区开展"档案进家庭"活动，帮助居民把家庭信息分成个人生平、家庭学习、家庭荣誉、家庭财产、家用设备、社会交往、医疗保健、旅游考察、收藏爱好、照片音像等十大类来收集，做到"分得清，找得到，用得上"。目前，已经有100多户居民建立起了完善的家庭档案。

"家庭档案让我改掉了丢三落四的习惯"，小区的张阿姨告诉记者，以前家里东西乱得很，每次找点东西都要折腾得满头大汗。"现在方便多了，我把这些档案分类放在了文件袋里，还做了目录表。比如证书在大橱的抽屉里，发票在床头柜抽屉里，一看就明明白白！"这不，最近要维修洗衣机，张阿姨顺着目录很方便就找到了当时的保修单、发票，省事多了。居民委员会钟书记说，建立家庭档案，最切实的好处就是"找东西不再靠拍脑子了"。

家庭档案是生活的忠实记录。朱老伯64岁了，最宝贵的档案就是厚厚的一摞相片，有去天南海北出差的留影，有日常生活的剪影，浓缩了他从1961年参加工作到退休期间的生活轨迹。老人说："年纪大了，翻翻相片，回忆年轻时候的拼搏经历，就觉得生活特别有滋味。"

沈阿姨特地为儿子建了一个成长档案，"等他长大了，可以看见自己的成长过程。"儿子从小就喜欢书法，档案中收集了好多作品和比赛奖状。厚厚的几本相册里，当年在床上翻滚的小不点，如今已是1.77米的大高个了。沈阿姨告诉记者，一家人一块整理这些档案，真是其乐融融。

在小区的楼梯口，一条标语映入眼帘："家庭是重要的学习资源，学习终将成为每个人回报无限的能源"。闸北区档案局的工作人员告诉记者，他们将继续帮助社区每个家庭制作档案，以后家庭档案还可以电子化，用专门的电脑软件进行整理。

（摘自2005年3月8日《解放时报》作者陈血亚、毛锦伟）

背景资料

从中国档案馆的发展历史来看，到目前为止，其形象可以分为两个阶段。从新中国成立后到改革开放前,这一时期的档案馆一直是与政府机关联系在一起的,如库址在机关大院内,库藏主要是机关公文,利用者绝大部分是因为公务,在寻常百姓的眼中,它是一个神秘的场所,非一般人可以进去的。而这一时期档案工作的方针就是重藏轻用,重保密轻开放,档案工作人员也缺乏服务意识,官僚作风严重,让公众认为是档案馆的门难进,卷难查,话难听,所以档案馆的形象是低知名度、低美誉度。改革开放以后,档案工作发生了巨大的变化,国家颁布了一系列法规,确保做好档案的开放工作,特别是80年代初期的"拨乱反正",编史修志中,档案馆变得门庭若市,人们开始将目光盯向这个信息的聚宝盆,档案工作人员自身的思想也发生了很大的变化,变"守"为"攻",抓紧练好内功,改善软硬件条件,提高查全率和查准率,使用户满意。但和图书馆、博物馆这些文化事业机构相比,档案馆似乎很难在整个社会文化的框架中找到自己的位置,虽然各文化部门在社会功能的承担方面。有一定的差异性,但都是不可替代的,档案馆的社会地位与我们理想中应达到的高度,还有相当的距离。

案例评点

　　档案馆是兼服务性、学术性和保密性的科学文化事业机构,这一性质决定了档案工作的对象是广大的公众。但是对于普通民众来说档案却是熟悉而陌生的,他们一方面在不断地形成档案,但另一方面又对其如何保存与利用知之甚少。在人们心中档案馆形象是严肃的,是可望而不可及的。随着档案工作的不断发展,档案也正在以各种方式走近公众。进入21世纪,档案馆要想赢得更多公众的认可,就必须运用公共关系知识,加强自身的形象建设。闸北区档案局(馆)与和田社区开展"档案进家庭"的活动是档案馆加强形象建设的一次新举措。

　　1. 注重公众意识,开创新的服务方式

　　档案局的此次"档案进家庭"活动是一切从公众出发,想公众之所想,满足了公众的需求。档案的服务范围也从定点走向社区、走向家庭。除传统的阅览、外借、档案证明等被动服务方式以及档案展览、档案陈列、编研服务等主动服务方式外,档案走近家庭是档案馆主动现场到位服务的新举措,它打破了档案服务的地理局限性,真正地走入了平常百姓家,"一脸严肃"的档案变成了"可爱"的为大众所亲近的档案。档案也不再仅是专家学者和编史修志工作人员可以频繁接触的事物,而是大众的亲切伙伴。此次活动不仅给公众带来了方便,同时也赢得了公众对档案馆的信任与支持,从而进一步扩大了档案的知名度,有利于档案知识的普及。

　　2. 采用先进科技,开发新的载体形式

　　在传统纸质档案载体被人们所普遍关注和利用的同时,档案馆加强自身形象建设应该跟上时代步伐,加快电子档案的建设。"家庭档案还可以电子化,用专门的电脑软件进行整理。"是科技在档案领域的应用,也是档案自身形象建设的一部分。与企业提供的商品不同,档案馆的档案是其为公众提供服务的载体,有其特殊性,但是与商品等同的是,其质量是其生命活力之所在。电子档案方便了公众检索和利用,有利于档案价值和其自身形象的提升。

3. 发挥自身优势,运用新的传播方式

档案的本质属性是历史的原始记录性。此次活动就是从档案的本质属性出发,发挥其真实的信息资源的优势,让公众在家就可以建立便于自身查找利用的档案,而不是经过档案室等专门机构形成档案。个人生平档案记录了历史的沧桑,成长的过程,家用设备档案方便了维修与利用……此外,这也是档案馆普及传播档案知识的新方式,与以往发放宣传资料以及参观等方式不同,此次活动采用了较为灵活的方式拉进了档案与公众距离,公众亲身感知档案,实践利用档案,既增进了相互了解又联络了感情,有利于将潜在公众转化为知晓公众,继而转化为行动公众;这种档案馆与公众的互动传播方式,极好地扩大了档案的公众基础。

4. 拓展自身社会功能,创建新的形象建设模式

档案馆作为社会的科学文化事业机构,是服务性组织,以其特定的服务对象的需要为目标实现其社会功能,为客户提供多种方式的服务,实现档案的参考凭证作用。此次活动摆脱了档案管理利用的旧模式,开始转变观念,开创档案利用与普及的新局面。同时,这也是服务型公关,即利用实际的上门服务为特殊媒介吸引公众,感化人心。这样的实在、实惠,最容易被公众所接受,特别有利于提高档案馆的美誉度。档案馆的形象建设体现了档案馆对自身的定位和由此而形成的服务宗旨及价值取向,需要不断地创新和发展来更好地服务公众。而此次"档案进家庭"活动正体现了公共关系学与档案学的完美结合。

案例六

2008 欧莱雅校园义卖助学
——校园公关赢口碑

以"绽放你的美丽,成就他的梦想"为主题,2008 欧莱雅"真情互动"校园义卖助学活动共覆盖包括浙江大学、复旦大学、北京大学、中山大学、中央民族大学、南开大学、黑龙江大学和上海对外贸易学院等 8 所高校,计划将通过校园义卖筹得 100 万元"欧莱雅西部助学金",并会通过中国青少年发展基金会发放给来自西部的贫困大学生,尤其是来自受汶川地震影响的灾区新生。

这项活动已经步入了第 6 个年头。该活动不是直接捐款助学,而是通过招募学生作为欧莱雅的义卖员工,来开展助学活动。今年,在"欧莱雅西部助学金"的基础上,欧莱雅公司又增设了"欧莱雅校园社团公益基金"。这项特别基金将专门用于赞助大学生社团,鼓励学生们以集体的形式和力量,结合自己的专长和能力开展多种形式的公益活动。欧莱雅"真情互动"校园义卖助学活动还与《世界时装之苑—ELLE》携手,邀请在大学生中深受喜爱的青年演员王珞丹作为 2008 欧莱雅"真情互动"校园

义卖助学活动的"爱心大使"。

案例评点

1. 公益策划,树形象赢口碑

欧莱雅校园义卖助学活动在 2008 年已有六个年头,这是一场公益策划,旨在帮助贫困大学生,通过这种公益行为获得积极的社会影响。实际情况来看,媒体、社会对此的反映也是正面为主,为欧莱雅公司树立了良好的公益形象,赢得大众好口碑。2008 年义卖活动将帮助四川汶川地震灾区学生作为主题之一,显示出欧莱雅公司与时俱进、把握热点的一面,使得整个活动更具公益性人性化,也有了新闻价值,增加了在媒体的曝光率,起到了宣传效果。

2. 顾客公众,服务盈利并存

顾客公众指购买、使用本组织提供的产品或服务的个人、团体或组织。欧莱雅整个公关活动定为现在的大学生,显示出了其长远的战略目光。欧莱雅校园义卖活动从大学生中选拔志愿者,让他们加入到了帮助同龄人的活动中,用自己的行动奉献爱心,扩大了活动的影响范围。被选中的学生更是得到了欧莱雅公司的专业培训,获得了一次难能可贵的社会实践机会,学生在获得技能、经验成长的同时,收获奉献爱心的感动。欧莱雅为参加义卖的学生提供了专业的培训,凸显活动在人才招聘、人才专业培训方面的用心,体现欧莱雅国际大公司的成熟人才资源制度,提高欧莱雅的公司形象。通过这一活动,欧莱雅在大学生心目中留下了良好的形象,还能够培养出一批忠实的品牌消费者,在大学生未来的就业和购买选择中都占据了一个重要的席位,对于公司以后的发展和业绩增长都很有好处。

3. 联手媒介,实现公关传播

2008 欧莱雅校园义卖活动期间,公司通过多种类的媒体选择、多角度活动报道,对整个活动进行传播。涉及主流大众平面类(包括新闻版面、生活类版面、教育类版面文化、人力资源、时尚综合相关版面及相关类别媒体、财经专业媒体、女性杂志等)、网络(官方网络、门户网络等)、影视、广播媒体。同时通过部分新媒体,如 BLOG、BBS,和参加和关注义卖的群体进行互动,在"过来人"论坛上搭建起专门的参与和讨论平台;充分利用活动举办城市中较有影响力的高校网络平台;并且全方位与各地核心媒体进行合作,在当地造势,扩大其在普通大众中的影响力。

4. 扩大合作,发挥联动效应

自 2003 年起,欧莱雅校园义卖就与中国青年基金会开展了合作。青基会从宏观上对活动进行指导,帮助欧莱雅进行与学校间的协调、协助,确定捐赠名单,提升了整个项目的公益性和关注度。整个活动过程中,欧莱雅还与高校展开了合作,与各高校的学生工作处、学生会、社团等机构建立联系,在给学生以锻炼机会的同时,给大学生留下了直观的企业印象,扩大其在大学生中的影响力。2008 年又携手《世界时装之苑—ELLE》,邀请到了明星助阵,这更提高了学生们参与这项活动的积极性和活动的社会影响力。

案例七

善意谎言成就现代童话
——NORAD"追踪圣诞老人"活动

项目背景

项目主体:北美防空联合司令部(NORAD)

项目执行:北美防空联合司令部(NORAD)

北美防空联合司令部(NORAD)是美国的一个军事机构,负责保卫北美大陆的安全,防御外敌空袭。每当圣诞节来临之际,NORAD 就要干一件"副业"——"追踪圣诞老人"。这听似天方夜谭,可堂堂的 NORAD 却乐此不疲。

"追踪圣诞老人"这一传统始于 1955 年。当时美国零售业巨头西尔斯—罗巴克(Sears—Roebuck)公司在美国科罗拉多斯普林斯的《新闻报》上刊登一则广告,为那些想找圣诞老人说话的孩子们提供了一个电话号码。但由于报纸排印出错,号码漏掉了一个数字,而巧合的是,这却是 NORAD 的前身——大陆防空司令部(CONAD)的电话。当时任职于 CONAD 的哈里·舒普(Harry·Shoup)上校 12 月 24 日晚值班时接到一名小男孩电话询问圣诞老人在哪里,也许是为了满足小朋友的圣诞愿望,上校幽默地答道:"我们可以通过雷达找到他。"从此,北美防空司令部将错就错,开始承担"追踪"圣诞老人的任务,每年发布"美丽的谎言"。

从 1958 年开始,NORAD 正式接替了这项圣诞传统工作。在过去的 50 多年里,一直都有天真无邪的儿童给 NORAD 打电话或发邮件,向他们询问圣诞老人的行踪,而且 NORAD 的工作人员们也坚持成就这个美好的童话,为全世界发出询问的孩子们给出解答。自 1998 年起,NORAD 更设立了有 7 国语言的"追踪圣诞老人"官方网站(www.noradsanta.org)。多年来,跟踪圣诞老人所涉及的大部分工作都是由志愿者完成的,整个过程主要由企业提供资助。

项目策划

(1)公关目标:保护孩子的童心,维护他们心中对于圣诞老人的梦想。

通过"追踪圣诞老人"的活动,树立 NORAD 良好的社会形象。

(2)目标受众:儿童以及童心未泯的大人。

(3)公关策略:依靠 NORAD 的专业防空监测系统,通过热线电话、网站及 Google、YouTube、Twitter 等渠道为受众传递圣诞老人在平安夜的行踪,让人们坚信圣诞老人的童话,保卫心中的一片童心。

项目实施

(1)"追踪系统"

NORAD 在其网站上说,今年的"追踪圣诞老人"项目动用了包括雷达、卫星、圣诞老人摄像网和喷气式战斗机在内的四大高科技系统:

首先,遍布北美大陆边境的 47 个雷达站组成的"北美预警系统"负责通知 NORAD 圣诞老人何时从北极启程。

在此之后,红外卫星负责跟踪圣诞老人起飞后的飞行路线。位于距地球表面22300 英里的地球同步轨道的卫星配备有红外线传感器,使卫星能够检测到驯鹿鲁道夫的红鼻子发出的红外信号。

在圣诞老人降落地面之后,一个很少被人知道的监控摄像网络"圣诞老人摄像网"(Santa Cam)将传回圣诞老人发放礼物的视频录像。Santa Cam 从 1998 年开始启用,它在全球许多地方都安置了高科技高速数码相机,但 NORAD 每年只在 12 月24 日才启用它们,拍摄圣诞老人带着他的驯鹿环游世界的图像和视频。

最后还有军机为圣诞老人护航。4 架 C-18 喷气式战斗机将护送圣诞老人穿过加拿大,随着雪橇进入美国上空,F-16 战斗机将取代 C−18,担任护航任务。

这一系列虽不真实但充满浪漫主义的描述让孩子们对"追踪圣诞老人"的活动更多了一份兴趣,为他们筑起了一个想象的世界。同时,让人们对 NORAD 的专业设备、工作职能多了一分了解,架起了组织与公众沟通的一个桥梁。

(2)志愿者服务

这一年,从美国东部时间 12 月 24 日凌晨 2 点开始,到 25 日圣诞节凌晨 5 点(即北京时间 24 日下午 3 点到 25 日下午 6 点),上千名志愿者坐镇 NORAD,接听孩子们打来的电话,告知他们圣诞老人的具体"行踪"。另外,志愿者还负责回复电子邮件,按计划及时更新在 Twitter 和 Facebook 等网站的信息,公布圣诞老人的新方位。

(3)网站建设

NORAD 为追踪圣诞老人行动设立了一个专门的网站——www. noradsanta. org。网友可以登录这个网站对圣诞老人进行追踪。

NORAD 还把去年"追踪"圣诞老人的过程制作成动画,发布在网上。

(4)合作伙伴

2007 年,Google 以技术合作伙伴身份加入 NORAD 的"追踪圣诞老人"计划。这一年,Google 将深化与 NORAD 的合作,用自己的各种服务为孩子们继续讲述这个美好的故事。Google 提供的服务主要有以下五种:

①通过"Google 地图"查看圣诞老人的实时位置;

②下载"Google 地球"插件,使用"Google 地球"功能跟踪圣诞老人的踪迹;

③使用"Google 手机地图"并搜索"圣诞老人"或者登录 m. noradsanta. org,就能查看圣诞老人最近的位置;

④下载 iGoogle 小工具追踪圣诞老人；

⑤提供 Google 语音服务，向各年龄段的儿童发送个性化语音祝福。YouTube 作为新媒体的领军人物，也与 NORAD 结成了合作关系。用户可以在 YouTube 上搜索圣诞老人视频，查看圣诞老人在全球的活动。

此外，用户还可以通过关注 Twitter 账号@noradsanta、NORAD Santa 的 Facebook 页面，以及圣诞老人的 Picasa 相册来了解圣诞老人的活动。

(5)延续童话

2010 年，NORAD 又为圣诞老人的环球旅程增加了新的元素。NORAD 称，今年，获美国联邦航空局的批准，圣诞老人使用了新一代交通工具"圣诞老人一号（Santa One）"飞机，这一交通工具速度更快，操控性更好。

(6)第一夫人倾情加盟

2010 年 12 月 25 日，正在夏威夷与丈夫奥巴马及两个女儿度假 10 天的米歇尔，抽空到 NORAD 上场接了 40 分钟电话，回答孩子們有关圣诞老人和他的驯鹿消息。成千上万的孩子们打电话进来，米歇尔说："哈啰，这是第一夫人米歇尔，正在 NORAD 追踪圣诞老人，我有什么帮到你吗？"米歇尔会向孩子们保证，"NORAD 正密切追踪圣诞老人，而他今年的圣诞夜的行程也一切顺利。"

项 目 评 估

据统计，2010 年总共有来自 231 个国家的 13000000 余人参与了"追踪圣诞老人"的活动。活动的影响力之大是毫无疑问的。NORAD 在一夜之间大大提高了自己的知名度和美誉度，树立了一个亲和的组织形象。

通过这个活动，孩子们和童心未泯的大人们体验到无穷乐趣，同时感受到圣诞老人离自己并不遥远。此外，这项活动还能让孩子们更多地了解世界。服务社会，服务大众，NORAD 也达到了它进行这一活动的初衷。

案 例 评 点

1. 无心插柳

NORAD 的"追踪圣诞老人"活动与普通公关活动最不同的地方在于它最初并不是一个有意策划的活动，而是起源于一个充满童话色彩的"美丽的错误"。因此这一活动的目的性就显得十分单纯。NORAD 不是汲汲于名利，搜肠刮肚想出一个冠冕堂皇的公关活动以达到组织的某种目的，而确实是以公众利益为己任，为了圆孩子一个美丽的梦，几十年如一日地追踪圣诞老人的足迹，承担了巨大的社会责任。NORAD"追踪圣诞老人"活动目的的单纯性让人感动，它深刻地体现了公关活动以公众利益为出发点的原则，坚持"公众观念"，将公众的意愿作为决策和行动的依据，将符合与满足公众的要求作为组织的价值追求，因此取得了较好的社会效果，在公众心目中树立起了良好的社会服务者的形象。

但不得不承认，"追踪圣诞老人"确实一个天上掉下来的绝好的公关点子，不仅创意十足，也与 NORAD 的组织职能十分契合。而且 NORAD 原本是一个与公众没有交集的军事组织，他的公共关系状态还没有被激活，公众并不了解 NORAD。而借助"追踪圣诞老人"的活动，NORAD 与其公众环境之间的关系状态和舆论状态就能被开发出来，组织形象可以得到全方面地建树。NORAD 也很有公关意识，它紧紧抓住了这个机会，将这一活动坚持下来，并进行更加精心的策划执行，最后当初的"无心插柳"终于变成了现在的"柳树成荫"。

2. 持之以恒

NORAD 的"追踪圣诞老人"活动还有一个突出的特点就在于它的持之以恒。从 1955 年到今天，五十五年如一日，我相信它也将继续坚持下去。

公关活动的持续性、长久性能给公众留下深刻印象，也能引起社会和媒体的持续关注，在无形中强化了传播效果。这从每年圣诞节媒体对 NORAD "追踪圣诞老人"活动雷打不动的报道中就可以看出。

而且，通过活动的长期执行，还能使组织与广大公众建立长期的良好关系，并获得公众的信任。公关是一种以塑造组织形象为己任的传播管理艺术，"形象"的本质是重视组织信誉，公关的目的就是为了获得公众长久的理解、支持乃至最高境界的信任。"追踪圣诞老人"活动的持续性让人看到了 NORAD 强烈的社会责任感，让人们觉得它是一个可以信赖的、靠得住的组织。信誉是 NORAD 五十五年持续公关活动积累下来的重要的无形资产。

3. 定位儿童

"追踪圣诞老人"活动的目标受众主要是儿童。着眼下一代，是一个长远的战略构想。在儿童中树立组织形象，不仅增强了组织在公众中的亲和力，也弘扬了组织关心社会、关心下一代的爱心，更重要的是，把形象树立在下一代人身上，对组织今后的发展大有裨益，是对未来的长远投资。

4. 通过童话增强组织亲和力

NORAD 是一个军事机构，它的组织属性决定了它不是一个天生具有亲和力的组织。但通过"追踪圣诞老人"的活动，公众看到了一个不同个 NORAD，人们发现军队不仅仅能保卫国家，同时也能保卫孩子们的梦想。NORAD 的形象顿时亲切起来。

NORAD 通过这种特殊的方式与公众进行了良好的沟通，促进社会对组织的了解，有效增强了组织在公众中的亲和力，塑造了良好的组织形象。通过情感信息的诉诸，拉近了组织与公众的距离，博得了公众的好感，也赢得了知名度和美誉度，使组织的无形资产得到增值。

5. 借助节日，形式创新

NORAD 把握公众关注的热点，与重大事件联姻，借助圣诞节进行传播，使公关活动得到了很高的关注度。而且，这样富有创意的活动表现形式，也可以帮助组织达到信誉投资的效益最大化。

同时，NORAD通过五十余年的长期坚持把公关活动做成了一个节日传统，让公关融入人们的生活，这可以说是公关艺术的体现。

6. 从特定文化背景出发

公关活动需要依靠特定的背景，针对具体情况具体分析。NORAD的"追踪圣诞老人"活动就很符合美国的文化背景。

在美国，人们十分重视保护孩子的童心。人们认为，只要孩子们仍然相信童话，他们的心灵就会对公义有所向往，那么这个社会就会有公义；只要孩子们依然热爱童话，他们的心灵就会充盈着善良，他们长大后就会成为社会的善良公民。

因此，"追踪圣诞老人"的活动正中人们心灵深处的需求，极富人文关怀。它保护了孩子们心中对于圣诞老人的信念，呵护着孩子的童心，必然也会得到美国家长和社会的支持。

7. 媒介联合

NORAD整合利用了多种传播媒介，以求传播效果的最大化。特别是对网络传播的使用，可谓淋漓尽致。搜索引擎、社交网站、微博、网络相册、视频网站……NORAD与时俱进，利用当下先进的网络技术，为公众提供全方位的信息，使得组织与公众之间的传播沟通更加全面、有效。

8. 名人效应

第一家庭的圣诞安排是各大媒体的报道重点。今年，第一夫人米歇尔的加盟使得"追踪圣诞老人"的活动获取了更多的媒介关注。

但NORAD不是简单地利用名人效应。米歇尔树立了关爱儿童的形象，NORAD得到了更多的媒体曝光率，双方互利互惠，共创公关双赢。

案例八

绿色和平拯救森林"筷行动"
——绿色公益行动

项目背景

绿色和平(Greenpeace)是绿色和平组织的简称，属于一个国际性的非政府组织，以环保工作为主，总部设在荷兰的阿姆斯特丹。绿色和平组织宣称自己的使命是："保护地球、环境及其各种生物的安全及持续性发展，并以行动作出积极的改变。"不论在科研或科技发明方面，绿色和平都提倡有利于环境保护的解决办法。对于有违以上原则的行为，绿色和平都会尽力阻止。其宗旨是促进实现一个更为绿色，和平和可持续发展的未来。

绿色和平在世界环境保护方面已经贡献良多。在其中一些环节更是扮演关键角色：禁止输出有毒物质到发展中国家；阻止商业性捕鲸；制订一项联合国公约，为世界渔业发展提供更好的环境；在南太平洋建立一个禁止捕鲸区；50 年内禁止在南极洲开采矿物；禁止向海洋倾倒放射性物质，工业废物和废弃的采油设备；停止使用大型拖网捕鱼；和全面禁止核子武器试验——这是绿色和平最早和永远的目标。

绿色和平组织在中国也进行了很多环保调查，比如转基因环保调查报告、水污染调查报告、电子垃圾调查报告等等，极大地推动了中国的环保事业发展。

中国是森林资源缺乏的国家，人均森林占有面积在全球仅排在 139 名。中国市场各类木制筷子消耗量十分巨大，其中每年消耗一次性木筷子 570 亿双（约消耗木材 118 万立方米）。每加工 5000 双木制一次性筷子要消耗一棵生长 30 年杨树，全国每天生长一次性木制筷子要消耗森林 100 多亩，一年下来总计 3.6 万亩。中国的森林采伐大都是采用"一采光"式的砍伐方式，应该说这是对现有森林资源的一种毁灭性的采伐。由于后续植树工作乏力，原本是可再生的森林资源就变成了一次性资源。这对我国的林业资源是极大的浪费。

2010 年 12 月 20 日，北京，奥美和国际环保组织绿色和平在北京联合举办了"我本是一棵绿树"公众参与活动，将一次性筷子还原为大树，以唤起人们的森林保护意识。这些大树于 2010 年 12 月 18 日到 20 日在北京的购物胜地世贸天阶展出。

项目策划

(1)公关目标

①绿色和平希望通过这个展出给公众带来震撼，唤起中国民众的意识，并在行动上支持森林保护，对一次性筷子说不，保护中国匮乏的森林资源。

②进一步提高绿色和平组织在中国的知名度和影响力，为保护中国的环境能有更好的支持。

(2)公关策划

①绿色和平拯救森林"筷行动"旨在唤起中国民众的绿色环保意识，并在行动上支持森林保护，拒绝使用一次性筷子，形成意识保护中国匮乏的森林资源，并且有效的传播绿色和平的理念。

②这次的"筷行动"为了产生预期的传播效应，携手奥美北京对这次活动进行策划，由奥美北京负责活动所需的所有视觉设计，包括筷子树的设计和制作。同时以"麦田守望者"组合主唱萧玮为环保嘉宾，呼吁公众关注并参与森林保护。先后召集来自 20 多所大学的 200 多个志愿者进行到这个志愿活动之中来。同时吸引 CCTV 等媒体的记者的关注报道。

项目实施

"我本该是一棵绿树——绿色和平拯救'筷行动'"由绿色和平组织携手奥美北京

联合发起。

整个活动从 2010 年 9 月的幕后收集木筷开始一直到 2010 年 12 月 18 日开始在北京世贸天阶广场上展出成果,展出时间为 2010 年 12 月 18 日—21 日。

(3)活动进程

①2010 年 9 月份开始,来自 20 多所高校的 200 多名绿色和平志愿者深入大学校园、社区街头,宣传一次性筷子对森林的危害,并鼓励大学生协助回收使用过的一次性木筷。同时,绿色和平的志愿者与多家餐馆达成协议,回收使用过的一次性木筷,并且在店内张贴海报、贴纸,鼓励所有普通民众协助他们的工作。在收集一次性木块的时候,志愿者放置了大量筷子收集箱,既号召大家协助收集本来随意丢弃的筷子,也呼吁大家拒绝使用一次性木筷。

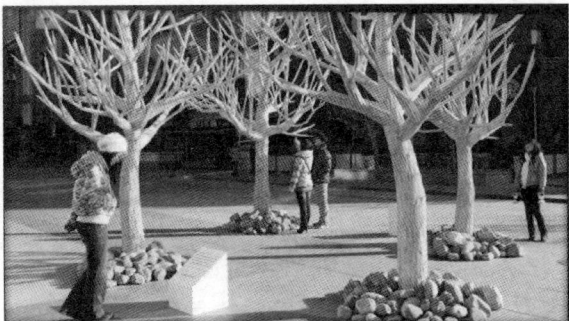

②截止 2010 年 11 月,志愿者已回收到超过 8 万双使用过的一次性筷子,并且将收集到的筷子认真清洗、晾晒。

③从 2010 年 10 月开始,在志愿者的协助下,数万双一次性筷子被艺术家陆续制作成了震撼人心的装置艺术作品——"筷子森林"。

④2010 年 12 月 18—20 日,"我本是一棵绿树"的展出在北京世贸天阶展出。同时,奥美互动还为此次活动专门制作了一个互动网站,邀请网友在线签名支持森林保护。每当一人在线签名,网站页面上的大树就会长出一片新的绿叶。围了扩大此次活动的影响力,计划还将在接下来几个月在大学和北京周边的画廊展出一些轻便的作品。

项目评估

"筷子森林"在北京世贸天阶展出的三天,引发了很大的影响和关注,众多路人驻足观看这奇特的筷子森林。在活动现场,启动仪式上,来自绿色和平及各活动支持单位的代表,志愿者代表等都做了简短发言。发布仪式上,绿色和平森林项目代表艾虹率先签名承诺,拒绝使用一次性筷子,筷子树设计师徐银海、麦田守望主唱萧玮、大学生志愿者代表、媒体代表、公众也纷纷签名,一起以行动来向一次性筷子说不。众多普通民众也当场签名,承诺拒绝使用一次性筷子,大大的签名板很快就被写满。筷子森林活动现场,还展示了由一次性筷子拼制的海报,来宣传这个活动的理念和口号。来自CCTV等媒体记者纷纷给予极大的关注,向观众介绍了此次筷子森林活动。同时很多普通民众都在树下拍照留念,将照片上传至网络。在活动中,绿色和平为支持此项活动送出了几百双生态环保可重复利用的筷子。

截止2010年12月25日,"我本该是一棵绿树"的互动网站上已经有24095个人的签名,郑重承诺拒绝使用一次性木筷。

这个活动展出以来,引起了社会上的巨大关注和影响,充分体现了绿色和平组织关注中国森林资源,积极推动环保宣传的理念的高度社会责任感,增强了绿色环保组织在公众中的影响力和亲和力,为中国的环保事业贡献出了一份力量。

案例分析

绿色和平组织的这次"我本是一棵绿树"的和平拯救森林的"筷行动"是一次提升绿色和平组织在中国的形象的美誉度的成功的案例。这个活动不仅唤起了中国民众的绿色环保意识,提倡民众在行动上支持绿色环保行为,拒绝使用一次性筷子,保护中国匮乏的森林资源。同时通过这个由8万双筷子形成的"筷子森林"展出,给中国民众以强烈的视觉冲击力,自然而然使民众对绿色和平组织产生好奇和好感,提升绿色和平组织在中国的知名度和美誉度。

此次活动的出彩处有以下几点:

1. 以保护森林资源的公众利益为出发点

一个组织形象的魅力来自于社

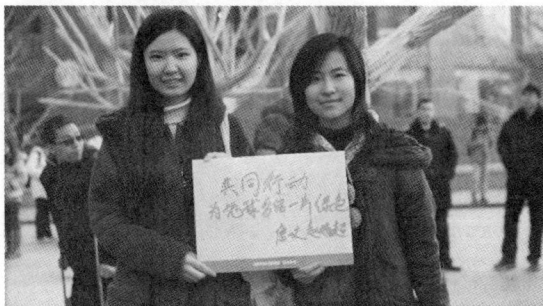

会的烘托,只有最大限度地实现社会责任,才能使组织的形象得到提升。

而绿色和平属于一个国际性的非政府组织,以环保工作为主,以"保护地球、环境及其各种生物的安全及持续性发展,并以行动作出积极的改变。"为自己的宣传使命。不论在科研或是科技发明方面,绿色和平都提倡有利于环境保护的解决办法。在中国,绿色和平组织倡导了很多环保活动,很大程度上推动社会更好的了解环保的理念和意义,使得更多的人参与到绿色环保活动中来,提升社会的环保意识。

绿色和平组织的这次"我本是一棵绿树"活动,继承发扬了该组织一贯的环保理念,"筷行动"旨在唤起中国民众的绿色环保意识,并在行动上支持森林保护,拒绝使用一次性筷子,形成意识保护中国匮乏的森林资源,并且有效的传播绿色和平的理念,体现了绿色和平组织的以保护环境为己任的高度社会责任感。,进一步提升了组织在社会上的影响力和亲和力。

这次的"我是一棵绿树'筷行动'"是一场公益策划,是公关策划的一种类型,完全以环保公益为主题,旨在通过这样的主题向全社会奉献爱心,宣传环保理念,为解决全人类面临的共同问题而承担责任。在帮助社会形成环保意识,解决问题的同时,也赢得了社会的赞誉,从而提升组织的知名度和美誉度。

2. 公关策划的成功

公益活动要获得成功,活动得到实现的宣传目标,得到预期的效果,就必须通过精心的策划,使得这个活动成为具有轰动效应的事件。从活动的策划方面来说,绿色和平组织的这个"我是一棵绿树'筷行动'"绿色环保活动是一次成功的公关策划。

这个公关活动通过精密的策划,组织 20 多所 200 多名的大学生志愿者回收使用过的一次性筷子,并对筷子进行冲洗最终将 8 万多双筷子制作成一个"筷子森林",最终在 12 月 18—20 日成功地在北京世贸天阶广场展出,这一步步的过程,都经过了精心的策划和宣传,从而保证了这次公关活动的顺利进行。

3. 与奥美北京合作,"筷子森林"创意新颖

奥美是中国最大的营销传播网络之一,提供广告,公共关系,数码行销,医疗健康营销,制作等全系列营销传播服务,并通过其独有的 360 度品牌管理对各领域的传播活动进行整合。在过去的几年里,奥美北京和绿色和平一起在中国合作过多个公益活动,推进森林保护和宣传煤炭使用的危险。

这次活动由绿色和平组织携手奥美北京对这个活动进行整体的策划。奥美公司负责了整个活动所需的所有视觉设计,包括筷子树的设计和制作。

在志愿者的协助下,8 万多双一次性筷子被艺术家制作成了"筷子森林",由一次性的筷子组成的森林没有绿叶的点缀,颜色冲击力强,"筷子森林"在北京世贸天阶广场上展出非常具有视觉冲击力,震撼人心。同时,筷子森林的制作非常具有创意性,不仅表示了一次性筷子是从树木而来,更是表示如果没有一次性筷子的使用,森林资源将会得到更大的保护。

奥美广告北京执行创意总监陈国辉表示:"我们希望能向公众展示,这些看起来

无伤大雅的一次性筷子正在耗尽中国的森林资源。我们回收了8万多双筷子,并把它们还原成大树。我们希望这次的展出能够给公众带来震撼,并最终在行动上支持森林保护。"

通过"筷子森林"这样一个非常具有创意性和冲击力的展示,刺激民众的眼球,加深该活动在人们心目中的影响力,在活动的现场,许多路过的民众被该展出所吸引,驻足欣赏围观,并且拍照留念,相当大的一部分人群被吸引参与到活动中来,并且在签名版上签字,作出不使用一次性筷子的承诺。

4. 活动网络传播能力强

在这个活动展出之前,奥美互动就为这个活动制作了一个互动网站,邀请民众在线签名支持森林保护。在该网站的首页,有一棵醒目的由一次性筷子组成的树木,左边则是留有空间让网友签名做出承诺,每当有一个人在线签名作出承诺之后,网页上的大叔就会生长出一片新的绿叶,寓示着每个人只要有环保的意识,作出承诺不使用一次性筷子,那么就是为森林资源保护贡献出了自己的一份力量。这个网站的设计也是创意所在。

为了宣传这个互动网站,活动与新浪微博、开心网和人人网合作,将这个活动以及这个互动网站在这些受欢迎程度很高的网站上进行转发,将这个活动进行最大渠道的传播。并且在微博上形成了很热的讨论度,有效地对这个活动进行传播,加大了这个活动进而也加大了绿色和平组织的影响力和知名度。

5. 和大学生合作提升组织在大学生中的影响力

这个活动能够顺利的开展,来自北京20多所大学的200多个大学生组成的绿色和平志愿者贡献了很大的力量。2010年9月份开始,来自20多所高校的200多名绿色和平志愿者深入大学校园、社区街头,宣传一次性筷子对森林的危害,并鼓励大学生协助回收使用过的一次性木筷。

绿色和平组织能够号召这么多的高校志愿者参与到这个活动中来,说明该组织在大学生中已经产生了一定的影响力。大学生作为一个高素质的群体,能够更加积极的接受环保理念的推行,也更加愿意加入环保活动中来。通过200多名的大学生志愿者深入大学校园社区街头对环保呢理念进行宣传,就能够影响更大一批的大学生,让更多的大学生加入到这个活动中来。大学生通过了解、参与这些环保活动能够更加深切的理解绿色和平的环保理念,增加对绿色和平组织的好感度,也增加了他们以后参与这个组织,为环保事业贡献力量的可能性。

大学生作为一个即将踏入社会的群体,也将是绿色和平组织想要吸纳的新成员的一个群体之一,如果能够有更多高素质的人员参与这个绿色和平组织,对于组织的发展也是一个很积极的推动力。

第六章

国际公关——插上 e 时代的翅膀

你遭遇下列问题了吗

- 不清楚自己跨国公众对象？
- 对国际公众的愿望、需求无法了解？
- 不知道跨文化传播到底如何进行？
- 跨国公司是简单的拷贝管理吗？

- 如何赢得国际形象？
- 企业面对复杂的国际公众,该如何整合企业文化？
- 如何实现有效的跨文化管理？

关键词链接

国际公众:国际公众指一个组织的产品、人员及其活动进入国际范围,对别国的公众产生影响,并需要了解和适应对象国的公众环境的时候,该组织所面对的不同国家、地区的公众对象。国际公众对象具有与本组织完全不同的社会和文化背景,因此传播沟通活动具有显著的跨文化特征。

国际公共关系:指向国际公众开展的公共关系工作,即通过跨国信息传播达到与国际公众的沟通,树立组织的国际形象。

跨文化传播:是来自不同文化群体的人们交流信息的过程。跨文化传播学是一门研究来自不同文化群体的个人、组织、国家之间进行信息传播这一社会现象的学问。

身体语言:又称体态语,美国心理学家伯德斯特尔首先提出了体态语这一概念。认为人身体各部位肌肉的动作、器官运动都可以表达感情、态度,这些机制所传递意义非语言传播所及。包括手势语、表情语、目光、姿态等。

智慧提醒

①搞好国际公众关系的目的:争取国际公众和舆论的了解、理解与支持;为本组织及其政策、活动、产品和人员塑造良好的国际形象、创造良好的国际声誉。

②国际公共关系的传播意义:发展国际公关,为对外开放服务运用跨文化传播手段、促进组织形象的国际化。

③国际公共关系基本原则

- 具备全球眼光,重视地方特色,遵守国际惯例。
- 维护国家利益,相互尊重,平等互利。
- 了解外国公众的态度及有关的经济、政治和社会情况。
- 了解并善于运用外国公众经常接触的新闻传播媒介。
- 运用跨文化传播手段,使自己的信息符合外国公众的语言、文化、信仰、习惯。从而为他们所接受。因为,国际公共关系的实质是跨文化传播。

温馨小粘贴

①你知道为什么吗?一个美国人和一个拉美人在一个宾馆大堂谈话。他俩开始时在大堂的东南角,等他们谈话结束时,人们发现他俩已移位于大堂的西南角了。你知道为什么吗?

②你知道"瞪大眼睛"在不同国家的文化意义吗?(美国学者康登 E. C. Condon 总结)

	意向	意义
英国人	惊讶、惊奇	真的
中国人	气愤	我对此不满
法国人	挑战	我不相信你
西班牙人	请求帮助	我不明白
美国黑人	说明	我是无辜的

③霍尔博士《无声语言》关于人与人之间不同距离的交际意义解析。

距离	传播情境	音量	方式
贴近 (3～6英寸)	讲高度机密的内容恋爱、安慰和守护	柔和的平语	朋友交谈式
靠近 (6～12英寸)	讲非常机密的内容朋友,非常体己,关系亲近	轻声细语	朋友交谈式
接近 (12～20英寸)	讲较为保密的内容工作关系、二重社交、控制对方	小声低语	和谐交谈式
近距 (20～36英寸)	讲一般的内容小团集聚会、一般工作会议	声音较轻 音量较低	工作交谈式
中距 (4.5～5英尺)	讲公共事物社交集会、事务交往、团体谈判	普通声音	开放交谈式
公共距离 (5.5～8英尺)	对着20～40人讲话课堂小型会议、新闻发布会	声音偏响	公共交谈式
演讲距离 (8～20英尺)	对着50人以上的听众讲话演讲者在公共集会上使用	大声	公共演讲式
远距离 (室内20～24英尺) (室外30～100英尺)	知名人士作公开大型讲演大型集会,大会议厅演讲	高呼	大肆鼓吹式

④你知道副语言的意蕴吗?

- 小华,你爱小红。(直陈语气、表示事实)

- 小华,你爱小红?(问句,表示我以为你爱别人)
- 小华,你爱小红!(感叹,表示兴奋)
- 小华,你爱小红?(表示我原以为别人爱小红)
- 小华,你爱小红。(我以为你们只是好朋友而已)

⑤1999年7月14日,中央电视台报道。江泽民主席与克林顿总统就中美两国女子足球队在第三届女足世界杯上获得佳绩打电话互致祝贺。

这就是政府组织的国际公共关系。

案例点击

案例一

跨文化的融合与冲突
——从广州标致的解体看跨文化的管理

背景资料

广州标致是由广州汽车制造厂、法国标致汽车公司、中国国际信托投资公司、国际金融公司和法国巴黎国民银行合资经营的汽车生产企业,成立于1985年,员工共2000余人,由广州汽车制造厂和法国标致汽车公司共同管理。合同规定,1994年以前的总经理由法方担任,公司任何一个部门的两名经理中,至少有一名是法方人员。广州标致的主要产品是标致504轻型小货车、505家庭旅行车和505轿车。

截至1997年8月,广州标致累计亏损10.5亿元(人民币),实际年生产量最高时为2.1万辆,未达到国家产业政策所规定的年产15万辆的生产能力。出现这一情况除了中法双方在一些重大问题上的分歧外,未能解决文化的差异和冲突,是无法进一步合作的主要原因。

跨文化管理中的反省

20世纪90年代以来,随着全球经济一体化和跨国经营的大趋势,许多国外公司进入中国市场,其中出现的一个共同问题是跨文化管理。所谓跨文化管理,主要指跨国界、跨民族的管理。1996年,美国学者曾指出,美国约有20％～25％的经理无法胜任海外企业管理,特别是在面对亚洲人、欧洲人和其他人群时,文化背景的差异使他们步履维艰。

1.尊重文化差异与创造良好环境

为了在全球化竞争中卓有成效的工作,从事跨国经营的经理们一般都重视与对方国家员工的交流与融合,尽可能地提升自身对异地文化的包容性。在这个方面,广州标致也做了大量的工作,如经常举行中外人员座谈会、联欢会,让中外人员有更多的机会进行交流,达成理解。此外,在工会的组织下成立了职工艺术委员会和职工体育协会,开展由中外员工参加的各类文体活动,给中外员工创造增进相互了解的良好环境。

同时,为了提高公司中方管理人员和普通员工的素质,培养跨文化管理人员,广州标致大力加强员工培训,招收的新员工一律实施上岗前培训,在职员工也对他们实施定期培训,并专门开设针对管理人员的跨文化管理技能的培训。公司还有计划地选派人员到广州外语学院脱产学习法语,定期开办公司内部的法语培训班,扩大受训人员的覆盖面。与此同时,组织中方人员与法国留学生进行联谊活动,在语言的培训过程中穿插法国文化、人文知识和企业文化知识的介绍,增进中方人员对法国文化、风土人情、人文知识、企业文化的了解。

另外,广州标致公司每年都与各大专院校联系,对技术人员、管理人员进行专业培训,不断更新他们的知识,提高他们的技术。

开发能力和管理技能。还外派技术和管理骨干到法国标致对口学习和培训。而且为了保证中外双方人员融洽共事,协调和规范生产经营管理活动,公司还制定了一整套科学管理制度,把各部门和车间的日常管理工作标准化和程序化,在实际工作中严格按照制度进行管理。

2. 差异与冲突

外商投资企业的跨文化管理比单一文化形态下的管理存在更多的问题,更为复杂和更具有挑战性。不少外商投资企业都曾遇到过由于文化观念上的差异而使中外双方在管理工作上存在分歧的问题。而且,教育上的落后使中方员工总体的文化素质相对比较低,甚至有某些积习难改的不良语言和行为习惯,与外方人员无论是观念上还是在行为上都存在较大的差异和不和谐,在此基础上要达到管理上的统一其难度可想而知。

在中法合资之初,广州标致公司从总经理、各部门经理到技术监督等重要管理岗位的重要负责人几乎都是法方人员,他们采用的是生硬的、强制的方式,推行全套的法式管理模式,由此引起中方人员的强烈不满,导致罢工事件,最后由中国政府和法国领事馆出面调解。事后,该企业的中方员工道出了心里话:"法国人的管理方式我们接受不了,我们受不了洋人的气"。事件的实质是观念意识的冲突和文化的冲突。目前,外商投资企业的跨文化冲突主要有 4 种表现:

①双方对峙,冲突越来越大;

②外来文化被本国文化所同化;

③外来文化占上风;

④双方文化相互融合,形成"求大同存小异"的企业文化。

第一种情况,是由于双方对对方的文化没有足够的认识,没有总结跨文化管理的经验和寻找解决文化冲突的办法所致。第②、③种情况在少数企业，或某一阶段发生，不可能长期维持，因为，当一种文化完全压倒另一种文化时，被压倒的文化必然以某种方式表现出来，除非占上风的文化在某种程度上吸纳或包容另一种文化。第④种情况是比较理想的状态，大多数成功的跨国经营最后都会形成这样的结局，两种文化相互学习、取长补短，将冲突逐渐消融。

广州标致公司中两种文化的冲突首先表现在各自不同的目标期望上，由于双方来自不同的利益主体，法方的主要经营目标是在短期内获得高额利润，而中方的主要经营目标是通过合资带动汽车工业乃至整个地区的产业发展，同时推进国产化进程。在这样的背景下，法方人员的决策带有明显的短期行为倾向，工作重点放在向中国出口技术、设备、零配件上，中方则以推进国产化进程为工作重点。法国管理人员敢于表达自己的意见，对不满意的地方直截了当地指出来，而中方的管理人员的表达方式较为委婉，很少直接发表意见，这使得在中法合作中表现出法方人员占主导地位的现象，共同管理成为一句空话。

3. 跨文化冲突的解决与融合

解决外商投资企业的跨文化冲突，其根本途径是加强对两种文化的认识和理解，建立起文化选择与调适机制，实现两种文化的融合。

形成外商投资企业独特的企业文化，是一个较为复杂、困难和漫长的过程，一般需经过冲突期、交汇期最终达到融合。在冲突期，外来文化和本土文化的差异和冲突首先表现在心理上，对对方文化产生排斥和抗拒，这是不可避免的。这种冲突自双方合作开始时就会出现，如谈判、签协议的过程，双方的思想观念不可能完全一致，分歧和差异可能以正式协议和合同签订的方式暂时得到解决，但此后的经营决策、日常管理和员工行为、生活方式等方面仍会出现种种不和谐。特别是受文化背景的影响，可能对协议与合同条文的不同解释，从而造成双方矛盾的不断激化，使文化摩擦屡屡发生，潜藏着爆发冲突的危机。冲突期是不同文化"初期接触"的必然反应，这个时期的文化冲突处理得好不好，将影响到企业管理工作的顺利进行，也影响两种文化的交汇与融合。在冲突期，来自不同文化背景的企业管理人员要认真认识对方文化与己方文化的差异，从而表现出它对文化的理解和尊重，要认识到尊重对方文化就是尊重对方的人格，因为尊重对方文化是双方心理沟通的桥梁、文化沟通的桥梁，有了这座桥梁，才能对他方的民族性、国民性、行为方式、人格价值取向、风俗习惯有进一步的了解，才能从真正意义上尊重对方的人格，才能体会和捕捉到对方的观点及在不同文化理念引导下的表达方式，可兼顾双方不同的文化角度，达到真诚的合作。尊重对方的习惯，就是尊重对方的文化形式和心理文化积淀，是对他方行为方式的确认。

所谓交汇期，是指两种文化的相互渗透的时期，在这一时期，人们能够对他方文化进行接纳和认可，对来自不同文化背景的管理者的观念和行为方式能够表示理解、体谅和支持。既能看到自身文化的优点，看到对方文化的不足，又能认清自身文化的缺陷，对方文化的长处，形成相互学习，取长补短的局面。

所谓聚合期,是指跨文化的全面融合期。在外商投资企业中形成既认可多元文化的存在、共存共荣,又有全体员工共同追求的统一的价值观和行为准则。

案例评点

1.广州标致公司两种文化的冲突,最终导致中法无法继续合作,其中的一个重要原因就是没有形成共有价值观

广州标致成立12年以来,中法双方的高层管理人员并没有致力于共有价值观的塑造。有人对广州标致的企业文化进行过问卷调查,有27%的被调查者认为中法双方的价值观相互冲突,7%的被调查者认为企业没有形成共有价值观和明确的企业精神,没有形成同心协力的群体意识,产生了文化冲突没有及时缓解和解决,双方的管理层对文化冲突没有引起足够的重视,失去了协调两种文化冲突的最佳时机。

2.没有实现员工文化、管理者文化和企业整体的制度文化三个层次的融合

企业的制度文化,最终要由全体员工去贯彻。虽然广州标致有一整套完备规章制度,但多数是沿用法国标致的,很多地方不符合中国国情,法方的管理人员要求中方管理人员和员工完全按法国管理模式行事,往往使中方人员产生逆反心理,企业整体的制度文化无法在全体员工、中方管理者中间得到落实和生根,结果形成员工文化、管理者文化、企业整体的制度文化三张皮相分离。

3.广州标致的解体,说明跨文化管理中存在着一些比较严重的问题

只注意浅层次的、表面的文化融合,不重视深层次的、实质性的文化沟通和融合,不重视共有价值观的培育,就会貌合神离,最终免不了走向解体的道路。

案例二

肯德基何以进军海外市场
——国际公关中的文化理念的审视

背 景 资 料

肯德基是由哈兰山德士上校于1939年创建的。他以含有11种草本植物和香料的秘方制成以肯德基家乡鸡为特色的快餐,由于工艺独特,香酥爽口,很快就风行美国,并走向世界,现在已是个分店遍布全球的超级连锁店,业已形成一个庞大的国际性快餐食品市场。然而,作为第一家进入香港市场的美国快餐食品连锁店的肯德基却兵败香港,在国际市场拓展中经历了一次与文化投资环境密切相关的重大挫折。

肯德基跨文化经营的理念审查

20世纪70年代初的香港,经济发展和社会变化使社会生活节奏日趋加快,愈来愈多的居民走出家庭厨房,户外用餐,从而形成了对快餐食品迅速增长的市场需求。另外,鸡是中国人历来的传统食品之一,不论是从营养价值还是从饮食偏好来看,都会引起港人的兴趣和食欲。还有家乡鸡来港以前,港人还很少尝试过美式快餐,人们见异思"尝"的猎奇心理和美式快餐别具一格的优点也会产生一定的市场效应和吸引力。基于这种投资环境的分析,肯德基于1973年6月进军香港快餐市场,在美孚新屯开设第一家家乡鸡店,接着以平均每个月一家的速度连续开了11家连锁店。然而,令人惊奇的是,在不到两年的时间里,这些首批进入香港的美国肯德基家乡鸡店又全部停业关闭。据当时有关人士分析,问题主要是出在投资者缺乏对香港本土或地域文化特别是饮食文化的了解。

①肯德基虽然知道鸡是中国人的传统食品,但没有进一步了解中国人对鸡食品的口味要求,仍用鱼肉喂养,以致破坏了中国鸡特有的口味,反了港人的胃口。

②家乡鸡采用"好味道舔手指"的国际性广告词,也有悖于香港居民的观念。

③家乡鸡不在店内设放座位的美国式服务,违背了港人喜好结伴入店进餐、边吃边聊的饮食习惯。

大约过了10年,肯德基家乡鸡带着先后在马来西亚、新加坡、泰国和菲律宾投资成功的喜悦,于1986年9月再度登陆港岛。虽然这时的香港快餐业市场份额已被本地食品和麦当劳分别占去七成和两成以上,面临着更多的竞争强手,但家乡鸡这回却吸引住了顾客,很快立足并占据了香港快餐市场,成为香港快餐业中与麦当劳、汉堡包和必胜客薄饼并立的四大美式快餐食品之一。

有人把家乡鸡二度进军香港的成功归因于该公司营销策略上的如下重要变动:

①供应"本地化"的配菜。

②快餐店设计高雅,改变了整体形象,并提供店内就餐的座位。

③放弃国际性的统一广告词"好味道舔手指",改为带有浓厚港味的"甘香鲜美好口味"。

④注重年轻及受过教育的顾客层。

⑤高价出售独创的主项食品。

⑥一律采用美国鸡,并以美式配方制作。

⑦改变业务拥有权,以独家特许经营方式取代合资方式。

肯德基经营者意识到,12年的两进香港的成败得失,应当从营销的文化理念上进行总结,以上这些改变都和家乡鸡加深对香港地域文化的了解或对香港文化投资环境的重新认知有很大的关系。进入20世纪80年代后,随着和北美特别是和美国增加交往的过程中,港人尤其是年轻而又受过较好教育的公司职员和行政人员,喜欢将美式饮食风格作为一种现代文明予以接纳和模仿。肯德基用美国鸡取代中国土鸡,并以美国配方烹制,同时又附带供应本地化配菜的一系列做法,旨在既迎合港人追求美式生活的心态,又照顾香港居民对传统文化的依恋,很恰当地把握了香港快餐食用者的具有深层文化背景的消费心理。还有新广告词的亲切通俗、饮食环境的高雅舒适、独创主食的高价出售(如果家乡鸡定价太低,港人会把它看成是一种低档快餐食品)、业务经营管理的港人化等,都在各个方面根据实际情况,对公司过去采取的统一的国际市场拓展方式进行了相应的变革,以便跟上港岛地域文化变化的节拍,更好地适应香港本地的需求。所以,确切地说,如果没有投资者对香港文化投资环境的客观而又细致的分析和评估,也就不会有肯德基家乡鸡在港岛的转败为胜。

1987年肯德基从香港北上进军中国内地市场,在京城闹市前门开张了中国内地第一家美式快餐店,生意盛况空前。到了1996年上半年,肯德基在中国已有100家连锁店,肯德基又一次在中国人的饮食市场里获得了成功。不管肯德基在进入中国内地快餐市场时是否已考虑到文化环境因素,他们意识到内地新的文化投资1987年肯德基从香港北上进军中国内地市场,在京城闹市前门开张了中国内地第一家美式快餐店,生意盛况空前。到了1996年上半年,肯德基在中国已有100家连锁店,肯德基又一次在中国人的饮食市场里获得了成功。不管肯德基在进入中国内地快餐市场时是否已考虑到文化环境因素,他们意识到内地新的文化投资环境氛围。

①中国领导人在思想文化上对极左倾向有了历史性突破,一改过去对外资的排斥环境,特别是对外商来华投资实行一系列的优惠和鼓励政策,这为肯德基在中国内地的投资计划提供了实施的可能。

②日益强化的"时间就是金钱"的观念正在中国引起一场生活时间配置的革命,几千年来中国家庭一日三餐厨房忙碌、自炊自饮的生活方式正悄然退出历史舞台。如在并不是很发达的我国北部城市锦州,1995年新工时制实施后,锦州人平均每天用于下厨操持三餐的时间为57分钟,比10年前的87分钟减少了30分钟。中国人正在习惯并接受离开厨房外出就餐。

③肯德基的成功实际上还利用了部分中国人的崇美意识。纵观历史,不少中国人心目中有一种美国情结。从当年的"苦力贸易"到20世纪80年代末和90年代初的"人蛇偷渡",从台湾始于20世纪50—60年代的留学热,到中国大陆20世纪80年代初发展起来的出国潮,几乎都把美国作为目的地。

在那里赚的是硬通货美元,过的是全球一流的生活,去的人以此为荣耀,还没去的人在华侨衣锦还乡的刺激下膨胀了崇美的心态,甚至能在自己的国度里按照美国方式生活,消费美国的产品和服务,也觉得是一种身份的象征。因为是美式快餐,是来自哈兰山德士上校和山姆叔叔家乡的食品,国人便乐一尝或多次消费。每每看到国人拥挤在麦当劳和家乡鸡的连锁店里,都不免想到,这是一种文化消费。肯德基把国人的崇美情绪化为具体的消费行为,使国人都变为缺乏"理性"的经济人。

肯德基进军海外市场的成败,可以得出以下几点结论:

①注意对文化环境因素的分析,集中于系统了解一个国家或地区居民的思想文

化特征和变动趋向。由于人的价值观念、信仰意识都是属于质量指标,不像投资硬环境那样比较数量化和容易度量,有必要建立一个复合指标体系,从不同的角度对思想文化进行综合考察和度量。要做到这一点,就必须大量占有目标国和地区的有关价值观念和思想意识的信息和资料。在使用有关思想文化的第二手资料时,务必剔除原作者个人价值取向和主观推测的影响,以免在评估时发生偏差。必要的时候可考虑通过当地的调查咨询机构进行专项民意测验和调查,以便比较客观地了解当地居民的思想文化状况。

②要坚持联系的观点。文化环境是国际投资总环境的一个重要的组成部分,它在决定和影响投资总环境的性质、结构和变动的同时,也会受到其他环境构成的影响,应该说它们之间是一种互动的关系。把文化环境置放在整个投资环境系统中进行分析,有以下好处:

● 有利于认识文化环境在这个系统中所处的位置即相对的重要性以及所发挥的作用。

● 便于了解其他投资环境构成将会对文化环境因素产生什么样的影响,进而明确文化环境结构特征形成的原因。

● 文化环境因素对投资活动的影响,既可能是直接的,也可能是间接的。前者如崇洋媚外思想造成的国货意识的减弱和洋货需求的增加;后者如通过其他投资环境因素对投资行为产生的阻碍或促进的作用。从联系的角度观察分析,把这两种影响综合起来考虑,有助于完整地估计文化环境因素对国际投资行为的总影响和作用。

③在评估文化环境因素时,要有动态的意识,注意把文化环境的静态和动态分析结合起来。静态分析可以帮助我们较好地认识某一时点上文化投资环境的特点和性质,以及它和其他投资环境因素的内在联系,但无法把握文化环境的变动模式。而文化环境本质上又是一个动态的概念。特别是在现代的信息社会,传统社会所特有的在文化环境方面表现出来的情绪在明显减弱,思想文化因素变化的频率在加快。思想文化的时间变动和国际投资活动所需要的相对稳定的文化投资环境之间的矛盾,要求我们去加强对文化环境因素的动态分析。通过这种分析,不仅可以避免国际投资的风险,而且还可以把握机遇,利用有利的思想文化环境,促成国际投资目的的实现。

④要重视文化环境的比较分析。国际投资风险有相当一部分是源于投资国和目标国之间在思想文化上的严重差异,但并不是所有的差异都具有负面影响,有时正是因为这种文化上的差异会给我们带来投资盈利的机会。进行国与国之间的文化环境比较分析,发现彼此之间的差异、差异的程度和性质、差异存在的原因以及差异变动的趋向等,无疑对调整和改变国际投资的战略决策和具体实施的计划,以便更好地适应或利用新的地域文化,都有极大的参考价值。

案例评点

1. 肯德基经营者在 12 年间的两进香港的成败得失,对我们的跨文化经营研究是有启发意义的

肯德基的成功同对香港地域文化的了解和香港文化投资环境的重新认知有很大的关系。我们必须认识到,当目标国际市场和进入该市场的方式明确以后,必须对初选入围的若干个国家或地区的投资环境进行认真评估和比较分析,以便在此基础上选定投资环境最理想也即投资活动风险最小的国家作为最终的投资目标国。然而,就目前经常被中国采用的几种国际投资环境评估方法来看,中国国际投资环境评估工作至少存在两个问题:

①偏重投资硬环境,轻视投资软环境。

②在对投资软环境评估时,片面强调政治、法律、社会治安等软环境因素,忽视甚至根本不考虑文化软环境。

2. 投资环境是一个内容十分丰富、涉及面相当广泛的概念

投资环境包括地理资源、经济、社会、文化、政治、法律、金融、技术、市场等环境因素。那么文化环境因素究竟在国际投资总环境中占据什么样的位置,又怎样和其他环境构成发生联系呢?从理论上来讲,文化有广义文化和狭义文化之分。广义文化,是指除了自然界之外一切人为的事物或者是指人类社会历史实践过程中创造的物质财富和精神财富的总和。因此,除了气候、地理、地形和自然资源环境以外,其他的环境因素都属于文化范畴。这样,国际投资环境也就可以简单地分为自然投资环境和文化投资环境两大组成部分,而且后者显然是主要构成投资环境评估的主要对象。狭义文化,是指人类创造的非物质的,或曰精神财富,它包括智能文化(科技、教育、知识语言等)、艺术文化(文学、电影、美术、音乐等)和社会文化三大部分,其中社会文化又称基本文化,是由规范文化和思想文化组成的。规范文化包括社会组织、政治制度、法律形式、伦理道德等文化范畴;而思想文化,又称核心文化,则集中反映人们的理想信仰和价值观念,是一种观念形态的文化。当国际投资环境中的文化环境构成主要是指狭义文化中的思想文化时,一个国家或地区的居民所信奉的价值观念和追求的理想目标就非同一般。它不仅在该地区或国家的投资总环境中处于核心地位,而且影响和决定整个投资环境的性质、水平以及可能发生的变动和发展的方向。例如,改革开放以前,中国在对外关系上推行的闭关锁国的排外政策,在投资环境中表现出来的强烈的与西方敌对的国际政治倾向,以及在行政和法律等方面严格约束,甚至打击国人与海外的私人交往行为等,都直接归因于当时所坚持的比较教条和狭隘的左倾思想和惟我文化意识。没有这些属于思想文化的理念、意识的根本性变化,就不会有改革开放,就不会有引进外资和海外投资的今天。

3. 对目标国或地区的劳动力来源及其成本都要进行认真分析

从生产要素市场如劳动力市场来看,在国外直接投资设立的企业主要依靠的是当地的劳动力,尤其是一些普通的生产工人,投资企业向海外子公司派遣的至多不过是一些主要的高级经营管理人员。然而,在分析劳动力成本时,投资企业通常关注的是当地劳动力的技术水平和工人的劳动生产率,熟练工人的工资水平,以及工人的社会福利保证费用等,而对资方管理人员与当地生产工人在价值取向、思想意识上是否存在明显的差异和冲突以及这种文化差异和冲突可能对企业经营管理造成什么影响都重视不够,估计不足。结果,源于思想文化差异和冲突的劳资纠纷不断,严重地妨碍了资方设想的实施和生产经营秩序的稳定,给海外直接投资增加了风险。

4. 在产品市场方面,思想文化也占有重要的地位

不同的价值观念、理想信仰影响着人们的消费方式和消费习惯,并进而影响整个消费市场的结构和模式。守旧意识和民族意识强烈的地区往往排斥和拒绝新产品和外来品;信仰宗教者通常禁食或禁用某些商品;崇洋思想严重的居民则热衷于模仿外国生活方式,以消费外来品为荣。对人的价值取向和消费行为之间的这种关系,如不加以客观的研究和估计,有时会导致整个海外投资计划的流产,造成本不应该发生的经济损失。我们必须把包括人们所信奉的价值观念和所追求的理想目标在内的文化环境因素作为国际投资环境评估的重点。

5. 目标国或地区的文化环境因素是投资总环境的核心和基础,对国际投资活动的成败起着决定性的作用

国际投资环境中的文化环境构成既可能阻碍一项投资计划的实施,也可以让投资者获得意想不到的成功,这就看你是否重视对文化环境因素的分析,并准确地把握它的变化轨迹。因此,在国际投资环境评估工作中应当正确估计地域文化环境的作用和影响。

案例三

麦当劳文化征战全球
——如何营销文化

背景资料

麦当劳是由麦克和迪克两位犹太兄弟于 1937 年创建的,起初两兄弟在洛杉矶东部的巴沙地那经营汽车餐厅,起名为麦当劳餐厅。1961 年克罗克取得了麦当劳的所有权,1965 年麦当劳股票上市,从此扶摇直上,1985 年公司营业收入 110 亿美元,仅此一年,公司在全球就开设了 597 个分店,在全美本土上已达到 8854 家,平均以每小时开一个的速度递增。现在,麦当劳已成为全球最大的以经营汉堡包为主的速食公司。在 1999 年《财富》杂志全球 500 强排行榜上,麦当劳排名第 361 位,营业收入额

124.124 亿美元,利润 15.5 亿美元,资产额 97.84 美元。

麦当劳的营销理念和营销文化

1.QSCV 的企业经营理念

麦当劳是当今世界上最成功的快餐连锁店。目前,在 72 个国家开设了 14000 多家,每天接待 2800 万人次的顾客,并且以平均每 7.3 小时新开一家餐厅的速度发展着。而顾客走进任何地方、任何一家麦当劳餐厅,都会发现,这里的建筑外观、内部陈设、食品规格和服务员的言谈举止、衣着服饰等诸多方面都惊人地相似,都能给顾客以同样标准的享受。

麦当劳的创始人雷·克罗克在创业初期,就为自己设立了快餐店的三个经营信念,后来又加上"V"信条,构成麦当劳快餐店完整的 Q、S、C、V 经营理念。

Q(Quality),是指质量、品质。麦当劳对原料的标准要求极高,面包不圆和切口不平都不用,奶浆接货温度要在 4℃ 以下,高一度就退货。一片小小的牛肉饼要经过 40 多项质量控制检查。任何原料都有保存期,生菜从冷藏库拿到配料台上只有 2 个小时的保鲜期,过时就扔。生产过程采用电脑控制和标准操作。制作好的成品和时间牌一起放到成品保温槽中,炸薯条超过 7 分钟,汉堡包超过 10 分钟就要毫不吝惜的扔掉,因为麦当劳对顾客的承诺是永远让顾客享受品质最新鲜、味道最纯正的食品,从而建立起高度的信用。

S(Service),是指服务,包括:店铺建筑的快适感、营业时间的方便性、销售人员的服务态度等。微笑是麦当劳的特色,所有的店员都面露微笑、活泼开朗地和顾客交谈、做事,让顾客感觉满意。员工一进入麦当劳,就接受系统训练。全体员工实行快捷、准确、友善的服务,排队不超过 2 分钟,在顾客点完所要食品后,服务员要在一分钟内将食品送到顾客手中。餐厅还提供多种服务,如为小朋友过欢乐生日会,为团体提供订餐和免费送餐服务等。

C(Cleanliness),是指卫生、清洁。麦当劳员工规范中,有一项条文是"与其靠着墙休息,不如起身打扫,"全世界一万几千家连锁店所有员工都必须遵守这一条文。员工上岗操作前需严格用杀菌洗手液消毒,规定两手揉搓至少 20 秒钟再冲洗,再用烘干机将手烘干。如果接触了头发、衣服等东西就重新洗手消毒。所有的餐盘、机器都会在打烊后彻底清洗、消毒,地板要刷洗干净,餐厅门前也保持清洁。

V(Value),是指价值,意为"提供原有价值的高品质物品给顾客"。麦当劳的食品营养经过科学配比,营养丰富,价格合理。让顾客在清洁的环境中享受快捷的营养美食,这些因素合起来,就叫"物有所值"。现代社会逐渐形成高品质化的需要水准,而且消费者的喜好也趋于多样化,麦当劳强调 V,意即要创造和附加新的价值。

正是以这一经营理念为核心,麦当劳创下了世界最大的连锁体系的记录。

麦当劳用这一准则来保证员工行为规范,即"小到洗手有程序,大到管理有手册"。

2. 企业行为识别和视觉识别

麦当劳的 O&TmanulO&Tmanul 即营运手册。雷·克罗克先生认为,快餐连锁店只有标准统一,持之以恒才能取得成功。手册中详细说明麦当劳的政策,餐厅各项工作的程序、步骤和方法,并且不断地自我丰富和完善。

麦当劳的 SOC(StationObservationChecklist)即岗位工作检查表。麦当劳把餐厅分为 20 多个段,每个工作段都有一套 SOC 详细说明各工作段事先应准备和检查的项目、操作步骤、岗位职责。员工进入麦当劳后将逐步学习各工作段,表现突出的员工会晋升为训练员,训练新员工;训练员表现好,可进入管理组。所有的经理都是从员工做起,必须高标准地掌握所有基本岗位操作并通过 SOC。

①MDP。麦当劳专门为餐厅经理设计了一套管理发展手册(MDP),共四册,循序渐进。在学完第三册后就会被送到麦当劳总部的"汉堡包大学"学习,包括人际关系、会计、存货控制、公共关系、培训、人事管理等。高一级的经理将对下一级的经理、员工实行一对一的训练,合格后才有可能晋升。

②大家庭。麦当劳强调在内部建立起大家庭式的工作环境,例如,从经理到员工都直呼其名,注重沟通与团结合作。每月对员工开座谈会,充分听取员工意见。每月评选最佳职工,邀请其家属来餐厅参观、就餐。每年举行岗位明星大赛,并且到其他城市参赛。以一定的形式祝贺员工的生日,等等。

③金色拱门。麦当劳(McDonald's)的企业标志是弧形的 M 字,以黄色为标准色,稍暗的红色为辅助色,黄色让人联想到价格的便宜,而且无论在什么样的天气里,黄色的视觉性都很强。M 字的弧形造型非常柔和,和店铺大门的形象搭配起来,令人产生走进店里的强烈愿望。

④吉祥物。象征麦当劳餐厅的人物偶像——麦当劳叔叔,是友谊、风趣、祥和的象征。他总是传统马戏小丑打扮,黄色连衫裤,红白条的衬衣和短裤,大红鞋,黄手套,一头红发。他的全名是罗纳德·麦当劳(在美国 4～9 岁儿童心中,他是仅次于圣诞老人的第二个最熟识的人物)。他象征着麦当劳永远是大家的朋友,时刻准备着为儿童和社区发展贡献力量。麦当劳叔叔儿童慈善基金会在 1984 年成立,至今已向全国各地 1600 多个组织捐出了 6000 万美元的资助。北京的麦当劳王府井餐厅开业之际,就向儿童福利院等机构捐款 1 万美元。此外,到公园参加美化,到地铁站搞卫生,到大街擦栏杆,都是麦当劳经常性的公益活动。这不仅树立了企业形象,也培养了员工的社会责任感和参与意识。

3. 督察制和连锁制

为了彻底贯彻经营理念,麦当劳的在芝加哥总部派出"巡回地区督察团",每月不定期地到各地经销店、公司直销店巡视若干次,对全世界 13000 家连锁店一视同仁。督察团巡视完毕后,再把审查结果向总公司或该地区的总部汇报。如果审查结果不良,则该店的店长考绩就会受到影响。

麦当劳在创立之初,只是一个连桌椅都没有的汉堡包专卖店,开始是外卖方式,为在众多食品专卖店中脱颖而出,独树一帜,麦当劳兄弟俩大胆提出以连锁店经营饮食业的新构想,并要求各家连锁店严格按照麦当劳的经营理念去经营。连锁店经营方式的运用使麦当劳比同行业技高一筹。1952年,当他们有了第一位连锁人时,麦当劳兄弟很想趁此机会在凤凰城建立一间连锁的汽车餐厅标准模型店。他雇用了一位建筑师——梅斯顿。麦氏兄弟想要一个能够吸引人注意力的外形设计,梅斯顿却设计了一个闪闪发光的红、白磁砖相间的长方形建筑。屋顶前面以尖锐的角度向后倾斜,柜台至天花板仍旧是早已过时的让厨房完全暴露的“金鱼缸”式建筑。麦当劳兄弟认为这个设计太平庸、太俗气,应该使它显得高一些,于是他们自己画了一个大拱门,但是显得太滑稽,于是又添了一个,成为双拱门。最后由经营霓虹灯公司的德斯特,把那个双拱门做成金黄色。结果,这个用金黄色霓虹灯做成的双拱门,很是耀眼夺目,顾客在一条街外都能望得见,而且其造型与店名 Medonald(麦当劳)的第一个字母 M 极其相似。后来,麦氏兄弟就决定用金黄色的微缩双拱门形作为麦当劳快餐店的招牌和商标图案。现在,麦当劳特有的金黄色双拱门商标已风靡世界。

4. 克罗克的商业智慧

雷·克罗克创造了令全世界震惊的麦当劳奇迹,而他历经艰难的创业史本身也是一个奇迹。麦当劳快餐已成了世界快餐业的同义语,而雷·克罗克的名字也成了麦当劳的同义语,令世人钦佩不已,感慨万千。雷·克罗克于1902年10月5日生于芝加哥的一个中低收入的家庭。16岁那年因第一次世界大战,他高中没有毕业就入伍随军到达法国,战后回到芝加哥,在乐团里弹过钢琴,在纸杯公司推销纸杯,做过房产公司的业务员,最后推销搅拌器。这一次他足足干了17年,但业绩平平。

1954年,雷·克罗克在洛杉矶以东50公里的圣伯纳狄诺市遇见了一家快餐厅老板——麦当劳兄弟麦克和迪克。两座闪耀在阳光下的黄色拱门,拱门耀眼夺目的灯光,拱门下如水的人流,惊呆了雷·克罗克。

麦当劳兄弟的汉堡包餐厅效率至上,服务快捷,没有浪费,干净整齐,不用碗盘,只需付上15美分,便可买到一份已经配好标准调味料的标准汉堡包。便宜、简单、质量不变,价廉却又有利可图! 雷·克罗克眼睛发亮了,私下喃喃自语:这样的生意应该发展到世界各地去。

雷·克罗克在麦当劳兄弟的餐厅里呆了3天。决心购买推销麦当劳餐厅的经销权。他摸清了麦当劳兄弟的舒适的家,而他们又十分恋家的心态,便说:“每月10日我会寄来一张支票,你们不需外出旅行,不要做任何事,不会有任何麻烦。”麦当劳兄弟终于动摇了,接受了雷·克罗克的建议,向每个连锁分店收取占营业额的19%的许可费,麦当劳兄弟要5%,14%留给雷·克罗克。至此,雷·克罗克得到了梦寐以求的“麦当劳餐厅”名称的所有权。这年雷·克罗克已经52岁。到1960年,雷·克罗克以270万美元的代价从麦当劳兄弟手中把餐厅的商标、版权、模式、金色拱门和麦当劳名称统统“居为已有”。此时,在全美麦当劳快餐厅已达228家。

雷·克罗克以企业家特有的眼光、胆魄和敏捷,寻觅并捕捉了一个难得的机遇,打开了成功之门。

5.树品牌形象与文化理念

塑造儿童偶像。麦当劳认为,儿童节对他们具有不寻常的意义,所以在广告中他们往往将各种娱乐信息传达给儿童并制造各种机会提供气球、玩具等赠品,以吸引儿童顾客的注意力。他们在争取儿童顾客方面最津津乐道的两大措施是,创立"麦当劳游乐场"和在全球范围内塑造"麦当劳叔叔"的形象。

麦当劳公司塑造的"麦当劳叔叔"的原型是麦当劳的早期经营者之一———史波特。1963年新年,这个身着小丑服的卡通式人物——"麦当劳叔叔"在华盛顿第一次公开露面,后来终于成了代表"麦当劳"的知名人士,他常会出现在医院中安慰儿童,或在"麦当劳游乐场"中当指导。久而久之,在儿童心目中,"麦当劳叔叔"成了仅次于圣诞老人的人物。在塑造"麦当劳叔叔"形象的同时,行销各地的汉堡包中增加了一个新品种——用汉堡包制成的小面人,作为"麦当劳"的代表形象奉送给吃汉堡包的小顾客。

宣传麦当劳的利润很高,为此也经常受到社会舆论的批评。然而,为什么近年获得"超额利润"的"麦当劳"汉堡包仍能创业有成?其奥秘就在于它当初确定的文化理念。汉堡包王国创业初期,就标榜它提供的是富裕社会中产阶级的食物。这种宣传策略使中产阶级都以吃汉堡包为荣,并以此炫耀其中产阶级的虚荣心和阶级归属感,另外,通过这种有效的宣传,也使吃汉堡包成了美国中产阶级子女的时尚。到了20世纪60年代,麦当劳的宣传策略导致形成了"汉堡包文化"。麦当劳王国就建立在这样的文化风潮之上,并靠自己塑造出来的食品文化来获取超额利润,维护其在美国中上层社会的广阔市场。

当麦当劳公司向国际市场进军时,这种颇具影响力的"汉堡包文化",由于受到美国中产阶级的支持,代表了一种优势的美国文化,因而也就很容易被其他国家的中产阶级所接受,他们都认为吃汉堡包能表明他们已是现代人,属现代中产阶级,汉堡包在中国、日本、马尼拉、新加坡等地一经上市,往往都能迅速占领市场,主要就是因为它创造了一种现代饮食文化,形成了一种追随美国消费文化的时尚与风潮。

6.以其成功和卓越进军全世界

麦当劳汉堡包除了适合大众口味,其最显著的特点是"整齐划一"。为此,雷·克罗克研究出了汉堡包精确的制作公式:用机器切的牛肉饼每个重1.6盎司,直径3.875英寸,肉中不能掺进任何一点心、肺和粮食。一磅牛肉能做10个汉堡包,其中肥肉不能超过19%。小圆面包的直径为3.5英寸,洋葱是1/4盎司重。每种烹调食品都有标准时间,如果超过了标准时间,所烹调的食品就得扔掉,食品的大小不符合标准尺寸也不能出售。

雷·克罗克还非常注意寻找稳定的供应商,屠宰商供应牛肉饼,其他各种供应商供应设备、圆面包、牛奶、饮料、一次性餐具及清洁剂等,所有材料食品一定要完全合乎规格。

雷·克罗克开始有计划地向全国推进。他首先请著名广告人重新装修金黄色的拱门,并加装了一个挥舞长柄勺的汉堡人,这个汉堡人吸引了成千上万的孩童。接着,他不惜乘坐飞机来寻找适合开办连锁店的位置。到 1965 年底,全美国已开设了 710 家麦当劳连锁店,分布在 44 个州,拥有两万职工。个别经销商还发明了巨型汉堡包、鱼肉汉堡和大松饼蛋三明治等,给公司带来了滚滚财源。

1968 年,现代化的"汉堡包大学"的白色大楼拔地而起,标志着麦当劳公司已步入成熟期。"汉堡包大学"包括食品烹调、机械维修、原料配备、质量管理、公关广告、营销知识、人事管理等各个方面。汉堡包大学每月结业两个班,已培养出大约 150 名汉堡包专家,4.5 万名毕业生,他们均已成为业务骨干。

雷·克罗克不拘一格,大胆起用新人。当时年仅 23 岁,有张娃娃脸的弗里德·特纳是个店员,他勤于思考,工作上有一股不屈不挠的精神。雷·克罗克慧眼识珠,一下子便发现了他。特纳对雷·克罗克提出的"质量"、"服务"、"清洁"、"温和"、"爱"和"关心"六要素理解得很透彻,并受命于文件形式下达到每个职员手里。这便是麦当劳的精神支柱和力量源泉,即麦当劳文化。1967 年,35 岁的特纳成为执行副总裁,一年后,他被任命为总裁兼首席执行官,雷·克罗克任董事长,特纳成为麦当劳王国忠实可靠的接班人。

人们总结后认为,购买到经销权的经销商,几千家的供应商以及精明强干的管理人员,是麦当劳立于不败之地的"金三足",而麦当劳便成了辉煌巍峨、傲视群雄的金字塔。

雷·克罗克深谙广告公关的巨大作用,于是从 1959 年起便把圣诞节和麦当劳合二为一,作为麦当劳公司的最初目标。在百万之众的圣诞游行队伍中,前进着麦当劳"接待中心"的汽车,为游客免费提供食物,小丑朗纳德·麦当劳跳来跳去,何等逗人的怪模样。几年后,96％的美国学童便毫无例外的认同小丑朗纳德·麦当劳。

麦当劳以免费赠送汉堡包作为对好人好事的奖赏和报酬。麦当劳积极投身公益事业。社区活动及灾害发生的地方,都可见到麦当劳的人员和大批免费汉堡包前来扶危济困。当麦当劳卖出 10 亿个汉堡包时,还在华盛顿制作了一个可供 500 人分享的、世界上最大的汉堡包,包括农业部官员在内的一些著名人士都是这一次汉堡包的分享者。以后,从 1967 年开始,麦当劳便致力于广告事业。20 世纪 70 年代初期的广告作品"寂寞的母亲"。说的是一位寂寞的母亲在麦当劳餐厅进餐后消除了伤感情绪,获得了 1973 年全国广告联盟的广告奖的殊荣。1967 年,麦当劳的广告费用为 500万美元,1994 年,增加为 6000 万美元,如今,她已成为美国最大的 30 万广告客户之一。

麦当劳功成名就,羽翼丰满后,便开始进军国外市场。

麦当劳公司在 60 年代末和 70 年代初已发展到加拿大、哥斯达黎加和波多黎各等地。从 1971 年开始又发展到荷兰、德国和澳大利亚、新西兰等国。麦当劳"汉堡包大学"还为外籍培训人才。1971 年,日本的滕田丹公司派出的 3 名女学员,回国后开办了麦当劳快餐厅,不久,又开办了 2 家分店,15 个月,总共开设了 14 家分店,其营业额和利润都超过了麦当劳在美国的分店,后来滕田成了著名的汉堡包大王。20 世纪 90 年代中期,麦当劳又登陆中国内地,现在已成燎原之势。

在向国外进军时,麦当劳可以以削价来占领市场,坚强的实力使其能够暂不计较利润而占领销售领域。1985 年麦当劳公司在国外的营业额为 21 亿美元。占全球营业额 110 亿的 20％。90 年代,迎来了麦当劳又一个发展的黄金时代,在国外所开设的分店无一例外地取得了成功。据统计,现在麦当劳在全世界开设的分店已经超过了 1.5 万家。雷·克罗克拥有的财产已达 3.2 亿美元,确立了在全世界快餐业的霸主地位。

在麦当劳总部的办公室里,悬挂着雷·克罗克的座右铭:在世界上,毅力是无可代替的。才能无法代替它,有才能却失败就是庸才;天才无法代替它,没有报偿的天才只是个笑柄;教育无法代替它,世界上到处是受过教育的废物;只有毅力和决心才是无所不及的;座右铭的标题便是"坚持"。

1984 年 1 月,麦当劳奇迹的创造者雷·克罗克与世长辞,享年 81 岁。但他留给世界的不仅仅是麦当劳,还有不向命运屈服、一往无前、顽强拼搏的精神。

案 例 评 点

1. 麦当劳只是出售一种"汉堡包"食品的快餐店,然而就是这种两片小圆面包夹着一块圆伞肉饼的快餐,却风靡了全世界

如今麦当劳已成为世界上最大的快餐连锁集团了,为什么经营其貌不扬的"汉堡包"能受到众多顾客的欢迎?其奥秘又在哪里呢?我们说,麦当劳的成功是 CI 战略的成功。因为,在麦当劳的营销过程中最能充分体现了 CI 战略的作用。麦当劳确定了以品质(Q)、服务(S)、清洁(C)、价值(V)四个方面为内容的正确理念,几十年来,自始至终恪守着"QSCV"的信条,并且把这种经营理念贯穿在 CI 战略的所有活动识别和视觉识别之中,使广大顾客,从中领悟到麦当劳的正确理念,从而使 QSCV 的经营理念通过良好的企业形象,像磁石一般不断把顾客吸引进麦当劳之门,同时,麦当劳在它的连锁经营中也能够充分发挥 CI 战略的作用,从而大大增强了麦当劳集团的整体实力,这无疑也是麦当劳成功的重要原因。

2. 重视寻求强有力的合作伙伴,严格训练和培养富有敬业精神的员工,这是麦当劳成功的秘诀之二

*3. 麦当劳富有特色的管理文化——**QSCV** 是它成功的基石,麦当劳的宗旨是:"为顾客提供百分之百的满意"*

公司一切事情的出发点皆围绕这个主题:"我们所做的是否提升了公司的形象,是否使我们的公司成为顾客首选的快餐店?"

案例四

公 关 决 胜 莫 斯 科
——北京申奥的国际公关

项 目 背 景

公元 2001 年 7 月 13 日,这是一个会让所有中国人永远铭记的日子,中国终于圆了 8 年前的梦,在于莫斯科召开的国际奥委会第 112 次会议上,以 56 票的优势击败四个竞争对手,获得了第 29 届奥运会的主办权。当即将卸任的国际奥委会主席萨马兰奇说出"beijing"的时候,莫斯科投票会场立刻沸腾了! 北京沸腾了! 中国沸腾了! 所有的炎黄子孙都在同一时刻爆发出欢呼。

中国人最早有举办奥运会的想法是在 1908 年。当时的《天津青年》在一篇文章中提出了三个问题:中国何时才能派选手参加奥运会? 中国何时才能派队伍参加奥运会? 中国何时才能举办奥运会? 1949 年我国第一位国际奥委会委员王正延,著名体育家董守义等提出"请求在我国举办第 15 届世界运动大会"的提议。1991 年 2 月,北京在成功举办亚运会之后,正式提出了承办 2000 年奥运会的申请。1993 年 9 月,国际奥委会在蒙特卡罗举行会议投票决定 2000 年第 27 届奥运会的主办城市,经过几轮投票,悉尼最终成为举办城市,一直处于领先地位的北京在最后一轮中以 43：45 两票之差痛失 2000 年奥运会的承办权。蒙特卡罗那个不眠之夜是中国人心中永远挥之不去的痛。

由于北京是第一次参与如此重大的国际公关大较量,和西方发达国家相比,还缺乏国际社会的大公关经验,以致在许多申奥的形象公关活动中技不如人。比如土耳其女总理侃侃而谈的温柔战术;悉尼市市长在记者招待会上大送香槟,身穿宣传 T 恤衫的悉尼人挥扬着鲜艳的气球穿行于大街小巷,见了行人就送棒球帽和纪念章,各国体育明星纷纷出动签名留念做形象宣传。而北京奥申团只有一支随行的中学生女子合唱团,虽然她们获得过国际童声合唱大奖,清秀漂亮,乖巧可爱,但和别人的声势相比,我们的攻势太单薄了。此外,北京奥申团也带了几屋子的礼品,但被通知只有申办成功才能发送这些礼品,如此重大的时刻却只能让礼品在屋子里睡大觉。同样,随团的十几位中国世界冠军,也在下榻的饭店里待命,以备大用。还有我们的宣传片只是在重复几个固有的视觉形象:打太极拳的老人和手捧鲜花的孩子,既没有悉尼的宣传片那样有冲击力,也没有曼彻斯特的那样追求艺术效果。未公布结果前所有的踌躇满志,志在必得的乐观信心在一次次的公关失误中一点点的销蚀掉了。

美国历来是对中国参与国际事务从中作梗的国家。2000 年北京申奥同样遭到了以美国为首的西方国家的阻挠,北京在前四轮投票中一直领先的情况下,遭到最后一轮刻意封杀,除此之外,在申奥过程中的公关失误对申奥失利也负有不可推卸的责任。毕竟是第一次参加奥运公关角逐,无论从细微的礼仪公关,还是整体的形象塑造宣传,都缺乏整体的公关策划方案,尤其是对细节公关的忽视导致外界对北京整体印象的模糊,加上西方国家对发展中国家的另类眼光使悉尼的形象优于北京,最终导致北京申奥的失利。

转眼过去春秋八载,从1993年首次申办到今天,中国人对奥林匹克运动的追求和满腔热情一直没有减弱。1999年9月6日,经党中央、国务院批准,由国家体育总局、北京市政府和国务院相关部门组成的"北京2008年奥运会申办委员会"正式成立。从此,北京争取2008年奥运会举办权的帷幕徐徐拉开。

北京是较早提出申办2008年奥运会的城市之一。1998年11月25日,北京市人民政府向中国奥委会递交了申请举办2008年奥运会的申请书。经中国奥委会批准后,翌年4月7日,北京市正式向国际奥委会递交了申请书。一年多来,北京遵守国际奥委会的有关规定,申办工作正在扎扎实实、有条不紊地进行。

奥运会是当今规模最大、范围最广、水平最高的世界体育盛会,在全世界拥有日益广泛的影响,并且其自身蕴含着巨大商机。自20世纪80年代末以来,申办奥运会的城市越来越多,竞争也愈演愈烈。北京曾经申办过2000年奥运会,今天北京再一次提出申办2008年奥运会,显示了1100万北京人民对奥林匹克运动的执著和不懈追求,也反映了全国各族人民的心愿和企盼。与8年前相比,无论是北京还是中国,经济实力已大大增强,经济发展,政治稳定,民族团结,社会进步,人民安居乐业。古老而现代的北京欣欣向荣,完全有信心,有能力,有条件把一届最美好的奥运会奉献给世界。

项 目 策 划

经过1993年蒙特卡罗一役,中国充分吸收了上次失败的经验教训,对不足之处重新进行修正,为投入新一轮的战役增添了必胜的信心。

与8年前相比,中国已有了长足的发展,为奥运会成功举办提供了物质保证。正向现代化国际大都市突飞猛进的北京,也具备举办奥运会的条件。北京是中国的首都,地域辽阔的中国作为发展中国家,改革开放以来经济发展速度令世界瞩目,综合国力较强,1999年国内生产总值已接近1万亿美元,北京市生产总值达240亿美元,完全具备举办奥运会的经济实力;中国是世界上人口最多的国家,在占世界人口1/5的国家第一次举办奥运会,更能体现奥林匹克运动的全球性、广泛性和参与性。北京申办奥运会得到了北京和全国广大民众的支持。一家独立的民意测验公司的调查显示,北京94.6%的市民支持申办奥运会;北京还有着稳定的经济发展速度和良好的基础设施,在未来的10年中,北京的经济将继续保持10%的增长速度,北京和中国具有巨大的商业开发和潜在市场;北京社会稳定,对比研究显示,北京在世界主要首都城市中是刑事犯罪率、交通死亡率、火灾发生率最低,也是最安全的城市之一;北京是历史文化名城,有着建城 3000 年、建都 800 年的悠久历史。北京还是教育、文化、科研中心,拥有近百所高等院校,在校大学生达数十万人;北京具有承办大型国际活动的经验,进入 20 世纪 90 年代后,北京成功地举办了一系列有影响的重大国际活动,如 1990 年亚运会、1994 年世界妇女大会,以及每年一次的高科技产业国际周等,规模盛大的建国 50 周年庆典活动受到国内外的高度赞扬。

经过这几年的发展,北京申奥时机在各方面都已经成熟。经过一系列大大小小的周密策划,北京申奥如火如荼地展开了。

项目实施

北京申奥得到了全世界华人的支持,这成为北京申奥最坚强的实力后盾。北京的快速发展,不仅为举办奥运会提供了财力保障,也为奥运会市场开发创造了条件。

"绿色奥运、人文奥运、科技奥运"是北京申办 2008 年奥运会的三大主题。奥运会的筹备工作也紧紧围绕这一主题开展。

北京奥运会的筹备工作动手比较早,并且有条不紊。申奥主席、北京市市长刘淇说,北京市曾在申办过程中提出了"以申奥促发展,以发展助申奥"的指导思想,就是立足于通过举办奥运会全面推进首都改革开放和现代化建设快速发展。北京市在今后的筹办过程中将注意把奥运场馆建设与首都基础设施建设结合起来,充分考虑赛后利用,把筹办奥运会与促进全民健身、提高人民群众生活水平结合起来,把城市现代化建设同历史文化名城保护结合起来,努力实现朱总理在 2000 年政府工作报告中对北京市提出的明确要求。

在原有基础的前提下,硬件上,北京还将每年投以数十亿、上百亿美元的基础设施投资,大大改善了北京道路、电信、环境等方面的条件。

在软件上,大力提高精神文明建设的水平,使市民的修养和公共道德、公共卫生习惯达到新的水平;使北京的语言环境有新的改善,服务质量有新的提高,争取到 2008 年北京绝大部分北京市民会用简单英语进行交流;大力发展各类体育事业,培养运动员;开展全民健身活动,提高运动普及率。

北京除了必备的软件和硬件之外,还有香港,台湾,澳门和世界各地华人侨胞的广泛支持。全球华人支持北京申奥联合委员会在德国杜塞尔夫市举办以"全球华人心连心,齐心协力申奥运"为主题的系列活动;美国西部华人举办"奥运龙——大地艺术作品展示活动";"北京奥运,炎黄之光海峡两岸长跑活动"从台北经高雄、深圳、宁波、杭州、上海、无锡、南京、青岛最后抵达北京;世界三大男高音帕瓦罗蒂、多明戈和卡雷拉斯于奥林匹克日在北京紫禁城广场联袂演唱……这些活动都为北京申奥形象塑造烘托了热烈气氛。

"新北京、新奥运"是北京申办 2008 年奥运会提出的口号,北京申办的形象也体现了新思路、新做法。申办过程中,多次聘请外籍专家指导,使北京申奥工作在思维和语言上更接近国际惯例。国际奥委会评估团来北京考察前,北京奥申陈述组进行了多次演练,并聘请了参加过亚特兰大和巴塞罗那奥运会的专业人员当评委,反复修改,演练。还请来了美国和澳大利亚公关公司的专业人员,帮助自己向外宣传北京的崭新形象。

申奥开始实施初始,申奥委确定了由陈绍华,韩美林和靳埭强三位艺术家共同创作的申奥标志图案,这个富有浓烈的现代气息和浪漫活泼的标志深深打动了国内外人士的心。与上届迎奥运口号:"开放的中国盼奥运"相比,"新北京,新奥运"更让人倍感亲切,更贴近国际潮流。由著名导演张艺谋出任导演的北京申奥电视宣传片是一部"不概念,不卖弄,真实,亲切,自然,让人心动的作品",为北京的形象传播起了重要作用。长达 500 多页的《申办报告》更是凝结了多少人的心血,这份高质量的报告为北京最终获胜立功不小。

北京除了利用体育活动加强宣传,还主动邀请境外记者到北京采访,来者不拒,有问必答。这种面对面的沟通和对话,一方面体现出北京申奥的自信,同时也使北京获得了较好的国际舆论环境。

突出东方文化的独特魅力是北京申奥的另一法宝。在具有五千年文明史的东方古国举办奥运,对奥林匹克大家庭有一种难以抗拒的吸引力。当古老的紫禁城飘荡起世界三大男高音激昂高亢的歌声时,全世界都为这种中西文化合璧之美深深吸引。北京奥运让来自世界各地的人们汇集到北京的故宫、长城和周口店,实现西方文明与东方文明的交融,是其独特魅力。

最令人难忘的还是那决战的最后一役。当北京申奥团抵达莫斯科后,开展了最后的公关冲刺。他们在会场周围散发纪念品,带有北京申奥标志的徽章,帽子吸引了各国记者和游人。特别是富有东方魅力的中国结更加供不应求。人们可以在各个会场看到老外胸前挂着红色的中国结,别着北京申奥徽章,他们成了北京申奥的义务宣传员。这些都给莫斯科,给国际奥委会的官员留下了美好印象。

在申奥现场的北京宣传展台,以高科技手段和与众不同的大气布局给人留下了深刻印象。北京展台也是人气最旺的地方,申奥官员和体育明星、影视明星在展台前展开强大的最后公关冲刺,吸引了众多媒体的关注。

精彩的陈述是决战的最后一段。北京奥申团是第四个出场,这个排位有利有弊,有利之处是当天下午第一个出场,北京团可以在上午观看完大阪,巴黎和多伦多等 3 个申办城市的陈述后,可以利用中午一个小时的时间进行最后修改和调整,以扬长避短。不利之处是在经过一个上午的讲述后,奥委会官员可能多少有些疲惫,担心他们不一定能继续认真聆听北京的陈述。但事实证明,这种担心是多余的,北京的精彩陈述打动了国奥会的成员。

首先出场的是中华人民共和国副总理李岚清。李总理英语非常好,发音抑扬顿挫,恰到好处,表明了中国政府对北京申奥的态度和立场,当他读完这份由他亲自撰写的报告后,博得了一片掌声。

接下来是北京市市长刘淇承诺确保北京奥运将成为中国为世界体育留下的独一

无二的遗产;北京奥申委主席袁伟民表示坚决做好北京奥运的坚强后盾;北京奥申委体育主任娄大鹏和秘书长王伟分别介绍了北京的体育场馆,交通,电信,住宿,环保等方面情况;运动员代表邓亚萍讲述了一个她在悉尼参加火炬接力时的心事,引发了如果四亿中国年轻人都能体验到这种奥运精神那该有多好的心情,著名主持人杨澜则从一个文化人的角度讲述了中国古老文化的神奇魅力;最后,奥委会委员何振梁富有感性地总结了北京申奥的历史意义:"无论你们今天做出什么选择,都将创造历史,但是只有一个决定有改变历史的力量。你们今天有这个决定将通过运动促进世界和中国的友谊,从而使全人类受益。"

项目评估

为了北京申奥,P&G、澳大利亚通讯巨头 Telstra、百威啤酒等跨国企业都给予一定赞助,他们今后的商业回报也将是巨大的。而摩托罗拉、西门子、爱立信、通用汽车、大众汽车等跨国公司已在中国具有良好的信誉,不久前,传媒巨头默多克也涉足中国通信领域,帮助建立宽带网。北京还计划在 2008 年之前建立起信息高速公路。中国的潜在的市场价值是国际奥委会众多官员看好北京的一个重要的因素。奥委会的赞助商如可口可乐,麦当劳及通用电器等经济巨头都看好中国,奥运会正是打开中国巨大商业市场的一把钥匙。奥委会在北京举办,将为世界带来无限商机。

北京申办奥运会也有助于加深中国与世界的相互了解,有助于东西方的文化交流,有助于促进体育事业的发展,有助于促进城市基础设施、体育场馆的建设和环境的改善,有利于推动北京产业结构的调整。经验证明,奥运会举办城市将成为世界关注的焦点,形成基础设施建设、相关产业的发展和奥运会商业开发等巨大商机,从而吸引众多的国内外投资者,也增加了就业机会。同时,通过举办奥运会还将推动首都的精神文明建设。

北京团出色的陈述表现对最后赢得成功起了重要作用。陈述中采用比较简单朴实的形式,紧紧围绕国际奥委会委员的一些心理要求,为他们提供了他们要求得到的确切信息。相比较而言,其他几个城市的陈述尽管表现手法不错,但信息显得过于分散而煽情,缺乏一个整体形象,而北京的整体形象由于精彩的陈述更加完美,终于打动了国际奥委会委员们,使他们选择了北京。

北京申奥吸引了世界上许多国家媒体的关注,有关北京申奥的报道不仅在五个城市中最多,而且正面报道的比例也最高,让世界更好地来了解中国,为中国的进一步开放、为中国的发展打下良好的基础。

此外,在申奥过程中宣传片、纪念品、宣传展台等都起到了很好的宣传作用,大大提升了北京和中国的形象传播的力度。

案例评点

申办奥运会的竞争,实际上是一场综合国力、经济实力、科技实力、文化魅力的竞争,是一场国家形象和民族地位的竞争。奥运会更是一个国际公关的大舞台。谁的演艺出色谁就能赢得胜利。北京申奥成功,可以说这是中国人坚持不懈的努力而取得的一次公关大全胜。它充分吸取了上次申奥失败的教训,无论从细微的礼仪公关,还是整体的形象塑造,都做了专门的公关整体策划,从点、线、面都进行了公关的全副武装,让世界对北京有个更全面、更深入、更贴切的了解。奥林匹克运动终于历经沧桑来到了中国。

当今社会是一个公关关系充分渗透和互动的时代,公共关系成功的运作可以改变一个人、一个团体、一个国家的历史和命运。北京申奥成功是中国人的一次国际大公关的实践,也从另一个方面展现出中国公关的长足发展,中国公关虽起步较晚,但后劲十足。北京申奥的成功为世界制造了一个极具有经典意义的案例。

案例五

波音危机事件

——诚信:打造国际形象

波音是世界上最大的航空航天公司,一直是世界民用飞机市场的领导者,其主要民机产品包括:717、737、747、757、767、777 和波音公务机。波音公司的客户支持部门通过一流的全天候技术支持,帮助用户保持飞机的最佳使用状态。此外,波音飞机服务部为全球用户提供一整套国际水准的工程、改装和支持保障服务,服务对象包括经营客、货运业务的航空公司,以及飞机维护、修理和大修厂商。

2002 年 4 月 15 日 10 时 45 分,中国国际航空公司 B2552 航班在韩国釜山坠毁,百余人遇难。当天下午,波音中国公司就此事发表声明。这份声明中称,中国国际航空公司失事的这架波音 767 客机的生产编号为 127,于 1985 年交付使用,目前已累计飞行了39541 小时,完成了 14308 个起降。波音公司表示随时准备为调查当局提供帮助。

2002 年 5 月 7 日,波音公司向在大连沿海失事的中国北方航空公司麦道 MD-82型客机中的遇难者表示诚挚的哀悼,并向他们的亲属、朋友和同事们表示深切的慰问。波音公司将随时向有关调查当局提供帮助。

据波音公司网站的数据显示,中国北方航空公司的这架 MD-82 的生产编号为1702,于 1991 年 7 月交付,到失事时为止,也已累计飞行了 26000 个小时,完成了16000 个起降。

案例评点

灾难发生后几个小时,波音公司便以最快速度采取行动,不仅争取了主动,也展示了其开诚布公的良好形象。

1. 公司内部强烈的公关意识深入人心

波音公司能在灾难发生的第一时间采取行动，绝非是偶然的某个人的灵机一动，而是一直以来强烈的公关意识使然。机会总是给有准备的人，就是这个道理。

强烈的公关意识是塑造企业形象的必要前提。对于一个企业来说，它的生产经营管理服务活动总是与周围的其他企业、组织或个人存在着广泛的联系，即始终处在一种有序或无序的公共关系状态之中。当企业意识到这种状态的客观存在，并把改善公共关系状态视为企业存在和发展之必需时，它的公关活动便由自发走向了自觉。

2. 兵贵神速

在人际沟通中，消除误会的效果是随着时间的推移递减的。在公关活动中，时效性至关重要。往往在第一时间发布的一个简单的通报，都会比负面舆论形成后再来铺天盖地的解释、宣传效果更好。波音公司的快速反应给公众留下了深刻的印象。

3. 以诚为本

深究其根本原因，在于一个"诚"字。虽然没有任何舆论表示或资料表示本次空难责任在于波音公司，但波音公司仍本着对产品负责、对公众负责的态度，将相关信息及时公布，做到了开诚布公。这也进一步说明波音公司对产品持一种"有则改之，无则加冕"的态度，接受一切调查和检验。可见，"诚信"是打造企业形象、优化公关状态的第一步。

案例六

危难时刻显真情
——国航紧急应对第一次空难

项目背景

2002 年 4 月 15 日，中国国际航空公司飞往韩国的 CA129 航班在韩国釜山不幸坠毁。此次航班上载有旅客 155 人，机组 11 人。其中韩国旅客 135 人，中国旅客 19 人，乌兹别克旅客 1 人。

中国国际航空公司，成立于 1988 年 7 月 1 日，注册资本为 15 亿元人民币，资产总额 359 亿元人民币，是中国目前资产最多、运输量最大的航空运输企业，也是中国唯一挂载国旗的航空公司，不仅提供国际、国内的客货运输服务，而且承担国家领导人的专机任务。公司飞行总队自 1955 年建队以来，坚持全心全意为人民服务的宗旨，坚持安全第一、预防为主的指导方针，坚持严字当头、实事求是的科学态度；严密组织，严格训练，严谨作风，严明纪律；充分发挥政治思想工作的保证作用，创造了世界民航运输企业连续安全飞行 47 年的罕见记录。集体荣立一等功，被授予"全国安全生产标兵"的光荣称号。出事前,国航是世界上仅有的两家自成立以来无等级飞行事故的公司之一。

事故发生以后,中国国际航空公司的声誉面临着严峻的考验。面对这突如其来的打击,中国国际航空公司迅速地投身到紧张有序的事故善后处理和稳定生产工作中,迎接公司成立47年来最大的挑战。

事出紧急,中国国际航空公司马上调动了紧急应对措施。他们对自身情况做了全面的分析:首先,作为一家有着47年安全行驶记录的航空公司,它的品牌刚性是相当强的,也就是说,如果处理得当,公司不会因为这一起坠机事件而遭致命打击。其次,国航的领导人认识到,突发事件发生以后,公司面临的问题来自两个方面:顾客和职工,于是他们采取了对外积极地投身善后处理,对内稳定职工情绪以稳定生产工作的策略。

公关目标:重塑中国国际航空公司品牌形象

重塑品牌形象,是中国国际航空公司的公关策略。国航以内外结合的方式,全面推进了这一计划的实施。

(1)启动紧急事件应急程序

4月15日,上午10点40分,空难发生。11时15分,国航召开各部门负责人会议,商定应对空难的几条紧急措施。空难发生后不到一小时,国航善后事务工作小组成立。

15日下午,公司向各大单位下发了紧急通知,提出几点要求:

①各单位领导必须坚守岗位,即日起取消主管领导外出、休假、疗养;公司有关领导、应急中心人员和安全、生产部门领导24小时值班,有关部门电话24小时保证信息畅通。

②各级党委和领导要掌握职工思想动态,做好深入细致的思想工作,保持职工思想、情绪稳定,避免因突发事件引发其他不安全问题。

③各飞行人队要以安全为中心,安排好航班生产,领导干部带头,以加强机组配备,重点研究落实复杂气象条件下的飞行和各种特殊条件下的处置准备工作。

④航修厂加强电机维护,及时排除故障,消除安全隐患。

⑤地面各保障部门要加强服务工作,保证航班的安全与正常。

当天17时45分,国航紧急事故处理小组乘专机从北京飞往韩国釜山。为统一对外新闻口径,确定宫国魁副书记为公司在韩国的新闻发言人,总局航空安全办公室栾宝主任为总局在韩国的新闻发言人。

(2)组织遇难者家属到京

空难乘客家属有相当部分来自东北黑龙江、吉林等地的边远农村,信息比较闭塞,所以国航已经通过新闻媒体发布了家属咨询电话号码,并委托公安、邮政等部门尽量查找、通知乘客家属。4月16日下午,善后工作组特派小组已乘飞机分赴东北各地,想方设法尽快把有关信息传送给地处边远农村的乘客家属。截至 4 月 16 日 19 时,国航事故善后处理小组已经接待了 19 名空难旅客的家属。目前,他们的情绪基本稳定,身体健康。所有家属预计在 5 天内将全部到达。

(3)照顾好遇难者家属在京生活

● 中年"爸妈"24 小时"全陪"遇难者家属。4 月 15 日中午,国航从下属各单位抽调了 70 名员工,迅速组成空难乘客及机组和乘务员接待组,并包租了专供家属食宿的酒店,准备了 150 张床位和 200 多个餐位,能够同时接待 70 人食宿。工作组制定了细致的接待服务措施,连每一个细节都注意到了:绝大部分接待人员特意选择年纪在 40 岁左右的中年"爸爸"和"妈妈",因为他们有生活经验和阅历,会照顾人;临时调配了各种车辆 40 多辆,保证家属接送和交通;家属从到达首都机场和车站开始,就由两名工作人员迎接,从此,无论到哪里,都由这两人轮班 24 小时"全陪",有什么要求,有什么询问,需要提供什么帮助,随叫随到;设立了问讯电话,专门接受外地家属的询问。

为了全面了解乘客的基本情况,以便更妥善地做好善后工作,国航专程从边防局取到了每名国内乘客的具体资料,并通过外交等手段,让韩国有关部门核实、提供来自前方抢救现场的信息。为了全面、准确掌握家属情况,"全陪"工作人员还要填写一份"空难旅客家属情况表",内容详细到"来人健康状况"、"有何具体要求"、"情绪"等内容,每隔 12 小时,要将收集到的家属信息层层反馈到公司最高层。

● 临时门诊部保证家属身体健康。为了保证家属们的身体健康,国航在宾馆开设了临时门诊部。记者看到,这里分别设两个医生、护士和病床,配备了急救车、氧气瓶等急救设备,以及一批治疗心脏病、头晕、呕吐等的药物,随时备用。菜饭由家属随点,并送到他们的房间。"国航接待挺周到的,专门安排两个人陪伴我们,从生活上给予了无微不至的照顾。"这是记者在采访中多次听到家属说的话。国航综合保障部党委书记吴淑韵说:"我们充分做好各项准备,尽量把接待工作想细做全,让家属安心安全地来,安心安全地走。"

(4)多方联系快速办理护照,组织家属赴韩

国航客舱服务部党委书记张建强表示:"我们仅仅安排好家属的生活是不够的,亲属更希望到韩国去见亲人最后一面"。国航领导作出决策,尽快组织家属赴韩国,每位遇难者可以有 3 名直系亲属前往韩国。往来韩国的机票免费,在韩国的住宿和交通由事故处理小组安排。工作人员收集了遇难者家属的名字、出生年月、籍贯等办理护照需要的资料,并安排照相馆的摄影师到宾馆给家属照证件照片。

(5)清晨领导送员工上机

在这次空难中,客舱部的 6 位空姐遇难,这无疑给国航的员工心理蒙上了阴影。国航一楼飞行大厅里,职工们自发摆放了悼念鲜花。为了鼓舞士气,凝聚信心,客舱部在成立善后工作组组织每两个人负责一户遇难职工家属的同时,从早上 5 时 30 分起,客舱乘务部的领导对所有起飞航班,都在起飞准备区送员工上机。对飞回来的所有国际航班,领导前去迎接职工。困难和挫折面前,从国航公司领导到每个员工,都喊出了"为了明天,我们更加坚强,更加团结"的口号。在国航航班上,每一位员工都以更自信、更温馨的笑容面对乘客。

项 目 评 估

国航的一系列紧急应对措施实施以后,迅速达到了预期的效果。

(1)重新获取了顾客的信任

专家介绍,按照常理,一家航空公司空难发生后三个月之内会对这家航空公司的经营带来很大困难。但从目前了解的情况看,国内外乘客并没有因此对国航失去信心,国航在国内外的一切业务仍如常进行。

4月20日,著名导演冯小刚与其妻子徐帆乘坐国航CA109航班前往香港。冯小刚夫妇把一束由鲜艳的红玫瑰、满天星、百合组成的鲜花献给了该航班机组。他们在鲜花祝福牌上写道:"国航永远是我们的首选!"冯小刚夫妇说:"我们是国航的忠实乘客,15日空难的发生,丝毫不影响我们对国航的信心,今后国航永远是我们乘坐飞机的首选。"

在美国,一些乘客特别是经常往返于中美之间的华侨乘客,仍旧对国航保持信心。17日,一名外籍旅客赴韩国坚持非国航航班不坐。在三藩市,洛杉机等地的国航售票和飞行都如常进行,空难的消息传到美国后并没有发生退票现象。大多数乘客认为,一家航空公司47年未出事故已经是非常良好的记录了。

(2)增进了企业内部的凝聚力

空难刚发生,正在休班的国航员工不约而同地到了单位。很多乘务员争着飞下午17时45分起飞的事故调查处理小组赴韩国釜山的专机航班。国航机务、运行、飞行、航空安全技术等方面的专家也迅速汇集到一起与民航总局、国家安全生产监督管理局有关人员组成的事故调查处理小组,在短短几小时内做好各项准备并办好相关手续飞赴韩国。

(3)营造了良好的公共关系

国航在空难发生后所做的补救措施,社会各界有目共睹,正因如此,它得到更多的是谅解而不是谴责。在各类媒体上,更多是关于国航的正面报道,探讨失事的原因和补救措施,而不就事件本身纠缠不清。这为国航重塑形象做好关键的一步。

案 例 评 点

国航对47年来的首次空难事件的处理,是一个成功的危机公关案例。

作为成立47年没有出过一起事故的航空公司,这回的失事事件,虽然不至于致命,但是的确对于国航而言,是一个严峻的考验。善后事宜处理得是否得当,关系到国航的信誉是否能长久地保持下去的问题。显然,国航经受住了这次考验。它的成功来自以下几个方面:

1. 对外公关

它对遇难者本人和家属是负责的。事情一发生,它就设身处地地为死难者家属考虑,小到衣食,大到住行,乃至他们的心理生理健康,国航都更为之一一考虑到并做得尽善尽美。更为重要的是,国航意识到衣食住行毕竟还是小事,而让活者尽快见到自己遇难的亲人才是关键,所以,它以实际有效的行动保证了家属们快速地赶到事发现场。这一系列真诚而又体谅的行动,体现出国航的人性化服务策略,从而受到人们的谅解,最大程度地挽救了自己的名誉。

而且,作为一架国际航班,它的出事必然引起了国际世界的关注,各国媒体不约而同地参与了进来,如果国航稍有不慎,自然难逃千夫指的下场。而国航在这第一时间的紧急补救措施,恰恰把媒体的注意力大大地引导了过来,结果是飞机失事这一事件本身倒被人们认为是可以谅解的。而公司的处理则是众人关注的重点,公司恰恰处理得让人们挺满意,这就大大地挽回了事故对公司的不利影响,相反,倒是传达给大众这么一个信息:国航公司是处处从乘客的利益出发来做的。这样,对公司而言,这起事故倒是"反败为胜"了。

在公司做出这一系列的努力之后,宁夏普通旅客周文成马上就给国航发来一封电报:"获知飞机遇难的不幸消息,我和你们一样悲痛。希望你们坚强地度过现在的困难。我知道这段日子很难走过,我愿陪你们走过这段艰难的日子。你们是创造奇迹的最可爱的人,我为你们辉煌的成就感到自豪。我相信国航的未来一定会更加辉煌。有机会我一定乘坐你们的飞机。"

2. 对内公关

国航公司意识到,6位遇难乘务员的善后处理,不仅仅只局限于她们6个人,还牵涉到整个队伍的凝聚力。所以他们对内在做好遇难机组人员家属的安抚的同时,也加强了自身队伍的建设,例如:领导亲自到起飞区接送员工上下机以鼓舞士气。这一系列的举措,加强了整个公司员工的凝聚力,发生事故后,没有一个人因个人原因,要求调换航班的,大家都抢着上航班。在空难面前,国航上下员工们内心最美的一面呈现了出来。

3. 目的性和计划性

公关活动中明确的目的性和计划性,是确保成功的关键。

得知空难的消息后,国航立即成立以最高领导为首的应急处理小组,召开紧急会议,给各单位下发紧急通知,保证了上下行动的一致性。同时兵分两路,一路留守北京负责家属接待及处理赴韩事务,一路奔赴事故现场,迅速开展调查。一切活动都经过了精心的筹划和周密的安排,具有十分明确的目的性和计划性,使各项活动均能高效率地,有条不紊地开展。

4. 媒介既是公众,又是联结企业与社会的中介或桥梁

国航和总局为统一对外宣传的口径,确定了在韩国的新闻发言人。并在国内多次记者招待会上,通过多种媒体澄清事实,汇报情况,表明了负责任的态度和成功处

理突发事件的能力。

由此可见,国航的危机公关,不仅在很大程度上获得了大众尤其是死难者家属的宽容和谅解,而且也在内部加强了公司的凝聚力。所以,国航的紧急应对措施是成功的,它拯救了公司的前途,重塑了公司的美好形象。

案例七

可口可乐"欧洲事件"引发的国际公关

——全球化背景下的公关时效性

项目背景

1999年6月,在欧洲发生了"二噁英"事件。此后不久,在比利时连续发生几起至少100多名中学生喝了可口可乐而中毒的事件,主要症状是恶心、头痛、腿痛、胃痉挛、乏力等。6月14日下午,比利时卫生部决定禁止销售所有在比利时生产的可口可乐、芬达、七喜等美国饮料。根据以上决定,总共需要回收1500万瓶各种包装的饮料。而在此前,卫生部已下令回收250万瓶20公分高的玻璃瓶装可口可乐。紧接着,法国政府有关各部16日联合颁布一项政令,决定把1999年1月以来在法国生产的部分可口可乐公司的饮料撤出市场,封存待命。这批饮料包括可口可乐、淡味可口可乐、芬达和雪碧等5个品种,均为罐装,是在法国北边敦刻尔克生产的。这批产品的总数估计达5000万罐,是销往比利时市场的。继比利时、法国之后,卢森堡、荷兰等国也宣布禁止销售可口可乐,同时,欧盟就可口可乐产品可能带来的危险向其成员国发出了警告。

项目实施

在资讯业如此发达的今天,对这个有100多年历史的世界饮料巨头来讲,这一切无疑是一场信任危机。为了摆脱"欧洲事件"带来的危机,可口可乐公司上下紧锣密鼓,打响了一场处理危机的攻坚战。6月14日,可口可乐北京办事处的员工全部通过电话被告知此事;6月15日一大早,在北京办事处,员工的电脑里,通过公司内部互联网传来的关于事件所有信息、发现的问题及统一的对外的原则已静静地等在那儿;6月17日,可口可乐组织记者到超市调查,平均7～8个人中,就有5人表示会买可口可乐;6月18日,北京办事处和中国卫生部接触;6月20日,北京办事处配合卫生部门全体紧密合作,并与媒体密切沟通。

新华社、中央电视台、北京电视台均发布了消息,称比利时发生的原因是使用了不纯的二氧化碳引起异味;部分法国的罐装饮料也是因为空罐的底部沾上了处理木托板的材料,因而产生怪味。与所有的中国的装瓶厂无关;中国产品都在中国制造,所有的材料均没有从欧洲进口,所有的中国厂房均装有二氧化碳净化系统,故不会出现不纯正的二氧化碳问题;中国所有的供货商场无使用欧洲厂处理木托板的材料;可口可乐公司强调这次事件与二恶英污染及溶血病无关。

20日左右,卫生部在全国几个城市对可口可乐进行调查,并派考察团去北京、天津、青岛的瓶装厂考察,中央电视台随团考察并记录了全过程。据北京办事处的负责人说:16—17日,正反两种声音都有;而到了20日,舆论开始对可口可乐有利,卫生部门的官员说中国没有发现一例不合格事件。

与此同时,世界各地可口可乐机构配合当地卫生部门的检查,提供供应商及检验标准的资料。6月22日,可口可乐行政总裁艾华士飞往比利时接受采访,公开向消费者进行道歉,并表示了可口可乐对于重塑消费者信心方面的信心和举措,并且当众喝了一瓶可口可乐。

项 目 评 估

通过一周多的调查,6月23日,比利时卫生部决定,从24日起取消对可口可乐的禁销令,准许可口可乐系列产品在比利时重新上市;24日法国也取消了对可口可乐的禁销令;24日当天,中央电视台对此及时地发布了消息。

至此,可口可乐度过了一场世界性的危机。

案 例 评 点

可口可乐的"欧洲事件"是一场典型的企业国际公共关系危机事件。可口可乐是世界性的品牌,它的一举一动都是公众关注的热点。

从可口可乐处理危机的过程中,我们可以看到一家成熟的企业面对随机性很大的危机出现时所表现出来的策略。我们可以从三个方面来概括该事件处理成功的因素:

1.树立了"预防是最好的解决危机的方法"之策略

可口可乐公司面对突如其来的危机时,能在几个小时以内马上制定出相应的危机处理方案,并及时在全球的各个办事处统一思想。如此迅速、高效的应变能力,说明了其中的一个问题:可口可乐已经有了一套处理危机的预防措施。英国著名危机公关管理专家迈克尔·里杰斯特说过一句名言:"预防是解决危机的最好的方法。"可口可乐的成功无疑证明了预防的重要性。它是公关人员处理危机的第一道防线。

2.能够正视问题,认真对待

对待危机事件,任何的隐瞒、掩盖都是于事无补的。此时企业最明智的做法是,面对事实,正视事实,实事求是,认真对待,要敢于公开,善于向社会公众开放必要的信息,以尽快地得到公众的谅解和信任。从可口可乐的做法中我们可以发现它在处理这个问题上的一些原则:

①一旦发现问题,就毫不犹豫地正视它;

②一旦发现情况不妙,就进行彻底的大检查,以便在检查的过程中抓住危机的原因。在前面的案例中,可口可乐总公司对比利时、法国的可口可乐分厂进行了彻底的大检查,终于找到了事实的真相;

③在危机事件的调查过程中,始终与媒体保持密切的合作,通过传媒,及时向社会各界通报危机的真实情况。比如北京办事处配合卫生部门紧密合作,并由新华社、中央电视台、北京电视台发布消息,以告知消费者真相,巩固他们对可口可乐的信任度;

④危机降临后,能够集中力量和思想去对待它。比如在危机发生的几个小时后,就通过互联网在全球的分公司内统一了处理危机的方法和策略。

3. 及时果断,善于利用社会关注重塑企业形象

危机事件既已发生,就要及时果断的处理,利用它来完善企业的形象,这是完全可能的。因为在危机事件期间,企业组织成为新闻报道的热点对象,也是公众议论的热门话题,虽然公众开始是带着恶意来关注企业组织的,但毕竟这也是一种关注。"变坏事为好事",为强化企业形象提供了机会。可口可乐在这次事件中采取了典型的公关危机处理方式,以期重塑公众对公司的信任。

首先,公开向消费者道歉,可口可乐公司的总裁艾华士亲自飞往比利时,在电台向公众表示歉意;并面对着新闻记者的面,当众喝了一瓶可口可乐。这些举措加强了公众对可口可乐的信任感,贴近了可口可乐因危机事件所引起的疏远心理。

其次,充分利用现代的传媒工具,对事件的整个过程进行了连篇的报道,增强了整件事的透明度,在安抚消费者的消费心理上起了很大的作用。比如,北京办事处在6月17日的市场调查中发现,在7~8人中就有5人表示会继续喝可口可乐。就很好地说明了这个问题。

随着全球一体化发展趋势的加强,公共关系也变得越来越复杂,要使企业尽可能地避免危机事件,最主要的措施是树立"防火意识",以积极的心态去面对不可知的命运。

案例八

"创意英国"塑造国家品牌
——英国文化营销国家形象

项目背景

英国是一个怎样的国家呢?英国在中国人的心目中有着怎样的形象呢?是"身

着黑色礼服、头戴高帽的古板绅士经过浓雾笼罩下的大笨钟"吗？英国政府 2002 年在中国开展了一项民意调查,试图了解中国人对英国的印象。调查结果显示:中国人对英国仍停留在负面印象中。这一结果使英国政府充分认识到改变并重塑英国这一国家品牌形象的重要性和紧迫性。

2003 年,正值中英建交 30 周年,又恰逢英国首相布莱尔访华之良机,英国驻华使馆及英国文化协会在中国开展了一场声势浩大、充满创新动力的大型公关活动——"创意英国"。主办方希望通过这一活动,向中国人民展示富有创造力和创新精神的现代英国,改变中国人对守旧英国的负面印象。还希望重新树立并强化国家品牌形象,加强与中国在经济、文化、政治等领域的交流与合作,从而建立长久的、积极的伙伴合作关系。

2003 年 4 月至 2004 年 1 月,英国文化协会和英国驻华使馆以"中英共创未来"为主题,在北京、上海、广州、重庆四大城市举办"创意英国"推介活动,将现代英国在各个层面的创新成果以及现代英国人的革新意识与创造精神全面展现给中国人民。

由近百个中英合作伙伴共同组织的众多别出心裁的活动,吸引了大约四百五十万名中国青年(他们大多年龄在 16～35 岁之间,被称作"接班人的一代")的参与。英国首相布莱尔更是亲自充当"创意英国"行动的形象大使来到中国,与大学生们进行面对面的对话与交流。这项耗资 400 多万英镑(约 5000 万人民币)、筹备两年之久的大型活动,其实是英国政府针对中国的一次国家营销活动,其交流平台主要涉及教育、商业、科技和艺术等领域,吸引重点是青年。它是英国政府的一项"未来投资",即吸引中国年青一代去看英国,去熟悉英国,进而去喜欢英国。创意英国行动,用精心设计包装的新英国文化赢得了中国年轻人的心,并紧紧和代表英国强势产业文化、并致力于中国市场的知名品牌捆绑在一起,如:百安居,BP(碧辟)公司,葛兰素·史克,壳牌、泰晤士水务公司等等。它向中国政府和产业界表达了一个理念:所有富于创意和革新精神的英国企业都将不懈地致力于与中国的合作。它给许多中国人带来了新思想和全方位的创新交流,留下了巨大的启示。

项 目 策 划

"创意英国"举办于 2003 年 4—10 月,在中国四个主要城市北京、上海、广州和重庆举行。这是一个超大型的国家形象推广活动,由英国驻华使馆和使馆文化教育处携手举办。同时,还得到了来自商业团体的支持与参与,包括:英国贸易伙伴、中英商会以及英中贸易协会。"创意英国"由一些著名的英资企业提供特别赞助:百安居,BP(碧辟)公司,葛兰素·史克,壳牌,泰晤士水务公司。

创意思路:放弃传统颠覆"负面印象"

由于英国官方通过调查发现很多人对英国的印象还停留在"过去时"。除了英国在世人头脑中"老旧"的形象外,英国在介入中国人生活方面已远远落后于其他国家,如果中国人对英国还有什么印象的话,那更多的是负面印象,尽管这种印象主要是政

153

治层面上的。英国正是想通过"创意英国"这种非政治手段来改变其负面的政治形象。因此,正如前英国驻广州领事馆总领事 StephenLillie(中文名李丰)所说,"英国领事馆现在面临着一个新的挑战,就是怎样才能把现代英国的概念移植到中国人的脑海当中"。

创意时机:选在中英关系的重要年份

由于中国加入世贸组织、成功申办奥运会使得中国向国际化迈进了一大步,再加上 2003 年是中英建交 30 周年,又逢布莱尔首相访华,应该说这一年对中英两国是一个很有纪念意义的年份,在中国和英国之间,其未来的关系发展将会非常重要。因此,选择在这个时候举办如此大型的活动,也是顺理成章的事。可见,"创意英国"活动是专为中国设计的,之所以选择中国是因为中国是英国非常重要的一个伙伴。资料显示,目前英国已成为中国在欧盟的第二大贸易伙伴,双边贸易额去年突破 100 亿美元。英国还是欧盟国家中在华投资最多的国家,总投资也已经超过 100 亿美元。

实际上,英国这次在中国发起"创意英国"公关活动两年前就开始了准备。英国政府对该项活动表示了极大的重视与支持。整个活动共投入 500 万英镑,经费主要来自政府,部分来自英国的 5 家企业赞助。

创意执行:强调创新与合作,打造传播英国新文化的新空间

"创意英国"活动旨在通过贯穿 2003 年全年的一系列引人注目的活动、新式展览和其他激动人心的项目,展现英国的最新创意与创新精神,为当代英国的创造与革新思想提供一个更为广阔的发展空间,让中国更好地了解现代英国。

项 目 实 施

主办方为此设计了一个全方位的创意构想,涵盖了文化艺术、时尚设计、科学技术、金融商业、环境保护等各个领域,希望从各个层面向受众展现英国的创意和合作精神,塑造"创意英国"这一国家品牌形象。

主办方将这一大型公关活动命名为"创意英国-Think UK",并打出"中英共创未来"的口号。活动将中国的"成功一代"(16～35 岁,受过良好教育的城市年轻人)作为目标受众。因为年轻人才是创造和构建未来的重要人群。"创意英国"活动在中国举行了 20 多个项目,仅在广州和深圳就举行了超过 15 个重要项目,包括展览、竞赛、演唱会和派对等。这些活动吸引了成千上万的年轻人参与,他们了解了关于英国从太空探索到基因研究、从无线技术到街头时尚等多方面的信息。

"亚洲土地雕塑展"——将代言人融入"创意英国"这一主要信息传达当中

作品从中国的古老文明和农耕历史中汲取灵感,由 20 万个手掌大小的泥人组成,这些小泥人在英国艺术家安东尼·葛姆雷的指导下,由来自广州东北部地区的 300 位不同年龄的市民和来自英国的志愿者们亲手制作。这项庞大的艺术工程共用了 100 吨的黏土,历时 5 天才雕刻出这些泥人。该项艺术工程的创意来自英国艺术家,制作则主要是由中国普通百姓完成。艺术家的创意构想及亲身参与,传递了"创

意英国"的主要信息。

此项活动采取广州、北京、上海及重庆巡回展览的方式。展览于 2003 年 3 月在广州启动,4 个月后移师北京。7 月 21 日英国首相布莱尔访华,还亲自前往北京天安门广场的国家博物院参观,把"亚洲土地雕塑展"推向高潮。

DNA 模型搭建擂台赛、"无线无界限"展览——借助纪念日及特别时机开展相应活动

2003 年恰好是英国科学家发现 DNA50 周年,"创意英国"活动举行了"DNA 模型搭建擂台赛",参与观众通过搭建 DNA 模型,领略了英国在科技研究方面的创新力。2003 年 10 月,在"深圳高"交会上,英国代表团推出了"无线无界限"展览,展示了英国在无线通信技术的创新及实力。同时,这个极富革新精神的展览,为中英两国的工业企业及相关消费者提供了关于英国最新 3G 技术和无线通信技术信息的全面的交流。

"激情英伦时尚"大赛、拉阔英伦酷派对——寻找特别时机强化活动主题,吸引社会焦点

"激情英伦时尚"大赛,更是全方位体现了双方的合作精神。该大赛是面向中国时装设计专业在校生的重要赛事,以"街头流行色"为主题,全国优胜者可通过竞赛赢取前往英国服装学院游学并接触英国设计大师的机会。这次大赛从创意便开始了双方的合作。英方出创意,定主题,并实施奖励;中方出人才,并在获奖之后与英国人一道学习、工作。同时,在广州琶洲国际会展中心举行的"拉阔英伦酷派对",吸引了广州超过 500 名年轻人的踊跃参与,互动派对展示了英国的创意元素,让中国的青年为之喝彩。

创意英国互动网站——以丰富多彩的方式把信息传递给目标受众

"创意英国互动网站"(www. thinkuk. cn),是为了配合"创意英国 SMS 互动游戏"而设立的。游戏通过互动答题的形式,鼓励参与者到"创意英国互动网站"上寻找答案,让参与者在乐趣中对今日英国最新的创意与创新成果有所了解。为了让网站保持长久的吸引力,避免变成那种大而全的网站,"创意英国互动网站"选择将焦点集中在文化艺术、科技发明、商业贸易、时尚设计、体育传媒、环境保护、教育教学七个领域,并以七个风趣的"代言人"主持整个网站。其中,"快跟我来这里领略一番,精彩超酷"的口号对追求新奇、追求时尚的年轻人很有煽动力。

设计盛宴——全方位展现英国的创新理念

"设计盛宴"的创意来源于宴会,展览的主题反映了它推崇的创新理念。创新产品被摆放在一个被装扮得热力四射的巨大条型桌上,到场的观众可以漫步其中或坐下来慢慢品味。其中"设计盛宴"将展出米尔电影公司(MillFilm)对影片《角斗士》的后期制作过程和英国广播公司(BBC)国际频道节目《与恐龙同行》的制作,以及福特 Ford-Cosworth 的 XFV-8 引擎,RichardJames 的男装以及 MarcNewson 公司的 Biomega 自行车。展览涉及建筑、广告、制图、医药和消费品、汽车、电影、新媒体、时装和纺织等多个行业。

项目评估

2004年1月,"创意英国"大型推广活动在中国画上了圆满的句号。

"创意英国"活动在中国四大城市北京、上海、广州和重庆共举办了150个活动。除此之外,活动还延伸至中国的乌鲁木齐和呼和浩特,充分显示了这一活动的规模及范围。主要的部分大规模活动如下:

超过6.5万人参观了英国文化协会主办的"亚洲土地"大型雕塑展览;

接近2.3万人参加了在北京和深圳举办的"设计圣宴";

北京有9000人参与了"DNA发现50周年"活动;

2000人参加了"挑战英国国际金融业"活动,涉及中国各个省区近600个不同的金融机构;

80名电视纪录片专业人士参加了"2003环境保护电视节目大奖赛"。四川电视台揭晓的第一轮获胜者,赴英国拍摄英国环境保护科技项目;

作为交互式语言学习工具,"英语出租车"这一计算机游戏光盘在教育活动中共发售了15万张;

共有27间英国公司组成英国展览团,参加了第五届深圳高交会。这项名为"无线无界限"的无线通信技术展览,在这届高交会上获得了两项殊荣:"最佳组织奖"和"最佳展览设计奖";

"创意英国"活动在中国与接近100个组织进行了合作。主要合作伙伴包括中央美术学院、北京天文馆、四川电视台、中国作家协会等。

"创意英国"活动通过一系列的创意构想,采用丰富多样和细致入微的方式,向中国的青年人传达了英国的创新和合作精神,在中国取得了很好的效果,改变了很多人对英国国家形象的定式思维,在中国人心中树立了"创意英国"这一国家品牌形象。

案例评点

世纪刚刚露出曙光之际,英国选择了中国,发起了一场由英国驻华使馆和英国文化协会组织的有史以来规模最大的一次国家形象公关活动——"创意英国"首相布莱尔亲自率领着英国最重要的企业家们来到了中国,把这次活动推向高潮。这次空前的政府文化公关活动,意图塑造当代英国全新形象。英国驻华使馆的官方网站如是解释"创意英国"在华推介活动的最终目的:"加强两国良好的合作关系,使中国对当今英国在诸多领域的领先地位有一个更为清晰的了解,从而为中国市场带来良好效益。同时,英国也会以此为契机,对中国的创新人才进行深入了解。"

此项"创意英国"在华推介活动,其实是英国政府面对13亿中国人和中国市场的一次成功的国家公关形象营销,它在极大程度上改变了普通中国人通过狄更斯和莎士比亚的小说所获得的对于传统英国的印象。与一般的国家公关手段完全不同,"创意英国"瞄准的是 16～35 岁、受到良好教育的年轻人。他们认为,年轻人更能理解先进的创意和时尚的理念,而且这一批有知识有思想的年轻人,正在或者即将成为中国社会的中流砥柱。

与此同时,"创意英国"虽然是一项关于国家公关形象传播的活动,但对我们的诸多城市却有许多借鉴意义。今天,由于全球一体化的迅猛发展,城市营销正在成为世界各城市之间抢夺资源和谋求发展的主要手段,如争取世界杯、奥运会时期的城市营销大战等。而我们看到,英国在"创意英国"活动当中,没有急功近利,体现了更高、更深远的思考。虽然创意英国不是基于城市本身的营销,但其操作的思路和手法却值得中国城市营销者们借鉴。

"创意英国"推介活动,极大地引发了中国人对于创意产业和创意经济的了解,为中国迈向创意经济时代作了极好的公关铺垫,并直接催生了今天由中国太平洋学会和北京申奥整体形象战略专家团所发起的"创意中国"行动。

毫无疑问,该活动的"创意"本身就创造了国与国之间一种崭新的交流与合作模式。以往国家之间的交流,或是互派某个领域的代表团访问对方,或双方合作在某个地方举办某一类型的交流活动(比如艺术演出);而像"创意英国"持续时间这么长、涉及的领域这么广、各项目活动频率如此之高的大规模交流合作活动,还是头一次。这就是创意,这就是营销,就是用文化营销国家。

在现代国际关系理论中,"国家品牌塑造"(State Branding)就将国家比作一家大公司,因而也需要营销策略,塑造国家品牌,以国家品牌、国家营销带动国际资本和人才的引进、进出口贸易及国际旅游等。政府公关从文化切入,是高层次的营销手段。文化营销国家,如此做法虽然早在现代外交滥觞时期,就相伴于政治、经济左右,但如今它的地位越发凸显,也越发受到重视,它是国家交往思维方式的根本变化。

案例九

第七届"汉语桥"世界大学生中文比赛
——一座通往国际的美丽中国桥梁

项目背景

"汉语桥"世界大学生中文比赛是由中国国家汉语国际推广领导小组办公室主办的大型国际汉语比赛。2002 年以来,该项目已成功举办了 6 届,来自世界 50 多个国家的 483 名大学生先后应邀来华参加决赛,各国参加预赛活动的大学生达 4 万多人。"汉语桥"世界大学生中文比赛已成为各国大学生学习汉语、了解中国的重要平台,在中国与世界各国青年中间架起了一座沟通心灵的桥梁。

汉语桥——友谊之桥

"汉语桥"世界大学生中文比赛内容包括汉语语言能力、中国国情知识和中国文化技能。选手们首先在各自国家参加预赛,每个赛区的优胜者应邀来华参加决赛。比赛之余,选手们还根据不同主题参加丰富多彩的文化活动。正如选手们所说,中华五千年的文化,赋予了"汉语桥"无穷的魅力,汉语之桥正跨越时空、放射延伸;"汉语桥"中文比赛是一座友谊的桥梁、就像奥运圣火一样,传递着和平的信息。

2008年7月,湖南卫视承办了第七届"汉语桥"世界大学生中文比赛,掀起了一股"学汉语"的热潮。该节目自7月8日开始播出,分为预赛、复赛、决赛三个阶段,收视表现突出,成为"汉语桥"世界大学生中文比赛开办以来播出收视成绩最好的一届。

"汉语桥"世界大学生中文比赛至今已举办七届,由各家地方卫视轮流承办。往届"汉语桥"一般为三场节目,即开幕式主题晚会、决赛和闭幕式颁奖晚会,这种"单场式"节目表现形式较为单一。湖南卫视打破以往的常规模式,将本届《汉语桥》策划成"活动型"节目,前期进行广泛"海搜"(即各国预选赛),后期通过层层选拔决出冠军,这个舞台让优秀选手充分展现了汉语能力,也为各国学习汉语的青年学生创造了一个互相交流的平台。7月7—11日中午12:30分,将分别播出美国站、南非站、法德站、泰国站和日韩站的海搜内容。7月8日,第七届"汉语桥"比赛开幕式直播后,选手们将进入复赛阶段。与此同时,进入复赛阶段的一百多名选手,将于7月初集结,分别去往西安、杭州、张家界三个城市进行文化体验。文化体验的内容旨在了解当地历史和民俗民风,当然这不仅仅是游山玩水那么简单,也是考核的一部分。7月14—17中午12:30分复赛比赛连续播出。从7月18日起,进入紧张的总决赛阶段,7月18日—8月1日每周五晚黄金时段,由汪涵、鲁豫主持,播出精彩紧张的总决赛。

据央视索福瑞收视数据分析显示,2008年播出的12期节目中,其中8场为白天播出,4场为晚间播出,节目整体收视高出历届比赛,且后期复赛和决赛阶段的观众规模呈现出迅速增长的趋势。12场节目累计全国共约1.84亿观众收看了该节目。此外,通过国内某著名搜索引擎搜索"第七届汉语桥"共有网页30900篇,超过"第六届汉语桥"相关网页数(14900)一倍多;本届的冠军选手"欧莉莲"被网友评为黑珍珠,相关搜索有979篇;不少观众在看过比赛后表示:湖南卫视举办的第七届"汉语桥"世界大学生中文比赛,让更多的人接触、了解并喜欢上"汉语桥"这个节目,更加丰富的展现了中华文化的博大精深。其中更有不少呼声,支持湖南卫视明年继续举办"汉语桥"。

案例评点

1.策划事件,对外传播

"汉语桥"世界大学生中文比赛是由中国国家汉语国际推广领导小组办公室主办的大型国际汉语比赛,而其存在的意义显然超越了比赛本身。中国自改革开放后,一直致力于让世界了解中国,近几年对外传播更成为焦点。"汉语桥",是我们策划组织的活动,它从中国出发,向全世界发出邀请,通过各国大学生在台上的尽情展示向各国人民展示中国汉语的魅力,让世界看到中国五千年来源远流长的深邃的、璀璨的、与众不同的文化精髓。因此,"汉语桥"在世界五十多个国家中备受关注,通过各种媒介的宣传和报道具有广泛的影响力。

2. 文化公关,传播文化

在2008这个诸多不顺的一年里,面对国际政治上许多不被理解的说辞,以及一些带有敌意的目光,中国需要通过一种恰当的方式将自己的思想传递给世人,创造有利于自己的舆论氛围。第七届"汉语桥"为中国架起了这座和平之桥,它运用跨文化传播的特征,提升中国自身国家形象,缓和冲突,增进关系,顺畅跨文化交流,用文化的美丽展现大国的气度和真诚。不仅如此,这座桥梁的另一头也连接着中国这个关键核心,"汉语桥"的出现让汉语也成为一种流行,这种古老的美丽文字散发出最东方的味道,它也激发了中国人对本民族语言的热情,对民族文化的眷恋喜爱。所以,对外"汉语桥"宣扬了中国文化,对内"汉语桥"让民族自豪。

3. 湖南卫视也获益

第七届"汉语桥"不仅仅是一次出色的国际公关,也是一次湖南卫视的顾客公关。在决赛现场,每位选手所遇挑战别出心裁,大师点评也与众不同,与观众互动、和电话里的观众PK,更是提高人们的参与度。可以说,此次比赛别具一格的赛程设置方法、比试内容以及比赛的深刻意义使湖南卫视成功地完成一次面向广大观众的出色公关,让自己与观众之间沟通的桥梁变得更稳固。

案例十

中 国 制 造 世 界 合 作

——中国政府的国际公关

项 目 背 景

从1998年到2008年中国的制造业增加了3倍,在世界各地的各个角落"中国制造"都逐渐成为一种趋势,成为了世界市场中的一个重要角色。同时,制造业在国民经济中的地位也愈加重要,在中国东部沿海出现了以温州为代表的"制造业"大户,形成了新的经济增长模式。

制造业兴盛的背后是中国整体经济实力的增强,在北美、西欧以及日本都相继出现经济无力的状况下,中国的经济增长依旧保持着良好的发展态势。有序的市场,开放的政策,科技实力的逐渐增强,国际化的视角,勤奋认真的工作态度,足以证明中国的强大的必然性。而这样也构成了"中国威胁论"的有力证据,威胁论者认为中国的强大必将形成世界格局的一股崭新力量,势必会给他们自己乃至世界造成威胁。"抵制中国货"也就成为威胁论者的无聊手段。

与此同时,中国的制造业也面临着很多问题,包括全球化、劳动力问题、全球油价上涨引发的成本压力、新劳动法的出台、污染治理和节能减排的要求、如何增加产品的技术含量和附加价值、如何生产消费者需要的产品,并以最快的速度送达给客户等等。从某种意义上,中国产品也成为"便宜货"的代名词,质量、品牌、附加价值正是中国产品所缺少的。自 2008 下半年席卷的经济危机,所带来的居民消费能力的下降,加之原本进口各国的市场保护措施给中国的制造业造成了巨大的打击。而"三鹿事件"的曝光,带来了包括食品、轻工业给海外消费者带来了对中国产品质量的巨大疑虑,使得其对"中国制造"的信任度降到最低。雪上加霜的状况使得沿海地区以出口为主导的中小型企业纷纷出现了倒闭、停工等情况。

在此时对于中国、"中国制造"的形象的传播都成为中国进一步容入世界的必经之路,打破文学作品中所描绘的"中国农民对法国的了解高于法国总统对中国的了解"的"单向国际化"。

项 目 策 划

以政府的身份用广告来宣传自我形象并不是第一次,在 2003 年、2004 年就出现过类似旅游主题的广告,而对"中国制造"的品牌广告还是第一次。2009 年经济危机开始复苏,中国政府意识到中国产品依旧遭遇到海外贸易壁垒,为打破"中国质量论""中国威胁论",力图向世界传递出中国友好的态度,向世界传达中国同世界同在的理论,"中国制造世界合作"的大型公关形象活动也就应运而生。

在商务部的支持下,具体参与该广告策划准备的是商务部下属的中国广告协会商会、机械和电子产品进出口商会、轻工工艺品进出口商会和纺织品进出口商会。由于机电产品占据了中国出口额的一半以上,中国机电协会深入参与了这项从策划到完全执行历时半年的活动。广告播出后,在国内也引起了各方关注。因此,机电商会近期将特别就此事举行新闻发布会,公开披露整体策划方案的前期工作及资金运作等细节。另据新闻媒体透露,整个广告的制作、投放过程是通过市场招标进行的,中标的是 DDB 国安广告制作公司。这是一家国

际 4A 广告公司,由中信国安集团与全球最大的广告公司——宏盟集团(Omnicom)合资成立。DDB 国安制作的这则广告,其创意是表现从"Made in China"到"Made with China"的理念升级,广告语中文翻译为"中国制造、世界合作"。而最早就这则广告的出现做报道的、总部设在中国香港的"Media"杂志网站(www.media.asia)称,DDB 国安去年就已中标这则广告,商务部也是去年就在策划这一广告攻势,但受"三聚氰胺奶粉"事件的影响,广告的推出被延后。

项目实施

自 11 月 23 日起，一则时长 30 秒、以"中国制造"为主角的广告在美国电视有线新闻网（CNN）正式播出。在国际主流媒体投放商业广告塑造中国制造业的整体形象，对中国政府而言是首次尝试，这则广告将在 CNN 连续 6 周播出。广告片中广告一个个画面集中展现了"中国制造无处不在的身影"，"中国制造，世界合作"的理念贯穿整个广告。一天之计在于晨，清晨跑步的运动员所穿的运动鞋是"中国制造"，但是"综合了美国的运动科技"；日常家庭中所用的冰箱印着"中国制造"的标签，但是融合了欧洲风尚；一个类似 iPod 的 MP3 播放器上用英文标注"在中国制造，但我们使用来自硅谷的软件"；就连法国顶级模特儿所穿的知名品牌衣裳也有"中国制造"，而广告最后出现的飞机画面，是融合全球各地工程师的结晶，更是展现了"世界合作"这一理念。

案例评点

1.公关广告树形象

公关广告，实质上是一种带有某些广告特征的，但不限于商业活动的，不以赢利为目的的传播行为。公共关系广告的具体形式在不断发展，最基本包括形象广告、公益广告、观念广告和响应广告。《中国制造 世界合作》就是一种观念广告，通过提倡或灌输某种观念和意见，试图引导或转变公众的看法，影响公众的态度和行为。

这一广告片的表象是对中国产品的宣传，实质是从中传达中国制造，和世界一起制造的理念。中国的产品和世界最领先的科技和技艺是连在一起的，具有绝对的质量和信誉保障。中国的产品更多的是来自全球化的概念，因而是值得信赖和保障的。同时也暗含着深层次的意义，正如水均益所说"你打我的这个产品，实际上也是在打你自己，因为等于现在中国产品是你中有我，我中有你。"从深层的含义上驳斥了对中国产品的排斥以及"中国威胁论"的狭隘。"商务部这一行为，体现了我国政府的一种战略关切，展现了中国制造的软实力。但我们同时也要意识到，一次广告宣传可能会换来品牌的关注度，但品牌忠诚度的培养则是一个长期的过程。"

2.形象定位尚不佳

用推出形象广告的形式来进行国家形象的宣传在中国政府的公关活动中尚属首例，表现了中国政府不断增强的公关意识，也获得了良好的评价和口碑。但这一形象广告所传达的意味也存在着深层次的问题。中国企业一直在实行结构调整，期望不再依靠廉价劳动力和原材料来获取国际贸易收入，而是将中国人的智慧和文化带入世界市场，"中国创造"成为我们发展和努力的方向。而《中国制造世界合作》的广告片中还是暗含着中国的产品来自其他国家的技术和公益，中国把自我的定位还是放在"生产者"而非"创造者"，这样的宣传仍旧未摆脱中国货廉价低端的印象。中国在世界上树立的新形象应该是彰显其强大的软实力，这个大国带给世界的将是更多的智慧和文化。迫于"中国威胁论",中国政府在近年来的公关形象中一直力图将自己塑造成温和、宽容的形象。但现在中国还不是向世界传达温和、宽容的时候,而要让世界真正地意识到中国的强大不是主观上的威胁而是来自客观的趋势。

第七章

危机公关——永远的痛

你遭遇下列问题了吗

- 自己的产品质量、服务出问题了,怎么办?
- 危机发生时,如何面对蜂拥而至的媒介?
- 企业一夜间被媒体曝光之后怎么办?
- 危机预管理能解决现时发生的危机吗?
- 对不期而至的危机,我总是手足无措?
- 危机发生时如何进行传播控制管理?
- 遭人暗算在所难免,问题是我该怎么办?
- 公关危机与危机公关是一回事吗?

关键词链接

- 危机指危及组织利益、形象、生存的突发性或灾难性的事故与事件。

公共关系危机:指突然发生的,严重损害组织形象,给组织造成严重损失的事件。如公众的指责批评、恶性事故等。

- 危机公关指在组织发生形象受损或预测到即将发生危机时,组织所采取的一系列与社会公众积极沟通、把损失降低到最低限度的公共关系的传播沟通的管理活动。

- 危机管理指针对组织自身情况和外部环境,分析预测可能发生的危机,然后制定出针对性措施,一旦发生危机,就能有条不紊地将危机化解,重新恢复信誉和市场的一整套机制。

智 慧 提 醒

(1)危机特点:突发性、普遍性、严重性、危害性

① 企业发生危机如同死亡和税收一样不可避免。

② 关于危害传播的研究指数:大凡有一名提出投诉的顾客背后约有 26 名保持沉默的不满意顾客,26 名顾客又可能会对约 10 名亲朋好友传播自己的不满,而这 10 名亲朋好友中约有 33% 的人会有可能再把此坏消息传给另外 20 人。因此,一名不满意顾客将产生 $1+(26\times10)+(10\times33\%\times20)=327$(个)不满意的顾客。

(2)危机类型

① 自然灾害(突发事件)

② 人为破坏

③ 失实报导

④ 自身行为不当

⑤ 社会其他(政治、经济)因素

(3)加强危机管理的意义

① 可以化解危机,赢取效益最大化

② 可以降低组织的隐性成本

③ 可以化被动为主动,有效提升组织知名度和美誉度

(4)哪些人适宜加盟危机管理团队

① 具有灵敏嗅觉——能于无声处听惊雷

② 具有水一样的思维——即液态的柔性思维

③ 具有闪电式的应变力——即不仅点子多而且反应快

④ 具有强烈人道主义精神——即能设身处地为公众着想

(5)危机处理进行曲

① 深入现场,了解事实

② 分析情况,确立对策

③ 安抚受众,缓和对抗

④ 联络媒介,主导舆论

⑤ 多方沟通,加速化解

⑥ 有效行动,转危为安

⑦ 总结提炼,反败为胜

(6)危机处理的原则

英国危机公关专家里杰斯特提出著名的三"T"原则。

① 做到三"T"

● Tell your own tale(以我为主提供情况)

● Tell it fast(尽快提供情况)

● Tell it all(提供全部情况)

② 公众至上

③ 声誉至上

(7)加拿大 DOW 公司制定的危机公关原则要点

① 诚实第一,永远诚实

② 同情心,人道主义

③ 公开化,坦率

④ 日夜工作

⑤ 有预见性,不被动应付

温馨小粘贴

①知道"防患于未然"吗?

行动吧! 把危机"扼杀在摇篮里头",将危机管理进行到底。

②"新闻炸弹"总是不约而至!

努力要求自己在第一时间、第一空间,发表第一声音。

③媒介总是渴望有多种声音,唯有你,渴望一种声音到永远——让新闻发言人去对付媒介吧。

④危机管理小组应该是一种常设机构,不是吗?

⑤从来不说"无可奉告"。如果你不知实情,就谈点其他的。

⑥在危机来临时,没有比显示关心、同情和帮助更重要。

⑦公关是一门示范性的艺术,展示信息永远优于陈述信息。

操 刀 秘 笈

危机管理纲要

迈克尔·里杰斯特

一、做好危机准备方案

①对危机持一种积极的态度;

②使组织的行为与公众的期望保持一致;

③通过一系列对社会负责的行为来建立组织的信誉;

④时刻准备在危机过程中把握时机;

⑤组织一个危机管理小组;

⑥分析组织潜在的危机形态;

⑦制订种种预防危机的对策;

⑧为处理每一项潜在的危机制订具体的战略和战术;

⑨组建危机控制和检查专案小组;

⑩确定可能受到危机影响的公众;

⑪为最大限度减少危机对组织信誉的破坏,建立有效的传播渠道;

⑫在制订危机应急计划时,多倾听外部专家的意见;

⑬把有关计划落实成文字;

⑭对有关计划进行不断的演习;

⑮为确保处理危机时有一批训练有素的专业人员,平时应对他们进行培训。

二、做好危机传播方案

①时刻准备在危机发生时,将公众利益置于首位;

②掌握报道的主动权,以组织为第一消息来源,如:向外部宣布发生了什么危机,

公司正采取什么措施来弥补损失,等等;

③确定信息传播所需要的媒介,如:名称、地址及联系电话;

④确定信息传播所需针对的其他重要的外部公众;

⑤准备好组织的背景材料,并不断根据最新情况予以充实;

⑥建立新闻办公室,作为新闻发布会和媒介索取最新材料的场所;

⑦在危机期间为新闻记者准备好通讯所需设备;

⑧设立危机新闻中心,以接受媒介电话询问;若有必要,一天24小时开通;

⑨确保组织有足够的训练有素的人员来应付媒介及其他外部公众打来的电话;

⑩应有一名高级公关代表参加组织危机管理小组;该小组须在危机控制中心工作;

⑪如有可能,把危机控制中心设在一间安静的办公室内,以确保危机管理小组的领导和新闻撰稿人在里面有效地工作;

⑫准备一份应急新闻稿,留出空白,以便危机发生时可直接充实并发出;

⑬确保危机期间组织的电话总机人员能知道谁可能会打来的电话,应接通至何部门。

三、做好危机的处理工作

①面对灾难,应考虑到最坏的可能,并及时有条不紊地采取行动;

②在危机发生时,以最快的速度建立"战时"办公室,或危机控制中心,调配训练有素的专业人员,以实施控制和管理危机的计划;

③新闻办公室应不断了解危机管理的进展情况;

④设立热线电话,以应付危机期间外部打来的电话,让训练有素的人员来接热线电话;

⑤了解组织的公众,倾听他们的意见,并确保组织能把握公众的情绪,可能的话,通过调查研究来调整组织的计划;

⑥设法使受到危机影响的公众站到组织的一边,帮助组织解决有关问题;

⑦邀请公正、权威性机构来帮助解决危机,以便确保社会公众对组织的信任;

⑧时刻准备应付意外情况,随时准备修改组织的计划,切勿低估危机的严重性;

⑨要善于创新,以便更好地解决危机;

⑩别介意临阵退却者,因为有更重要的问题要处理;

⑪把情况准确地传给总部,不要夸大其词;

⑫危机管理人员要有足够的承受能力;

⑬当危机处理完毕后,应吸取教训并以此教育其他同行。

四、做好危机中的传播工作

①危机发生后,要尽快对外发布有关背景情况,以显示组织已有所准备;准备好消息准确的新闻稿,告诉公众发生了什么危机,正采取什么措施来弥补;

②当人们问及发生什么危机时,只有确切了解事故的真实原因后才能对外发布消息;

③不要发布不准确的消息；

④了解更多事实后再发布消息；

⑤宣布召开新闻发布会的时间，尽可能地减轻公众电话询问的压力；做好召开新闻发布会所需的各项准备工作；

⑥熟悉媒介通常的工作时间；

⑦如果报道与事实有误的话，应及时予以纠正；

⑧要建立广泛的信息来源，与记者和当地的媒介保持良好的关系，及时通过他们对外发布最新消息；

⑨要善于利用和控制危机中的传播效果；

⑩在传播中，避免使用行话；

⑪确保组织在危机处理中，有一系列对社会负责的行为，以增强社会对组织的信任。

案 例 点 击

案例一

奇虎360 大战腾讯QQ
——腾讯与奇虎的危机公关解读

2010年下半年，最大的互联网事件要数奇虎360和腾讯QQ的掐架事件了，无论是作为互联网舆论事件，还是作为企业公关事件，或者仅仅是作为一个有些娱乐性质的商业炒作事件，它都在短短的一个月内赚足了互联网界的关注。笔者将在本文中，以阐述事件的发展为主线，同时进行对于腾讯方面在此次危机中所采取的对策和其市场、客户影响做以简要的公关分析。

事 件 背 景

腾讯QQ和奇虎360是目前国内最大的两个客户端软件。

腾讯以QQ为基础，向各个方面发展。以其强大的市场占有率，强大的客户群体，几乎人手一号的资源，不断发展吞噬着互联网各个领域。奇虎360是以安全闻名的企业。其360安全卫士永久免费的策略，使得以很短的时间，占有了绝大多数安全市场份额，也成为继腾讯之后第二大客户端软件。

腾讯QQ和360是中国互联网的前两大客户端软件。前者本质是基于即时通讯的社交网络，后者主推互联网安全服务。虽然360创始人周鸿祎始终强调两者不是竞争对手，但随着360的壮大，长期独霸桌面端的腾讯也不得不将其视作最重要的竞争对手，并开始展开布局对阵。

发 展 阶 段

从下图发展阶段能够看出,在互联网领域中,公关事件的爆发呈现出不同于传统媒介中的突发性,往往具有前提一定准备期,同时会被引导事件触及最终导致爆发的特性。同时,互联网以及与互联网有着直接联系的IT软件企业更是具有这种这种不可忽略的独特性,企业形象被用户所左右,更多情况下,用户能够占有的主动权大大的大于传统企业。

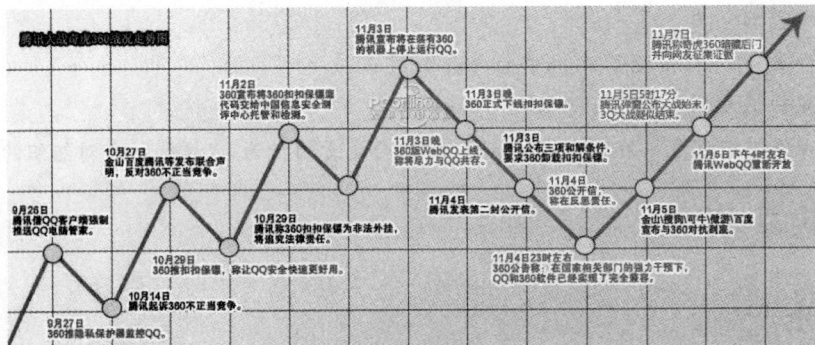

- 第一阶段腾讯推出 QQ 医生 1.0 Beta 版本,此后很长一段时间内只作为查杀盗号木马的小工具。随后 QQ 医生 3.2 推出,界面及功能酷似 360,同时宣布赠送诺顿防病毒软件半年试用。之后 QQ 医生利用春节期间强行推广。敏感的 360 很快意识到 QQ 医生的威胁,一些正在休假的员工被紧急召回以应对这起突发事件。360 快速反应,加上 QQ 医生本身产品并不成熟就匆忙上阵,很多用户陆续卸载 QQ 医生,其市场份额也快速降至 10% 以下。360 成为此次交锋的胜利者。

- 第二阶段 5 月 31 日,腾讯悄然将 QQ 医生悄然升级至 4.0 版并更名为"QQ 电脑管家"。新版软件将 QQ 医生和 QQ 软件管理合二为一,增加了云查杀木马、清理插件等功能,涵盖了 360 安全卫士所有主流功能,用户体验与 360 极其类似,腾讯这招让 360 和金山措手不及。周鸿祎在微博上扔出 40 多条消息,自爆 360 与金山的多年积怨,金山随即强烈回应。两家公司随后互诉对方,口水战诉讼战不止。就在这时,腾讯的出手让 360 措手不及。周鸿祎在接受专访时,建议腾讯应该加大投入解决 QQ 内部安全问题。

- 第三阶段中秋节期间,QQ 软件管理和"QQ 医生"自动升级为"QQ 电脑管家",涵盖了云查杀木马、系统漏洞修补、安全防护,系统维护和软件管理等功能,而这也是目前 360 安全卫士的主流功能。而凭借着 QQ 庞大的用户基础,QQ 电脑管家将直接威胁 360 在安全领域的生存地位。9 月 27 日,360 发布直接针对 QQ 的"隐私保护器"工具,宣称其能实时监测曝光 QQ 的行为,并提示用户"某聊天软件"在未经用户许可的情况下偷窥用户个人隐私文件和数据。引起了网民对于 QQ 客户端的担忧和恐慌。

● 第四阶段 10 月 14 日,针对 360 隐私保护器曝光 QQ 偷窥用户隐私事件,腾讯正式宣布起诉 360 不正当竞争,要求奇虎及其关联公司停止侵权、公开道歉并作出赔偿。法院已受理此案。针对腾讯起诉,360 随即回应三点,表示将提起反诉。在回应中,360 称"各界对腾讯提出的质疑,腾讯一直回避窥探用户隐私,这时候起诉 360,除了打击报复外,不排除是为了转移视线,回避外界质疑"。

● 第五阶段 10 月 27 日,腾讯刊登了《反对 360 不正当竞争及加强行业自律的联合声明》。声明由腾讯、金山、百度、傲游、可牛等公司联合发布。要求主管机构对 360 不正当的商业竞争行为进行坚决制止,对 360 恶意对用户进行恫吓、欺骗的行为进行彻底调查。10 月 29 日,360 公司推出一款名为"360 扣扣保镖"的安全工具。360 称该工具全面保护 QQ 用户的安全,包括阻止 QQ 查看用户隐私文件、防止木马盗取 QQ 以及给 QQ 加速,过滤广告等功能。72 小时内下载量突破 2000 万,并且不断瞬速增加。腾讯对此作出强烈说明,称 360 扣扣保镖是"外挂"行为。

● 第六阶段 11 月 3 日傍晚 6 点,腾讯公开信宣称,将在装有 360 软件的电脑上停止运行 QQ 软件,倡导必须卸载 360 软件才可登陆 QQ,这是 360 与腾讯一系列争执中,腾讯方面迄今为止最激烈的行动。此举引发了业界震动,网友愤怒,业内认为,腾讯这招是逼迫用户作出二选一的决策。据 360CEO 周鸿祎称被迫卸载的 360 软件用户达到 6000 万。晚上 9 点左右,360 公司对此发表回应"保证 360 和 QQ 同时运行",随后 360 公司"扣扣保镖"软件在其官网悄然下线,4 日 360 发表公开信称:愿搁置争议,让网络恢复平静,360 扣扣保镖正式下线。在国家相关部门的强力干预下,QQ 已与 360 开始恢复兼容。4 日上午,360 公司发出弹窗公告宣布召回"扣扣保镖",请求用户卸载。此举似乎有了和解的迹象。

● 第七阶段副总裁刘峻证实,工信部通信保障局和公安部已经介入此事,4 日分别找到两家公司问询。11 月 5 日上午,工信部、互联网协会等部门开会讨论此事的应对方案。政府部门已经介入,用行政命令的方式要求双方不再纷争。知情人称,360 方面也在此形势下宣布召回"扣扣保镖"软件。两家公司不得再发布煽动此事的新闻和信息。

● 第八阶段奇虎 360 于 11 月 10 日宣布 QQ 和 360 已经恢复兼容,并在官方网站发布名为《QQ 和 360 已经恢复兼容 感谢有您!》的公告,感谢广大用户对 360 软件的支持,公布了有关部门的联系方式,提醒用户若发现二者软件若出现冲突可向相关部门举报。腾讯公司尚未有任何消息。

● 第九阶段 11 日下午,新浪公司与 MSN 中国召开新闻发布会联合宣布,新浪与 MSN 中国完成战略合作协议签署,正式达成战略合作伙伴关系。根据合作协议,新浪与 MSN 将在诸多领域开展全方位战略合作,涵盖微博、博客、即时通讯、资讯内容、无线等方面。这场缠斗让中国互联网市场一些变化已经发生——QQ 和 360 的竞争对手们正希望借两位大佬互博受伤之际,在它们的市场中分得更大份额。其他变化还在酝酿——有传闻称,有反垄断专家正研究"分拆腾讯的可能性";同时,腾讯和360本身也在考虑改变过去颇受诟病的行事方式。360用户遭觊觎 昨天,以"金山毒霸"闻名的金山安全公司宣布与另一家网络安全企业"可牛杀毒"合并。新公司的首个爆炸性举措,就是让销售10年,拥有2亿付费用户的"金山毒霸"彻底免费化。

从以上几个阶段不难总结出,实际上,奇虎360与腾讯QQ之间的战争无非是经历了这样几个阶段:客户端之争—交火—隐私查看器之争—起诉—弹窗大战—扣扣保镖VS用户二选一。

可以说,在腾讯对QQ程序进行"安装360安全卫士程序电脑将停止运行QQ程序"这一决策之前,双方在公关占据上可谓是不相上下。然而,事态在"扣扣保镖"登场,腾讯主动解除两款软件兼容后发生了激变,局势开始向360方向一边倒去。

10月29日:360公司宣布推出"扣扣保镖",360称该工具全面保护QQ用户的安全。10月29日:针对腾讯声明称扣扣保镖违法,360称其完全合法,且还能让QQ更安全。10月29日:继360推"扣扣保镖"后,可牛随后宣布称将推出"361特警"。11月3日:北京朝阳法院正式受理腾讯诉360不正当竞争案,腾讯索赔400万。11月3日18时:对于360与QQ之间的纠纷,腾讯发布公告,称在纠纷解决之前,将在装有360软件的电脑上停止运行QQ软件。业内认为,腾讯这招是逼迫用户作出二选一的选择。11月3日:360随后发出公开信:保证360软件和QQ同时运行,并称腾讯此举完全不顾及用户权益,要求向全国网友道歉。随后360扣扣保镖下线,360扣扣保镖官方网页和下载页面均已不能正常访问,而其也无法找到这款产品的任何入口。11月3日21时:360又发出一封《360发致网民紧急求助信:呼吁用户停用QQ三天》,称"这是360生死存亡的紧急关头,也是中国互联网最危险的时刻,希望您能够坚定地站出来,再次给予我们您的信任与支持!"11月4日:腾讯举行发布会并表示,已是最低抗争方式,为给用户造成的不便表示歉意。11月4日:360先是宣布召回扣扣保镖,再中午时分通过公开信表示决定搁置争执,让网络恢复平静。11月4日晚间360方面在对记者透露,在国家相关部门的全力干预下,目前QQ和360软件已经实现了完全兼容。但是腾讯方面否认。11月5日:金山、傲游、可牛、百度,召开发布会联手宣布将不兼容360系列软件。11月5日:360公司回应称,他们此时出来是想给360制造舆论压力,称其"落井下石"的行为。11月6日:腾讯新闻主题《360恶意劫持QQ事件》网页中刊登了大量360负面新闻,并且弹窗给QQ用户。11月6日:360董事长周鸿祎对外发出一封名为"不得不说的话"的公开信,追溯了腾讯和360之间的恩怨。信中周鸿祎表示腾讯此前抄袭360安全卫士并强制推广的行为,是欲置360于死地。这种"明目张胆地欺负人",使得360选择"必须得反抗",并且回应了腾讯发布的很多新闻是"抹黑"。11月8日:据媒体报道,360公司召回了360QQ保镖软件,同时,腾讯公司恢复了WEBQQ的登录,QQ和360也恢复了兼容,事情的发生出现了和解的迹象。马化腾说,在事情发生后,公司立刻与公安部门及工信部进行沟通,目前,政府部门已经介入,用行政命令的方式要求双方不再纷争。

这一网络纷争,抛开360方面不作分析,单纯从腾讯方面的应对来看,马化腾可谓是犯了一个很愚蠢的错误——装 360 就别想用 QQ。腾讯认为,在 360 软件运行环境下,腾讯无法保障 QQ 账户安全,所以,腾讯终于决定,在 360 停止推广 QQ 保镖之前,如果用户需要运行 360 软件,则无法使用 QQ。这个决定很快引起了网民震惊。

对该事件,中国社会科学院信息化研究中心秘书长、《互联网周刊》主编姜奇平表示,QQ 和 360 应该对自己的用户负责,消费者应该选择对自己有利的软件。"以往在国外互联网发展的过程中,也出现过这样的情况。评价腾讯和 360 之间的争斗,需要判断他们是存在技术上的冲突还是商业上的冲突。前几天,360 针对 QQ 推出扣扣保镖,腾讯认为 360 对 QQ 软件存在恶意,从腾讯的角度看,技术上的冲突也成立。如果是商业上的冲突,我建议还是协商解决,腾讯和 360 应该对自己的用户负责,消费者应该选择对自己有利的软件。"姜奇平说。而对于互联网的发展,姜奇平认为,"互联网发展到这个阶段,出现这样的状况也不可避免,但我主张中国的互联网企业应该有良性竞争,合作共赢。""对于如此多的 QQ 付费用户,腾讯让他们说不用就不用? 360 公司虽有不妥之处,但腾讯应该考虑用户的权益。"

从公关角度来看,这一次的网络桌面弹窗大战在舆论上,几乎正义是在奇虎 360 方面,尤其是当腾讯抛出"拒绝兼容"这一声明后,绝大多数网友和舆论机构都认为,腾讯的举措实际上是侵犯了消费者权益,同时也是一种主动退出战场的行为。不难理解,无论是腾讯 QQ 还是奇虎 360,都是以桌面客户端占有率提升而实现增值服务的 IT 软件,因此,桌面占有率和企业的盈利有着直接关系,如果没有桌面的铺开率,那么企业很难向用户普及软件的增值服务。于是,问题出现了——腾讯 QQ 竟然主动解除和 360 的软件兼容,同时是以胁迫的模式强迫用户卸载的方式进行客户端保证,此举在用户自主意识高涨的今天可谓是触到了互联网用户的禁忌。

作为在企业危机中的一项应对措施,取消兼容这种明目张胆的用户威胁手段与其说是一种公关措施,不如说是为腾讯的处境雪上加霜,让用户抛弃了 QQ 这个程序,转而投向了 MSN、飞信等新兴的交流软件。虽然在一定程度上腾讯 QQ 在二三线的用户上有一定的忠诚度和占有率,但是,这一次的失败让腾讯丢失了绝大多数的第一层用户——也就是说,高质量的用户被大规模丢失,而高质量用户的丢失将直接导致增值服务的实现可能性下降,同时也降低了整个 QQ 的产品形象。

腾讯的危机公关解读——:腾讯在这次危机中的表现主要分为以下几个阶段:

一、危机前兆期:沉默公关

①盲目沉默,消极应对

②贻误最佳处理时机

③错失舆论主控权

在危机爆发时期,腾讯并没有很好的积极应对,而已一味的相信自身在 IT 业界建立起来的垄断的地位,对 360 发起的进攻没有正面应对。进而导致了腾讯在进攻开始时期错失了最佳的反击时机。这是企业在发展到一定阶段会导致的盲目自信的一个典型表征,因此,在大企业发展到鼎盛时期时,一定要时刻关注自身所处的社会环境、业界竞争环境,不可盲目自信,同时保持一种谦虚的态度面对用户以及社会舆论。

二、危机加剧期:公关不利,身陷公关危机

①回避事件核心问题,公关无诚意

②危机公关缺失专业水准

在整个公关的过程中,腾讯并未重视被视为主要问题的隐私偷窥问题,而是扯出一些与核心问题无关的言论,同时攻击其他业界公司也具有"后门"等其他问题。这种对于本公司被揭露的问题不予正面解释,反而纠缠其他公司的躲避行为,正式危机公关中最不能犯的错误——回避事件核心问题,转而力图转移公众视线的行为是非常大的公关失误,也是危机公关缺失专业水准的一个表现。

三、危机处理期:缺乏合理手段,未规避重要风险

①网络危机公关

②借助媒体力量持久公关

③行政部门干预,与竞争对手未形成良好关系

在这一次的公关事件中,腾讯可谓是真的有失水准。在 2008 年、2009 年连续两年被评为世界优秀商业模式光环的笼罩下,腾讯管理层开始认为腾讯已经是无坚不摧的业界航母。然而,这种以模仿和抄袭为主要的"创新模式"的商业模式显然最终会遭到强力的反击——垄断已经遭到越来越多的行业的反对,同时,行业各界的反垄断协会也在不断地产生,这一次,360 针对腾讯染指杀毒行业的行为进行了一次反垄断的挑战,同时也受到了新浪、搜狐、微软等 IT 各界多方面的协助,这一点是腾讯没有想到的。多年的常胜经验使腾讯忽略了网络公关的效用,同时使用了与 360 同样的弹窗大战,可以说,在这一期的危机处理中,腾讯仍然只是跟随者 360 的脚步,没有任何领先可言。在借助媒体公关方面,除了弹出新闻外,腾讯也没有任何有效的措施,同时,在各大相关门户网站的新闻投票上,腾讯的支持率也远远低于 360,为腾讯的局势雪上加霜。同时,这一次的 3Q 大战可谓是双方各出大招,惊动了国家行政部门进行调节。然而,腾讯并没有很好的利用这个调节的机会,在 360 降低身价提出"为用户利益着想回复兼容"的时候,仍然不予回应,明显摆出垄断的架势,不整垮360 不罢休——然而这是不现实的,因为用户不会理会一个摆出高身价的平民企业,因此在这一环上,腾讯再一次输给了 360

四、危机消除期:持久公关,重建品牌信誉

在接下来的一段时间内是对腾讯的一个重大考验,可以说,在前期,腾讯和 360 的公关对战中,腾讯一直处于严重的劣势地位,同时,过于自大也给腾讯造成了业界

垄断的不良影响。隐约可见,在这次由360发动的公关大战结束后,曾一度由腾讯垄断的IT服务市场已经呈现出了明显分化的趋势,一家独大的市场已经被瓜分。接下来,腾讯将面对的问题就是如何保证在接下来的市场分化过程中如何保证自己的市场占有率。虽然现阶段10%的市场占有率已经非常优秀,然而,这10%的用户黏性在这一次的危机之后究竟收到了多少冲击又会造成怎样的分流是难以预估的。因此,在下一阶段的企业公关中,腾讯必须抓紧扳回局面,否则持续这种一家独大的高傲态度最终会被用户抛弃——改变品牌形象,重塑品牌信誉是腾讯面临的一大严峻挑战。

总结来看,这一次的危机公关中,腾讯主要犯了以下几大错误:

①违反了及时性原则。腾讯在事件爆发的当天并未作出及时的回应,同时,即使再后期做出的回应也都是无关痛痒的非正面回应,因此在这一阶段腾讯非常被动。作为一个IT企业,及时的回应是这个信息领域的最重要的一点,因此,腾讯在这次危机的处理中违反了及时性原则,为自身造成了严重的危机。在后期的道歉信等等的相关公关中也并未及时道清自身的立场,导致局势恶化。

②违反了主动性原则。在危机不断扩大之后,腾讯在与360的较量之中始终跟在腾讯之后,没有任何一个举措在360之前,因此,在整个公关过程中腾讯只是一直在招架,并无还手之力。同时,所谓的公关反击也并未起到很好的效果,反而因为错误的手段导致了更加严重的后果。

③违反了真实性原则。在整个危机爆发到处理的过程中,腾讯都试图回避隐偷窥问题,对核心问题避而不答,同时搬出"所有软件都有后门"这一说辞,让用户对其信用度没有回升,反而进一步对产品失去信心,整体处于失败的公关状态。

④违反了责任性原则。从危机发生之后一个月的表现来看,QQ最为失策的举动就是停止在装有360软件的电脑上运行QQ程序。这一举措不仅仅是对"无监控用户电脑行为"这一声明的不攻自破,同时也是对于用户的极为不负责任的行为。尤其是对于收费用户,已经在法律上构成了侵犯消费者权益的行为,这种绑架用户的行为实际上是作为企业最不能被容忍的。因此,在这一点上,虽然360也存在隐性绑架用户的行为,但是从公关的角度将,腾讯的绑架行为更加赤裸,因此激起了用户的愤怒,同时也为360攻击腾讯找到了更好的理由——"腾讯不顾及用户利益,坚持垄断"这样的说辞也严重地打击了腾讯的品牌形象。

案例评点

1.根据事件危机公关展开的顺序,按四个阶段分析其危机公关策略

(1)危机前兆期:挑起争端,先发制人

这一阶段,奇虎360的危机公关表现为极为积极主动的公关,其公关主要表现为:

①开发新产品,积极应对:对于腾讯的指控,360都巧妙地应答过去,并追加发布相应的公告。

②把握最佳处理时机：在第二天之前对腾讯的各项指控做出回应，在最佳处理时机中将争端解决。

③掌控舆论主控权：在整个事件前期一直掌控着舆论，并在竞争中占据着主动的进攻方位置。

（2）危机加剧期：以情动人，证据说话

这一阶段，360的危机公关仍是积极的、进攻性的，其公关主要表现为：

①应对起诉，临危不乱：当腾讯将360告上法庭之后，360仍能保持镇定自若，积极应对。

②以情动人，回避指责：当金山和卡巴斯基指责360软件存在重大安全漏洞时，周鸿祎表示，360免费杀毒颠覆了传统收费杀毒，所以遭到全行业嫉恨，以此博得网友的支持。

③证据说话：360公布QQ软件扫描用户硬盘"超级黑名单"证据，共包含685款软件。

（3）危机处理期：以退为进，取得胜利

这一阶段，奇虎360采取了较为真诚的危机公关策略：

①真相公关，坦诚相对：推出扣扣保镖，并指出能全面保障用户的隐私安全；在腾讯做出让用户二选一抉择之后，果断发表公开信，指责QQ不顾用户利益。

②以退为进，先一步妥协：应对突发状况，掌握主动权，率先发表公告，结束斗争。

（4）危机消除期：追溯恩怨，感动用户

2. 奇虎360应对措施存在的问题

虽然最终奇虎360赢得了这场公关战，但从企业危机公关处理的5S原则加以进一步分析奇虎360的应对措施，其依然存在着不少危机处理的问题：

（1）承担责任原则（SHOULDER THE MATTER）

危机发生后，公众会关心两方面的问题：一方面是利益的问题，利益是公众关注的焦点，因此无论谁是谁非，企业应该承担责任。即使受害者在事故发生中有一定责任，企业也不应首先追究其责任，否则会各执己见，加深矛盾，引起公众的反感，不利于问题的解决。另一方面是感情问题，公众很在意企业是否在意自己的感受，因此企业应该站在受害者的立场上表示同情和安慰，并通过新闻媒介向公众致歉，解决深层次的心理、情感关系问题，从而赢得公众的理解和信任。

实际上，公众和媒体往往在心目中已经有了一杆秤，对企业有了心理上的预期，即企业应该怎样处理，我才会感到满意。因此企业绝对不能选择对抗，态度至关重要。

360与QQ双方的论战交织着窥视、绑架、利益和道德，而用户的电脑成了它们的战场。口水战背后是对用户信任道德肆意强奸和绑架。然而在此次事件处理上，奇虎360严重违背了此项原则，没有承担起应该承担的社会责任，更没有站在公众的立场上解决争斗。面对腾讯QQ电脑管家的强势竞争，360并未通过常规方式来应对,而是发不了直接针对 QQ 的"隐私保护器",从某种意义上来分析这是挟用户隐私之名来攻击竞争对手。360 一再强调:我们是很慎用弹窗的,因为觉得会损害用户体验,只在提醒用户打补丁或者系统漏洞时才进行系统弹窗。尽管如此,在面对 QQ 大规模弹窗打击时 360 依然决定使用弹窗。一时间"弹窗大战"在用户桌面展开……用户电脑成了战场,至此,用户利益完全被这些公司所忽视——他们没有想到的是:用户需要的是正当竞争而带来的优质服务,而非恶意人身攻击和不断的口水战骚扰。市场以及身处其中的用户个体——从软件入口、使用习惯甚至个人隐私都已被这些互联网公司绑架了,这种争斗会给整个行业带来巨大的损害,用户将不再信任。虽然在事件后期 360 向用户道歉过,但依然是在和腾讯争斗而非真正考虑到了用户的利益。

(2)真诚沟通原则(SINCERITY)

企业处于危机漩涡中时,是公众和媒介的焦点。你的一举一动都将接受质疑,因此千万不要有侥幸心理,企图蒙混过关。而应该主动与新闻媒介联系,尽快与公众沟通,说明事实真相,促使双方互相理解,消除疑虑与不安。真诚沟通是处理危机的基本原则之一。这里的真诚指"三诚",即诚意、诚恳、诚实。如果做到了这"三诚",则一切问题都可迎刃而解。

①诚意。在事件发生后的第一时间,公司的高层应向公众说明情况,并致以歉意,从而体现企业勇于承担责任、对消费者负责的企业文化,赢得消费者的同情和理解。

②诚恳。一切以消费者的利益为重,不回避问题和错误,及时与媒体和公众沟通,向消费者说明消费者的进展情况,重拾消费者的信任和尊重。

③诚实。诚实是危机处理最关键也最有效的解决办法。我们会原谅一个人的错误,但不会原谅一个人说谎。

显然奇虎 360 在此次斗争中特别是在事件前期也没有践行危机公关的"真诚沟通"原则。首先,在事件发生之后的第一时间,360 不是向公众说明情况致以道歉,而是与腾讯掐架,无论是新产品开发、新闻报道、公开信等都是针对腾讯,并宣称自己处于弱势,企图博得用户的同情;其次,360"巧妙"回避腾讯的针对性问题,步步逼近;最后,在此次危机事件处理上,360 使用了嫁祸 QQ 的公关策略:《360 窥私引爆举国裸奔网友力挺 QQ 打响隐私保卫战》这是一篇相关事件的新闻报道,该新闻从百度新闻中点进去的 15 个标题中,有三个标题是《QQ 窥私引爆"举国裸奔"网友力挺 360 打响隐私保卫战》,虽然 360 这种行为属于张冠李戴、恶意诽谤,但是对于一些初级的网民还是非常有效的。策略要点:死咬 QQ 扫描侵犯隐私,不管腾讯如何回应,一直死咬、一路向前,对于别人的质疑一律不回应,不断散布我们的观点。具体策略:

①启动奇虎水手团队灌水各大论坛及微博

②用几个重复的微博账号发重复内容以便新浪专题收录,死咬 QQ 扫描侵犯隐私。

③代表网友发表观点,用马甲吸引真实的网友认同这个观点。

④针对名博进行公关发表权威观点。

⑤大网站花关系和大礼品、小网站每3个月给编辑发800块钱。

于是,才有了360公关团队在新浪微博不断用相同的马甲更新一条信息的公关策略,只要欺骗初级网民,高端网民其实不重要。周鸿祎在IT龙门阵也曾经说过,一帮高端的人在一起做不出什么事,要深入了解用户。这是利用了网民的单纯而进行的一种公关,其策略只是对付那些初级网民,对于业界来说并无效果。

在后期的危机处理上,360与腾讯有了很大的分化,腾讯逼迫用户二选一,而在此时,360发公开信,保证和QQ同时运行,扣扣保镖下线,这一举动一定程度上符合真诚沟通的原则,赢得了广大用户的支持,几乎形成了网络舆论一边倒的态势。

(3)速度第一原则(SPEED)

好事不出门,坏事行千里。在危机出现的最初12—24小时内,消息会像病毒一样,以裂变方式高速传播。而这时候,可靠的消息往往不多,社会上充斥着谣言和猜测。公司的一举一动将是外界评判公司如何处理这次危机的主要根据。媒体、公众及政府都密切注视公司发出的第一份声明。对于公司在处理危机方面的做法和立场,舆论赞成与否往往都会立刻见于传媒报道。因此公司必须当机立断,快速反应,果决行动,与媒体和公众进行沟通。从而迅速控制事态,否则会扩大突发危机的范围,甚至可能失去对全局的控制。危机发生后,能否首先控制住事态,使其不扩大、不升级、不蔓延,是处理危机的关键。

这场战役由360以及周鸿祎发起进攻,并步步为营。从公关的角度出发,360在处理此次事件过程中始终贯彻着速度第一原则,针对腾讯的咄咄逼人,360能在最短的时间内作出回应,当天或者第二天一定能让公众或者媒体看到自己的应对措施,捍卫企业的利益,保证企业的名誉不受到任何损害,在整个公关处理中占上风。

(4)系统运行原则(SYSTEM)

在逃避一种危险时,不要忽视另一种危险。在进行危机管理时必须系统运作,绝不可顾此失彼。只有这样才能透过表面现象看本质,创造性地解决问题,化害为利。危机的系统运作主要是做好以下几点:

①以冷对热、以静制动:危机会使人处于焦燥或恐惧之中。所以企业高层应以"冷"对"热"、以"静"制"动",镇定自若,以减轻企业员工的心理压力。

②统一观点,稳住阵脚:在企业内部迅速统一观点,对危机有清醒认识,从而稳住阵脚,万众一心,同仇敌忾。

③组建班子,专项负责:一般情况下,危机公关小组的组成由企业的公关部成员和企业涉及危机的高层领导直接组成。这样,一方面是高效率的保证,另一方面是对外口径一致的保证,使公众对企业处理危机的诚意感到可以信赖。

④果断决策,迅速实施:由于危机瞬息万变,在危机决策时效性要求和信息匮乏条件下,任何模糊的决策都会产生严重的后果。所以必须最大限度地集中决策使用资源,迅速做出决策,系统部署,付诸实施。

⑤合纵连横，借助外力：当危机来临，应充分和政府部分、行业协会、同行企业及新闻媒体充分配合，联手对付危机，在众人拾柴火焰高的同时，增强公信力、影响力。

⑥循序渐进，标本兼治：要真正彻底地消除危机，需要在控制事态后，及时准确地找到危机的症结，对症下药，谋求治"本"。如果仅仅停留在治标阶段，就会前功尽弃，甚至引发新的危机。

此次危机事件中，360打的是有把握之战，据称，今年以来，周鸿祎不断招募公关团队，请来原阿里巴巴的市场总监王冠雄以及来自媒体的李亮，再加上原来的公关团队，可谓阵容强大。在危机处理中始终以静制动，对对手以及自身都有充分的了解，循序渐进。以冲突升级为例：

1月3日下午，腾讯在其官网上发布了《腾讯公司致用户的一封信》，表示将在装有360软件的电脑上停止运行QQ软件。360回应：针对腾讯公司的公告，360表示已做好充分准备，保证和QQ同时正常使用。推出WEB QQ客户端，表示避免被QQ软件偷偷扫描硬盘，保证用户能顺畅聊天。这是在这场斗争中，360乘机推出的第三款自己的新软件。并在声明中表示，360多款软件目前已经覆盖了中国90％以上的网民，腾讯公司强迫用户卸载360软件，将严重威胁网民安全，和整个中国互联网的安危。腾讯强势，恶战升级：腾讯公司随即关闭了WEB QQ网站入口。360立即建议网民在问题解决之前，使用移动飞信、MSN、阿里旺旺等其他聊天工具。与此同时，腾讯宣布QQ空间不再支持360浏览器访问。此时，360正式下线扣扣保镖产品，随后，发布"360致网民的紧急求助信"，称目前是360生死存亡的紧急关头，希望用户"为了互联网安全的未来停用腾讯QQ三天"，以示对腾讯公司不尊重用户权益的抗议。

这个例子足以见得奇虎360的公关力量。

(5)权威证实原则(STANDARD)

自己称赞自己是没用的，没有权威的认可只会徒留笑柄，在危机发生后，企业不要自己整天拿着高音喇叭叫冤，而要曲线救国，请重量级的第三者在前台说话，使消费者解除对自己的警戒心理，重获他们的信任。

此次"3Q大战"政府部门已经介入，用行政命令的方式要求双方不再纷争。但在这次事件中双方都是从自己公司的利益角度出发而忽视网友利益，因此并没有一方得到政府或者专家的支持，尽管后期360与亿万网友站在了一起，获得了这场战争决定性的胜利。

总　结

3Q大战，血腥的意味仅属于腾讯和360，对于大众而言乃是一场盛大的围观仪式。战后，马化腾以及周鸿祎都将成为传说。在各式各样的3Q大战娱乐作品横飞的时候，我们静下心来认真思考这场战事的公关案例，可以得到许多启示：李开复说："中国互联网的竞争就像一个没有规矩的竞技场里，角斗士战斗到死。"在呼吁我们的互联网走向理性、规范发展道路的同时，我们需要回过来思考一个问题：何为对错？中国的传统文化具有很强的道德色彩，将许多事物归结为对错二字。企业的发展也被套上道德的枷锁，每一步都要审慎面对正义或者邪恶。这场战事，就社会发展而言没对没错。本质上这是一场用户资源争夺战，是一个生意，而不是什么对错。周鸿祎说得很直接：用户体验，用户选择。这背后还是一个词：用户利益。用户与这两个企业，存在的是利益与选择。用户的桌面，用户的选择权，用户的体验，都将决定用户最终的选择与归属，都将成为企业最终价值的数字。骂归骂，骂过了需要用还是会用。在商业的竞争中，只有成败，没有对错。请不要将道德的枷锁强加给稚嫩的中国互联网，分清正邪其实没有意义。

案例二

巧借"危机"为"契机"

——东阿阿胶应对"福胶事件"

项目背景

2002年4月14日晚间，中央电视台《焦点访谈》节目播出了《马皮上面有文章》的报道，对山东集团"以马代驴"黑幕进行曝光，引起社会的广泛关注和阿胶市场的强烈震动。自此，"福"牌阿胶背着"假药"的谴责而一落千丈，而山东东阿阿胶集团办公室的电话也开始没完没了地占线，接到大量投资者和消费者的咨询，询问公司与福胶集团是否存在关联、公司产品销售及业绩是否会因此受到影响等等。15日当天各地电台、电视台、各大报社的记者蜂拥而至。

山东福胶集团与拥有一家上市公司的东阿阿胶集团一直是竞争对手。两家的核心生产企业不光是同在1952年诞生，产品的主要成分、剂型、品种、规格等方面基本相似，在销售网络上也较为相近。

此番曝光事件的主角山东福胶集团是国家大中型企业，曾跻身全国中药企业50强，是山东省科委认定的高新技术企业。公司的主导产品"福"牌阿胶曾获国家金质奖章，1995年被卫生部评定为一级中药保护品种，"福"牌和"东阿镇"牌商标还被评为山东省著名商标。福胶集团以往一直主张实施"大市场，高质量，低成本"战略，强调以实施倒逼成本管理法为基础，降低生产成本，提高产品市场竞争力；也反复强调产品质量，塑造良好的企业形象和品牌形象，不料还是在廉价马皮和优质驴皮的取舍间迷失方向，背着"假药"的谴责而饮恨折戟沙场。

而东阿阿胶集团拥有目前中国最大的阿胶生产企业，和福胶集团曾有过原产地之争。两家企业在宣传产品时都不忘引用药圣李时珍在《本草纲目》的记载，"阿胶，本经上品，出东阿，故名阿胶"。前者所在地为山东省聊城市东阿县，后者则坐落在济南市平阴县东阿镇。两家都引经据典，力求考证自身所在地就是正宗的阿胶原产地。

对此番曝光事件，东阿阿胶集团迅速做出反应，展开了一系列的公关活动。

项 目 实 施

15日凌晨，东阿阿胶集团迅速在企业网站首页全文转贴了央视的相关报道，加注了《多行不义必自毙，平阴掺假被曝光》的标题，并在文章的开头和结尾处强调"东阿阿胶集团提醒您，购买时一定要认准东阿牌阿胶"。至当天上午 8：23，此文已被阅读 64 次。下午 15：36，东阿阿胶又发布了《声明与敬告》，称"同是阿胶企业，福胶集团的做法让我们为其感到耻辱"，并以"好阿胶东阿造"为结束语。数分钟后，这份声明不仅增加了有关公司实力和所获荣誉的更多内容，还详细地列举了"东阿"牌阿胶的主要特征，以与其他品牌阿胶严格划清界限，并且不厌其烦地罗列上一长串的公司各主要部门包括各地分公司的销售电话。

不多时，一篇长达 4000 字访谈文章《常溢新香"东阿"牌》再次闯入眼帘，东阿阿胶集团董事长刘维志的照片神采奕奕地出现在网页上，他对企业的成功经验作了较为详细的论述。董事长刘维志认为，东阿阿胶集团之所以能够持续发展，关键在于持之以恒地抓质量，永远不搞"掺杂使假"的小聪明，因为欺骗坑害消费者等于给公司自掘坟墓。东阿阿胶集团网站首页还增加其他新闻链接，《上海证券报》的一篇《"福胶集团"曝光震动阿胶市场，东阿阿胶受何影响？》的文章也加盟其中。

同时，东阿阿胶迅速发表声明，郑重承诺公司始终严格按照国家法律法规进行生产经营，生产阿胶产品的原料及产品质量完全符合且优于国家药品标准规定，东阿阿胶集团的核心企业全部通过《药品生产质量管理规范》GMP 认证，是全国中药行业首家同时获得 ISO9001 国际质量体系、ISO14001 国际环境体系认证的企业。公司有关人士表示，东阿阿胶与山东平阴福胶集团除存在同处阿胶行业的竞争关系外，无其他任何商贸、资产及股权上的关联关系，东阿阿胶的产品质量经得起广大消费者的检验和质检部门的审查以及新闻媒体的调查。

17日上午，东阿阿胶集团将包括集团公司和投资项目介绍、董事长刘维志的一篇关于中药现代化的发言材料，以及两篇关于《细品"东阿"阿胶》的广告稿在内长达 2300 字的材料分别发给了包括新华社、中国经济时报在内的几家新闻媒体。

项 目 评 估

"以马代驴"事件给福胶集团以沉重一击，而令人意想不到的是：东阿阿胶却利用一系列公关活动使阿胶市场的销售格局向着有利于自身的方向发展。东阿阿胶的代理商及客户对东阿阿胶今后的销售进一步增强了信心。有关数据表明，东阿阿胶的市场占有率在有 70 多家同行的情况下竟达 75％以上。而其所创造的技术、质量标准是其主要竞争力之一。2002 年的东阿阿胶集团可谓春风得意马蹄疾。

案例评点

福胶集团"以马代驴"东窗事发后,东阿阿胶面对竞争对手的自绝生路,迅速抓住时机,巧妙借助别人的"危机"进行公关,显示了企业具有迅速反应的机制、良好的危机公关意识和较强的应变能力。

1. 东阿阿胶对于"福胶集团"事件的应对,得益于其强烈的危机意识和对市场的敏感

对于某些由于其他同行因行为不当而导致的危机,公关人员容易忽视其危害而不予重视,或抱着"身正不怕影子斜"的想法不加理睬,或"事不关己高高挂起",甚至抱有幸灾乐祸的心态。其实,某一企业的危机,很可能造成公众对整个行业的认知迷雾和信任危机,从而造成整个市场的骚动。"福胶事件"曝光后,东阿阿胶办公室接到的大量咨询电话就是一个很好的证明。而正是东阿阿胶的公关人员的正确认识,使他们牢牢抓住了这一契机,打了一个漂亮的公关"闪电战"。

2. 东阿阿胶在过程中灵活运用了"矫正型公共关系"模式,化他人的"危机"为自己的"契机",化被动为主动,提升了企业形象,获得了公众的认可

矫正型公共关系是企业的形象发生损害时所采取的一种公关模式。在此案例中,东阿阿胶集团面对公众对整个阿胶行业存在的疑惑、担忧,迅速反应。一方面郑重声明,与造假者毫无关联;一方面迅速提供一系列有关自身的各种资料,增加了信息的透明度和给公众的信息量,提高了知名度和公信力。

3. 在这次"危机公关"中,东阿阿胶集团巧妙地借助了媒介

(1)运用了最为便捷的网络媒体,在自己的网站上发布大量信息,使关注的人群迅速获得信息。其增加的其他新闻链接,使信息的多通道和多内容成为说服力的后盾。

(2)借助大众传媒,帮助解决危机。通过中国经济时报、新华社等权威媒体的宣传,大大增加了可信度和影响力。

可以说,东阿阿胶的这次公关在事实上达到了一个"对比广告"的效果。在一系列报道中,东阿阿胶集团将自身长期对技术、质量的严格要求和追求摆到了公众面前,用直截了当的方式,用各种认证资料说话,凸显了企业形象,其效果更胜于广告。

成功的闪电公关使东阿阿胶在此次"福胶事件"的影响下,不受其害反获其利。这个案例给我们一个启示:当同行发生"危机"时,企业将如何自处。这种借助别人的"危机"进行公关的新型"危机公关"方式值得借鉴。

案例三

爱立信风波

——投诉危机的处理

据《中国经济时报》报道,2001 年 6 月 21 日,来自全国各地的 36 名爱立信手机消费者集体向北京朝阳区法院递交诉状,将爱立信告上法庭。此次诉讼的代表——来自广东的杨建初已不是第一次向法院递交申诉材料了,早在 6 月 11 日,以杨建初为代表的 12 名消费者就曾向北京市第二中级人民法院递交集体诉状。6 月 15 日,二中院给杨建初的代理律师口头答复说,所有用户应该分别回到侵权行为发生地(手机购买地区)起诉,未予立案。6 月 21 日,北京市朝阳区法院收下了杨建初等人的诉状后,向媒体表示,要在一周后才能答复是否立案审理。尽管如此,杨建初还是对媒体记者表明了决心:如果此次起诉依然未被立案,他们将诉诸最高法院。爱立信手机到底出了什么事? 为什么让杨建初等人这么伤心?

危机的起因:这是由于爱立信 T18sc、T28sc 和 A2618sc 给这 36 位原告即这三款手机的购买者带来的无休止的麻烦而引起的。杨建初称,他于 2000 年 5 月 1 日购买了爱立信公司手机,购机半年内,共维修 7 次,更换主板 4 块,18 次往返于客户服务中心,还是自动关机。另一诉讼代表赖红萍则出示了他 5 次更换公司手机主板、20次在代销商和维修点之间奔波的有关材料。手机在使用过程中"不同程度的存在自动关机、显示失灵、死机、按键失灵、不能开机、不能充电等现象",并且在经被告设立的维修中心数次维修后,"上述故障依旧出现"。

杨建初第一次向法院递交的民事诉状的诉讼请求时:要求爱立信对其产品质量问题作出公开的、真实的解释,并向原告道歉;并要求赔偿原告因在手机修理、更换、退货过程中发生的误工费、车费等;要求爱立信按照原告所付购机款的 10％ 赔偿精神损失费;要求对爱立信进行惩罚性赔偿;要求退还购机款;由爱立信承担诉讼费用。据了解,他在与爱立信公司最初的交涉中提出 4.5 万元的赔偿,而爱立信没有答应。他又提出另一个方案,要爱立信公司对中国的公益事业进行资助,算是对他的赔偿,双方经过多次接触,在赔偿和赞助活动等方面,没有达成共识。杨建初说,此前他与爱立信公司有过多次接触,但爱立信"未对产品质量作出任何解释","也不肯向消费者公开道歉"。杨建初的遭遇在媒体披露之后,得到上百名有类似情况的爱立信公司消费者的声援与支持。于是有了第一次 12 名、第二次 36 名消费者的联名起诉,致使这一事件发展到今天。

爱立信的反应:在售后服务方面,我们跟进不足。

6 月 15 日,爱立信公司邀请首都几家媒体,召开了一个小型记者见面会,爱立信

（中国）公司消费通信中国区市场经理与几位负责售后服务、媒体联络的管理人员等共同出面，给媒体解释事情的来龙去脉。爱立信（中国）有限公司认为："爱立信T18SC、T28SC均拥有国家颁发的合格证，因此质量没有问题。"换了3个主板，都出同样的问题，这种情况太罕见了。值得引起注意的是，爱立信公司负责与媒体联系的赵先生解释说，T18、T28维修量剧增的原因是"爱立信手机的型号少，出现故障就会非常集中，不像一些品种多的掺假可以分摊一下。"（这里是否有所指向仅仅是自己的问题，为什么要去牵涉到对手呢？也许是为了博得同情，但自己的责任是要自己承担的。）爱立信公司称，中国的消费者已有了很大进步，跟以前不一样了，用法律维护自己权益的意识已经很强了。称其实从报纸上得知杨建初先生已经向北京市中级人民法院提起诉讼。表示愿与媒体配合，望有一个妥善的解决，并且希望媒体在报道这一事件时，应听一听双方的意见。

事情似乎并没有投诉受理那么简单，一些媒体还做起了追根究底的工作，连锁反应也不少。据《上海青年报》2001年1月12日报道，爱立信因手机质量问题向新加坡用户道歉，"爱立信公司负责新加坡市场的公关部经理周家玉表示，确有一小批用户的T16、T10和T28手机出现了问题，对因此给用户带来的不便，她表示道歉。"2000年底，新加坡一些手机用户投诉3款爱立信手机——T18、T10、T28型手机有自动关机和线路差等问题。随后，新加坡消费者协会介入此事，针对消费者的投诉和爱立信商讨解决方案。爱立信公司代表向消费者协会保证已找到问题的原因，并呼吁使用以上产品的消费者一经发现问题，就将它送到其维修中心检查，承诺爱立信将为这些用户免费更换有故障的手机零件。对此，中国消费者协会投诉与法律事务部主任王前虎表示，2000年，爱立信T28SC在中国内地也出现了相同的质量问题投诉，爱立信公司还就此事向消费者协会表态，会妥善处理这起质量问题。但对为何会出现这样的质量问题，爱立信公司是否应该向消费者作出解释，王表示，消费者有知情权，这是法律赋予的，而且，如果消费者有这样的诉求，企业必须给予消费者真实的解释。爱立信可以向新加坡的消费者道歉，为什么就不能给中国的消费者一个真诚的说法，不能不让人怀疑？

案例评点

这是一个关于爱立信面临投诉危机的事例。从爱立信的反应来看，尽管是积极的，但是并没有将自己的位置摆正。反观爱立信的危机公关，有以下失误：

1. 在面对消费者的投诉时，没有用真诚的态度面对消费者

当消费者提出投诉时，企业的首要工作就是正视问题的产生，找出问题的根源。如果是企业自身的问题，就应该采取果断措施，道歉、赔偿或采取其他弥补损失的措施。如果是消费者自身原因或其他外部因素，应该向消费者解释清楚，争取其谅解，适当可以作出让步与弥补其损失。这是应对消费者投诉的正确方式。唯有如此，才有可能赢得这些投诉的消费者的谅解。

但爱立信公司却对问题的根源采取了一种回避的态度。对于为什么会导致如此

多的、雷同的投诉危机，爱立信并没有给出个权威说法，而是回避了质量问题。除此之外，还会有什么问题呢？其实，这种答案也是对自身退路的阻断，过早地下决定性结论对尚未定论的危机来说不啻是一种自杀。说出危机的缘由是个敏感问题，尤其是源自企业自身的问题，企业往往会避而不谈，不愿意袒露自己的伤疤。其实这种想法是错误的，与其掩耳盗铃，还不如真相大白、自曝隐私，袒露出企业的真诚来。企业坦诚的结果不仅不会是消费者的背离，反而让关心企业发展的人消除顾虑，重新树立对企业的信心，同时赢得更多的口碑。"人非圣贤，孰能无过"，企业也一样，既然不能避免工作中可能产生的失误，就必须敢于面对自身的失误，分析原因、寻找差距并及时改进，这才是基本的企业经营理念。

2. 把与此事毫无牵扯的对手公司放在了自己的对立面

在接到投诉之后，爱立信公司在对消费者投诉做解释时，曾评价"爱立信手机的型号较少，出现故障就会非常集中，不像一些品种多的厂家可以分摊一下。"爱立信公司把自己的产品质量问题归结于这么一个没有人会信服的理由之上，不仅会使爱立信手机用户对该公司不正视问题，反而推卸责任的做法产生一种厌恶情绪，同时也会招致其他对手公司的反击，使原本已经非常复杂的外部环境朝更不利于自己的方向发展。

3. 对政府机构采取了忽视的态度

政府相关机构，尤其是某些行业管理部门，它们对于企业的评价往往具有起死回生的力量。因而，向政府机构开展公关，让政府了解企业的难处，寻求其支持，是非常重要的。爱立信公司声称自己产品质量没有问题，却拿不出具体的依据。事实上，挽救危机的一个关键也是争取权威机构的坚定支持，他们的结论往往是公正评判的最终依据，具有起死回生的力量。从前面的资料中，我们可以看出，消费者协会对爱立信公司并没有赶尽杀绝，而是为他留了一条后路。但爱立信公司并没有加以珍惜，对于已发生的投诉认识不足，缺乏积极主动的弥补措施，从而导致了今日局面。这时，即使中国消费者协会为之说话也为时已晚了。

综上所述，爱立信所犯的最大的错误就是回避了危机产生的真正根源。因此在危机公关中，真诚必须是贯穿始终的。

案例四

"双峰""美丽健"'3·15'中央电视台点名事件
——媒体曝光的应对分析

项目背景

杭州双峰乳业食品有限公司是目前浙江省与杭州市学生课间营养餐最大的牛奶

定点供应单位,且为全国首家营养午餐定点供应单位;杭州美丽健乳品有限公司与美国猎鹰食品(中国)有限公司合资后,也列入浙江省最大的中外合资乳品加工企业之一。2002年3月15日,杭州美丽健牛奶和双峰牌牛奶被中央电视台"3·15"晚会点名,杭州美丽健乳品有限公司生产的美丽健500毫升AD钙奶和杭州双峰乳业食品有限公司生产的双峰牌"甜滋滋"甜牛奶在全国乳制品抽样检查中被列为不合格产品。次日,杭城各大报纸对这一消息进行报道。

3月16日上午,杭州各大超市开始对"双峰"和"美丽健"牛奶撤柜,两大品牌所有牛奶被全面封杀。有订户要求退钱,表示对两牛奶没有安全感,也有消费者对两企业表示同情,希望两企业提高产品质量,不应一蹶不振而让老用户失望。

杭州牛奶行业竞争激烈。除美丽健、双峰、燕牌三家本地企业外,外地乳品行业纷纷进军杭城,针对不同消费层次,激烈拼杀。从销售渠道分析,占整个奶业市场份额近五成的居民订奶中,美丽健、双峰、燕牌三家杭州本地企业占绝对优势。学校的学生牛奶中,美丽健和双峰平分秋色。商场超市的销售中,光明是龙头老大,均瑶、伊利则抛出价格杀手锏,势头不错。餐饮业中的奶业由于是买断经营,已经被妙士、新南洋垄断。而一些合资的洋品牌,如达能、优诺,则牢牢控制着市场中的酸奶份额。

项目实施

"牛奶点名"事件之后,两厂家立即作出反应,通过媒体发表了意见。

16日下午,"双峰"解释,双峰牌"甜滋滋"甜牛奶在国家抽检中未能通过的原因是没能达到自定的高标准。目前,国家标准中对甜牛奶饮料中固形物的含量尚没明确规定。杭州双峰乳业食品有限公司在制定企业标准时,为了提高产品质量,增强市场竞争力,特地对甜牛奶中固形物的含量做了高标准要求,企业标准对固形物含量要求达到9%~11%。2001年四季度的国家检测中,检出双峰牌"甜滋滋"甜牛奶中固形物含量达8.36%,本来按照国家标准,该产品是能顺利通过检测的,而检测人员当时用了"双峰"的企业标准为依据,由此认定该产品为不合格产品。

厂方承诺如果消费者因喝了双峰牛奶而有损健康或造成其他损失,则双倍赔偿,并设立服务电话,从早7点至晚7点专人值班,愿意与消费者、经销商等沟通,消费者提出的退奶问题,公司完全同意。

"美丽健"销售部经理首先介绍了企业始终视质量为企业生命,并已与杭城市民建立了深厚感情。针对此次被央视点名,他强调只是该公司数十种产品当中一个产品的问题,"不合格"纯属偶然事件,关于其具体原因以及不合格的由来,正处于调查处理中,必要时会向公众公布事实。

17日,"美丽健"强调目前市场上无不合格的"美丽健"。去年的检测报告出来后,"美丽健"已经全部收回那批"不合格"牛奶,目前市场上已没有检测不合格的"美丽健"强化维生素AD钙奶,其他奶种均符合国家卫生和安全标准,广大消费者可以放心继续饮用。厂方承认被调查的强化维生素AD钙奶确实存在质量问题,但同时认为此次抽查结果并不能叫人心服口服。此次抽查全国有近 45% 的奶品不合格,但仅点了 5 家企业的名;"美丽健"系列共有 86 种,而抽查不合格的仅一种,针对这样两个理由,厂方认为部分商家、用户将整个"美丽健"品牌一棍子打死的做法多少有些"一叶障目,不见泰山"的残酷。

"双峰"、"美丽健"委托浙江省、杭州市质检部门、卫生部门对其所有产品进行全面复查。

18 日,浙江省技术监督局和杭州市技术监督局在报纸醒目位置作出证明,浙江省技术监督局认为:美丽健乳品是 2001 年 10 月 8 日在国家质量监督抽查中,500 毫升 AD 钙奶的一项指标(商业无菌)没有达到国家标准,其余美丽健乳品均无质量问题,特此证明。同时做了"企业标准过高造成产品质量综合判定不合格"3·15 央视点名情况说明:在 2001 年第四季度产品质量国家监督抽查中,杭州市四季青乳品厂生产的在杭州物美大卖场商业有限公司销售的 200ml/瓶"双峰"牌甜滋滋牛奶,"因总固形物"项目不达标(国家标准为 8.00,实测值为 8.36,该企业内定的标准为 9~11),被综合判定为不合格。其他"双峰"乳品均无质量问题,特此证明。

3 月 19 日,两企业老总又与杭州市政府 4 个相关部门、10 大超市老总坐到一起,再次郑重向消费者道歉,承诺进一步加强企业管理,实实在在做到让消费者放心。如今,闹得沸沸扬扬的牛奶风波,已经出现了新的转机。

3 月 28 日,杭州市质量监督局公布了一星期来对杭州牛奶市场的抽检结果,"双峰""美丽健"抽检合格。

4 月 6 日,杭州双峰乳业食品有限公司请来百余名消费者参观自己的奶源场地和生产基地,让他们亲眼目睹牛奶产出的全过程。

同月,"双峰"牛奶在杭州郑重地向消费者做出承诺:保证销售的每一种双峰牛奶均为优质产品,在符合国家标准的同时,还将继续严格执行已有的高于国家标准的企业标准。在浙江省消费者协会设立专门的"信用保证金",对于消费者的投诉,经调查、核实后,可直接在保证金中支付。并通过媒体宣传 5 月优惠酬宾、赞助中学生智力竞赛等活动。

项目评估

3 月 18 日下午,美丽健牛奶和双峰牛奶在各大超市重新上柜。

从"双峰"咨询电话头两天的骂声、退奶声到渐渐平息的口气,可以看到消费者态度的转变。记者在超市对消费者的采访中,也看得出消费者对此次"牛奶点名"事件有了一个较客观的看法。

浙江省和杭州市两级质量监督局出具权威报告,证明两牛奶其他产品均符合国家标准要求,消费者可放心饮用。表示应客观看待此事,不能将两产品一棍子打死。

案例评点

这是一个极其典型的企业危机公关案例,从两大牛奶处理事件的全过程可见:

1. 把公众和消费者利益放在第一位,并采取实际行动维护他们的利益

事件一发生,两家公司就通过媒体主动承认错误,解释产品质量不合格的原因。"双峰""美丽健"在已经被央视点名的情况下,如果遮遮掩掩不肯承认错误,那只会使公众认为两家企业的所有产品质量都不合格,使危机扩大。把危机控制在一定的范围内,再想办法加以解决。经历了"牛奶点名"事件后,杭州乳业,不管是波及的,还是未波及的,都行动了起来,以挽回或扩大自己的声誉。

"双峰"和"美丽健"两厂家面对危机,都及时通过媒体作出解释。但两者的宣传重点不同。"双峰"的口号为:双峰牛奶,您完全可以放心。其把宣传重点放了消费者身上,对消费者作出有效承诺,并请市民、媒体参观厂房与生产流程,以重塑杭州人对双峰的信心。"美丽健"的口号为:别担心,美丽健牛奶可以放心喝。宣传立足于证明产品质量,强调"其余所有产品均为合格产品,不存在质量问题"。

与此同时,在这次国家抽检中完全合格的燕牌乳品,也针对这场杭州乳业危机,策划了一系列公关活动。打出口号:燕牌乳品,天天3·15,承诺"如产品出现质量问题,将以一赔十",在杭州消费者心目中树立了"质量一直没问题"的形象,从而使其日销量增长了40%以上。

企业品牌的建立和维护是项长期的工作,这一点,"双峰"和燕牌做得较好。

2. "双峰"和"美丽健"做到了保持与公正、权威机构的合作

危机发生后,两家企业得到了省、市质检部门、卫生部门对其他产品的质量认可,借这些权威机构之口来进行质量保证。同时,他们又与市政府的4个相关部门、10大超市老总坐在一起,再次郑重道歉、承诺,这种诚恳的态度使消费者对其产品的信任进一步加强。

3. 充分发挥媒体的功能

借助传媒这一有力的渠道向消费者展示企业承认错误的勇气和改正错误的决心与行动。媒体拥有广大的受众,同时具有相当的权威性。企业通过媒体来解释事件发生的前因后果能达到较大的传播面和传播力度。

"双峰""美丽健"在事件发生后,立即通过杭州当地媒体来澄清事件的始末,并作出了承诺和保证,让消费者对他们的信任不至于一落千丈。杭城各大媒体对此事进行追踪报道,聘请各方人士对此事进行分析,使消费者对此事有了客观的认识,也给杭城其他企业上了一堂如何应对危机的课。

4. 作为杭州的本地企业,这两家公司在当地消费者心目中具有一定的地位

在杭州乳制品市场中,竞争非常激烈,不仅有本地产品,还有外地产品的积极"入侵"。"双峰""美丽健"能在短时间内销售量得到恢复,不仅由于处理危机方法的得当,还有一点就是这两家公司平时的企业形象使消费者对他们维持了信任。

5.危机发生后,企业要做的不仅是要消除危机,更要重塑形象

两家企业在处理危机过程中的承诺、保证、措施使消费者认识到了企业改正错误的勇气与实际行动,还使公众对这两家企业的形象有了正面的了解。

从对此次公关危机的处理中,我们可以看出"双峰""美丽健"这两家公司危机公关意识的成熟。任何组织的发展,不可能永远是一帆风顺的,难免会遇到或大或小的麻烦,出现或多或少的问题。这时企业要做的不是回避问题,而要勇敢地面对错误,坦诚公布事件的真相,采取积极的措施加以补救,具有处理公关危机的能力,只有这样才能使组织绝处逢生,挽回公众已失去的信任,重新树立组织的正面形象。

其实,央视的数据来自于2001年四季度的抽查,对于那次的抽查结果,"双峰"和"美丽健"都已知晓,但未采取任何有效行动。如果企业的危机意识能更强些,及早采取措施进行有效控制,防患于未然,就不会面临今天如此被动的局面了。这就是我国企业在有效管理中应该补上的一课——公关危机的预管理。这个教训应该引起各界的重视。

案例五

武汉麦当劳"毒油失控"事件
——危机公关的紧急应对

2001年3月7日,"武汉麦当劳个别餐厅私下出售废弃毒油"事件被当地媒体曝光。起因是2月18日夜,武汉某家麦当劳餐厅将当天废弃用油卖给拾荒者的全部过程,被一架针孔摄像机详细记录下来。

事件曝光后当天,麦当劳武汉公司负责人即要求一直与其有回收废油意向的武汉一枝花油脂化工有限公司签订《废油回收协议》,以用于证明麦当劳操作流程有严格的规范,并于3月10日出示给媒体。

3月10日,武汉麦当劳餐饮食品有限公司的高级经理金冰梅,受公司委托,以发言人的身份在《新经济报》说明相关情况。金冰梅经理首先向记者转呈了武汉麦当劳餐饮食品有限公司的函告,这份盖了"武汉麦当劳餐饮食品有限公司"红印章的函告中称:"麦当劳卖'毒油'之事件,绝非麦当劳公司规范性操作程序所导致,正相反,此事件是违背我公司操作规程的!我们的废弃油并没有售卖给拾荒者,这只是个别餐厅经理违反公司操作规程,将废油当垃圾处理,结果被拾荒者利用于其他用途,我公司将按公司规定对相关责任人进行严肃处理。"在上述文字中,武汉麦当劳餐饮食品有限公司承认了对外卖"毒油"的行为,并表明这么做是违反麦当劳公司规范性操作程序的。

麦当劳中国发展公司的媒体发言人陈女士也在媒体发言:目前麦当劳在中国的所

有分店都是"直营式"的,这种营销模式特点是责任"明确"、监控"直接"。从这一表态看,该事件当事人武汉麦当劳汉阳商场分店经理要为"他的"个人行为付出代价。

麦当劳的职员发出了最为一致的声音:"我们对品牌的关爱胜于自己的生命。"这样的公司理念也体现在事后麦当劳所有的应对措施中。

麦当劳香港总部 3 月 14 日即传给报社一份"关于'毒油事件'声明",事件最终被定性为一次"局部失控","我们所弃的废油,并没有以任何非正规渠道来进行售卖,而是个别餐厅经理违反公司操作规范。"以上麦当劳武汉公司与一枝花公司所签的协定是被定性的主要依据。

案例评点

有效的公共关系活动对于一个组织的顺利发展是十分重要的,这一点尤其表现在恶性突发事件的处理上。公关决策及时而恰当,就可以迅速摆脱危机,走出困境;相反,反应迟钝或失策,便会举步维艰,甚至越陷越深。

武汉麦当劳一餐厅的"毒油失控"事件,大大影响了麦当劳的社会形象。众所周知,高温下重复使用过的废油会产生大量危害人体健康的致癌物质。麦当劳餐厅这一行为使公众对其社会责任感的信任度大大降低。

武汉麦当劳"毒油失控"事件处理这一公共关系案例,能带给我们哪些启示呢?

1.当组织形象遭受损害时,应及时采取一系列有效措施,查清事实,揭示真相,挽回声誉

时机的掌握是非常重要的,一旦错过,后果难以预料。组织形象受损由内在或外在两种原因引起。对组织来说,无论遇到哪种情况,都应立即行动,迅速查明原因,制定相应对策,纠正或消除损害其形象的行为或因素。麦当劳面对"毒油事件"曝光,立即进行调查得出"局部失控"这一结论。武汉麦当劳公司、麦当劳香港总部、麦当劳中国发展公司等相继发表声明,提出种种证据说明这一事件不是普遍存在的。并就这一个别事件的发生采取了辞退当事人的举措。麦当劳若不及时采取上述一系列措施,而是任其自然,则必定会使自己陷于被动挨打的境地。

2.充分利用内部公众这一特殊公众

内部公众对组织发展起了重要作用。麦当劳在"毒油事件"曝光后,员工发出了统一的声音,体现了员工的凝聚力和向心力,员工一致也体现了对企业的信心。这也为提升、重塑企业形象提供转机。

但在这一事件处理中,麦当劳也存在失误。

首先,麦当劳在事情发生后所进行的调查是内部调查,公信度不高。这与前一时期南京肯德基废弃油事件曝光后,媒体、政府职能部门迅速介入相比,这一调查结果令人怀疑。组织在处理危机时,应充分重视媒介、部门等特殊公众,与其处理好关系,积极利用其公众效应为自己说话,危机的处理应结合各方力量。

其次,由于组织的产品质量问题、服务态度、管理、经营方式等方面发生了问题,致使组织形象受到损害时,组织应向公众通报真实情况,查清原因,运用各种公共关系手段来开展公关活动,提出消除危机的办法和纠正错误的措施,切实保障公众利益,消除不良影响,以自己的诚意求得公众的谅解,以达到平息风波,恢复信任,重塑良好形象。麦当劳武汉公司在事件发生后,匆匆拿出的所谓"有力证据"——与一枝花公司签订的《废油回收协议》却是事件曝光后当天签订的,麦当劳中国发展公司的声明也有推托责任之嫌。这种企图隐瞒事实,推托责任的行为,是对公众的不尊重,必然会引来一系列后果。

任何组织的发展,不可能永远一帆风顺,难免会遇到或大或小的麻烦,遇到这样那样的困难,与环境产生摩擦或不协调。组织如果具备危机公关管理的意识,那么就可以使组织绝处逢生、左右逢源,挽回公众已失去的信任,重新树立组织形象。

案例六

肯德基到底"秒杀"了谁?
——肯德基"秒杀门"事件公关

事 件 回 放

肯德基公司原计划于 2010 年 4 月 6 日 10 时、12 时、15 时,分三次在淘宝上发布各 100 张半价优惠券,共推出 300 张"超值星期二"半价优惠券让大家秒杀。分别针对上校鸡块、全家桶套餐和香辣/劲脆鸡腿堡产品,供淘宝用户免费秒杀,可在本月的四个星期二全天使用。

2010 年 4 月 6 日,"秒杀"走红,凭此优惠券可以享受购买上校鸡块、全家桶和香辣鸡腿堡、劲脆鸡腿堡半价优惠,打印、复印均可使用。

2010 年 4 月 6 日上午,第一轮秒杀顺利举行,很快就有人持券前往餐厅购买该轮优惠的上校鸡块。然而,中午时分,第二轮和第三轮活动尚未开始,有数家餐厅报告称,一些消费者已经拿到了全家桶套餐半价券和香辣/劲脆鸡腿堡半价券,一些员工因不了解情况,已半价出售产品。鉴于这一情况,肯德基于 4 月 6 日下午临时取消后两轮秒杀。不过,当天晚上在淘宝上依然可以看到,还有卖家叫价出售优惠券,而在不少网站上,这三张优惠券及其引发的问题仍是热门话题。不少不知情的网友表示要打印后前去餐厅使用,还有些网友则将自己被拒经历记录下来,呼吁其他人不要上当。

中国肯德基在 2010 年 4 月 6 日 15:54 发表了这样的声明:"肯德基推出第一轮秒杀活动后,得到广大网友热烈欢迎,但个别网站上已出现后两轮秒杀活动的假电子优惠券。为此肯德基临时决定停止第二轮、第三轮秒杀活动。凡是目前市面上关于第二轮、第三轮秒杀活动产生的优惠券均为假券,肯德基餐厅一律拒收。由此给您带来的任何不便,敬请谅解。关于后续活动,我们将在肯德基优惠网上稍后通知。"

2010年4月12日,肯德基(中国)为此次活动中出现的不足之处向广大消费者衷心致歉。

在肯德基的《致消费者公开信》中,肯德基承认了四点错误:

①此活动考虑欠周详,未能充分预估到可能在社会上引起的广泛反响;

②网络安全预防经验不足,没有预料到活动开始前就出现了大量非授权途径可下载的无效电子优惠券;

③临时取消两轮活动后,应对不够及时、完善,对手持无效券前来餐厅的消费者处理不够妥当,甚至个别餐厅还出现了差别待遇,造成社会潜在不安全因素,为相关部门增添了麻烦和工作量;

④第一次声明中,将"非授权途径发出的无效券"称为"假券",用词欠妥。

《致消费者公开信》中还称,事发之后,中国肯德基对此深刻反省,反复考虑如何推出更好的替代活动。但经咨询多方意见、反复考量及论证后都苦无良策。因此,肯德基将广泛寻求政府指导及公众意见,如有合适方案,将在合适机会推出。

肯德基不了解互联网的巨大传播力,仍按传统的促销套路来组织;而在活动失控时,又轻易地诉诸报警、取消活动、否定消费者等消极手段,导致场面失控,形象严重受损。

一、事件分析

肯德基在中国一直以来,牢牢地占据着市场和口碑。然而这次的事件却让很多人发出了"抵制"肯德基的感慨,且不论消费者会不会真的因为这件事彻底封杀肯德基,但这件事情对于肯德基的负面影响无疑是巨大的。

本来作为一次事件营销,利用淘宝商城,利用"秒杀"来吸引网民,再通过人际口碑传播将这个事件传播开,肯德基通过其实并不是很高的投入,就可以获得很大的影响。然而,到后来发生的闹剧和肯德基方面对这件事多采取的态度,却让肯德基一下子站在了风口浪尖上。虽然说作为肯德基这样的公司,本不应对于这样一个相对简单而且规模不大的事件营销缺乏经验,在实行上如此被动和狼狈,并且在事情出现后的危机公关更是导致了这场信誉的危机。

(1)事件中的问题

在肯德基对这整个事件的处理上,分为前期策划和危机公关两个阶段出现了问题。

①前期策划。在整个营销事件的前期策划上,肯德基对活动的设计和评估估算不足。如果是限量的秒杀,那么优惠券同时可以下载打印和复印是否就使其失去了意义?如果规则里规定了可以复印和打印,那么对于活动的火爆程度就应该有一个基本的预想。事实上,在活动当天,的确这个消息在很多论坛、SNS网站等被疯狂转

载,这个影响力和影响面是非常大的,不得不说,正是因为优惠券可以打印和复印才会吸引如此大的关注度。不过这样的话秒杀这个本应该很快结束的活动也就没有什么意义了。对于在淘宝等购物网站上很常见的"秒杀"来说,一定是要数量有限的产品才会有秒杀的价值,这样无限量的东西必然造成与活动预期的偏离甚至是背离,对于商家来说,便将自己置于了被动。所以这其实与不论到底有没有假优惠券流出的结果都没有太大区别了,因为本身优惠券的数量就是一个不可控的量了,只不过早一点出现而已,如果肯德基能够在策划方案的时候对这样的活动形式有所了解,也不至于出现这样的纰漏。也正是这样,肯德基对活动策划的不完善使自己的解释显得根本站不住脚,使得就算是肯德基不是真的因为场面过于火爆而停止活动,网民们也难免会这样去想。

其次,是网络风险的防范和应急措施的缺失。既然选择了网络这一平台,就应该对于网络空间的安全问题有所预计和防范,在这样一个广阔、公开的平台上,难免会有各种不可控因素出现。以至于活动当天在活动还未开始便已经出现了大量"非授权途径下载的无效电子优惠券"。同时,对于失态失控或者说对于各种不安全状况的应急措施也可以提前制定出来,也不至于如此的被动,提出在网民心中根本站不住脚的解释,让网民愤怒。

以上两点可以见得,在公关活动或者说事件营销的策划中,对于方案的制订以及评估、应急方案的周全安排是非常重要的。而做好了这些工作,对于之后方案的具体执行也是非常重要的铺垫和准备,在面对突发的状况时,不会乱了阵脚。

②危机公关。在这次事件中最关键的是肯德基所采取的危机公关。活动当天只进行了第一轮秒杀后便临时决定停止活动,拒收优惠券,这直接引起了大批手持优惠券在肯德基排队的网友们的愤怒。导致 4 月 6 日这一天,全国 3000 多家肯德基餐厅大部分受此事影响而歇业,有些网友还无不讽刺地在肯德基餐厅叫来了麦当劳的外卖吃起来。

而对此肯德基官网上的第一份声明称,第一轮"秒杀"活动后,在个别网站上已出现后两轮秒杀活动的假电子优惠券。为此肯德基临时决定停止第二轮、第三轮活动。凡是目前市面上关于第二轮、第三轮秒杀活动的优惠券均为假券,一律拒收。随后晚上又说由于活动还未开始,就出现大量假券,所以公司临时取消活动。此后,会有后续活动,公司将在肯德基优惠网上予以通知。而同时在各个门店,也有不同版本的解释甚至是区别对待。这样的回应让消费者更加难以接受,一时间在各大论坛、社交网站上各种谴责的帖子层出不穷,甚至有很多消费者都要起诉肯德基违约、甚至欺诈,肯德基遭遇到了前所未有的信任危机。

尽管这件事的恶劣影响已经扩散的十分大,网友们对肯德基的讨伐也一波胜一波,但直到 4 月 12 日,肯德基才发表公开信,承认活动欠考虑,未能充分预估可能的反响,承认网络安全预防经验不足,表示应对不够及时,个别餐厅出现差别待遇带来不安全因素,承认第一次声明中"假券"一说用词欠妥。

这样的应对使人无法信服，没有客观的承认问题和错误，没有提供有效可靠的解决方法，没有维护消费者的利益，拖到一周之后才放低姿态承认是自己工作的失误以及假券一词欠妥。尽管放低了姿态，但仍没有给消费者一个清楚明确的解释，而且之前所说的所谓"后续活动"也就不再有消息了，这样的态度的确让人难以接受，肯德基在这场事件中给消费者的感觉就是不负责任。作为一个在中国市场占了相当大份额的国际餐饮巨头，却将消费者的权益全然弃之不顾，就算有再多假券，却不能保证持有真券的消费者得到应得的优惠，无论目的如何，这都是十分伤害消费者感情的一件事情。

(2)与"苏丹红"事件的对比

事实上这件事情上肯德基所采取的危机公关比起几年前那场影响更大的"苏丹红事件"的要远不及。在 2005 年 2 月底，全国各大媒体披露了"苏丹红一号"这种可能致癌的人造化学色素出现在肯德基、亨氏、联合利华等著名品牌的食品中。在全国范围内引起了巨大的反响，人们一时间对于食品安全问题非常关注。而在这场危机中，肯德基的危机应对就非常成功，肯德基沉着应对，迅速通过建立专门机构认真应对危机、主动向全国媒体通报情况以表明立场态度、针对不同公关对象采取不同的对策、积极主动组织培训人员对公众解答、及时冷静与消费者和新闻媒体采取有效沟通等系列措施的实施，使得在四个月后其生意更加红火。

而在五年后，本该更加成熟的肯德基却让消费者失望了。在企业危机公关处理的 5S 原则中，基本原则就是承担责任原则和真诚沟通原则，然而恰恰肯德基没有坚持这样的原则来处理事件，并且在速度、系统、及权威证实都没有做到。在危机发生之后，公众最关心的还是自身的利益，无论到底是哪里出了问题，企业应该勇于承担责任，维护好消费者的利益，这样一来，自然舆论也就会导向企业。一味地回避而不是有效的公关，这是非常不明智的做法，有效的公关才是能得到消费者理解的最根本的方法。

(3)事件的反思和建议

企业公共关系的目标是通过企业的有效沟通活动，在市场中创造良好的企业形象和社会声誉，而要达到这样的沟通效果，就必须坚持真诚合作、平等互利、共同发展的基本原则。

所以我想在秒杀门已经发生了的情况下有如下几种建议：一、如果确定了是假券在流通，那么可以在技术上确定有针对性的辨伪方法，并第一时间向消费者及网友解释，过早出现的优惠券是非官方渠道发布的，不能使用。而不是一竿子打死，让所有的优惠券都作废。同时严格控制优惠券发布的渠道，不让更多的消费者受骗。二、也可以考虑在预算允许的范围内继续开展活动，对于肯德基这样多利润的公司，不是没有实力进行这样的促销活动。三、由总部及时向各地的分公司和分店传达事情的情况和应对措施，上下统一口径，而不是各地有各种不同的说法，反而导致这些说法听起来都不可信。四、及时在官网以及各大媒体上向消费者解释事情的缘由和处理结果,平等真诚的沟通,而不是一味地回避问题,拖延时间,放低姿态真诚沟通,才能够博得消费者的理解,而不是失望和愤怒。无论怎样,企业和消费者之间的双向信任是非常重要的。五、既然承诺了"会有后续活动"那就应该尽快地拿出后续活动的方案,来弥补活动造成的不信任和消费者的损失尽量在后续活动中给消费者更多的优惠和实惠。

三、结 论

可能是一直以来肯德基都在中国有着很大的市场,就算是经过了这样的事情,肯德基还是能够生意兴隆,这也是肯德基傲慢姿态的一个原因。但是当我们认真反思和回想,市场开发和需求增多竞争增多的情况下,谁又能够屹立不倒呢?如果一直这样下去,一味的不懂得尊重消费者,不懂得对自己、对消费者负责,就算再受欢迎的企业也会失去消费者。只有事前做好足够的调研和策划,发生危机事件能够积极的采取措施,懂得做好公关,才能够从容面对这一切。

案例七

智利创造矿难生还奇迹
——从智利矿难看政府危机公关

项 目 背 景

2010年8月5日,智利圣何塞铜矿发生塌方,33名矿工被困700米井下。17天后,探测器拿到来自井下的纸条,说33人健在。智利总统欣喜若狂挥舞纸条告诉国民,智利举国欢腾。

但随之而来的就是救援的困扰。33人,井下700米,四个月的营救时间,这一系列的数字所组成的这次矿难在国际救援史上几乎是前所未有的。营救工作不仅困难重重,而且救援时间长,所需财力物力大,对于智利的财政无疑是一个严重的考验。从这一点来看,无论是智利政府还是圣何塞铜矿(已经倒闭),都是一次严峻的考验。而且,就本次事件来说,因为被困地下700米,救援时间又十分的长,所以这一事件引起了世界范围内的广泛关注。可以毫不客气地说,如果本次事件处理得不好,智利的整个国家形象将面临一次公关危机。

项 目 实 施

第一阶段:8月5日,一座位于智利北部沙漠地带的金铜矿发生塌方,33名矿工被困在700米的地下。一种特殊的钻机正被运往智利北部圣河西出事的金铜矿井,救援人员用钻机开凿一个新井,从中救出被困矿工。打出足够大能够救人的新井可能需要 4 个月时间。

当局从 8 月 23 日上午开始采取行动,向被困工人提供食品和水,因为完成抢救工作至少需要 4 个月的时间。为避免新的塌方和向矿工提供食品和水,抢救人员开挖了新的通道。

8 月 25 日据英国广播公司报道,33 名被困井下将近 3 个星期的智利矿工首次同救援人员通话。报道称,救援人员通过钻孔接通电话线,被困矿工通过电话说他们健康状况良好,但是说他们有胃痉挛,因为被困十几天当中,每 48 小时每个矿工只能吃两汤匙金枪鱼,一口牛奶和半块饼干维持生命。此外,智利总统皮涅拉当地时间 24 日晚些时候也被困在圣何塞铜矿井下近 3 周的 33 名矿工通话。

智利电视媒体 26 日公布了被困于井下庇护所的 33 名矿工的视频,画面中显示矿工们状态良好,短片还介绍了他们在井下的生活。视频中一名胡子拉碴的矿工指着角落里存储的医药称:"我们在这里组织的不错。"在这段长达 45 分钟的视频中,这名矿工还对外界展示了他们在地下娱乐、开会和祈祷的场所。另有数十名矿工冲着镜头挥手致意。

当日,被困矿井下的矿工埃斯塔万·罗亚还浪漫地传出纸条向女友杰西卡·亚尼兹求婚。"求婚纸条"上面写着:"当我走出矿井的时候,我们一起去买礼服,嫁给我吧! 深爱你的埃斯塔万·罗亚。"

这段首次拍摄到被困矿工井下生活的视频是由一个通过特殊管道被送往井下的迷你摄像机拍摄的。智利卫生部长称,在井下度过了 21 天之后,矿工们尽管体重下降并有些轻微脱水,但"相当"健康。一支负责监视矿工们身体状况的医疗小组称,在与外界失去联系的前 17 天里,他们的体重下降了 8~10 公斤。

一种特殊的钻机正被运往智利北部圣河西出事的金铜矿井,救援人员用钻机开凿一个新井,从中救出被困矿工。打出足够大能够救人的新井可能需要 4 个月时间。智利官员已经向被困矿工吐以实情,并表示矿工们听到这个消息后情绪稳定,但是接下来数月内,他们有可能会出现"沮丧、痛苦和压抑"的感觉。

救援人员 29 日晚些时候通过巷道把电话线送至井下。这是受困矿工家人首次亲耳听到井下亲人的声音。塌方发生以来,受困矿工只能通过巷道传送字条或经由智利官员传话与家人联系。

在施救期间,营救人员将向矿井下输送食物、水和氧气。还会有医疗人员通过特殊设备检测他们的血压、体温和脉搏。为营救被困矿工,智利 30 日下午开始挖掘一条足够宽的新巷道。负责开凿巷道的工程师 29 日说,救援工作可能需要受困矿工的帮助,以实现井上井下协作,加快救援进度。工程师表示,拓宽过程中,巷道内被切碎的石块将落入受困矿工附近的矿井区。因此,如果不能及时清理掉巷道底部的碎石,巷道可能会很快被塞住,从而拖累救援进度。

第二阶段:智利圣何塞铜矿被困矿工预计将在井下被困三至四个月,经过钻探打通岩石层建立一个足够宽的逃生通道之后,他们将不得不爬进一个狭窄的圆筒形救生舱以上升至地面,整个过程将需要至少一个小时。

9月14日报道,智利当局已批准了一个宽53.34厘米救生舱的设计,这个救生舱将在救生通道打通后把被困在地下701米处的33名矿工运送至地面。智利马埃斯特兰萨斯船厂的海军技术小组根据总统塞巴斯蒂安·皮涅拉的命令设计并开始制造这个子弹形状的救生舱。同时,政府为本次营救项目设计了三套钻探方案,每一套都要投入很大的人力物力。当三个钻探方案的一个最终打穿坚硬的岩石层、钻通一个足够宽的逃生通道后,救生舱将准备就绪。这个钢制救生舱的外部直径只有54厘米,其顶部经过加固处理,以保护矿工在升至地面的过程中免受可能坠落的岩石或者碎片的伤害。矿工本周已开始减肥训练以确保他们足够苗条以便进入救生舱。

报道称,矿工们将逐个升上地面,整个行动可能持续数日。救生舱内的一套装置将固定住矿工,以使他们即使在昏倒的情况下也能保持安全的站姿。使用轮子的导引系统将使摩擦降至最低程度,救生舱内安装的视频连线将使营救人员在升井过程中与矿工保持交流。

长2.5米的救生舱还将配备氧气供应和一个特别的照明系统。此外,它还包括一个逃生舱门和一个安全装置。如果在上升过程中被卡住,乘客可以利用这些装置把自己下放至起始点。

对被困矿工的营救计划分为以下几步

①恢复身体营养　营救"预备计划"第一步是让受困矿工恢复营养。为此,政府已经将葡萄糖凝胶和牛奶输送到井下。

②打造居住环境　考虑到矿工需要在地下长期居住,政府要求矿工将所在区域划分成三部分,用于睡觉、工作,最后一个用作厕所。

③缓解心理压力　为缓解心理压力,"预备计划"让矿工开展娱乐活动,包括通过小型电视接收器,在黑暗的地下观看智利队的世界杯比赛,唱歌、纸牌游戏等等。

④减肥等待升井　虽然矿工们的体重已经下降,不过智利政府仍然要求井下太胖的矿工减肥,因为救生通道预计只能容纳90多厘米腰围的人。

第三阶段:在被困地底长达两个多月之后,智利北部沙漠塌方铜矿的33名矿工终于有望"重见天日",当地时间10月9日,救援工作取得突破性进展,救援人员顺利完成624米救援隧道的挖掘,钻头已经抵达矿工们避难地所在,这意味着救出被困人员的行动即将开始。

智利矿业部长戈尔伯恩当天在新闻发布会上宣布,当日8时零5分,救援计划B使用的重型挖掘机已经完成隧道全程624米的挖掘,对33名矿工的救出行动将尽快启动。

智利媒体9日引述矿工的话说,当天早上8点多,他们看到了在避难的巷道顶棚上的钻头,并发出了热烈的欢呼。救援人员也确认,经过数十个小时的奋战,救援通道已经打通,下一步将进行拓宽和加固工作,以便救援舱能够顺利深入井下。如果一切顺利,两天后被困矿工有望被逐一救出。正在矿井指挥救援的卫生部长马纳里克说:"星期二(当地时间 12 日)将开始行动。"

据悉,当矿工们被救出时,智利总统皮涅拉将亲自迎接。救援通道被打通的消息让守候在地面上的矿工家属们欣喜若狂。他们和救援人员击掌、拥抱庆贺。两个月来,家属们在地面上搭建了被称作"希望营地"的帐篷,每天都和井下的亲人们通过信件和语音交流,鼓励他们继续坚持。还有很多热心人用别样的方式庆祝这个值得纪念的日子。他们在靠近矿井的小山上,升起了 32 面智利国旗和 1 面玻利维亚国旗,用他们代表井下 33 名矿工的国籍,以此表达对矿工的祝福。

当地时间 10 月 12 日,智利圣何塞铜矿矿难现场,援人员在现场将即将帮助矿工升井的"凤凰号"胶囊形救援舱装备就位。舱身被涂成红白蓝 3 种颜色,这是智利国旗的颜色。舱内高度为 1.9 米。受困矿工按照顺序依次升井,直到最后一名被困矿工路易斯·乌尔苏亚当地时间 13 日晚间顺利升井获救,至此 33 名被困矿工全部获救。

项目评估

严重的矿难事故,无论对哪个国家来说,都是负面事件,但智利当局想尽办法,通过人性化的救援,展现出应对危机的能力。

两个多月来,智利被困矿工就一直为世人所瞩目。在这场马拉松般的求生与营救过程中,每个矿工积极乐观的精神和对个体生命价值的绝对尊重,令人印象尤为深刻。无论从事故原因和方案设定,从井上井下的沟通到许多体贴的救援细节,由于有了全方位的、透明及时的媒体报道,仿佛励志电影一般鼓舞人心,甚至被誉为"最好的国家形象宣传片"。

媒体报道说,在此次救援中,智利政府得分不少,总统与矿业部长的支持率大幅提升。《华盛顿邮报》甚至称,智利这个被遗忘的国度,可能将借助营救矿工的良机复兴国家。矿难本是悲剧,却在智利政府的不懈救援下,慢慢演变成了喜剧。

此次矿难救援,让世界知道了智利这个国家,知道了智利人是如何团结在一起互相帮助的。智利政府的救灾表现,不仅提升了国民的凝聚力,宣传了智利,也将成为长期存在激烈领土纷争的智利和维多利亚关系解冻的契机。

以下这些外国媒体对这次事件的评论也证明了这个案例在提升智利的国际形象上获得的成功:

过去,智利常常想寻求这种全世界的关注,却很少有这样的机会。这回,人们在对智利过去的自然灾害和人权问题之外,看到了一个令人振奋、向上发展的新国家。

> 是智利温暖了全世界。他们并不隐瞒真相,也不收受贿赂,更不做不负责任的回复。智利并不原谅那些应为矿难担责的人,同时,它也不屑用那套陈词滥调去自我称颂。
>
> ——《纽约时报》

智利人曾长期处于黑暗专政煎熬之下,自从 1989 年以来,他们的国家很少引起关注。这个拉丁美国国家以多元经济和水果葡萄酒闻名。但是智利人痛苦地意识到,他们的国家没有世界级的足球队,也没有像哥伦比亚拉丁天后夏奇拉这样的流行巨星。为此,在这片荒芜沙漠中,被困铜矿之下的矿工的坚韧精神,让智利人鼓舞不已。

——美国 华盛顿邮报

许多采矿业专家指出,矿井安全几十年来得到了巨大改善。现在,工人在上班路上被汽车撞到的几率都要大于下矿井采矿遇难的几率。过去大家接受"你有可能遇难"的观点,但在过去 10 年,事故已经变得不为人们所接受。这说明社会期望、工人权益、伤亡成本都在不断上升。希望此次救援经历能够成为整个智利、该地区乃至全球采矿业的生动教材。

——美国《基督教科学箴言报》

我们很少记录历史事件,许多宝贵的教训也因此被遗忘,继而灾难反复上演。喜剧终已落幕,但智利的成功救援经验不能被抹去。只要还有一座矿山等待挖掘,采矿安全问题就不可轻视,更不可被玩弄。 ——加纳广播公司

案例评点

1. 反应迅速,坚持不放弃

事故发生在当地时间 8 月 5 日晚上 8 点 30 分,圣埃斯特万是一个开采铜和金的矿。地方当局的负责人马塔斯说,塌方发生在地下 300 米处,那里有一个避难处,可以使矿工在一段时间里有必要的材料,保持他们的良好状况。日前还不了解他们的具体情况,他们应当在避难处。警察特别行动小组的成员和邻近地区的消防队员已经赶到那里,试图与被困的矿工联系。但是接近铜矿很困难,使救援工作更为复杂。直到 17 天后,救援人员才发现被困矿工写的"我们全部 33 人仍然活着"字条。在这段时间之内,救援队伍一直没有放弃矿工生还的可能性,始终坚持进行搜寻,没有拖沓或者失去救援的信心。

在了解到 33 名被困矿工的情况之后,政府迅速组织救援行动,包括最高领导人亲临现场,海军将领被调动来进行指挥,甚至动用美国宇航局来指导救援工作,花重金制造专门救生的救生舱等等一系列活动既有效地调动了一切可以调动的力量,又在进行国际合作的同时,争取了国际力量的支持和关注。

2. 尊重生命,人性化救援

在救援行动展开之后,为了矿工的生存和救援需要,智利政府机会不惜一切成本,实行了一系列的措施。

第一步,让受困矿工恢复营养,接受专业治疗。政府将高能量的葡萄糖凝胶和牛奶罐装液体通过已经挖好的一个长达数百米的巷道输送到井下。第二步,打造居住环境。考虑到地下长期居住的环境,与国际空间站有相似之处,智利政府求助于美国

宇航局,这一细节令人激赏而赞叹。仅从救援方案上看,备用的 B 方案和 C 方案与 A 方案同时进行准备。据介绍,这两套备用方案都耗资巨大,极可能最终成为浪费。如果没有对个体生命价值的充分认知与保障,很难说智利政府会不会做得这么"万无一失"。第三步,缓解矿工心理压力。政府采取必要的手段,以缓解矿工心理压力,确保被困矿工开展娱乐活动,包括唱歌、能活动的游戏、纸牌游戏、画画以及一切他们可以利用的东西,并且帮助他们与亲人进行联系。如此人性化,如此不惜高昂成本的这些细节,让"人的生命高于一切"得到了最好的证明,也最终成就了救援的奇迹。

另一个尊重生命的表现就是政府公布了被困矿工的名字。日前,有媒体分门别类地报道了被困矿工的独特个性,比如,最年长的矿工、前足球队员、井下的"主持人"、最年轻的矿工、唯一的外籍矿工……被困的"33人"成了所有为命运而努力拼搏人的代表,值得人们记住他们的面孔。更耐人寻味的是,被困井下的 33 名矿工的出井顺序及介绍也被公布出来,有照片,有介绍,比如:路易斯.乌尔苏亚:54 岁,工作面工头,他在被困期间发挥了主要的领导作用,绘制了被困地地图。乔尼.博瑞斯:50 岁,由于帮助其患糖尿病的母亲而获得急救技能,因此有一个"医生"的外号……于此,不能不令人感慨万端。公开名字,记住名字,显然是一种仪式,更体现了尊重生命、捍卫生命尊严的一种旨归。

另外,矿难发生后,矿工家属们在井外搭建了临时房屋,并称之为"希望营"。他们日夜在这里等待亲人的消息。而来自智利全国各地,与被困矿工素不相识的人们也聚集到这里,希望能为救援尽一份力,或者仅仅是为安慰焦急等待的矿工家属。这个"希望营"的存在及对其中细节的记录使得人们更加团结,也更加彰显了整个国家万众一心的形象。

3.善用媒体,信息公开透明

智利政府在矿难发生,没有丝毫的迟疑和隐瞒。这本身就是种自信和敢于承担责任的表现。

智利总统皮涅拉 22 日向媒体宣布,救援人员的测深钻头达到地下 688 米处后,被困矿工将一张手写字条绑在钻头上,告诉救援人员,他们 33 人全部仍然活着。皮涅拉说,智利全国都为这一消息而欢喜。

从舆论报道中,不难发现,这与信息的透明和政府的作为大有关联。智利政府十分明确地告诉矿工,政府正在采取什么样的救援措施,包括告诉被困矿工,救援所需要的真实时间,让被困人员对自己目前所处的情况有比较清楚的认识。正如"没有什么比了解自己真实的处境更能消除恐惧"所指出的那样,我们看到了积极的互动。

自 8 月 5 日矿难发生以来,33 名矿工创造被困地底时间最长、且成功生还的世界纪录。大约有 1700 多名电视台或者媒体记者聚集在圣何塞铜矿的"希望营地"。这些记者中,一些人甚至来自遥远的中国、日本、土耳其等国。由于现场记者过多,"记者证"早已发完,当地政府不得不向他们分发"手写版"证明。

12 日,救援直播画面几乎"占据"各国各大电视台和网站首页。西语电视台"环球电视网"滚动播出救援现场直播画面,中国热门门户网站"新浪"和"搜狐"首页开设专版,全面记录救援进展;智利《第三版时报》网站首页"倒数"获救矿工人数:一名矿工获救后,他的照片就会被"点亮";在日本,法新社记者看到,几名医生聚在一起,讨论矿工在升井过程中可能出现的并发症。"今天是休息日,我原本打算读书,"日本下松市高中老师哲路梅地说,"但看到救援现场直播,我的眼睛好像黏在电脑屏幕上一样。太不可思议了!我会十指交叉,直到33名矿工全部出井!"在新加坡、韩国、泰国、越南,人们在相互问候时,也不忘告知首名矿工出井的消息。

在美国华盛顿,智利驻美大使馆外安装公共屏幕,现场直播救援过程。美国总统贝拉克·奥巴马经由白宫发表英语和西班牙语"双语"声明,表达对33名矿工命运的关注。委内瑞拉总统乌戈·查韦斯经由"微博"向受困矿工送去祝福:"我们和智利在一起!"

救援行动的进展成为全世界观众关注的新闻,其中政府的努力和矿工的生还希望都大大提升了智利政府的形象。

4. 借助国际力量,建构多边合作平台

这场灾难不仅受到了全球的关注,在救援的过程中,智利政府也积极向国际寻求援助,其中包括来自世界各国的25家私人采矿公司共同参与营救行动,他们带来了最好的设备和人才。用于开凿救援井的液压挖掘机是澳大利亚制造,美国宇航局的专家小组在现场协助井下矿工渡过难关,而由中国生产的起重机则承担起吊救援舱的重任……在矿井外,飘扬着加拿大、美国、阿根廷等国的国旗,表明这是一场国际合作的救援行动。巴勒斯坦驻智利大使卡里拉到访后,也将国旗留在这里。

这种国际合作的精神为救援行动提供了有力的保障,也显示出政府对此次矿难的极大重视,从而凸显出更加人本主义和国际化的政府形象。

总之,在这场灾难面前,智利政府的反应迅速,有效,充满人性化的光辉和温暖,同时又通过众多媒介将这一事件进行公开报道,使更多的观众和政府了解到整件事情的过程,极大地表现出一个负责任,尊重生命的政府形象,充分发挥了危机公关的作用,将悲剧变为喜剧。

案例八

"早一粒,晚一粒,远离感冒困扰"
——看中美史克如何远离危机困扰

项目背景

公共关系是组织塑造良好形象和声誉的工作,但组织的形象和声誉常常会由于一些意外事件而受到破坏。2000年底,一场影响到中美史克公司的PPA事件就是典型的公关危机事件,它的处理过程堪称经典。

康泰克自 1989 年进入中国,康泰克 11 年来累积销量超过 50 亿粒,始终占据感冒药市场的领导地位。"早一粒,晚一粒,远离感冒困扰",消费者对"12 小时"药效的承诺非常熟悉。准确的品牌定位,以及对这一诉求的坚持,使得康泰克在国内家喻户晓。

2000 年"PPA"风波轰动一时,中美史克公司生产的康泰克和康必得,由于内含国家禁止药物——PPA 而被勒令停产。祸不单行的是,在此次风波中虽然被禁的药物有十几种,但新闻媒介就是抓住康泰克不放,更把它跟 PPA 等同起来,使不明就里的消费者误以为禁止康泰克就是禁止 PPA。中美史克作为最大的受害者面临巨大的信任危机。为挽救不利局面,中美史克公司展开了异常有声有色的危机公关,并成功地处理了这一事件。

项目实施

中美史克公司在接到停产通知后,立即组织专门负责应对危机事件的危机管理小组。这个小组配备了强大的人力资源,由 10 位部门经理组成,并有 10 余名工作人员负责协调工作。

2000 年 11 月 16 日下午,中美史克危机管理小组发布了危机公关纲领:执行政府暂停令,向政府部门表态,坚决执行政府法令,暂停康泰克和康必得的生产和销售;通知经销商和客户立即停止康泰克和康必得的销售,取消相关合同;停止广告宣传和市场推广。

16 日傍晚,中央电视台等各大媒体开始了广泛宣传,大多数公众知道了"禁止 PPA 的政府令","抵制 PPA"的公众舆论。

17 日中午,中美史克全体员工大会召开,总经理向员工通报了事情的来龙去脉,表明了公司不会裁员的决心,以《给全体员工的一封信》的书面形式将承诺予以公布。企业的推心置腹打动了员工,大会在全体员工《团结就是力量》的歌声中结束。

20 日中美史克公司在北京召开了新闻媒体恳谈会,公司总经理回答了记者的提问,做出了不停止投资和配合国家药品监督部门彻底解决 PPA 问题的决定。同时,面对新闻媒体的不公正宣传,中美史克并没有做过多追究,只是尽力争取媒体的正面宣传以维护企业形象。总经理频频接受国内知名媒体的专访,争取为中美史克公司说话的机会。

为了更好地服务客户和消费者,公司还专门培训了数十名专职接线员,负责接听来自消费者的问讯电话,并做出准确专业的回答,消除他们的疑虑。21 日,15 条消费者热线全面开通。

在康泰克退出市场的不到一年的时间里,中美史克独立承担了大约 6 个亿的直接经济损失——仅将库存和回收的 1 亿粒旧康泰克全部销毁一项,就令史克至少损失了一亿元。

但是正是这种不回避问题的坦诚态度以及用户至上的态度,有效地维护了康泰克已经树立起来的品牌形象,使它安全地度过了危机。并为康泰克复出打下了基础。

9个半月后,康泰克推出了新产品,新产品定名为新康泰克,是原有康泰克品牌的延续和发展。在选择新配方产品名称时,中美天津史克曾有三种选择:一是,沿用康泰克原来名称;二是,使用"新康泰克";三是,与原来无任何关系的新名称。基于对消费者和市场状况的深入调研,史克决定采用第二个选择。根据市场调研,康泰克品牌在全国享有超过89.6%的认知度,并在"疗效好、起效快、作用时间长"等关键性产品特性上都有超过同类产品的表现。在康泰克退出市场的这段时间,消费者仍然对品牌抱有一定的好感。在2001年全国20个城市的定量调研中,90%的消费者表示"会接受"或"可以考虑接受"康泰克重回市场。正是康泰克品牌在消费者中形成的强大的品牌资产,以及消费者给予品牌的信赖,让史克公司有充足的信心续用"康泰克"品牌。在新康泰克上市之初,上市广告着力向消费者提供他们所关注的信息,例如"不含PPA",国家对产品的验证认可,并发展了新康泰克先生用放大镜仔细检查产品包装的广告创意,以提高产品可信度。

项目评估

经过公司全体员工的一致努力,开展的这一系列公关活动起到了良好的效果。随着时间的推移,PPA风波的影响渐渐远去,中美史克也逐步走出阴影。

改头换面的新康泰克9月3日上市第一天,仅广东、广西和海南市场就拿下高达37万盒(每盒10粒装)的订单!

案例评点

中美史克的这一公关案例可谓近年来国内少见的危机关成功的案例,处理事件的全过程可谓妙哉! 它的成功之处在于以下几点:

1. 对消费者利益的尊重

在接到国家药品监督管理局发布暂停使用和销售含有PPA的感冒药制剂的通知后,中美史克能够接受这个事实,停止康泰克的生产和销售,说明中美史克坚持以事实为依据,坚持康泰克用户的利益至上。在推出新康泰克时,在对社会的回馈和对消费者的服务方面,他们也作出一系列的努力。新康泰克的生产过程通过使用水溶酶代替了有机溶酶,减少了对环境的污染,是真正环保的制药技术;他们在产品上市伊始即在包装上精心设计了多种高科技防伪标志,以保护消费者免受假冒伪劣产品危害;随着产品投入使用,他们已推出消费者热线电话、电子邮件信箱等服务项目,并正在不断完善对产品使用情况和不良反应进行收集、鉴定、报告和处理的体制。中美史克的老总杨伟强说,我们在新康泰克后面所做的这一切,归根到底是出于我们对消费者健康利益的高度关注。作为全球领先的制药企业,葛兰素史克在全球秉承以消费者健康利益为第一目标的原则。而中美史克作为一家在中国植根多年的合资制药企业,更以服务中国广大消费者为己任,以提高消费者的健康水平为宗旨。此次新康泰克的上市,就足以证明他们对消费者的高度关注,以及一种负责任的专业精神。

2. 组织了专门负责应对危机事件的危机管理小组

正如征战沙场一样,如果没有高层统一指挥,政出多门,基层指战员永远不会打胜仗。而危机管理小组就是扮演了这么一个决策者的角色,对整个事件进行统筹规划,使事件的处理能够循序渐进,而不至于在危机产生时乱了阵脚。而且以该小组成员的组成上可看出,都是精兵强将,有企业领导、公关专业人员、销售人员、生产人员、法律工作者等,使危机发生后每一道门户都有人进行把守,力求在危机膨胀前控制住危机。

3. 在内部公关上也取得了成功

一个企业的组织内部公众,即组织内的员工始终是最重要的。如果企业内部不齐心,就如一盘散沙,根本不具竞争力,更别说能顺利走出危机。只有使全体员工齐心协力才能闯过难关。中美史克就是抓住了这一点,他们召开全体员工大会,通报公司在危机发生后所要采取的措施,让员工们了解到事态发展的情况,以及比较完整的公关方案,赢得了员工的信任和支持。从员工们的《团结就是力量》的歌声中可以看出他们甘愿与企业共患难。这在危机事件的处理上是非常重要的。有了员工的支持,企业的决策者就如同打了一针强心剂,在面对危机时多了一份沉稳,这都是员工给了他们信心。

4. 在此次康泰克危机公关中,这数十名的专职接线员也发挥了不可忽视的作用

众所周知,PPA风波使人胆战心惊,毕竟感冒药是家庭的必备之物,所以对此事的关心程度不言而喻。对于来电询问的消费者,必须妥善回答,并坦率相告,还要代表组织表示歉意,以此来体现企业对消费者高度负责任的态度。

5. 不得不提新闻媒介

在危机期间,新闻媒介将自始至终对事件的发展抱关注态度,所以如何对待新闻界,将成为组织的一项重要任务。不可否认,在PPA风波中新闻媒介对中美史克的宣传是不公正的。但这也情有可原,毕竟中美史克是大公司,是感冒药中的领先品牌,在公众的眼里他们应该做得更好。如果不遂其愿,很可能就会遭到"枪打出头鸟"的下场。而对于企业来说,你不能要求媒体,只能从自身做起,用企业的真诚来获取媒介的认可。中美史克公司在此事上的表现体现了一个大企业的大将风范。他们没有与媒体进行正面冲突,而是在接触时,他们仅仅是一再呼吁"被禁药品有十几种单单把康泰克当作靶子,这不公平",希望媒体能缓和气氛。事实证明,这种以理服人,让事实说话的策略才是企业走出阴影的明智之举。

6. 新康泰克复出的另一个原因在于他的品牌营销

去年11月康泰克、康必得退出后留下的每年至少5亿元的市场,曾让国内不少感冒药厂家大喜过望。众多感冒药企业大打"不含PPA"的广告,企图抢夺市场。9个多月"军阀混战"的结果是,无一家感冒药厂家完全胜出。以广东为例,目前全国知

名的 10 余种感冒药,过去的 9 个月内在广东的销量都没有超过 30%的常规增长幅度。当前国内的感冒药商品大致可分成三类:一是疗效与康泰克接近,但在营销能力上不如史克;二是药物成分与康泰克接近,但缓释等制剂技术不如康泰克;三是疗效和营销能力都不如康泰克。由此可以明白,当年康泰克能在感冒药市场"独步天下",占到一半以上的份额靠的并不是运气,行业内领先的药品配方、制剂技术和定位明确的强大营销能力是康泰克赢得市场的"法宝"。

定位不明确成了一些本来疗效与康泰克不相上下的感冒药未能成功的一个原因。有些感冒药有意无意对其适应范围含糊其辞,或在广告宣传中过分夸大,以为这样能抢到更多的市场,结果往往适得其反,反而引起消费者对药品本身的不信任。而将自己定位在针对感冒初期的鼻塞、打喷嚏等症状,是康泰克营销策略上的最成功之处。到现在杨伟强一谈起来还非常得意:"由于其他品牌并没有提供这样具体的承诺,所以消费者一旦有上述症状产生首先就会想到康泰克。"康泰克"奇迹"是历史原因造就的。一方面,康泰克在品牌营销上的领先一步为它在国内赢得了数不尽的先机,而现在已不再具备 11 年前那样宽松的市场环境。营销意识的普遍增强和市场竞争的愈发激烈使得一种感冒药要想脱颖而出,得付出不知比 11 年前多多少倍的代价;另一方面,消费者已经愈加成熟和理性,不会像前些年那样极易受广告导向的影响。就是新康泰克也很难达到和康泰克一样的市场地位。由此可见,一个品牌从诞生之日起,就要不断地以各种恰当的手段,为其积累知名度、美誉度、忠诚度,这些都是属于这个品牌的财富,终有一天会给品牌以回报。这或许就是康泰克成功复出给人们最大的启示。

一场影响到中美史克公司的危机就是在公司上下步调一致的运作下顺利化解了。中美史克公司在危机中采取的措施在公关案例中也是可圈可点的,无论是对企业内部,还是对消费者,对新闻媒介的策略都非常值得我们去借鉴。

案例九

高调危机公关 不宜?
——蒙牛公关之路 不易!

项 目 背 景

2008 年注定是中国不平凡的一年,冬天雪灾、春天地震、夏天奥运,而"三鹿奶粉安全事故"正好悲哀地印证了"多事之秋"。三鹿的悲剧不仅仅导致了数千名婴幼儿泌尿系统结石、肾衰竭甚至死亡,更是揭开了中国乳制品行业"三聚氰胺事件"的序幕。9 月 16 日新闻联播集中曝光 22 家乳品企业,包括伊利、蒙牛、光明等知名品牌无一幸免,以致消费者对民族品牌存在多米诺式的联想,导致所有的民族品牌连续两个月销售额连续下滑60%,全国乳制品行业陷入了一次前所未有的生存危机。在面对巨大的食品安全危机和诚信危机的时刻,蒙牛集团采取了一系列危机公关活动企图把损失降到最低。

项目实施

2008年9月17日:蒙牛发表《蒙牛集团郑重承诺》,承认其生产的三个批次的婴幼儿奶粉检出三聚氰胺,同时承诺将不合格婴儿奶粉全部召回;从即日起对蒙牛所有产品进行全面检测;凡经检验合格的原奶将继续收购。并附"问题奶粉下架、召回及消费者办理退货流程"。(原始文件见附录)

9月17日22:52:32:牛根生在其新浪博客发文《在责任面前,我们唯一的选择就是负起完全的责任》i。文末郑重宣布:"如果这件事情处理得不好,我这个董事长将引咎辞职。"此文点击量现已1944645次,评论22632条。

9月23日:蒙牛集团通过媒体向公众表示,集团已抽调8000多名员工直接进驻奶站,24小时监控奶站和奶车,车车检测,批批检测,全力防范源头造假。蒙牛乳业奶源本部总经理郭晓岑仍然表示,企业愿意为奶农承担倒奶的损失 ii。

9月25日:蒙牛通过媒体表示,蒙牛产品接受第三方检测,无三聚氰胺方可上市。今后经该院检测合格的蒙牛产品,外包装上也将贴上一枚醒目的安全标识,消费者可以以此来判断产品的安全。

9月24日:蒙牛在面对香港媒体的新闻发布会上说:我们发到香港的产品和出口的产品是一样的,保证比内地(大陆)的产品质量更好、更安全。蒙牛执行董事兼首席财务官姚同山表示,供港蒙牛产品都来自大型供货商,出现问题可能性比大陆低。

9月26日至27日:北京市工商局与北京市消费者协会共同组织500多名北京市民,来到蒙牛的工厂参观。这是自奶粉事件以来,消费者重新"走进"乳品生产企业,"零距离"体验牛奶生产全过程。

国庆前夕:蒙牛发表《蒙牛致全国消费者的一封信》,承认错误,说明情况,并表示市场上销售的所有蒙牛产品全部是合格的,敬请广大消费者放心食用。

10月19日:蒙牛股价暴跌,导致其抵押给摩根斯坦利的股份在价值上大为缩水。蒙牛面临外资并购危机,牛根生在饭桌上声泪俱下,写万言书求援。

11月17日起:蒙牛牛奶安全工程启动,"24小时网络直播蒙牛"—— 蒙牛联手新浪网、优酷视频、天线视频等网络对自己生产的关键环节进行24小时全程直播。蒙牛全国万人"安检员"召集活动启动,邀请自愿消费者共同参观企业生产安全过程,各大城市公交车站出现此活动广告。

12月4日:蒙牛网站继安全工程之后发布"乳业,谁敢拿出来'晒'?""细节决定品质 细心成就责任""我是一滴奶"等文章,写道,蒙牛此次生产环节的网上视频直播侧面反映出中国乳业重振雄风的信心。这些努力和行动即是最好的证明,中国乳业,需要有这样的勇气敢于面对自省，敢于"裸晒"的企业用行动赢回消费者的信任。

案例评点

1. 宏观运筹危机公关

公关是一种运筹，需要宏观的全局思维，需要长远的战略目光。公共关系在平时起到的是"润物细无声"的作用，它将企业真正植根于公众之间，可以在较长时间里给企业带来更多有形和无形的资源。而在企业面临危机的时刻，公关关系可以扭转乾坤，甚至借"危"发挥，转"危"为"机"。蒙牛颇为浩大的牛奶安全工程的背后势必存在这一个高度专业的公关团队，不仅强力的联合了媒体力量，并且积极的调动了公众参与，实现了媒介、社区、公众公关的联合互动。也在那时，蒙牛在某种程度上转"危"为"机"，借势进一步宣传了整个企业。"诚邀三亿网民"，就算是高调作秀，也做的不错了。况且，在消费市场，注意力实为最大的赢利。且不说牛根生的博客、"万言书"等等饱受病诟的"炒作"，其事实上也是一波一波为后来的行动造势。

2. 充分利用传播媒介

蒙牛此次危机公关充分利用了媒介资源，不但利用自家的网站发布新闻，也利用博客发文声明。还积极的组织国内外记者深入蒙牛进行报道，更联合新浪、优酷等利用网络直播积极的传播企业形象和品牌。但是，另一方面，笔者也在网络上发现蒙牛危机公关甚为拙劣的一些作品。其中包括一篇名为"蒙牛两质检员遭暴打一人昏迷疑因验奶太严"的新闻，看标题就已经觉得虚伪。还有就是关于蒙牛"特仑苏"牛奶是否含有致癌添加剂的一些文章和评论并没有得到蒙牛的正面回应而这些网络文章现在都已经被删除了。虽然无法判断这些消息的真假，但是在网络时代，这无疑犹如休眠火山，不一定什么时候就触及了公众的神经。

3. 危机公关预警意识不足

从三鹿三聚氰胺事件起源到国家卫生部门曝光其他乳制品企业包括蒙牛的奶粉问题，这期间的五天空白期本是进行公关策略的最佳时机。无论蒙牛的奶粉或液态奶有没有问题，或者说无论蒙牛知不知道自己的产品有质量问题，在这段时期内保持沉默都是不恰当的决定。蒙牛没有把握住机会，只是被动地等待调查结果，眼睁睁地看着卫生部门捅破这张乳制品行业食品安全危机的纸，从而导致自身品牌形象一落千丈、销售额和股价都惨遭滑铁卢——17日遭遇停牌5天后在香港复牌即大跌60%，牛根生团队的财富一日蒸发50亿。

4. 态度诚恳却不诚实

牛根生通过博客这个半公开半私人的自媒体传达蒙牛的态度和解决问题的决心，态度虽然诚恳，但其中心思想除了"承担责任"之外多次强调了"我们自身的无知"。这篇博文其实旨在告诉公众：蒙牛只有非常非常小的一部分产品存在三聚氰胺超标问题，蒙牛对此并不知情，尽管无辜但还是会对消费者负起全部责任——在承担责任的同时也在推卸责任，在解决问题的同时也在掩盖问题。结果，博文一发表就遭到了网民的非议,不少"业内人士"早在网上撰文指出"过量添加三聚氰胺是中国奶粉业的潜规则"。即便没有这些"业内人士",网民也可以通过各种渠道了解到事实的真相。作为行业中数一数二的龙头企业,对行业内"公开的秘密"居然"不知情"? 即便真是如牛根生所说的"不知情",那么为何三鹿事件爆发后整个国内奶粉行业都集体噤声呢? 由此可见最初的不作为,使蒙牛后期的公关活动变得被动了。

案例十

有"预谋"的危机公关
——恒源祥"广告门"事件

项 目 背 景

恒源祥是我国著名的毛纺品牌。20世纪90年代初,恒源祥曾推出以恒源祥标志与一群羊的静止画面,并以"恒源祥,羊羊羊"为口号,连续播放三遍的电视广告。这则广告不仅使恒源祥这个品牌被人们所熟知,也成为广告、营销业界推崇的经典案例。然而随着时间的推移,这则广告似乎逐渐被人们所淡忘,恒源祥的品牌知名度也逐渐下降。

为了重新打响品牌,2005年年底,恒源祥正式成为2008年北京奥运会赞助商,2006年春节期间,恒源祥公司推出了稍加改版的电视广告——"恒源祥,牛牛牛"三遍连播,但成效不佳。

随着2008奥运年的来临,恒源祥决定借势将奥运底牌打出。然而,相较于多由世界或中国顶尖的企业组成的奥运会其他赞助商和合作伙伴,恒源祥的财力与实力并不突出。这家2001年由国企转制的民营企业,自称到2005年底才还清因转制欠下的所有债务。而此次恒源祥赞助奥运,其代价相当于"再买一次恒源祥"。这斥重金、花血本而来的身份牌怎样才能最大限度地发挥效用? 恒源祥公司进行了一系列的公关操作。

项 目 实 施

前期:广告先行,热议不断

2008年2月6日除夕夜,恒源祥推出再度改版的电视广告,在安徽、江苏、浙江、湖南、上海和山东等地的多家电视台黄金时段播出。这则长达一分钟的广告,以简单的蓝色为背景,画面由北京2008奥运会会徽和恒源祥商标组成的,静止不动。广告背景音为"恒源祥,北京奥运会赞助商,鼠鼠鼠",一路沿着12生肖顺序,一直重复到"恒源祥,北京奥运会赞助商,猪猪猪"。

此广告一经推出,立即以其简单创意及高密度重复的特点,在网络上引起了巨大反响。各大视频网站纷纷转载广告视频,天涯、猫扑等各大论坛上骂声四起,众多网友毫不掩饰自己对这则广告的厌恶。网络上各类专家学者也纷纷对该广告发表了看法,褒贬不一。由于网络上的热议,使得恒源祥"广告门"一时之间沸沸扬扬,成了新闻事件。因此,传统媒体也以新闻的角度对此事进行了报道。网络与传统媒体的双重覆盖,使得此广告的影响力进一步扩大。

相应的,这则广告的炮制者——恒源祥公司被推到了风口浪尖上。就此,恒源祥展开了后续公关活动。

中期:研讨发布,赚取同情

2008 年 2 月 17 日,恒源祥集团在北京新闻大厦举行研讨会,邀请营销专家对该广告进行解读。

恒源祥品牌传媒顾问丁秀伟面对首都媒体作出回应。他指出,十二生肖广告为今年贺岁版广告,旨在向全国十二生肖的观众拜年,仅在春节期间播出。原还准备挂名"恒源祥春节开心一刻",只是为了博得大家开心一笑而已。公司事前对此做了市场调查,大家认为挂名搞笑的效果就不会那么大,于是撤去了挂名。作为绒线起家的恒源祥,当然关注羊,但联想到今年是鼠年,是十二生肖伊始,所以向全国的十二生肖拜年,恒源祥品牌本身就是和谐、吉祥的含义。

至于重复单调的指责,丁秀伟认为这是从广告学中的消费者重复记忆原理出发的一种有效手段。值此春节之际,恒源祥一改严肃有余的形象,引得大家开心一笑,并不会影响品牌形象。尽力压缩成本,创造"令人记住"的传播效果,重复、持续,宁愿被骂也不能被忘记,这些一开始就确定的营销方针,至今仍是恒源祥营销部门的案头格言。

恒源祥集团品牌中心总监李巍说:在现在这个信息高度膨胀的社会,不用一些没有先例的手段,很难被观众注意。这个广告恒源祥不是失误,而是智慧的结晶,专门挑鼠年来播的。他们为了搞好这次广告"谋划了很长时间",所有的市场反应以及争议都在预期当中,原始广告之后进行的"二次传播"都是整体策划中的一部分。公司在播广告之前做过风险方面的预判,最后得出的结论是,这个广告不会让恒源祥的顾客不买恒源祥。

另外李巍还表示,因为奥运会赞助商的身份企业投入了相当大的资金,自然希望能引起观众的注意,另外奥运会历史上还没有羊毛和羊毛衫这个行业的赞助商,他们没有任何案例可以借鉴。如何在众多奥运赞助和合作伙伴的企业中凸显自己,恒源祥在深思熟虑之后才决定用这样一个必会引来议论的广告形式。

研讨会上,大多专家表示广告能引起受众的主意,一定程度上达到传播效果,但不值得推广。同时指出,对企业的尝试,观众和网民也要抱着宽容的心态。

最后,丁秀伟介绍,恒源祥已经把原有的 5 秒、15 秒广告和这次的十二生肖 1 分钟广告送到中国科技大学,期待专家用科学定量的方法计算出人们听到不同时长的广告的心理反应,以寻找出更具创意和美感的品牌传播方式。

尾声:余音袅袅,设有悬念

2008 年 2 月 21 日,这则饱受争议的恒源祥生肖广告全面停播了。

恒源祥方面表示,该广告原计划就于 2 月 21 日元宵节停播,与网友意见无关。同时表示有意向明年继续推出贺岁广告,给自己留有在此项目上持续公关的可能性,给观众留有悬念。

项目评估

我们可以从衡量品牌健康度的四个要素,即知名度(Awareness),熟悉度(Familarity),好感度(Overall Opinion),购买考虑意向(Purchase Intention)分析此次恒源祥整个公关项目的效果。

①知名度。经过"广告门"事件,恒源祥的知名度无可争议地大幅度飙升。恒源祥生肖广告本身的反复轰炸,媒介对此广告铺天盖地的讨论,再加上新闻研讨会召开,使得恒源祥的曝光度空前高涨。短短的一个月间,恒源祥以较少的媒体投入赢得绝对大的社会关注度,其用户关注度大涨 312%,媒体关注度大涨 81%(百度数据)。

②熟悉度。"广告门"事件使得恒源祥的熟悉度也得到提升。虽然生肖广告本身并没有提供品牌和产品的有关信息,但是在这个信息开放的时代,只要引起了受众的好奇心,品牌与产品信息是很容易被搜索到的。(正如加多宝公司往地震灾区捐了一个亿,当晚公司网站就被刷暴,许多超市中王老吉产品就出现断货。)接着,在新闻研讨会中,恒源祥公司非常成功地借机将自己的企业信息传达给了公众。

③好感度。在一段时间内,部分消费者可能会因为生肖广告对恒源祥产品的好感度有一定程度的下降。但广告及时地停播后,随着时间的推移,好感度的下降可能呈回复趋势。因为毕竟此次"危机"并非由于产品质量、企业信誉等硬伤引起;并且尽管广告被批评为恶俗无聊,却并没有涉及非法、色情、暴力等道德底线问题,并非不可以原谅。

④购买意向。这方面还需要更长的时间来追踪统计数据。不过随着人民生活水平的提高,羊绒、羊毛衫之类的产品已不再是奢侈品,其目标群体中对广告、媒介信息非常敏感的受教育程度较高的消费者所占的比例也正在下降。所以可能真如恒源祥公司在研讨会上指出的那样:这则广告并不会使人们不购买恒源祥。

2008 年是多事的一年,恒源祥"广告门"很快淹没在众多的事件中。企业对这次事件的公关效果表示在意料之中并且满意,客观上"广告门"也的确为恒源祥吸引到一些眼球。从营销角度而言,"广告门"能算上一次成功的推广,目标明确,实施成本相对低廉,效果明显,在短期内可能为恒源祥企业赢得了经济效益;但是从公共关系的角度上来说,这个案例仍有很多值得商榷的地方。

案例评点

在这个注意力匮乏的时代,面对海量信息,受众当然会被独特的或是有创意的内容吸引。这就迫使企业在传播方式和途径上各出奇招,恒源祥正是在此种状况下,迫于资金等压力创造出这个独特的广告公关。恒源祥"广告门"事件时至今日仍是极富争议,学界业界也对此褒贬不一。从公共关系学角度来看,该案例优、缺点并在。

1. 优点

(1)"没舆论就造舆论",事件营销,争取曝光率。恒源祥把此次生肖广告作为整个公关行动的导火线,形成了一种事件营销,用最短的时间,最低的成本,吸引了最多注意力,以达到高的品牌记忆程度、特别是增强恒源祥赞助北京奥运的认知度。通过12次同样的单调重复,超过了以往所有广告的重复播放次数,也超过了人们可以忍受的程度,从而引起尽量多的争议,吸引到尽量多的眼球,为新闻研讨会作铺垫。在春节期间如林的广告浪潮中,能如重磅炸弹一般雷倒一片,的确造成了新闻效应,取得了免费的公关效果。

(2)事后反应迅速,态度较为诚恳。作为整个公关战略的一部分,恒源祥公司在第一时间里做出较为快速的反应。在广告首播之后的11天,研讨会的时间可谓计算得恰到好处。在引起足够的争议,并且趁争议尚未冷却之际,及时举行,为争论的持续注入一针"强心剂"。恒源祥公司对广告造成的影响毫不避讳地坦言,避免了更多的不好言论和不良影响的传播,这种坦诚的态度,多少能赢得媒体和民众的认可和同情。

在研讨会中,恒源祥还使用了危机公关中常见的两个手段:一是寻找相关产业权威人士和权威部门的支持,广告营销业界的专家学者的到场,使得研讨会发布的消息更具权威性,同时有利于把舆论导向对自己有利的方向,有助于赢得观众的同情与谅解;另外,企业高层领导人的及时露面,对缓和危机也起着不小的作用。

(3)充分有效利用媒介,成本低廉。整个"广告门"事件中,恒源祥对媒介有四次明显的利用,电视广告的发布——网络报刊上对广告的报道、讨论——研讨会信息的发布——网络报刊对研讨会的报道、讨论。其中,只有第一次利用媒介是有偿的。就此,看到电视广告的、看到网络热议的、看到报纸报道或者从人际交往中得知整个事件的消费者,都直接或间接地成为恒源祥广告的受众。同时,恒源祥在第一次利用媒介时,选择6个收视不错的地方卫视,不仅达到了高广告覆盖率和高到达频次,而且费用远低于那些选择中央电视台的奥运赞助商。

2. 缺点

(1)公关观念极其落伍,片面追求"为人所知",疑似"芙蓉姐姐"。"宁愿被骂也不能被忘记"这一公关理念非常落后,停留在19世纪中叶公共关系发端时期,是巴纳姆"凡宣传皆好事"观念的衍生产物,这在21世纪的今天显得非常不合时宜。

用广告学的理论分析恒源祥的市场定位,以其现有的规模和知名度,几乎可以用"领导者定位"自居,对业界的发展起着领头羊的作用,肩负着更重大的社会责任。因此,恒源祥的广告不应该仅仅停留在单纯地吸引注意力的层面,而更应该注意发掘品牌的文化内涵、民族精神、时代特点,建立更有品牌美誉度、忠诚度的形象。从这个广告可以看出,恒源祥企业对品牌的构建、对品牌资源的管理能力尚且不足。

总的说来,中国市场的整体公关观念还不够成熟。恒源祥策略的短暂成功,可能导致其他想花小成本做公关宣传的小企业盲目模仿,不利于整个市场环境的发展。

(2)不顾及观众感受,没有做到以公众利益为出发点。这是整个"广告门"公关最为失败的一点,整个事件几乎是赤裸裸的商业炒作,没有顾及公众利益,甚至是以公众的反感为吸引眼球、引起关注的卖点,这违背了最基本的以公众利益为出发点的公关原则。

如果按照恒源祥自己的说法,只是为了博得观众一笑,那么企业无疑是低估了当代电视观众的笑点。随着市场本身的完善和消费者的日臻成熟,观众已经有了更高的审美水平和审美需求。照搬若干年前"恒源祥,羊羊羊"的简单创意显然已经不能适应时代。

(3)棋出险招,必要性值得质疑。尽管恒源祥公司表示在广告投放前进行过科学测量,广告不会降低产品的销售。但是网民反对声之激烈,多少也是出乎了恒源祥公司的意料,说明搞恶俗广告还是承担着风险的。恒源祥斥巨资成为奥运会的赞助商,然后花小钱为此事造势宣传,然而观众对于奥运赞助商的认同感很可能已经在这反复的轰炸中变成反感了,造成得不偿失的后果。总体上投资如此巨大,同时担当着这份风险,有没有必要性很值得怀疑。

第八章

公益策划——永恒的爱

你遭遇下列问题了吗

- 你所在组织有良好的口碑形象吗？
- 你关心社会的公益事业吗？
- 对那些需要帮助的人你无动于衷吗？
- 对组织而言经济效益比社会效益更重要吗？
- 帮助别人等于帮助自己吗？
- 公益策划有什么原则讲究吗？
- 作为企业人，你愿意投更多的公益广告吗？
- 公益策划作为一种公关专题活动，有些什么类型？

关键词链接

公益策划：这是公关策划的一种类型，它完全以公益性的主题。比如环保、教育、体育、文化事业、慈善、社会福利等内容为主题进行的专题性的公共关系的策划和运作，旨在通过这样的主题向全社会奉献爱心，解决全人类面临的共同问题而承担责任。在帮助社会解决问题的同时，也赢得了社会的赞誉，从而提升了组织的知名度和美誉度。

公益广告：指组织为社会公益活动提供服务的广告传播。包括完全以公益性主题制作的广告以及配合组织直接参与某项公益事业而作的广告。这种广告不仅完全不以商业利益为目的，而且直接投资于公益事业，将公益事业本身作为传播的主题。在为社会公众服务的同时，也为本组织扬了名，赢得了好感。

赞助活动：赞助英文为 Sponsorship，含义为"对他人义务担保、资助的一种行为"。赞助活动指组织在举办一项社会活动时，获得了来自社会各界钱财或物质上的援助。赞助是组织搞好公众关系的有效方式之一，是组织向社会表示其承担责任和义务的最好方式之一。

专题活动：指为了某个公共关系主题有效传播的目的，有计划，有步骤组织目标公众参与的集体行动。

智 慧 提 醒

①公益策划包括赞助活动、社会服务活动两大类。

②社会公益活动形式多样,主要是以表示组织对社会的责任感为前提,以促进社会对组织的了解,从而增进社会对企业的好感为目的,是一种重要的 PR 活动。

③社会公益活动种类繁多:比如支持举办各种体育竞技比赛,支持文化出版事业,设置各种奖学金、助学金和发明基金,捐赠或资助慈善机构支持修建各种有益的公共场所等等。

④开展社会公益活动,应注意什么?

● 目的应十分明确——应有助于增进公众对组织的了解和产生好感。

● 范围选择恰当——要以最有利于达到预定目的为宗旨。

● 考虑到被资助者的声誉——应考察被资助者或被资助项目是否纯正,有良好声誉。

● 考虑自身经济承受能力——要以自己经济实力和可能达到的目标为依据。

● 考虑形式的别具一格——应努力设计出富有创意的赞助活动的形式表现,以达到信誉投资的效益最大化。

温馨小粘贴

①专题活动分类

● 商业性活动——商业促销活动、商业推介活动等;

● 公益性活动——环保、敬老、慈善、救灾等;

● 专业性活动——科技、文学、艺术、体育等;

● 社会工作活动——文明礼貌、道德、公民教育等;

● 综合性活动——集各种性质活动于一体。如城市旅游节、大型博览会等。

②公益策划程序

立项→调查→目标确立→策划→文案工作→方案论证→方案决策→最后定案

③公益策划的特点

● 鲜明的目的性;

● 广泛的社会传播性;

● 严密的操作性;

● 高投资性。

④公益策划原则

● 社会性原则——政策的要求;社会热点要求;传统习惯性要求;伦理道德性要求。

● 科学性原则——策划符合科学原则;策划充分应用现代科学技术。

● 实效性原则——要求投入产出成正比;要求每一环节设计的精打细算。

● 创新性与可操作性的结合原则

⑤公益策划传播策略的讲究

● 把握公众心理,抓住公众关注热点;

● 包装信息;

● 创造新闻。

案 例 点 击

案例一

"家有考生总动员"
——《钱江晚报》与养生堂联手公益活动

项 目 背 景

一年一度的高考、中考即将临近,广大的考生、家长在此非常阶段,对相关的权威信息和指导显得尤为迫切。晚报教育版块有一个传统项目,在每年考试来临之际,和海南养生堂药业有限公司一起为考生和家长提供贴身亲和的服务,在权威性、及时性、公益性、贴近性上做足文章。9 年来,养生堂积极助学助考,热心公益,曾配合晚报为历届考生提供了多场免费服务。

项 目 策 划

本次活动以服务广大考生(中考生、高考生和考研学生,以前两者为主)为宗旨。利用钱江晚报的权威性和服务性的特点,在钱江晚报版面上陆续推出"招考快讯"——养生堂"家有考生总动员"专栏,及时刊登一些政策、规定及相关信息。同时,配合专栏开展一系列公益活动,力求在权威性、及时性、公益性、贴近性上做足文章。

项 目 实 施

首先在钱江晚报版面上陆续推出"招考快讯"——养生堂"家有考生总动员"专栏,及时刊登一些政策、规定及相关信息。如《高校保送生有新规定》、《教育部教司长瞿振元谈高考改革》、《2002 考研门槛初定》等。

其次,配合专栏开展一系列公益活动。

首场"总动员"是"春季高考试卷评析会"于每年 5 月 5 日在浙江图书馆登场。邀请杭州二中、学军中学、浙大附中、杭四中等重点高中的特级教师把脉坐堂,结合今年北京、上海的春季高考卷,以及前两次杭州高考模拟卷,对今年高考命题趋向作出评点和预测,为第三次模拟考(5月8日)开出药方,浙江在线全程网上录播。

第二场"总动员"是"中考专家在线"。时间安排在5月中旬,由杭州市教育局中考、中招相关负责人到钱江晚报办公室现场接听热线电话,解答有关中考政策,同时浙江在线开展网上直播。家长和考生如有什么问题,可以事先发传真0571－85310177、E－mail:qbedu@21cn.com。晚报将收集分类后交由专家解释后,在报上公布。

第三场"总动员"为5月18日上午的"成功家长、营养专家高考对对碰"活动,200多名晚报读者和教育专家、保送生家长、保健医生面对面交流,一对一咨询。

5月26日,养生堂邀请北京大学、清华大学、浙江大学等6大名校参与名校招生专题推介会。

此外,还有招生政策吹风会、高校招生直通车等活动,一直持续到7月底。

项 目 评 估

系列活动的开展,受到广大考生及家长的欢迎,几乎每场活动都爆满。无论是总体的考试招生趋势,还是具体的营养细节,填报志愿的细节,都让考生及家长感受到贴心的服务。

案 例 评 点

养生堂药业有限公司是我国经营的较为成功的企业之一。除了其商业运作因素外,也得益于其成功的公关策划和运作:如推出关爱知识分子健康活动,关注少儿成长快乐的游戏节目的拍摄。本次活动也很好地体现其公关活动的优势。

本次公关活动有以下几个特点:

1. 体现了很强的服务观念和服务意识

切实地为考生着想,提供全方位的考前服务:上至一些规定、政策、命题趋势,下至具体的一些问题,都能周到的考虑到,能让公众特别是考生及家长体会到其"体贴入微"的关怀。

2. 恰当地实现与媒体的"联姻",处理好与媒介公众的关系

媒体作为特殊的公众,对于宣传企业的活动,提高知名度和美誉度作用巨大。本次活动选中了《钱江晚报》。该报在浙江省内发行量大,普及面广,影响力大,较具权威性。借助这一平台,实施其活动,能扩大养生堂的影响力,同时也更体现钱报的服务性,使两者均有收获,达到共荣。

3. 体现了以公众利益为出发点的活动原则

养生堂提供的这些免费服务,具有公益性的特点,体现其关注考生的心理,能取得较好的社会效果,在公众心目中树立良好形象。

4. 此次活动目标长远,着眼下一代

着眼下一代,是许多大公司的战略构想。几年来,养生堂积极开展类似的服务,无疑把形象树立在下一代人身上,对于其今后的发展大有裨益。从中也可以看出其对顾客研究的深入,能使潜在的顾客逐步向知晓公众、行为公众转化。

5.这种"和风细雨""润物无声"的公关宣传借助公益活动之口而出,为公众提供切身服务的同时,能使公众潜移默化,树立对养生堂品牌的认同感,从而使养生堂实现其经济和社会效益并举

总之,养生堂的这种"七月公益策划"可谓常做常新,不仅为沉闷的七月带来了一缕清新、为疲于奔命的考生和家长注射了一支强心剂,也有效地推广了自身的品牌形象。(注:"七月公益策划"指养生堂近几年来为"黑色七月"所做的一系列公益策划。)

案例二

大 红 鹰 申 奥 万 里 行
——大红鹰集团申奥宣传

项 目 背 景

2001年初,北京申奥,全国人民支持申奥。

为宣传全民健身理念,支持北京申奥,从而提高大红鹰品牌知名度,大红鹰集团策划了此次宣传活动。

项目策划及实施

此次活动总体的形象设计是由大红鹰集团与北京合德利策划公司共同完成的。在车体的设计上,突出体现了大红鹰"全民健身,支持申奥"的主题,而且在车体的两侧,车的顶部均喷有大红鹰的标志,给人以充分的视觉冲击。大红鹰为配合这次活动,专门印刷了"全民健身,支持申奥"的宣传册和有关全民健身及奥林匹克知识的宣传资料等。同时,还特别制作了如雨伞、帽子、T恤、手提包、签字笔、CE礼品盒等宣传礼品。这些宣传品上均印有大红鹰的标志,每到一个城市便大量发放。

在活动中,车队统一文明用语。队员在各个城市搞宣传活动的时候,都特别注意对当地环境的保护,每到活动结束后,都要对活动场所的环境进行清理。这和大红鹰一贯的品牌诉求是相一致的:一方面,公司借助主办文化和艺术活动,扩大影响,如主办了300多次以"大红鹰之夜"命名的文化和艺术演出活动;另一个方面,为一些设施和活动命名,如在凤凰卫视举办"大红鹰剧场"等。在长沙,车队以毛主席的故居为活动亮点,在毛主席铜像广场,宣传车队与韶山管理局及当地人民群众一起举行签名活动,将申奥与对毛主席的敬仰之情相融合。又如在沈阳,车队与第21届世界大学生运动会火炬交接仪式进行了对接活动。

整个活动实施过程中,中央电视台、北京电视台、浙江电视台、宁波电视台、人民

日报海外版、新华社、经济日报、北京青年周刊等多家媒体都派出了记者,对此次活动进行全程的跟踪报道。同时,在自己的网站上,特别开设了对这次报道的专门网站,以便详细介绍这次活动的所有信息,并设有网上签名的形式来支持北京申奥。国内一些知名网站如新浪、搜狐、雅虎及 FM365 等,都为这次特别活动开设了专题网站,点击率都极高。

项目评估

2001 年 6 月 3 日,大红鹰"全民健身万里行,支持北京申奥大签名"宣传车队,载着亿万人民期盼北京成功申办 2008 年奥运会的心愿,抵达终点站北京。这次申奥活动,宁波大红鹰生物工程有限公司出资 2000 万,活动历经了三个月的时间,途经我国 33 个省市和地区,行程约 2 万公里,规模之大、范围之广、投资之多,在国内众多的申奥活动中是绝无仅有的。

案例评点

1. 这次活动本身就是一次对积极的舆论推波逐浪的典型范例

以中华民族艰苦奋斗、勇于拼搏的民族精神为主体思想,以支持申奥为活动目标,大红鹰集团成功地利用了申奥这一积极的舆论,结合全民健身等社会焦点问题,取得了很强的宣传效应,极大地提高了品牌的知名度。同时,此次"申奥万里行"也是一项公益宣传活动,如案例中提到的大红鹰公司的那些环保举动。这些公益活动说明大红鹰生物工程有限公司始终重视对舆论的有效利用,把积极的舆论作为企业树形象的一种方式,可谓是企业的成功之道。

2. 组织的形象传播见微知著

案例中提到的,活动中小到车体的细节设计都表明大红鹰本着形象的公关观念,利用各种方式塑造了企业自身形象,在一定程度上也是组织传播艺术的体现。

3. 整合媒介力量

在品牌传播方面,大红鹰调动了全国媒体,对其活动内容进行报道,并整合了包括电视、广播、报纸、杂志、网络等各类媒体,可以说是全方位、立体式、多角度的媒体轰炸。

4. 注意与本地区文化背景相适合,争取良好的公众舆论和运作环境

大红鹰对各种传播媒介的整合利用,特别是对网络的有效利用,起到了很好的传播效果,既有利于组织的舆论环境,又为品牌的推广提供便利条件。此次活动抓住了公众、组织、传播这三个公共关系的要素,在每个方面都善于利用有利的条件,为企业所用,可以说是一次相当成功的公众策划。随着在全国征集的五幅 2008 米的签名丝卷在长城的展开,此次活动圆满结束了。车队是遍布大江南北的,不仅把全国申奥活动推向高潮,而且也在公关历史上画上了崭新的一笔,大红鹰的成功经验,值得我们研究和借鉴。

案例三

江铃汽车 环保先锋
——用"公益活动"进行危机公关

项目背景

国家对汽车的环保要求越来越高,凡是不符合环保要求的车辆不允许销售、挂牌、上路。这样的政策,对汽车的管理和环保事业的发展是有利的,但是,对待柴油车的政策制定还不是很完善。由于我国柴油车发展落后,相当一部分柴油车未能达到国家要求的排放控制标准,而仅有的几家优质柴油车生产厂家在环保方面的宣传上力度不够。因此,使国家环保部门形成了对柴油车的不良印象。1999 年初,一些地方政府由于缺乏对柴油车制造技术的科学认识,相继制定了一些限制政策:不论柴油车是否达标,都归入了"严格禁止"的行列,这使江铃优质柴油车的发展受到严重制约。

项目策划

(1)市场分析

① 环保将影响汽车销售市场。中国拥有 1200 多万辆汽车,在今后的 10 年将会迎来一个汽车消费的高峰,但同时汽车会成为新的污染源,汽车环保问题将日益引起人们的关注;

② 节约能源将成为汽车制造业的基本要求;

③ 政策因素直接影响柴油车销售。

市场机会由于一些地方政府存在对柴油车的限制性政策,直接影响了大城市企事业单位购买柴油车。如不及时消除对柴油车环保水平的误解,使"限制风"蔓延,将使江铃历经数年开发的高科技成果付之东流。但是由一个企业来说服政府改变政策难度很大,让一个企业改变社会对优质柴油车的认识更困难。所以,对优质柴油车环保性能宣传时机的选择非常重要。

(2)宣传大行动

江铃针对不利的政策环境,以环保、节能为突破口,开展了持续半年的环保、节能宣传大行动,让先进水平的柴油车走进了大城市。

① 宣传切入点。1999 年国家的环保治理力度日益增大,环保、节能已成为社会普遍关注的话题,非常适合作为宣传活动的切入点。6 月 5 日是"世界环境日",在 6 月举办"环保、节油"活动可引起政府的高度重视,极具新闻炒作价值,以此成为江铃整个绿色营销活动的切入点,充分体现江铃公司的社会责任感。

② 新闻炒作点。11 月联合国"蒙特利尔"环保会议将在北京召开,这是我国政府迄今承办的规模最大、级别最高的联合国第 11 次《蒙特利尔议定书》缔约方大会,江铃全顺车如果作为大会唯一指定用车,将有助于树立全顺柴油车的环保形象。

③ 政策契机。国家将要实行的燃油税有利于柴油车的使用;据当时有关资料透露,将要施行的燃油税改为:汽油每升收燃油税 1.15 元,柴油每升收燃油税 0.96 元,使用柴油在税收上优势明显。

项 目 实 施

(1)开展一系列以"环保、节油"为主题的活动

为了将产品优势转化为市场优势,将不利政策因素转化为有利政策环境,江铃围绕着全面达标的全顺柴油车,开展了一系列以"环保、节油"为主题的活动:

① 前期铺垫。"江铃杯"环保节油汽车万里行。1999 年 5 月 28 日,12 辆喷有"江铃杯汽车节油环保万里行"字样的江铃全顺汽车,从南昌出发,途径杭州、上海、南京、合肥、徐州、济南、沧州、天津等城市,最后在世界环境日——6 月 5 日抵达首都北京,整个活动历时九天;

② 迂回配合。"江铃杯汽车与环保"有奖征文活动。利用一些媒体在全国范围内进行了一次系统的环保、节油以及正确认识优质柴油车的宣传活动;

③ 战役主攻。联合国"蒙特利尔"环保会议活动。1999 年 11 月 28 日,江铃公司在人民大会堂隆重举行了新闻发布会,江铃提供了 60 辆全顺车为大会服务,并向环保大会组委会捐赠 4 辆全顺车。宣布全顺汽车厂一次性通过 ISO14000 环境管理体系认证,成为国内轻型车行业首家通过该体系认证的企业。

④ 宣传延伸。控制消耗臭氧层技术及产品国际展览会。

(2)媒体宣传

①《中国汽车报》,"江铃杯"汽车节能环保有奖征文:主题是:环保与节能将回报柴油车;

② 模范人物谈节油;

③《中国环境报》刊登江铃董事长与教授对话;

④ 广告词:"出师于环保,得馈于市场","江铃汽车环保先锋";

⑤ 中央电视台(经济频道)《商桥》栏目播出专题片;

⑥ 宣传重点:全顺汽车作为"联合国环保大会唯一指定用车";江铃汽车全面达到欧洲 I 号排放标准;全顺厂通过 ISO14000 环境管理体系认证。

项 目 评 估

江铃汽车集团公司整个活动紧紧围绕"环保、节油"主题,策划选题准确,时机把握准确,立意新颖,计划周密,费用安排恰当,气氛热烈,收到了极佳的宣传效果。整个活动持续半年时间,直接投入 300 余万元,活动效果明显。

① 这是中国汽车史上第一次由汽车生产厂家主办"环保与节油"主题的万里行活动,这表明民族汽车工业的成熟,是与国际社会汽车工业接轨的具体表现。

② 国家环保总局参与"江铃杯汽车节油环保万里行"活动,是政府对江铃汽车在环保节油领域工作的肯定,也是我国汽车环保工作中首次政府性举措。

③ 媒体广泛性报道。媒体一直密切关注整个活动,中央电视台"新闻联播"报道活动结束仪式,30多家中央及首都新闻单位予以宣传报道,地方媒体,直接参与新闻宣传的单位超过100家,受众面十分广泛,对江铃汽车的销售起到良好的促销作用。

④ 实行多方位宣传。在《中国汽车报》上连续14期刊发"江铃杯汽车与环保"有奖征文,在专业舆论导向上有助于江铃汽车环保节能形象的塑造。"江铃杯汽车节油环保万里行"车队途经9省市,当地江铃汽车销售公司利用这一有利时机,先后隆重举行规模宏大、气势磅礴的欢迎仪式和巡展活动,大大提高汽车品牌的美誉度,并扩大了销售。

⑤ 以"蒙特利尔"环保会议在京召开为背景,重点突出全顺汽车作为此次会议唯一指定用车,全面达到欧洲Ⅰ号排放标准,全顺汽车厂一次性通过ISO14000环境管理体系认证,成为轻型车行业首家通过该体系认证的企业的有力事实,证明了江铃汽车是国家的轻型汽车环保的先锋,也表明世界对江铃全顺车的认同。

⑥ 12月初,江铃公司组织皮卡和全顺车,参加在北京国际会议中心举办的"控制消耗臭氧层技术及产品国际展览会",联合国助理秘书长、国家环保总局局长解振华等众多中外贵宾对江铃在环保方面取得的成就给予了高度赞扬。

⑦ 活动最终达到了"活动改变政策"的目的,在江铃的推动下,1999年全国媒体掀起了注重环保、关注汽车消费受阻、给予优质柴油车公正对待的报道热潮;国家环保总局等部委以及有关省、市政府高度重视,出面积极协调解决存在的对环保型柴油车不公正待遇问题,新疆、上海等地方政府,已相继取消了限制柴油车上牌的政策,并放松了汽车消费政策,大力鼓励省油节能汽车进入家庭。

⑧ 由于有了相对有利的政策环境,节能型绿色环保柴油车受到消费者的喜爱,下半年,江铃汽车旺销,其中,全顺汽车比上半年翻了一番,达到了预期的目的。

案例评点

1. 企业对于危机的认识和态度决定了危机解决的效果

江铃面对不利的市场环境,没有怨天尤人,而是巧妙地利用自身的优势,用社会公益活动来进行企业的危机公关,四两拨千斤,变不利为有利,通过一次次精心策划的活动,最终取得了政府和消费者对江铃汽车的认可。如果江铃单纯宣传自己与其他不符合环保标准的柴油车厂家的不同点,就会给人王婆卖瓜,自卖自夸的感觉,效果肯定不会好,如果把每个活动割裂开来,效果也不会这样明显。

2. 活动抓住良好时机

此次活动抓住11月联合国"蒙特利尔"环保会议将在北京召开的时机,全顺汽车作为此次会议唯一指定用车,用事实来证明实力,得到认可。

3. 活动策划先行

一次活动的冲击力与数次活动的冲击力,最终所得是不一样的。在整个主题活动中,江铃柴油车先以"万里行"开场,用"征文"铺垫,烘托"国际环保会议",最后用"展览会"结尾。半年多时间,使企业俨然成为"环保"的传播者,从根本上改变了政府、消费者对柴油车的印象。

4. 实行多方位传播

江铃注重和发挥电视、报纸等各大媒体的作用,结合贴切的广告词,使其"环保先锋"形象深入人心。

江铃公司用公益活动成功地进行危机公关,不少企业遇到的问题与江铃相似,如何能够得到"理解",不妨学学江铃。

案例四

品牌与体育
——农夫山泉"2008 阳光工程"

项目背景

农夫山泉股份有限公司原名为浙江千岛湖养生堂饮用水有限公司,成立于 1996 年 9 月 26 日,2001 年 6 月 27 日改制成股份有限公司。1997—2002 年,农夫山泉相继在国家一级水资源保护区千岛湖、吉林长白山矿泉水保护区建成三座现代化的饮用水生产基地,成为国内规模最大的专业饮用水公司。农夫山泉公司拥有专业的实验室,长期从事水与健康的研究。因此,农夫山泉一上市,即以先进的健康理念,高品质的产品质量,迅速占领市场,连续三年占国内饮用水的市场份额名列三甲。据国家内贸部商业信息中心发布的报告,农夫山泉品牌从 1999 年起,在瓶装水 10 大品牌中,品牌综合得分已连续三年位居全国第一,在国内竞争激烈的饮用水市场上,农夫山泉已经牢牢地占据了一席之地。

农夫山泉与体育媒介的长期合作,使农夫山泉的品牌持续增值并且发扬光大。自 1999 年起,农夫山泉连续四年赞助中国乒乓球国家队,并成为 2000 年悉尼奥运会中国代表团训练、比赛专用水。2001 年 1 月 1 日—7 月 30 日,公司代表消费者捐款支持北京的申奥事业,赢得了很高的社会效益。北京申办 2008 夏季奥运会成功,势必使体育成为万众瞩目的焦点,而我国贫困地区的中小学体育设施还十分落后,在这种情况下,公司决定于 2002 年与国家体育总局联合发起"2008 阳光工程"。

项目策划

(1)公关目标

① 进一步提高公司的知名度和美誉度,维护企业的良好社会形象。

② 争取广泛的媒介覆盖率,扩大活动的影响。

(2)公关策划

③ 阳光工程旨在掀起支持体育事业的热潮,激发全国各界多多利用一些社会资源来支持贫困地区的体育基础教育,并有效传播公司"关注健康"的理念。因此这一工程要能产生较大的社会影响和号召力。

④ 这次工程为了了产生预期的传播效应,策划了广告语"从现在开始每喝一瓶农夫山泉,你就为孩子们的渴望捐出了一分钱"。同时,公司派出了宣传队到浙赣边缘的小山村制作宣传片,意欲造成强烈的视觉效果。在广东和浙江等省举行了捐赠仪式,邀请媒体直播或报道。

项目实施

"2008 阳光工程"活动由国家体育总局和农夫山泉股份有限公司联合发起,面向基层中小学校,关注基础体育设施的建设和基础体育运动的发展,为中国体育的未来培养一批生力军。阳光工程希望体育的阳光洒满每一个本应是充满希望的角落。

"2008 阳光工程"总跨度为 7 年,计划从 2002 年起到 2008 年北京奥运会开幕。2002 年度的阳光工程从 4 月 1 日开始,到 12 月 31 日告一段落。

(1)活动形式

① 农夫山泉继续推出"一瓶水,一分钱"活动。每销售一瓶农夫山泉饮用水,公司就捐出一分钱,从 2002 年 4 月到 12 月,公司将把 500 万元左右的体育器械捐助给贫困地区的中小学校。

② 该活动由农夫山泉股份有限公司和各省市自治区体育局协作捐款,国家体育总局负责监督。

③ 实施方案以年度为单位,下一年度方案视当年度实施情况做具体调整,内容由公司和国家体育总局协商确定。

(2)活动进程

① 2002 年 3 月 28 日,农夫山泉阳光工程北京新闻发布会召开,到会嘉宾有国家体育总局对外联络司司长、中国奥委会秘书长屠铭德、农夫山泉公司董事长钟睒睒、国家体育总局办公厅副主任王路、中国奥委会市场开发委员会主任许增武与副主任连秋利、农夫山泉公司广告总监以及广东羊城报业体育发展有限公司总经理,等等。出席新闻发布会的新闻媒体有中央电视台、北京电视台、中国体育报道、新华社、光线制作、浙江电视台、人民日报、中国日报、中国青年报、北京日报、北京晚报、北京青年报、北京晨报、体育快报、生活时报、北京信报、青年体育、京华时报、瞭望周刊、财经、

科技智囊、光明日报、中国经济时报、财经时报、经济参考报、千龙新闻网、经济观察报、中华工商时报、21世纪经济报道、中国经营报。驻京媒体有新民晚报、羊城晚报、文汇报、体坛周报。网络媒体有 sohu.com、tom.com、sina.com 和 china.com。

②4月1日起,中央电视台阳光工程活动宣传片开始播出。

③4月21日,首批捐赠器材在杭州送出。共有16所学校接受了首批捐赠。每个学校无偿获得用于基础教育的全套体育器材,每套价值人民币13264元,首批器材共计价值212224元。与此同时,广东省捐赠仪式于21日在广州市中山广场举行,也有16所学校获得价值212224元的体育器材。

项 目 评 估

随着北京新闻发布会的召开和中央电视台活动宣传片的播出,阳光工程引起了全国各地媒体和大众的广泛关注。新闻发布会有40家媒体参加,仅浙江省捐赠仪式就有9家媒体参与报道。

这些活动有效地确立和输出了公司的形象,充分体现了公司关心下一代,不断回报消费者的高度社会责任感,使公司关注健康的理念更加深入人心,增强了公司在公众中的亲和力,为公司的长远发展创造了更为良好的环境。

这次的阳光工程给贫困地区的中小学生送去了温馨,乒乓球台、篮球、足球……这些我们看起来很平常的东西对他们来说却意义重大。瘦小的方诚明是来自建德下涯中学初二的学生代表,他说:"我平时很喜欢打乒乓球,也喜欢踢足球,可惜学校的条件不太好,所以锻炼的机会不多,如果我多练习练习,相信我的乒乓球会有进步的。"下涯中学的校长唐在明说,他们学校的体育器材的确比较缺乏,只有一个篮球架,没有乒乓球台,所以当他接过捐赠时特别激动,"这正是我们广大师生的呼声,使我们贫困地区的小孩子也能享受城里孩子的健身条件,真是为推进素质教育做了件大好事!"

案 例 评 点

农夫山泉的"2008阳光工程"是一次提高公司美誉度的成功个案。该活动使公司的品牌进一步增值,在取得社会效益的同时取得了经济效益。此次工程通过对希望工程的延伸和发展吸引了公众和媒体的眼球,这是农夫山泉打出的又一张体育好牌。此次活动的可圈可点之处有:

1. 以公众利益为出发点

企业形象的魅力来自于社会的烘托,只有最大限度的实现其社会责任,才能使公司形象得到提升。这次的阳光工程有效增强了公司在公众中的亲和力,体现了公司与社会同呼吸共命运的精神,也弘扬了公司关心社会、关心下一代的爱心。

企业既要对公众负责,也要对社会负责,虽然后者是软的责任,但是任何一个具备公关意识的企业都清楚,企业形象对一个企业的长期发展是何等重要,对社会问题的关注,对公益事业的关心是企业提高形象的最有效的途径,因此有这个实力的企业都不会放弃对社会的责任,以求得更长远的发展。

然而,企业的公关活动策划并不是随心所欲的,并不是随便策划一个公益性质的公关活动就可以达到提升企业形象这一目的。要想取得预期的效果,达到预期的目标,必须经过静心策划,考虑各方面的因素,选择最符合自身企业形象,最具有轰动效应的事件。从这一意义上来说,农夫山泉的阳光工程正是成功进行公关策划,最终达到提升企业形象的目的的典型。现在社会上有很多企业都意识到了关注社会公益活动的公关策划的重要性,但是如何才能使所策划的公关活动恰到好处,并且最大限度地为企业造势,提升形象,又在广大受众中留下深刻的印象和好评,这是每个企业必须慎重考虑的问题。

2. 善于"借冕传播",追求与重大事件的联姻

希望工程是大家的焦点,2008北京奥运会的召开势必使体育成为焦点,因此选择希望工程,时机选择可谓巧妙,可以通过新闻媒介与社会舆论扩大影响。

在奥运场外的夺金战中,农夫山泉的品牌含金量又多了一分。这是典型的以企业为本位的一次资源的系统整合。而在此过程中,品牌包括企业品牌和产品品牌恰到好处地站在公众注意力焦点的边缘,既不喧宾夺主,又巧妙地借用了公众视线的余光,使品牌得到更大范围的传播和认同。

3. 创意新颖,定位准确

选择体育活动可以借助名人效应和体育效应达到公关宣传的目的,但是并不新颖,而赞助贫困地区中小学校的体育事业则是一个创举。启动阳光工程的形式也很别致,不铺张浪费,只是在宣传海报前进行倒计时,反映了公司办实事的赤诚之心和平民化策略,这样可以使公司更加贴近群众。

4. 在传播沟通方面,特别注重活动策划的整体包装

在新闻发布会上,公司请记者们看了精心制作的宣传片,发放了详细的资料。总经理恳请媒介多多关注阳光工程,并力邀媒体做舆论监督来搞好工程。通过媒介,工程的影响力会达到增强,而阳光工程受瞩目的程度越高,农夫山泉受到的关注也越多。对媒体的传播沟通策划达到了全方位多角度,面向特定对象公众的有记者招待会,面向大众的有40多家新闻媒体的新闻报道以及文字稿、图片专稿等深度报道,而活动的宣传口号充分体现了与受众的互动性。"从现在开始每喝一瓶农夫山泉,你就为孩子们的渴望捐出了一分钱"的口号容易引起人们"关心下一代"的感情共鸣,吸引人们参与其中。在浙江省捐赠仪式中,还穿插了有奖问答和义卖活动,充分调动了群众的积极性。

5. 活动策划的持续性,长久性也不失为一大创新

阳光工程全国捐赠活动采取"一瓶水,一分钱"的形式,买一瓶水,公司就代表消费者捐出一分钱用于希望小学的体育事业,调动全社会的力量,呼吁全社会的爱心,使整个公关活动不流于表面化和肤浅化,并长期地贯彻执行,讲求细水长流的效应,而不是只求一时的轰动效应。这样给人的印象就很深,能够引起社会和媒体的持续关注,无形中强化了传播效果。阳光工程必将得到广大公众的支持。通过此活动,农夫山泉将与广大公众建立长期的良好关系。

案例五

激情拥抱世界杯
——世界杯伙伴可口可乐在中国

项目背景

可口可乐公司是全球最大软性饮料公司,成立于1886年,曾先后创立过300多个品牌,总部设在亚特兰大,在全世界200多个国家有分公司。

可口可乐公司自1930年第一届世界杯以来就一直支持足球。可口可乐不但是国际足联的长期合作伙伴,也是中国足球20年来最坚定的支持者之一。

可口可乐与中国足球队的携手始于2001年1月,双方在北京中华世纪坛举行了签约仪式。

作为中国之队的合作伙伴、2002年世界杯合作伙伴及指定赞助商,可口可乐公司于2002年3月25日下午在北京举行新闻发布会,正式推出可口可乐"激情拥抱世界杯"的系列活动。

项目策划

(1)公关目标

① 借世界杯热潮,在中国掀起可口可乐红色旋风,将可口可乐与世界杯紧密联系在一起,继续树立可口可乐的良好形象。

② 在全国范围内开展活动,引起人们极大的关注和参与。

③ 取得广泛的媒介覆盖率,包括电视、广播、报纸和杂志。

(2)公关策略

① 继续支持中国足球队,与中国足球队保持紧密联系。

② 开展全民活动,在群众中间推广世界杯活动。

项目实施

自3月份起,"可口可乐世界杯艺术瓶绘画大赛"在全国范围内铺开,并将从15000幅参选作品里挑选冠军作品,该作品将首次被制成世界杯场地广告板,展示在中国队的比赛现场。

　　这次世界杯艺术瓶绘画大赛是由可口可乐公司在各世界杯决赛阶段参赛国家主办，也是国际足联首次将艺术绘画作品展示在世界杯赛场上。可口可乐弧型瓶轮廓，就是人们发挥创意的空间。在这个享誉世界的经典弧型瓶轮廓中，展现自己的创意与才华。用画笔表现积极向上、支持中国队，为中国队喝彩的主题。评审团将从全国参赛作品中挑选一幅最精彩的作品上交国际足联，印制成可口可乐场地广告牌的一部分，摆放在中国队世界杯小组赛比赛场地边。可口可乐还将邀请中国前三名作品的作者赴韩国现场观看世界杯小组赛中国对巴西的比赛，为中国队现场呐喊助威。

　　可口可乐公司还将在全国范围内选派 21 名小球迷，作为世界杯中国队的护旗手。他们将于 6 月初飞赴韩国，史无前例地为中国队的比赛护旗。

　　可口可乐还将发布一套六款的印有球星风采的"酷"形瓶和一套 50 张的可口可乐球星卡——2002FIFA 世界杯珍藏版，以供球迷收集。

　　可口可乐为中国球迷带来了自己的"世界杯"。随着中国足球与世界杯零距离接触的时间越来越近，可口可乐把一种风靡南美的超级球迷必需装备——弹指足球带到了中国。球迷只需将小球靴套上手指，便可"以手代足"，在桌面上进行二对二的对抗比赛。在可口可乐为世界杯最新创作的"踢出我的世界杯"广告片中，由江津做裁判，香港著名少女组合 Twins 与国脚吴承瑛和孙继海进行了一场别开生面的"弹指足球"对抗比赛。广告生动活泼，配以可口可乐中国之队队歌——"我们向前冲"，极具吸引力。可口可乐在全国各地青少年中开展弹指足球赛，既丰富了青少年的课余生活，也把世界杯带到了他们中间。

项 目 评 估

　　"可口可乐世界杯艺术瓶绘画大赛"活动是为了支持国家足球队首次参加世界杯，表达我们的民族自豪感，提供一个让大家展示才华，发挥创意的机会而举办的一次绘画活动。

　　"世界杯护旗手选拔"是国际足联与世界杯主赞助商可口可乐公司在全球范围内进行的世界杯青少年活动。四年后的今天，当中国足球经过 44 年的努力终于冲进了世界杯时，本届可口可乐世界杯护旗手便具有非同一般的意义：中国少年第一次在世界杯赛场上为自己的球队护航！

　　之所以选择弹指足球这个游戏在中国推出，一是因为此次世界杯有中国队出现，会受到广大球迷的广泛关注。另外弹指足球又不同于一般的抽奖赢球票等促销活动。因为该游戏不受人数、场地的限制，可以与家人、朋友一起分享快乐，有着极强的参与性，这是与可口可乐一贯倡导的亲情、友爱的品牌理念非常接近的。因此，这个游戏不仅仅是一个促销活动，更是可口可乐与体育结缘，品牌提升的一次绝妙的策划。

案 例 评 点

　　可口可乐公司支持足球运动已有近 70 年的历史。可口可乐支持全世界每一个层次的足球比赛,从基层的计划到国际比赛直至水平最高的世界杯足球赛。

可口可乐公司与世界杯关联的活动开展得轰轰烈烈,在全国有很大的影响。

1.关注热点事件,注重时效性

这一次的活动抓住了世界杯的机会,并且是中国队第一次打入世界杯,国民必然有极大的热情。可口可乐公司的一系列拥抱世界杯的活动极大地调动了人们的情绪,引起人们的注目和积极参与,成功地营造了活动氛围。

2.关注目标公众,营造市场

活动十分关注青少年球迷,因为青少年是一个比较重要的消费群体,并且对于世界杯的热情也很高。在各个学校开展有关活动,丰富多彩的内容抓住了学生的兴趣,也抓住了这一部分重要的消费市场。

3.熟练的运用本土化与国际化交叉的公关战术

良好的市场形象使人们自然而然地把可口可乐与世界杯,与中国足球联系在一起,取得了良好的传播效果,准确地传达了市场定位。

2001年起,"可口可乐"全面赞助中国各级别国家足球队,在中国足球的历史上,第一次出现一家全球性企业全面支持各级国家队的建设。但不管其各类活动的性质如何,可口可乐运用大型体育运动,推动其本土化策略在中国的实施已为她带来了良好的经济效益。这一次"激情拥抱世界杯"的活动,动用本土化与国际化拓展的交叉战术,利用中国队角逐世界杯与其大型国际赛事赞助遥相呼应,其收益将更出色。

4.可口可乐的这次成功的公益策划,其影响不仅在于中国,而且已走向了世界

这种成功的公益策划也是世界顶尖公司惯用的做法。

案例六

阳光助学　无上意境

——2002利群阳光助学活动

项 目 背 景

(1)50万元圆100个大学梦

浙江省在校本专科生、研究生中,家庭经济困难的学生达到3.5万人,占学生总数的12%;家庭经济较困难的中小学生26万人,约占总数的4%。浙江省委领导批示:"一定要坚持做到:不让一个孩子因贫困不能接受九年义务教育,不让一个大学生因家庭贫困不能就学或辍学。"2002年6月,浙江省建立了省大学生助学基金。杭州卷烟厂本着永远利益群众的企业宗旨,特别是在推动浙江省教育事业的发展上给予了无私援助。他们曾出资建立慈溪市利群希望小学。1999年50周年厂庆,向杭州

市教育基金捐资 50 万元。2001 年在企业多元发展的重要项目——利群大厦开工之际，拿出 50 万元用于资助贫困学生，使那些优秀学生不要因为家庭贫困而失去上大学的机会。杭州卷烟厂开始关注省内考上大学的贫困学生，利群助学特别行动启动，寻找贫困生，从 2001 年 8 月 6 日左右到 10 月中旬，在全省的应届高考前三批被录取者中，寻找出百名因家境贫困而面临入学困难，品学兼优的大学贫困新生，资助每人 5000 元，此外对入学后表现特别优秀的贫困学生，利群还将提供一系列的配套助学活动，8 月 31 日利群专列启动，向本省考上北京高等学院中的 1000 名新生，免费提供杭州至北京的火车票及旅途餐饮。在各大媒体的报道宣传下，与都市快报合作的"2001 利群专列"助学行动取得了很大的成绩，引来了社会各界的赞誉和支持。

(2)2002 年利群再次牵挂大学生

2002 年 6 月 25 日在《都市快报》头版头条发活动消息。26、27、28 连续三天以"利群的牵挂"为标题，发表 2001 年利群助学活动受助学生、学生家长访谈录，拉开"2002 利群阳光·助学行动"的序幕。29、30 日连续两天在《都市快报》，发布征询 100 名"2002 利群阳光·助学行动"受助者信息及活动规则。这是继 2001 年杭州利群和都市快报共同主办的"寻找贫困生·圆你大学梦"大型公益活动之后，2002 年推出的又一更大范围的公益活动。作为对 2001 年公益活动的延续，2002 年的利群阳光助学活动以"帮助每一个有追求的青年"为主旨，并将助学活动范围扩大至北京和山东两地。活动通过捐资助学的方式，在浙江和山东两省各寻找 100 名品学皆优、家境贫困的应届高考生，资助他们每人 5000 元，帮助他们实现求学梦想。在北京则从清华大学、北京大学等 10 所重点院校中寻找 100 名优秀、贫困的在校大学生为"利群阳光使者"，对他们进行资金帮助，通过他们大量的公益行为，帮助更多有需要的人。

由杭州利群和杭州都市快报、北京娱乐信报、山东齐鲁晚报共同发起和主办的"2002 利群阳光助学活动"于 2002 年 6 月 27 日在浙江、北京、山东三地同时启动，并由杭州和声广告公司策划实施，搜狐公司 SOHU.COM 互联网支持。

项 目 策 划

(1)活动主题

"2002 利群阳光·助学行动"旨在帮助有理想、有追求，成绩优异、品德端正，但生活贫困的学生(应届高中毕业生、高校在读生)实现他(她)们的理想，并倡导一种新的社会公益道德行为。爱心连接(受到前者帮助的个体，要承诺尽自己所能帮助他人，后者再承诺尽自己所能帮助他人，进而延续下去)，建立一种互助友爱的人际关系和良好的社会公德风尚，推动社会主义精神文明建设。

(2)活动口号

"只要追求 就有阳光"

口号内涵：只要心中有理想、有追求，梦想就会实现，就会有阳光灿烂的明天。力求把企业"永远利群 永远追求"的理念和本次活动的主题紧密地结合在一起。

（3）活动时间

"2002 利群阳光·助学行动"从 2002 年 6 月 25 日前后启动,到 10 月 6 日前后结束。

（4）活动范围

北京市、浙江省、山东省。

（5）活动对象

① 北京:北京市 10 所重点（知名）高校,共 100 名学业优异、品德端正但生活困难的在校大学生;

② 浙江:100 名高考成绩优秀（被教育部公布前三批录取）、品德端正的 2002 年应届高中毕业生;

③ 山东:100 名高考成绩优秀（被教育部公布前三批录取）、品德端正的 2002 年应届高中毕业生。

（6）活动方式

① 北京在北大、清华等十所著名院校,选择 100 名学业优异、品德端正但生活困难的在校学生,作为本次活动的"利群阳光使者"。要求"利群阳光使者"尽自己所能,在课余时间为社会、为他人做好事,而这 100 名学生成为"2002 利群阳光·助学行动"的受助者,企业为他（她）们提供每人 2000 元/年的生活补助金一年,资助他（她）们完成学业。

② 浙江在浙江省范围选择 100 名高考成绩优秀（被教育部公布前三批录取）、品德端正的 2002 年应届高中毕业生作为"2002 利群阳光·助学行动"的受助者。100 名受助学生按 5000 元/人发放资助金,资助他（她）们实现理想、完成学业。

③ 山东在山东省范围选择 100 名高考成绩优秀（被教育部公布前三批录取）、品德端正的 2002 年应届高中毕业生作为"2002 利群阳光·助学行动"的受助者。100 名受助学生按 5000 元/人发放资助金,资助他（她）们实现理想、完成学业。

项 目 实 施

① 创立"2002 利群阳光·助学行动"办公室,确定活动主题、活动口号、活动方式。

② 2002 年 6 月 25 日在《都市快报》头版头条发活动消息;26、27、28 连续三天以"利群的牵挂"为标题,发表 2001 年利群助学活动受助学生、学生家长访谈录,拉开"2002 利群阳光·助学行动"的序幕;29、30 日连续两天在《都市快报》,发布征询 100 名"2002 利群阳光·助学行动"受助者信息及活动规则。

③ 6 月 27 日下午,来自浙江、山东、北京的三地媒体十多个单位的领导和记者参加了在杭州卷烟厂举办的"2002 年利群阳光·助学行动"新闻发布会。在发布会上,厂党委书记孟伟刚对本次活动作了介绍。

④ 由"2002 利群阳光·助学行动"办公室在搜狐公司 SOHU.COM 的帮助下就

关于"2002利群阳光·助学行动"答网友问,就一系列学生和家长的问题在互联网上发表答网友问,热心人和家长可以在任何时候用 E-mail 联系利群,并创立利群阳光网站 http://liqun.sohu.com,利群阳光服务热线:8008571056。

⑤ 8 月都市快报组织了浙江省第一批公布的 10 位受助学生参加社会实践活动。

⑥ 8 月 27 日,一台以"人人都热爱阳光"为名的大型电视综合访谈节目把浙江的助学活动推向高潮;8 月 29 日和 9 月 6 日,山东齐鲁晚报举行了两次报告会,受助学生讲述自己苦难经历。

⑦ 8 月,60 多名利群阳光使者走上北京街头,现场赠送 T 恤,清除"膀爷"视觉污染;60 多名利群阳光使者走上北京工体甲 A 球赛大看台,亮出大幅标语,杜绝京骂。

⑧ 2002 首趟利群阳光专列在杭州城站火车站开动,来自全省各地奔赴京城各所高校的 60 多名新生,踏上了新的求学旅程。都市快报和杭州卷烟厂在杭州站站前广场举行欢送仪式,为每位学生送上了 T 恤衫和"利群行囊",内有学习用品和部分生活必需品。

⑨ 杭州站为此协调了车站各部门,为阳光学子开辟专用通道,还为学生们准备了餐点,杭州站进入 2002 年暑运学生流高峰,增开列车阳光助学专列,有近 300 位考上了北大、清华的学子于 8 月 31 日、9 月 3 日、9 月 6 日坐上"利群阳光学子专列"赴北京上学。

⑩ 9 月 16 日,北京学子的助学金捐助仪式在北大校园举行。

项 目 评 估

从实际效果来看,"2002 利群阳光·助学行动"这一公关活动取得了极大的成就,具体表现在:

(1)国家、省、市领导高度赞扬

国家、省、市级领导对本次活动表示满意,予以高度评价,在有关会议上多次提及,并鼓励企业在形象建设上应向利群企业学习看齐。前浙江省委书记张德江还特别指出,这项活动是贯彻"三个代表"重要思想的具体体现,是落实省第十一次党代会精神的实际行动,是在全社会营造扶贫帮教、助学成才良好道德风尚的示范工程。

(2)充分利用媒体的舆论效应

本次活动与有一定知名度的北京娱乐信报、都市快报、齐鲁晚报合作,这三家报社在第一时间都对活动作详尽报道,据统计三地媒体共刊发各类相关报道 90 多篇,充分利用了媒体的报道效应。比如都市快报从活动启动的发布,公布受助学生名单以及热心人名单,到各相关跟踪报道,将活动推向高潮。都市快报还组织了浙江省第一批公布的 10 位受助学生参加社会实践活动;举行一场逆境中奋发学习交流会;北京娱乐信报组织了 50 多名利群阳光使者到北京 10 个高考点为考生免费送茶送水,义务服务;8 月 29 日和 9 月 6 日,山东齐鲁晚报举行了两次报告会,受助学生讲述自己苦难经历。此次活动除各家报社还有像钱江电视台、教育电视台等多家广播台和电视台作了相关跟踪报道,使活动空前轰动。此外本次活动还有搜狐 SOHU. COM 全程网络支持,大家可以通过登录 http://liqun.sohu.com 网站了解活动的全部情况,可以通过"阳光地带"的论坛积极参与讨论,突破传统媒体的范围,充分发挥"第四媒体"Internet 的作用,从实际情况来看,搜狐利群阳光网站从 7 月初设立以来,该网页点击次数日渐增长,互联网的加盟使得本次活动更具时效性、普遍性,产生了比预期更好的社会影响。

(3) 从统计结果来看本次"2002 利群阳光·助学行动"

据统计,活动期间三地服务热线共接到咨询、报名电话 10000 余次,三地工作人员接待来访者 400 余人次;其中通过电话正式报名的学生共有 3000 余人。社会上很多的朋友关注和参与到此次活动中来,不同的人在用不同的方式表达着同一个愿望:帮助每一个有追求的青年,许多热心人加入了援助贫困学子的行列。仅浙江地区就有 20 多位学子各得到千元以上的热心读者资助。"利群阳光学子专列"9 月份开始运行,凡是今年考入北京各大专院校的浙江、山东的新生,均可报名免费乘坐"利群阳光学子专列"。至 9 月中旬,利群阳光专列共运行 6 个班次,免费送学生上学共计 400 余人……

著名社会学家艾宝良评价这项活动时说:"这种活动越多越好,但不是单纯地要帮助这些孩子上学,能唤起更多的人来参与才是最主要的。企业赞助社会公益活动并不就是想实现其商业标准,实现赢利,因为企业和媒体对大学生们不计报酬的赞助,就是一种实现自我价值的最终表现。"

案 例 评 点

1. 准确的切入点是企业公关宣传活动成功的关键所在

市场机制的不断完善和市场竞争的日趋激烈,使得众多企业更加注重公关谋略。学过公关的人都知道,公关宣传就是抓住社会热点,策划和制造新闻事件,组织有关活动,以造成轰动效应,此种做法便被视作是一种能迅速提高企业知名度的极为有效的公关手段。抓住社会热点强调创意,强调寻找准确的切入点。本次由杭州和声广告公司组织策划的"2002 利群阳光·助学行动"从 2002 年 6 月 25 日前后启动,到 10 月 6 日前后结束,历时四个月,找到了适合利群企业性质、特点的准确切入点,将目光投注到社会效益上。继 2001 年的大型公益活动之后,2002 年又跨省推出更大范围的公益活动,着力塑造与本次活动主题相一致的、高品味的现代企业形象。杭州卷烟厂党委书记孟伟刚在谈到利群助学活动时说:"我们企业关注这批特殊学生,在他们困难的时候给予资助,目的就是尽力向社会献一份爱心。"这就是企业社会责任感的最好体现,对这样的企业人们将永远投以赞许目光。

2. 规范化的执行和实施是公关活动成功的坚实基础

利群企业与杭州和声广告公司合作,有一套具有企业特色又符合国际规范的操作程序,保证了整个活动的圆满成功。从本案例看,无论是答网友会、记者招待会、大型晚会、各大小宣传活动、相关媒体宣传，还是对学生的报名、申请、筛选工作和具体落实操作都分工细致，责任明确。譬如"2002利群阳光·助学行动"办公室，设立这样一个专门性的部门，对内建立形成完整的策划方案，对外组织实施各项具体活动，是代表企业决策层与外界媒体，各合作单位直接沟通的部门，也是对外负责有权解释活动的唯一部门机构，严谨周密的计划和高效到位的实施过程每一步都在向国际规范化公关业务程序接近，从整体到局部都体现了较高的公关水平。

　　3. 企业文化与形象的结合是公关长远利益的有力保证

　　①利群企业的精神是"永远利群"、"永远追求"，本次活动主题与企业的此理念相一致，在活动中将企业文化与精神传递给社会公众，并呼唤更多企业或个人来关心帮助他人，让更多的人参与到社会公益活动中来，升华了企业文化内涵，树立了良好的企业形象，不仅带来了较强的公关效应，而且具有深远的社会影响力。

　　②助学行动帮助的都是祖国的栋梁人才，这些寒门学子们珍惜利群企业的这份帮助，珍惜这来之不易的机会，在高校中会传扬利群的义举，并会以受助再助人的方式传播利群的企业文化，在求学道路上会以实际行动回报社会；从长远来看，利群在将来的消费群体中也打下了良好的基础。

　　③此次行动教导企业员工参与其中，发扬助人为乐的精神，是拓展企业文化，加强企业精神文明建设的一项实在的行动，有利于员工们在新形势下学习社会主义精神文明，有利于增强职工的凝聚力和责任感。

案例七

华帝奥运金牌策划
——奥运带动品牌一起升华

　　广东华帝集团有限公司位于中国经济发达的珠江三角洲地带，是以中山华帝燃具有限公司（中外合资）为主体的多个紧密型企业的群体组合，是中国最大的燃气灶具生产基地和中国燃气灶生产零配件能力最强的企业。

　　● 目标：提高华帝品牌知名度　丰富品牌内涵

　　● 达到目标的前提：具强大新闻性，抢先，声量够大，与媒体联动；

　　● 主题：以华帝重奖奥运会第一枚金牌得主（奥运英雄），演化并升华出华帝的企业理念和博大胸怀；呼唤金牌精神，呼唤英雄；倡导中国企业界产业报国，追求21世纪强国梦，并共同迈向世界，迈向国富民强的未来。

　　● 主题演化核心：由呼唤奥运英雄到呼唤民族英雄；由呼唤奥运金牌精神到呼唤中国企业走向世界的产业报国精神（另一种金牌）；由中国奥运运动员到中国企业英雄；由华帝到中国自强不息的企业界。我们必须通过活动阐明华帝的企业理念、民族情结和忧患意识。

● 主题演化说明。在此,离 WTO 一步之遥和新世纪之初的历史关口,华帝呼唤英雄,中国企业界必须像体育界一样,以团队精神,以金牌精神,以争夺第一的意识,争夺全球市场的金牌,去实现中国无数先辈的强国梦。

一个优秀的奥运运动员奋力拼搏一辈子可能只能争一块金牌,但一个优秀的奥运团队团结合作却能够拿很多的金牌。同样道理,一个强大的企业并不能显示出国力的强盛和繁荣,因为它往往只代表个体的力量;但许许多多强大的企业联手起来,共同以一种产业报国争当第一的精神进军国际市场,那么中国立于世界强国民族之林就不会太遥远。凭着凝聚力和拼搏精神,中国的企业界,中国的有识之士,让强国梦的辉煌理想从今天开始,从自己开始!

● 为什么必须选择本主题:跳出金牌谈金牌,跳出奥运谈奥运;显示出华帝宏大的企业抱负和企业理念,整体提升华帝的品牌形象和丰富华帝的品牌内涵;一定要成为倡导者和领先者,把握话语权,让他人追随,保证公关效果;赢得政府、消费者、企业界、媒介的好感与共鸣,达成一石几鸟的功效。

● 主题所体现的华帝品牌内涵:现代化的企业;有抱负的,积极向上的;有责任感的;创新的、领先的;年轻而有活力的。

● 口号:加油,21 世纪的中国;做金牌英雄,强世界中国;学奥运健儿,做金牌英雄;勇夺奥运金牌,争做强国英雄。

● 形式。重奖 21 世纪中国奥运第一枚金牌,初拟为 100 万元。

奥运金牌英雄系列竞猜包括:中国奥运第一枚金牌得主竞猜、中国奥运最多金牌得主竞猜、中国金牌总数竞猜,竞猜奖金总数 100 万元,凡猜中一项者,即可参与抽奖,赢得大奖者,获奖金一万元,买华帝强排(品牌名称),送奥运金牌,产品促销抽奖。

● 重奖可能存在的问题及对策。消息发布:据了解,今年不允许指定奖励运动员,奖金数也不得公开;媒介公关采取擦边球方式,可以在全国发布消息。如重奖第一枚金牌的奖励形式及消息无法发布,可即转入另两种奖励形式操作。其一,直接与国家体育总局合作,设立奥运金牌奖励基金,其中重点突出首枚金牌得主;竞猜活动同时进行;其二,设立奥运拼搏金奖,除奖励首枚金牌得主外,还将重点奖励虽未获得金牌,但有突出表现的运动员(如桑兰);或对参加 3 届或 3 届以上奥运会的运动员仍能取得好成绩者(如王义夫),给予奖励。可邀请王义夫等参加新闻发布会,奥运会后举行授奖仪式,聘请他作为公司荣誉员工。举行新闻发布会,邀请国家体育总局官员参加。

● 执行策略:以奥运热点、重奖新世纪第一枚金牌及金牌竞猜,煽动民族情结;以轰动效应,吸引传媒及公众关注华帝;以品牌力带动销售力,结合促销分阶段推进活动;传统媒体、网络、销售终端互动整合;强化华帝强排与奥运金牌的联系——强排—强牌……金牌;活动全过程强化华帝强牌内涵的完整表达:以新闻、专访、深度报道、"华帝呼唤英雄"倡议书等形式,尽可能阐述。

● 执行策略:华帝本次活动之企业理念,广邀中国精英企业家一起成就强国梦,推出"群英榜"(中国企业界的民族英雄)并致以华帝崇高的敬意;亦可谈及中国新一代企业家的崛起;邀名家为本次活动谱曲成歌,打出群英榜,增强传播效应;与企业家协会、基金会等合作,展开奖励中国企业精英活动;竞猜合作:传统媒体4家、网站两家。

● 进程表:7月25—30日第一时间启动新闻发布会、全国发布重奖消息;8月1日华帝广告系列(呼唤英雄倡议书宣言＋形象＋竞猜＋促销);8月3—9月15日产品软文(低氮氧＋陶瓷面板)新闻发布创新产品广告发布;9月15日回应呼唤英雄倡议宣言,发布广告呼唤英雄,期待中国新世纪第一枚金牌诞生(奥运之火与华帝之火篇);9月16—18日第一枚金牌诞生,广告再回应,呼唤英雄抽奖结果发布;9月19—30日系列竞猜广告发布、抽奖结果广告发布、华帝强排与奥运金牌广告发布、华帝之火与奥运之火广告发布、产品促销全力推进;10月1—15日系列竞猜及产品促销抽奖结果公布,邀请奥运金牌运动员举办活动;10月16—11月中旬华帝金牌职业经理人系列推出。

● 执行情况。华帝集团重奖奥运第一金:7月底,华帝集团举行新闻发布会,预告重奖奥运第一金,奖额高达数百万。参加媒体有如中央电视台等40多家。8月期间,又推出了一系列广告、软文(呼唤英雄倡议书宣言＋形象＋竞猜＋促销),以壮大声势;9月15日,回应呼唤英雄倡议宣言,发布广告呼唤英雄,期待中国新世纪第一枚金牌诞生(奥运之火与华帝之火篇);9月18日,中国奥运代表团首枚金牌在射击项目上产生,华帝集团广告再回应,同时公布呼唤英雄抽奖活动的结果。9月下旬,系列竞猜广告发布、抽奖结果广告发布、华帝强排与奥运金牌广告发布、华帝之火与奥运之火广告发布、产品促销全力推进。

奥运会结束后,邀请奥运金牌运动员举办活动,并公布系列竞猜及产品促销抽奖结果。

案 例 评 点

在此次公关活动中,华帝集团抓住先机,抢先宣布重奖奥运第一金获得者,并与中国射击队签署了协议,取得了举办庆功活动的优先权。此举在社会造成极为广泛的反应,从而达到了提高产品知名度的预期目的。

以华帝集团全力资助中国射击队获得新世纪首枚奥运金牌为宣传点,将纯粹的"悬赏性"赞助变成有益的支持性举动,既可以避开国家体育总局有关奥运赞助的规定,又可以体现名牌企业的后盾作用,显示华帝集团真正以关注中国体育为本,不是奥运后"摘果",而是在奥运前"育苗"。此举还可以围绕首枚金牌大做文章,在宣传口径上能放得开,宣传效应甚至会超过纯粹地重奖首枚奥运金牌得主。

此番公关活动以奥运热点、重奖新世纪第一枚金牌及金牌竞猜,煽动民族情结;以轰动效应,吸引传媒及公众关注华帝;以品牌力带动销售力,结合促销分阶段推进活动。活动全过程强化了华帝品牌内涵的表达。华帝本次活动之企业理念,广邀中国精英企业家一起成就强国梦,推出群英榜(中国企业界的民族英雄)并致以华帝崇高的敬意,也促动了中国新一代企业家的崛起。

华帝集团跳出金牌谈金牌,跳出奥运谈奥运,显示出华帝宏大的企业抱负和企业理念,整体提升华帝的品牌形象和丰富华帝的品牌内涵。同时在众多企业中成为倡导者和领先者,把握话语权,让他人追随,从而保证公关效果,最终赢得政府、消费者、企业界、媒介的好感与共鸣,达成一石几鸟的功效。

案例八

让 我 们 一 起 欢 乐
——浙江多家媒体联合公益策划

媒体公关案例

2004 年 4—7 月,由浙江日报、钱江晚报、今日早报等几家单位共同策划,围绕着民工生活,以民工为参与主体,组织了一系列卓有成效的大型公关活动,达到了"多赢"的效果。(相关报道可参见 4 月 30 日、5 月 28 日、6 月 23 日前后浙江日报、钱江晚报、今日早报及其电子版)

(一)

4 月 30 日白天,在美丽的杭州吴山广场,举行由浙江日报、钱江晚报、今日早报、省群众艺术馆联合组织的"让我们一起欢乐·民工广场歌会"活动。

围绕着这一活动,浙江日报、钱江晚报、今日早报这三家影响较大的平面媒体都展开了一系列活动,包括前期策划宣传,中期活动展示和后续报道。

尤其是在活动的宣传报道上,三家报纸都动足了脑筋,下足了力气。对于活动的报名情况,民工的风采展示,彩排情况都花了大量笔墨。当然其中必然要展示的就是这三家媒体各自的风采和良好的形象,尽管三家媒体由于定位的不同,写法和选材上各有侧重,但是其中心思想和主旨却是一致的。

(二)

浙江日报、钱江晚报、今日早报继 4 月 30 日在杭州吴山广场成功举办"让我们一起欢乐·民工广场歌会"之后,又于 5 月 28 日会同嵊州市市委市府在市文化广场举办"让我们一起欢乐·民工广场戏曲演唱会"。

这次"民工广场戏曲演唱会",与在杭州吴山广场举行的"民工广场歌会"一样,仍然由民工当主角。来自全国各地的民工兄弟姐妹们不仅可以在嵊州土地上演唱第二故乡的越剧,也可以演唱四川川剧、安徽黄梅戏、湖南花鼓戏、河北梆子、东北二人转等家乡戏、地方戏，一展风采。活动进行过程中，三家媒体也共同造势，取得了良好的宣传效果。

6月23日，由浙江日报、德清县、钱江晚报和今日早报主办的"民工广场端午游艺活动"又在德清举行。这是继4月30日在杭州吴山广场举行的"民工广场歌会"和5月28日在嵊州文化广场举行的"民工广场戏曲演唱会"后，又一场以民工生活为中心的大型活动。

民工创业咨询、法律咨询、就业指导……当天下午的德清千秋广场成了民工求知的大课堂；舞龙、舞狮、歌舞、剪纸、拉面、厨艺、餐巾叠花……当晚的德清千秋广场成了民工们显示才能的大舞台。1000多名外来民工表演了15个充满了生活气息的节目，家乡戏联唱、茶艺、茶道表演、插花艺术表演、刀削面表演、跑堂竞技……平日不起眼的手艺活，当晚成了焦点。

案例评点

这是一则媒体公关的典型案例。浙江日报、钱江晚报、今日早报通过这一系列活动体现了媒体对现代社会的关注和焦虑，提高了这几家媒体在公众心目中的形象，扩大其影响力。更重要的是达到了媒体经济效益、社会效益、公众利益的"多赢"。

众所周知，民工作为现代城市一个庞大的集体，他的影响力正在越来越大。并且这个群体和城市人群也在不断融合、分化，有部分民工会融入城市中，成为城市人群之一。这是我国作为一个发展中的人口大国，所必须经历的一个过程。民工的影响力直接体现在民工的数量上。浙江作为一个经济发达的东部沿海省份，城市建设、经济发展等都需要大量的人力物力，由此也吸引了大量的民工流向浙江，尤其是杭州、宁波、温州等地。

另一方面，民工担负着城市建设的任务，他们大都从事的是那些城市居民所不屑的工作，最脏最累最辛苦，民工为城市的发展所作出的贡献是巨大的。然而，面对着民工的大量涌入、城市人员结构的复杂，治安、民工犯罪等社会问题也凸显出来，成为我们必须加以重视和解决的矛盾。

同时，由于某些媒体不同程度上对民工的妖魔化倾向，例如在报道犯罪时，如果犯罪嫌疑人正好是来自中西部某省的民工，则必然在报道中加上"××，××人"等类似信息，虽然短短几个字，却大大加深了人们对于民工的厌恶感和误解，在人们心中形成了一个刻板印象，误认为所有的民工都有偷鸡摸狗之嫌，这种感情产生的负面影响是巨大的，它使广大市民刻意地疏远了民工，甚至在生活和情感上孤立了民工，这种错误的观点甚至也向下一代传承。作为如此庞大的一个群体，而他们的生活却大都是处在城市生活的底层，生存环境极端恶劣，有来自物质生活的，也有来自情感生活的。如何活跃民工的闲暇生活；如何拉近广大市民和民工的关系；如何让整个社会关系更融洽，更适应和平、稳定、发展的大局……这些是一个负责任的媒体所义不容辞的责任和义务,而这个案例中,浙江日报、钱江晚报、今日早报正是立足与此来提高媒体在社会、公众心目中的形象和地位。

媒体自身的公关行为,是媒体本身作为一个经济实体要发展生存的压力使然。新闻机构是其他社会组织与广大公众沟通信息和交流感情的主要媒介,但在现实环境下,新闻媒体出于竞争的需要,同样需要通过一系列的社会性公关活动,来提升自己的形象,引起广大受众的注意或参与,寻求合作和支持,借以扩大自身的知名度和美誉度。从浙江日报、钱江晚报、今日早报开展的媒介公关活动中,我们可以吸取一些经验。

1. 要善于关注社会热点问题

这可以说也是媒体的特性所决定的,关注社会热点是媒体一直在做的一件事,但是难的是如何利用这一热点,来对社会大众做好引导和沟通,这就需要一系列的公关活动,甚至要依靠政府组织、企事业团体等,共同来完成这项工作了,并借此来提升媒体负责任的形象。这一案例中,这三家报纸正是看到了民工问题这一当今社会的热点,并不失时机的联合省群众艺术馆等相关单位,共同开展了这一系列民工文化活动。尽管在这之前,国内媒体已经对这方面问题有所关注,并开展了一些民工文化活动,但是像它们这样大规模大跨度的却是第一次。这样,在引导人们在正确认识民工加强和民工朋友交流的同时也自然将视角关注到了媒体本身。

2. 要把公众利益放在首位,体现媒体的社会责任感

要真正为公众着想,真心为公众提供服务,才能真正赢得订户,自然也能赢得广告客户。三家媒体推出这样一系列活动,可以提升形象,赢得更多的市民受众这是勿庸置疑的;而值得一提的是,民工作为城市一个庞大的群体,对媒体来说也是一个庞大的受众市场,三家媒体这样关心和重视民工的物质精神生活,必定在广大民工心目中留下深刻的印象,自然也会因此而更多的关注这三家媒体,从而达到预期的目标。

3. 活动策划要争取"多赢"的效果

一方面媒体作为新闻传播机构,要做好公众代言人的角色,考虑公众的利益,尤其是要重视社会弱势群体的利益诉求;另一方面,媒体作为市场活动中的经济组织,生存主要依靠的是广告收入,于是就要扩大知名度,提升形象,以此来提高发行量,吸引广告客户;第三,媒体作为社会的公器,要积极做好社会舆论导向和引导大众正确行为、心态的任务,要维护社会稳定。因此从公关的角度来说,一定要从这三方面着手,并且在开展公关活动时要尽可能联合社会其他部门,这样才能产生"规模效应",发挥联动作用,在最大范围内在让公众受益,产生更大的经济效应、社会效应,满足更大的公众利益,这样才能使媒体提升自身形象的同时借机扩大自己的影响和美誉度。

案例九

身残志坚 爱心激励

——"康恩贝自强奖学金"特别关爱

项 目 背 景

近年来,随着浙江经济社会的快速发展,浙江省残疾人教育工作有了长足进步,浙江省残疾人大学生的数量占全国残疾人大学生总数的 1/10 以上。而这些大学生中的特殊群体的需求也应该得到我们更多的关注。

康恩贝集团有限公司是一家在现代植物药研发,制造及在化学合成药方面拥有现代制剂技术的,具有核心竞争优势的大型制药企业集团。为激励残疾人大学生身残志坚,发奋学习,2001 年开始,康恩贝集团出资奖励优秀残疾人大学生。2007 年在浙江省残疾人福利基金会专设自强奖学金,7 年来康恩贝集团奖励金额已达 200 多万元,惠及残疾人大学生 1400 多人次。

项 目 策 划

康恩贝自强奖学金的宗旨是让残疾人大学生感受温暖,树立信心,激发奋发向上的学习动力。而在 2008 年,康恩贝自强奖学金更希望在关心帮助浙江的残疾人大学生的同时也把爱心传递给地震灾区的残疾人大学生。康恩贝利用《钱江晚报》在浙江地区的覆盖性、权威性和服务性的特点,通过钱江晚报及时刊登相关信息,联合浙江省残疾人联合会、浙江省教育厅和浙江省残疾人福利基金会展开活动。

项 目 实 施

2001 年开始,康恩贝集团出资奖励优秀残疾人大学生,为扩大对残疾人奖励的覆盖面,进一步引导残疾人奋发向上,经省残疾人联合会和省教育厅同意,从 2007 年开始在残疾人福利基金会专设浙江省"康恩贝自强奖学金"。其奖励范围:

①浙江省内各高等院校全日制在校的残疾人专科(高职)生、本科生、硕士研究生和博士研究生;

②在省外高等院校就读的浙江籍残疾人博士研究生;

③浙江省内自学成才并发挥特长、作出突出贡献的优秀残疾人。

而根据 2008 年的特殊形势,康恩贝专门为浙江省对口支援的青川县残疾人大学生设立了"康恩贝自强奖学金"特别奖,把爱心传递给灾区的残疾人,而钱江晚报等媒体业跟进报道,在 12 月 3 日(国际残疾人日)整版记录了 4 位被评为"康恩贝自强奖学金"特别奖的青川籍学子的心路历程。

项目评估

"康恩贝自强奖学金"设立以来,一直受到社会各界的支持和好评,它使部分残疾人大学生既得到精神上的鼓励,又切实解决了一定的经济困难。一些当年曾经获得过自强奖学金的残疾人大学生如今很多已经走上了工作岗位,并得到了社会的认可和赞同。而对于那些刚经历过人生中的一场大灾难却仍坚持参加高考的四川学子而言,这一奖学金也是对他们的努力的一种肯定和鼓励,给他们从悲伤中站起来的勇气,做一个自强的大学生。

案例评点

1. 设立面向残疾人大学生的基金,开创先河

在康恩贝之前,也有很多的企业在各大中小学设立奖学金以奖励优秀学生,但"康恩贝自强奖学金"的很大一个特点就是其对象是优秀残疾人大学生,为这一特殊群体设立爱心基金,在全国还是首家。这样的一个创举就使得康恩贝的这一公关活动显得别具特色,带有鲜明的特点。而其关怀残疾人大学生也让人们感受到了康恩贝一贯秉承的"为人类健康,献至诚至爱"的理念。

2. 联合浙江省残疾人联合会、教育厅和残疾人福利基金会,作好政府公关

2001年康恩贝集团就出资奖励优秀残疾人大学生,为扩大对残疾人奖励的覆盖面,进一步引导残疾人奋发向上,经省残疾人联合会和省教育厅同意,从2007年开始在残疾人福利基金会专设浙江省"康恩贝自强奖学金"。通过这一自强奖学金的设立和评选,康恩贝集团加强了和省教育厅等部门的互动,密切了关系。为良好的政府关系创造了条件。

3. 牵手钱报,扩大影响,同时处理好与媒介公关的关系

康恩贝的此项活动的报道,信息发布首先借助了钱江晚报,钱江晚报属于浙江日报报业集团,在浙江省内发行量大,普及面广,影响范围较大。通过对康恩贝此次活动的宣传既提高了企业的知名度和美誉度,也使钱江晚报的人性化形象更加突出。这对于康恩贝来说是双赢的,也有利于日后与钱报的合作。

4. 规范化的执行和实施是公关活动成功的坚实基础,活动的系统化具延续性

康恩贝集团设立针对残疾人大学生的奖励自2001年设立以来不断完善,它为让更多的残疾人了解、申报此项奖励,与省残疾人福利基金会一起制定了《浙江省"康恩贝自强奖学金"奖励办法》并予以公布。这使得活动具有很强的延续性实效性,因此大众对康恩贝集团的评价也上升,因为很多时候的一些企业的公益宣传往往雷声大雨点小,真正落到实处的很少,而康恩贝集团的规范化执行却可以避免这些,默默地兑现自己的承诺,同时也赢得人们的赞赏,增加对企业的信任度。

5.关心社会,回报社会,及时迅速作出反应

2008年汶川大地震的发生,给中国人民带来了心灵上永久的创伤。康恩贝集团及相关企业通过多种途径,筹集2100余万元药品和现金,倾力支援四川抗震救灾。同时对"康恩贝自强奖学金"作出调整,设立专为浙江省对口志愿的青川县籍残疾人大学生的特别奖,为在地震中遭受创伤的灾区大学生送去关怀。康恩贝的对社会灾难、危机的及时关注和迅速行动很好地展现康恩贝的社会责任心,为康恩贝树立了良好的形象。

6.以社会公益为出发点,润物细无声

在整个活动中,我们看到的是激励残疾人大学生的康恩贝,设立这个奖项,康恩贝并没有大肆宣传自己的各种商品产品,以社会公共利益为出发点,为残疾人大学生做实事。这样反而会提高企业的知名度和美誉度,展现企业的良好风貌。润物细无声才是最高明的公关手段,在大众在潜移默化中对企业抱有好感,这对企业的未来发展十分有利。

案例十

冬 季 大 学 生 征 兵

——看中国的军事公关

项 目 背 景

2009年11月1日,中国国防部的全国冬季征兵工作在各地正式展开。今年一个突出特点是扩大了高校应届毕业生入伍,今年也是大规模征集普通高校应届毕业生入伍的第一年。根据计划,将从高校毕业生中预征兵13万,为历年来最多的一次。同时,教育部、财政部、解放军总参谋部、公安部等部门出台多项优惠政策,鼓励应届高校毕业生投身军营,并通过多种媒体和活动形式的宣传加大动员力度。

项 目 实 施

(1)征兵条件

今冬征集主体对象主体为各级各类本科、大专、高中(含职高、中专、技校)学校2009年应届毕业生;同等条件下优先征集学历高的青年入伍,同等学历的优先征集应届毕业生入伍。非农业户口青年,应具备高中毕业以上文化程度,在县(市、区)范围内优先征集大专毕业以上文化程度青年入伍,然后再征集高中毕业文化程度青年入伍。农业户口青年,应尽量具备高中毕业以上文化程度,在县(市、区)范围内,优先征集高中毕业以上文化程度青年入伍,然后再征集初中毕业文化程度青年入伍。

各级各类本科、大专、高中学校学生完成专业课程学习后,参加实习至2010年毕业的,本人自愿应征并且符合条件的,可以批准入伍。依法应当缓征的正在全日制高等学校就学的学生,本人自愿应征并且符合条件的,可以批准入伍,并尽量征集2009年入学的学生,原就读学校按照有关规定保留其学籍,退伍后准其复学。

征集年龄,男青年为2009年年满18—20岁,高中毕业文化程度的青年可放宽到21岁;女青年为2009年年满18—19岁。全日制普通高等学校毕业生和在校学生征集的年龄按照有关规定执行。

(2)征兵时间安排

10月底开始报名登记;11月1日起全面启动,11月3日起男青年体检;11月8日起女青年开始体检;12月10日起运送新兵;12月31日前新兵运送完毕。

(3)优惠政策的推出

为鼓励高校毕业生服义务兵役,我国以空前力度出台八大优惠政策。其中引人注目的是,为应征入伍服义务兵役的高校毕业生补偿相应学费,代偿助学贷款,高校毕业生入伍之初就可一次性获得每人最多2.4万元的学费补偿或助学贷款代偿,全部由中央财政拨付。

教育部高校学生司宣布,今年高校毕业生入伍遵循"两优先原则",即同等条件下,学历高的青年优先;同等学历下,应届毕业生优先。

解放军四总部发出通知,在部队服役的大学毕业生士兵均可纳入提干选拔范围,注重向师级以下作战部队和艰苦边远地区部队倾斜。

今年女兵征集制度做出了较大幅度的调整,由过去的推荐报名变为全面面向社会普遍报名征集,这在全国也属于首次。征集的女青年为全日制普通高等学校的应届毕业生、在校生和2009年普通高中应届毕业生。年龄也相应放宽,本科以上应届毕业生放宽到24岁。

国防部征兵办公室对这些政策改革和创新,主要说明了5个方面的时代需要:新世纪新阶段军队履行使命任务的需要、军队武器装备日益现代化的需要、士兵在作战系统中地位作用更加重要的需要、国民教育日益普及和国民素质不断提高的需要、兵役法规与时俱进的需要。从前几年参军入伍的大学生士兵已逐渐显现自己的优势成为部队建设和训练的骨干就可以说明这些政策改革和创新的必要。

(4)征兵广告的运用

2009年国庆阅兵成广告卖点是今年冬季征兵工作的一大亮点。以国庆阅兵的场景为题材,抓住阅兵带给人们的热情和激情。此外,电视征兵广告口号"走,参军去",口语化,贴近大学生的生活。征兵处的宣传画上,只有军容整洁的仪仗队、守卫鸟巢的官兵、驾乘"神七"的飞天英雄。他们取代了中小学课本中经常出现的抗日英雄们,成为这些大学生新兵们的榜样。与父辈相比,新一代军人的梦里,似乎少了炮火硝烟的味道,多了对两年后人生新起点的期许。(具体广告见下图)

项目评估

(5)媒介舆论

刚刚过去的国庆阅兵展示,令众多应届毕业生充满了对军营的崇敬与向往。国家为应征入伍服义务兵役的高校毕业生补偿相应学费,代偿助学贷款,这意味着高校毕业生应征入伍相当于免费上大学。此外高校毕业生服役还享有优先提干、考学的政策,退役后也在就业报考方面享有优先权利,这些优惠政策都极大地提高了年轻人应征入伍的热情。对 2009 年出台的征兵新政策,很多媒体用"密集"、"跨越"和"突破"来形容,认为此举对缓解就业压力、提高军队整体素质十分有益。

(6)社会反响

2009 年的征兵工作无疑将载入国防和军队建设史册,全国有 13 万名高校应届毕业生报名入伍参军。教育部、解放军总参谋部等四部门日前公布,这一数字与 2001 年的 2000 余名相比,年度总量扩大 60 倍。以浙江为例,据不完全统计,浙江省有 61.2 万适龄青年参加应征登记,确定 82130 人作为预征对象。据了解,今年是女兵征集重大改革的一年,也是中国普遍面向社会征集女兵的第一年。浙江省女青年参军热情火爆。浙江省有 8800 名适龄女青年报名应征,4100 余人初检初审合格。仅在江干区下沙大学城,参加报名的女兵就有 900 余人。

案 例 评 点

1.优化结构,提升形象

"铁打的营盘流水的兵"。征兵本是例行事,但今冬的征兵却非同寻常,只因中国兵役征集制度出现了大幅变化。我国征兵政策的调整改革,有着深刻的时代背景。其中,军队现代化建设迫切需要大批高素质兵员,无疑是改革最根本的内在动力。另一方面,近年来国民教育飞速发展,高等教育已进入大众化时期,也为我军提升兵员层次奠定了基础。此外,大学扩招带来的就业压力也迫使高校学生多途径选择人生。向教育要人才、到院校选兵员,成为大势所趋。正是在诸多因素推动下,今冬征兵开始后,"大学生,当兵去"的口号被迅速叫响,"投笔从戎"成时尚之风。因此,我国军队在迈入结构优化的阶段之余,也想向社会表明甚至告诉整个国际社会,将来的中国军队不再只敏于行,同时也敏于言更敏于智。

2.政策调整,唤起受众热情

2009 年以来,军地有关部门以空前力度先后出台 8 大优惠政策,鼓励高校毕业生服兵役,其中不乏充满吸引力的内容。"兵役不比工作收入低"、"入伍大学生考研可加分"、"补偿学费或代偿助学贷款"、"退役后工作有保障"这一系列从政策转化而来的标语式字眼犹如最具吸引力的招聘广告牵动着百万学子的心,在征兵政策调整出台后,各大媒体的舆论操作突出了征兵对大学生的"卖点",应征的学生往往在心理上已经被这一系列的宣传所说服,相信入伍是一个明智的选择,中国军队俨然成了光明前途的代名词。

3.军队也活在传播时代

这是一个媒介信息急速爆炸的时代,一个国家形象都在走营销之路的时代,军队当然也不能例外。这次征兵宣传手段也不断出新出彩,除传统的标语、横幅外,信息化平台正被广泛使用,征兵广告开始登上北京等卫视黄金档,同时报纸、网站、杂志和短信让征兵广告全面开花。但是,要形成人人关心支持国防建设的社会氛围,仅靠一个阶段的集中宣传显然远远不够,而应持续为之,追求长远效应。如果能在央视等电视媒体上能经常看到国防类公益广告,公众的国防观念必将大为改观。此外,民政、公安、卫生等相关部门也应主动而为,查漏补缺,方方面面都把工作做得更加细实一些,形成的合力自然更强劲、更有效。

4.新征兵模式的借鉴

有资料显示,美军士兵中大学生比例已高达 60%,英军也已占到 40% 左右。世界各军事强国每年都在征兵上煞费苦心,其中欧美国家在征兵方面已经有了相当成熟的运营模式。他山之石,可以攻玉。国外的征兵手段充分体现了市场营销作用的运用,丰富的宣传手段吸引了年轻人的眼球。而我们则更侧重于传统精神的弘扬。为了适应信息化条件和市场经济环境中的新形势,在征兵工作中必须充分利用媒介的传播作用。无论什么样的民族、国家、历史、文化和社会,只要存在着军事斗争,就需要制定一套完善的征兵制度,并用它褒奖、引导和培育民众的从军热情,维护军队和社会的稳定。相信随着征兵制度的进一步深化与发展,我国的征兵推广体系会日臻科学完善。

第九章

公关营销——双赢之魅

你遭遇下列问题了吗

- 市场营销等同于公关策划吗？
- 在市场营销的环节中如何运用公关的技巧？
- 公关促销就是广告促销吗？
- 公关营销的特点何在？
- 公关营销直奔商业利润吗？

关键词链接

市场营销：美国学者菲利普·科特勒认为市场营销的特定含义是"识别目前未满足的需求和欲望，估量和确定需求量的大小，选择本企业为它服务的最好的目标市场，并且决定适当的产品、服务和计划，以便为目标市场服务。"

公关营销：指在传统的营销过程中引进公共关系的传播理念和传播技巧，从而使现代组织的市场竞争发展到组织与组织之间的整体形象竞争、信誉之争。这样公关营销既不同于一般的市场传统促销，又不同于纯粹的公共关系。它是公关学与营销学互相结合的产物。被广泛运用于现代企业组织市场促销的每个环节中发挥巨大作用。

感性营销：就是指企业的营销活动情感化，将"情感"这根主线贯穿于营销的全过程。

体验营销：指从消费者的感官、情感、思考、行动、关系五个体验战略模块出发，重新定义、设计营销的思考方式。此方式突破传统"理性消费者"的假设、认为消费者消费时兼具理性与感性。消费者在消费前后的体验，才是研究消费者行为与企业品牌经营的关键。

智慧提醒

①面对复杂多变的市场营销环境，组织要在强手如林的市场营销中取胜，不仅要有公关意识，而且要求策划者具有高超的营销技巧和谋略。

②现代市场竞争已发展到整体的形象之争和信誉之争，公共关系作为一种形象传播要求，已成为现代企业一种重要竞争策略和手段。

③传统市场营销策略组合，一般称为4P'S。即

产品（Product）；

价格（Price）；

渠道（Place）；

促销（Promotion），人员促销、商业广告、营业推广、公共关系，公共关系属于"促销策略"中的一个因素。

④现代市场营销理论将公共关系从"促销策略"中独立出来，成为一个单独的"公共策略"，形成了6P'S。即：产品策略；价格策略；渠道策略；促销策略；政治权利（Politicd Power）；公共关系。

⑤公共关系营销与传统促销差异（见图）

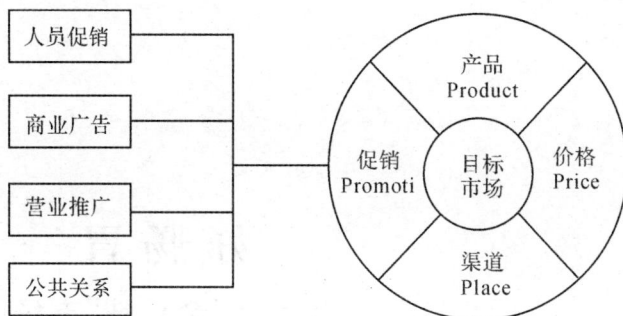

	传统传销	公共关系营销
任务	推销产品、技术、劳务	塑造企业形象，优化营销环境
对象	顾客、潜在消费者	整个公众和舆论
方式	公众通过接触产品而了解组织	公众通过了解组织而认识产品
功能	直接促销	间接促销
效果	近期的市场效益	长远的市场影响

⑥公共关系在市场营销中，侧重于塑造和传播企业的整体形象，发挥企业整体形象对市场的影响力；公共关系侧重于营造良好的市场环境，为企业创造长期稳定的营销条件，以保证企业的长远利益。

温馨小粘贴

①公关营销新观念：注重信息营销；注重服务营销；注重市场培育；注重国际营销。

②随着国际经济发展的"关系化"，国际生产日益向"关系生产"发展，国际市场逐渐成了"关系市场"，国际营销也就跟着变成"关系营销"。公关策划要密切注意国际市场的动态，适应"国际大营销"的需要。外向型企业应确立"关系导向"的世界经济

意识，以"关系营销"为中心开展国际营销策划。

③公关营销的效果不能仅以销售量衡量，还应以顾客的满意程度来评价。

④现代市场营销人员不再作为单纯的商品推销者，应作为客户的伙伴合作者和顾问。

⑤情感效应在商品促销中产生巨大"催化"作用，在进入感性营销的现代社会，只有依据消费者的不同心理，通过其业已满足的需求即"现需求"考察其潜在需求，才能制定成功的感性营销策划和策略。

⑥开展关系营销可以使企业广结人缘，同公众搞好关系，从而保持和发展顾客，减少交易成本，实现资源的优化配置。

案例点击

案例一

好 肠 胃 一 生 平 安
——"金双歧"市场（深圳）营销

项 目 背 景

2000 年元月，卫生部推出了药品分类管理办法，其中医药分家和药品分类制度的全面推广特别引人注目。药品分类制度的推出不仅使药品市场逐步规范，同时也使更多的生产处方药的药厂看到了另一个巨大的市场空间，那就是非处方药市场（OTC 市场）。许多医药厂家推出了适应 OTC 市场销售的新品种，为处方药销售找到了新渠道。由于药品分类管理办法才推出几个月，还不为广大消费者所认知，因此预测国家一定会对其进行广泛的宣传。按照国家的宣传习惯，像这样的一个重要条例在推出时，一般都会推出一系列的科普宣传活动，同时，媒体都会全面参与进行广泛的宣传报道。

国家一类新药金双歧是治疗急慢性腹泻、肠胃不适症的处方药。如何适应新的政策、新的市场环境，提高药品的品牌知名度，改变市场销售萎缩的状况，是生产厂家万泽医药亟待解决的问题。通过深圳采纳营销策划公司的协助，他们借助国家宣传OTC 的大势，策划了一系列市场营销活动，在竞争激烈的市场环境中取得了成功，使一个销量连续下滑近六个月的产品，在一个月内不仅止住了下滑，而且使销量上升了10 多倍。

项目调查与策划

市场问题点：

● 产品由于目标市场定位不准，推广不利，宣传不得法，使产品销量直线下降；

● 产品包装在设计时按照处方药品设计，导致货架视觉效果极差，视觉要素在OTC市场上缺乏竞争力，但是改变药品包装需要很复杂的手续，包装不能改变；

● "金双歧"品牌无知名度，品牌形象的塑造需要一个过程，"金双歧"这个药品名称本身也不适合做OTC市场的推广，而且药品名称不能变动；

● 竞争对手多，且有强势品牌。目前，市场上与金双歧功能相同或接近的品牌较多，如丽珠肠乐、妈咪爱等，它们已在消费者中拥有属于自己的忠实顾客群。有资料表明，对于药品购买，47.2%的消费者会选择自己熟悉的品牌，服用时会更放心，也就是说，对一个新生药品品牌来讲，存在相当的竞争压力；

● 缺乏必要的市场拉力，这包括广告及终端促销支持。虽然金双歧曾做过简单的市场促销，但对整个市场没有起到强有力的推动作用，原因可能是由于市场定位及卖点不准；

● 作为微生态制剂，消费者对产品这种概念的知识缺乏了解，药理比较复杂，一般消费者难以理解复杂的产品功能。另外，产品的治疗功能较多，产品卖点不明确，药品适用范围广，营业员在销售时无法清楚地介绍产品。

形象设计：

● 确定了以上的策略，但是怎样实施这些策略，才能达到四两拨千斤的效果呢？经过讨论认为：金双歧本身的药名就可以变成一个传播要素，如果能将药名与某个鲜明的形象联系在一起，就可以起到很好的提升品牌知名度的效果；

● 经过创意设计出了一个孪生姐妹的形象，寓意"双歧"，她们是健康保护神的化身，是治疗肠胃患者的安全使者，肩负着肠道生态平衡的使命。接着，将这对姐妹设计了穿迷彩裙的准军人形象，同时为她们设计了一个动作：暂停的手势，此手势寓意坚决保卫肠胃健康，让一切肠胃病就此停止；

● 军装孪生姐妹形象推出后，立刻引起了消费者的关注，消费者一看到这两个军装孪生姐妹就会联想到金双歧。由此金双歧的目的达到了，许多消费者在药店买药时指名购买代表这个形象的产品；

● 产品在销售终端、立牌广告、灯箱广告等一些物品上都运用了这一形象，使视觉形象得到统一。军装孪生姐妹的英姿给人留下了很深的印象，让人过目难忘。

市场策略：

通过对营业员、经销商、消费者以及同类竞争对手产品的市场调查，确定了以下策略：

● 明确目标市场，决定以中青年多发肠胃病者为主要消费群，因为这类人群经常服用肠胃药，对肠胃病认识比较深；

- 为金双歧打造一个鲜明富有个性的传播形象,使它从众多的医药产品中脱颖而出,克服产品包装不足的缺点,要达到使消费者从众多的产品中指名购买金双歧的目的;

- 明确产品的特点,国家医药分类管理办法出台后,重点宣传之一就是药品的安全性、有效性。如果将产品卖点集中定位在安全有效上,和国家宣传口径接轨,就能够搭国家药品分类管理办法宣传的车,迅速提升金双歧的知名度;

- 利用整合营销传播的策略,将科普宣传、广告、促销、人员推广、终端包装等手段融为一体,形成立体的大攻势,大幅提升产品销量;

- 对终端促销在两个方面开展:一是在售卖点展开大规模促销;二是对经销点的营业员进行业务培训,止住销量下滑的趋势;

- 所有的广告、宣传的文案要以退为进,不要自吹自擂,要以诚实可信的语言增强消费者的信任度;

- 暂时回避对微生态制剂赞美的概念宣传,要以简单、有趣的方式介绍产品。让消费者记住产品功能,不能使用难懂的科学术语,以免形成语言壁垒。

- 实施以"策略引导创意"的创意观。只有正确策略才能保证创意的成功,才能使品牌营销"形散而神不散",统一品牌独有的核心价值,并形成一套完整的企划方案。

项 目 实 施

公关创意:

- 在前期创意过程中,形成了以形象广告为主线,促销为辅的一套传播策略。那么怎么来进行公关广告创意呢?面对处方药在 OTC 市场的诸多限制,公关广告活动的成败直接关系到产品销售的成败,所以公关创意成了产品销售的核心,在经过市场调研和策略思考的基础上,策划公司提出了以"安全有效"为整合点对产品全面传播的创意;

- 公关广告的创意一定要围绕这个整合点展开,配之以安全用药科普宣传为核心的公关活动。这一公关活动既来源于对产品准确把握和定位,又来源于对外部市场形势的判断。任何成功的公关活动都是借助外部市场环境的有利条件来展开对自身的宣传和炒作的。具体活动是搞一次安全用药科普调查活动;

- 实施这一策划的方法:要找到一个权威的公众信任的单位和媒介来共同举办安全用药科普调查活动。经过联系沟通,深圳市卫生局和深圳商报社共同参与了调查活动。

- 必须调动众多媒体参与安全用药科普调查活动。在此基础上配合硬性广告,形成广告上的整合优势提升产品知名度;

- 必须形成产品知识和消费者的良性互动,公关创意执行如下:

① 5 月 26 日,在《深圳商报》刊登安全用药科普调查公告,同时通过报纸夹寄药店派送发出 10 万份《金双歧人健康快讯》;

②5月27日,配合深圳卫生局在东门步行街开展处方药与非处方药宣传周活动,在现场开展用药安全调查活动,此举引起了各媒体的广泛关注,金双歧在现场精彩亮相,更成为全场焦点;

③5月28日—6月13日,通过现场、报纸、寄问、药店共收回问卷数万份;

④6月12日—6月18日,深圳主要媒体对此次活动进行了详细的报道,并刊发了大量的安全用药科普文章,因为金双歧是主要赞助商,更成为报道的主角,使人们将"金双歧"与"安全有效的肠胃药"紧密结合起来。报道一波高过一波,空前造势形成;

⑤5月26日—6月底,万医生(万泽医药咨询人员)每天接听数百个热线电话,回答消费者有关安全用药的咨询;

⑥6月16日开始,万泽医药向全市人民赠送万医生安全手册,众多消费者争相索取,在安全用药手册中金双歧再度成为主角,使消费者对产品有了更深的了解;

● 伴随着安全用药调查宣传,金双歧同期推出了"安全有效的肠道用药"——金双歧的广告宣传,并以"'肠'治久安"这句广告语,贯彻安全用药的始终,使金双歧的知名度在短期得到了大量的提升,其安全有效的特点,受到消费者瞩目,销量猛增。公关活动取得了空前的成功。

广告创意:

金双歧成功的又一关键因素是广告创意,配合公关活动推出一系列给消费者的忠告广告对于推动产品销售起了很大作用。如《金双歧忠告肠胃患者:别误中"圈套"》、《金双歧忠告肠胃患者:别误中"暗器"》、《金双歧忠告肠胃患者:别误食"恶果"》。这套广告以退为进,语言娓娓动听,不自吹自擂,与科普公关相互呼应,起到了强有力的促销效果。接下来,围绕安全用药话题的展开,推出一系列科普文章,进一步突出介绍产品的特性。在安全用药科普调查活动结束之后,又推出了金双歧给消费者的五封信,以亲切的语言系列报道:《忠告:别把肠胃当药罐》、《劝告:别再浪费你的金钱》、《警告:抓住致病的元凶》、《敬告:别再忍受痛苦的折磨》、《宣告:好肠胃一生平安》通过这五封信的系列报道,向消费者传达了肠胃疾病的成因及本质,达到了教育引导消费者的目的,同时也又一次宣传了产品功能;在推出这五封信系列报道同时,巧妙地将促销活动融合进去,只要消费者集齐五封信便可得到万泽医药提供的精美礼品,通过这一途径,使消费者对五封信有了一个整体认识,可以达到充分教育引导消费者的目的。该活动在推出后,反响热烈,在各联锁点兑换奖品的人络绎不绝。整个广告创意围绕着金双歧产品的特性,结合消费者对医药产品的潜在认识,调动了消费者对安全用药的重视与关注,使产品和消费者有机的融合,使广告宣传达到了四两拨千斤的效果。

项目评估

经过双方的协同运作,产品销量提高十多倍,品牌知名度也大幅提升,如今金双歧以深圳为根据地,产品扩展到华南地区,并准备开始向全国 OTC 市场进军。

案例评点

策划界有句常用的口头语叫做"找点",简单的两个字,其中的学问却不简单。为什么要"找点"呢?这是因为现在的产品太多了,产品的宣传也太多了,不"找点",简直就无法生存。

"找点"有两层含义:一层是产品差异化。自己产品和同类产品有什么区别,产品的优势是什么?找到这个"点"是产品存在的理由,如果连这个"点"都找不到,在当前市场上,此产品肯定是"苟延残喘"型产品,没几天活头了;另一层是在找出优势点之后,要找出进入市场的"点",运作这个"点"的成败,关系到产品在终端市场上的成败。所以找到这个"点"就显得更加重要。

目前,企业的最大问题并不在第一层面的"找点"上,而是在第二层面的"找点"上。因为第二个层面上的"找点"要比第一层面上的"找点"难得多。第二层面上的"找点"带有太多的"跳跃思维"成分:猫狗、经理和涂料联系在一起(前不久新闻报道:猫狗没能做广告,经理被迫喝涂料),牛群和性药联系在一起(牛群做性药产品"牛哥"广告)等等,都是通过跳跃思维"找点"的典型。本案例中,金双歧产品和 OTC 市场所倡导的"安全有效"进行联系,也是跳跃思维创意的结果。如果金双歧按照老路子,老老实实打广告,用正常的广告语来讲自己的产品功能,其效果肯定不会好,铺天盖地的广告有那么多,谁会听一个名不见经传的产品"痛说家史"呢?当然,所有的"点"在找完之后都需要各种公关广告宣传的配合,但需要注意的是:"找点"是所有公关广告宣传的基础。

案例二

"新美好主义、惊喜你自己"
——玉兰油"新标识、新包装、新理念"的市场公关

项目背景

创始于 1837 年的宝洁公司是世界最大的日用消费品公司之一。该公司凭着骄人的业绩跻身《财富》杂志评选出的全球 500 强企业前 20 名,属下产品包括食品、纸品、洗涤用品、肥皂、药品、护发及护肤用品、化妆品等。

自 1988 年宝洁公司在广州成立其在中国的第一家合资企业——广州宝洁有限公司起,宝洁在中国已有十多年的投资历程。10 多年来宝洁属下的一些著名品牌可谓家喻户晓,如:潘婷、飘柔、玉兰油、佳洁士、碧浪等等。

项目调查

在策划活动之前,玉兰油品牌在全国 14 所城市展开"新美好主义"时尚调查。调查表明,绝大部分中国女性希望拥有从内到外全方位的美好,并希望通过养颜、美体以及气质的培养来达到这一目的。由于玉兰油在中国市场上拥有广大而稳定的消费群,全面的"新标识、新包装、新理念"换新动作,势必引起巨大反响。作为销售量排名前三位之一的品牌,有理由将自己不断前进,不断创新的理念带给处于不断追求更高生活品质的消费者。此次活动的目标是确立玉兰油在中国护肤品领域中的旗帜地位,成为中国护肤品领域的可信赖权威,唤起目标群体的激情及尝试玉兰油产品的兴趣。

项 目 策 划

公关目标

在全国 14 个大中型城市中提高玉兰油品牌的知名度,并通过举办"美好之旅,惊喜自己"大型女性流动课程,帮助中国女性焕发从内到外的美好,展示"优雅、纯美与自信"的精彩个性。

公关策略

① 通过一系列的美容课程和新包装发布会,显示玉兰油品牌的传统风格及对中国女性美的理解。

② 利用全国各大媒体充分报道玉兰油"新美好主义、惊喜你自己"理念。

目标群体

年龄在 18~36 岁之间收入中上等的消费者,女性消费者为主。

项 目 实 施

(1)前期工作投入

① 在全国 14 所城市展开"新美好主义"时尚调查。

② 在产品上市前,在各大网站(包括宝洁公司和玉兰油网站)以及全国玉兰油专柜,发布"玉兰油—新美好主义、惊喜你自己"宣言,并聘请香港混血女艺人 Danielle 作为全新玉兰油代言人。

(2)开展大型女性美课程

玉兰油品牌与中华全国妇女联合会展开覆盖全国六所城市的"美好之旅,惊喜自己"大型女性流动课程,从肌肤养护、形体塑造和提高内在修养等几个方面进行授课,帮助中国女性焕发从内到外的美好,展示"优雅、纯美与自信"的精彩个性。

(3)全新玉兰油闪亮登场宣言

作为与中国女性共同迈向新美好历程的第一件举措,2001 年 10 月 12 日,玉兰油命名 10 月 12 日为"美好日",在北京、上海、广州等 14 所大城市以不记名形式派发数百万朵鲜花,向众多女性送去赞美与惊喜。与此同时,数百万只网上惊喜玫瑰也在以同样形式传递。在天降惊喜的一瞬,众多女性发现:"原来自己是如此美好!"让女性看到自己由衷的美丽,是"美好日"的目的,也是玉兰油"新美好主义"的一个重要内容。

(4)玉兰油全面换新装

玉兰油向"新美好女性"奉献第一件礼物——全新产品标识与包装也在 2001 年 10 月 12 日在全国玉兰油专柜闪亮登场。黑、白、金主打包装色调,标识造型更加精致优雅,继承玉兰油一贯独具的亲和感,体现不凡品味;每款护肤产品被严格界定为三种系列,即基础养护、美白、防晒以及抗衰老系列,分别用产品外包装上的一抹色彩——粉红、明黄与亚金进行区分,让女性朋友更清楚了解每款护肤品的功能,选择产品更加有的放矢。

项目评估

如同玉兰油标识的日趋简明、清晰与时尚,玉兰油品牌高贵、独立、成熟而自信的新美好女人形象也日渐清晰。此次举措对玉兰油来说不仅是包装与标识的更新,更是一次全方位的升华。玉兰油不仅代表了高品质的护肤产品,更逐步成为感性而具有亲和力的女性世界。

案例评点

此次从 10 月份延续次年 2 月份的玉兰油"新标识、新包装、新理念"推广活动的效果及媒体的反应异常出色。借由产品包装设计的更新,使广大玉兰油产品的使用者感到:玉兰油在保证自己一贯优良品质和品味的同时也在不断追求更高的目标,不断完善和提高自己。尽管本次活动只是标识和包装的更新,可它带来的影响却是让人感到玉兰油正在经历一次具有历史意义的革命,其震撼力不亚于推出任何一个新兴产品。更重要的是,玉兰油将一次简单的包装更新演变成了对美丽的全新演绎,让所有女性认识到美丽不仅仅只是外表的改变,更是内在品质和内涵的提升——使用玉兰油不仅仅改变外表,更改变你的内在,从而达到提升化妆品神奇魔力的作用。至活动总结时所收到的汇报看来,此次活动取得巨大的成功,令人耳目一新,留下深刻的印象,受到了来自媒体、业内人士,尤其是广大消费者的好评。

案例三

创新透气保护 引领时尚潮流

——护舒宝新产品上市公关策划

项目策划

目标：

① 传播宝洁公司奉行"生产世界一流产品，美化您的生活"的宗旨，宣传宝洁一贯关注妇女健康，尽心尽力，不断创新，为妇女提供高质量保健品的承诺。

② 准确传播新产品——护舒宝透气丝薄卫生巾给经期妇女带来的福音：

● 透气性材料，是获得专利的材料；

● 新产品能有效地排出闷热、潮湿，提供干爽、舒适的保护；

● 新产品是中国市场上第一片采用透气材料制成的卫生巾；

● 新产品得到中国女医师协会的认证。

③ 取得广泛的媒介覆盖率，包括电视、广播、报纸和杂志。

策略：

① 将活动分为三个阶段，即：产品上市前、上市时和上市后。

② 在产品上市前，最大限度地运用媒体的力量，来引发公众对于"透气"这个话题的兴趣。向全国 100 家媒体同时发送一份"护舒宝套盒"，其中，有两个关于护舒宝透气丝薄卫生巾的小试验品；产品上市发布会的活动介绍，是媒介对于即将上市的护舒宝透气丝薄卫生巾又一个全面的认识，并在媒体刊登"透气"话题的报道。

③ 卫生巾产品的特殊性和敏感性，不适宜用产品本身展示，需要借用能展示产品良好透气性的形式。宝洁公司将活动的口号定位为"透气保护，时尚潮流"，除透气性能试验外，主要推出一台风格清新的"透气"时装表演，为媒体报道提供丰富生动的内容。

④ 请为护舒宝透气丝薄卫生巾做验证的中国女医师协会的妇科专家参加活动，从专家的角度，对这种新型卫生巾做认证，提高产品的可信度。

⑤ 对象选择：

● 媒体：妇女、时尚、消费、健康类的媒体

● 消费者：15～35 岁的女性

● 城市：广州、上海、北京、江苏、成都等 30 个城市

项目实施

整个活动从策划到实施,历时三个月时间,集中体现在 8 月 18 日产品上市发布会上。无论是在产品上市前的预备阶段还是在产品上市发布会之后,都密切的同相关媒体保持联系,使媒体充分的参与活动之中,为他们的报道提供了详尽的媒体参考材料。活动结束以后,电视台和电台等媒体的覆盖率为 100%;报纸杂志等媒体的覆盖率为 76%,取得了非常好的效果。

主要活动——护舒宝透气丝薄卫生巾产品上市发布会在北京举行:

① 时间是 1999 年 8 月 18 日,地点选择在北京王府井饭店的水晶厅。为了突出"透气保护,时尚潮流"这个主题,500 平方米的大宴会厅被装点的清新时尚,主色调是蓝白两色,给人以清爽剔透的感觉。大到背景板,小到接待台用以盛放名片的托盘,无一不显示出组织者的精心安排,为产品的上市发布会营造了一个非常好的氛围。

② 为了让与会的记者更加了解护舒宝卫生巾这个品牌,在会议厅外的走廊上,还搭建了一个护舒宝展区,并邀请受过专业培训的护舒宝产品推广小姐当场为大家演示有关护舒宝透气丝薄卫生巾的实验,并邀请记者积极参加。同时,将在"透气"时装表演中演示的 30 套"透气"时装制成精美的照片陈列在展板上,供记者评选出最受欢迎的一套"透气"时装。此外,护舒宝透气丝薄卫生巾的广告片也被搬上了展区,使记者了解到广告片拍摄的花絮。

③ 邀请中国女医师协会的领导、副秘书于东女士及著名妇科专家胡永芳教授参加护舒宝透气丝薄卫生巾的产品上市发布会,并做了发言,增加了产品的权威性和可信性。

④ 邀请来自北京、天津、上海、广州、杭州、海口、大连、南京、成都、重庆、武汉等地的百余名记者参加了护舒宝透气丝薄卫生巾的产品发布会,20 家电视台和四家电台对活动进行了报道;有 2/3 的记者在产品上市发布会结束之后,采访了宝洁公司大中国区副总裁关达迪先生,中国女医师协会的妇科专家、北京医科大学人民医院妇产科主任胡永芳教授等人,历时两个小时。

⑤ 15 名靓丽的模特身着代表浪漫优雅的蓝色、清新时尚的绿色的"透气"时装走上 T 形台,护舒宝透气丝薄卫生巾"透气、时尚"的特点被这些优秀的模特生动地演示出来。

项目评估

护舒宝透气丝薄卫生巾产品上市发布会的成功举行,引起了媒介广泛的报道,取得轰动效应。全国 20 家电视台给予专题报道,四家电台报道了护舒宝透气丝薄卫生巾产品上市的情况。截至 1999 年 11 月底,全国省市 97 家报刊包括香港大公报、文汇报报道了此次活动,报刊的媒体覆盖率达到 76%。在产品上市发布会前,全国 19

家时尚杂志及重要报刊上刊登了宣传透气时尚的文章,旨在宣传透气是一种健康的时尚潮流。产品上市发布会后,有关活动的报道有 87 篇。

案例评点

新产品上市能够一炮而红自然是每一个企业最想达到的目标。宝洁公司此次推出的护舒宝透气丝薄卫生巾虽然涉及的是卫生巾这样一类特殊敏感的产品,但因为其公关策略的得力,一举为其产品的全面推向市场打下了坚实的基础。

1. 充分利用媒体创造积极舆论

早在产品上市前,就最大限度的运用媒体的力量,来引发公众对于透气话题的兴趣。又面向全国 100 家媒体同时发送"护舒宝套盒",使媒介对于即将上市的护舒宝透气丝薄卫生巾有一个比较全面的认识,引起了媒体对产品发布的广泛关注。

产品上市发布会邀请了来自北京、天津、上海、广州等地百余名记者参加,数十家电视台、电台对活动进行了报道。媒体的广泛积极参与形成了强大的舆论优势,并在全社会引起了强烈的反响。

2. 独特的创意,生动活泼、丰富多彩的产品展示形式是取得媒体广泛报道的重要条件

本来卫生巾产品单一而敏感,很难在公众面前充分展示,但宝洁没有就产品论产品,而是围绕新产品的主要特点"透气"两字做文章。发布前通过媒体广泛宣传"透气"的重要性,发布时不仅营造会场的清新透亮的氛围,而且通过"透气"小试验,专家论证,尤其是一台独特的"透气"时装表演,吸引了媒体的巨大兴趣。媒体通过这些展示形式,可以写出生动的报道。如将新产品标题为"可呼吸的卫生巾"。全国各地电视台主要通过"透气"时装表演来报道。如果没有这些有独特创意的丰富多彩的展示形式,很难取得如此广泛的媒介报道。

3. 详细周密的策划

详细周密的策划保障了这个别开生面的卫生巾产品上市会的成功举行。其中许多细节,例如为外地来京的记者准备媒介会务手册等,都体现了组织者——福莱灵克公司的与众不同。良好的媒介关系使客户对北京福莱灵克公关咨询公司刮目相看。

更为深远的意义在于,宝洁公司的新产品上市传承了其一贯"生产世界一流产品,美化您的生活"的宗旨,宣传了宝洁一贯关注妇女健康,尽心尽力不断创新,为妇女提供高质量保健品的承诺,使得护舒宝品牌关爱女性的形象深入人心,为护舒宝品牌进一步树立自己形象奠定了坚实的基础。

案例四

<h1 align="center">非 常 可 乐 非 常 公 关</h1>

——娃哈哈新产品的市场推广

项 目 背 景

娃哈哈集团是中国最大的饮料食品企业,其产品种类丰富,娃哈哈 AD 钙奶、八宝粥、矿泉水等都是我们耳熟能详的产品。它一年销售近 60 亿元,广告投放超过 5 亿元,产品几乎覆盖中国的每一个乡镇。2000 年一年的销售总量是排在它后面的第二到第五大饮料食品企业之和。富于开拓进取精神的娃哈哈人并没有因此而满足,从此裹足不前,而是又把眼光瞄向了可乐市场,决定推出一种新款的可乐——非常可乐。

项 目 调 查

自从可口可乐打开中国可乐市场以来,这一利润巨大的碳酸饮料的重头市场一直被洋可乐把持着,中国可乐市场中可口可乐和百事可乐的占有率分别是 57、6％和 21、3％。在中国,每年生产的可乐有 136 万吨,只占大陆全年碳酸饮料市场的二成七。以如此低的占有率,碳酸饮料本身仍还有市场空间,可乐市场还有巨大的成长空间。于是,娃哈哈公司瞄准了这个极具市场潜力的空间,选择可乐作为其又一产业增长点。但摆在娃哈哈人面前的是一条极为艰难的道路,在非常可乐之前,有不下十种国产可乐品牌,诸如银鹭、少林、汾湟等,在洋可乐的壁垒中都没有生存下来。非常可乐该如何在市场上站稳脚跟呢?

在困难面前娃哈哈人没有屈服、没有气馁。经过一系列调查,发现除了饮料市场尚未饱和,还有开拓空间外,推出非常可乐有自己的本土优势。

首先,非常可乐是在娃哈哈集团旗下的一个子品牌。由于娃哈哈在消费者心中有比较高的知名度与美誉度,消费者已对其有一定的品牌忠诚度与可信度,因而非常可乐一出生便有天然的优势,可以在母体的荫护下苗壮成长。同时,在市场推广中也可省却不少的宣传费用。

其次,纵观国内市场环境和"敌我"特点,非常可乐也有自身的优势。在中国,有一定经济实力和较新观念的居民大多在沿海城市,以及内陆的一些中心城市,而农村尤其是西北部地区,居民的收入较低,在选择产品,尤其是一些饮料消费品上,对价格比较敏感。娃哈哈非常可乐引进的生产设备和用的材料与可口可乐同等,但人员管理费用远远低于可口可乐,并且省去了当年可口可乐开拓中国可乐市场的费用。这样,非常可乐的价格就比可口可乐要低 20%,这使得非常可乐在进军中小城市时就有了价格优势。

项 目 实 施

1998 年夏天,娃哈哈集团借世界杯的东风,在市场上推出了非常可乐,并打出了"中国人喝自己的可乐"的口号,借助一整套完整有效的让利给中间商的营销体制,开始向可口可乐、百事可乐这两大洋可乐发起了冲击。

1999 年 5 月,北约轰炸我国驻南斯拉夫大使馆后,娃哈哈非常可乐做了地毯式轰炸的电视广告,再次打出了"中国人喝自己的可乐"的口号。中国人有自己的可乐,这无疑是对洋可乐的一次打击,尤其是在这种非常时期。

与此相配套,非常可乐在各大媒体不间断推出广告,并进行一些促销宣传活动。

最近,娃哈哈集团又创建了一种联销体的体制,除了保证中间商的利益外,娃哈哈公司还派专门的营销管理队伍,帮助经销商处理业务,做广告宣传,使中间商只要有资金,保证渠道畅通就可以了,而其他的可以由娃哈哈公司来帮忙完成。如此,对中间商又是一大激励。

项 目 评 估

1999 年下半年,非常可乐系列凭借空前的广告攻势达到销售 1.5 亿元的好成绩。在一些省份,非常可乐系列紧跟可口可乐之后,位居百事可乐之前。

2000 年 6 月,非常可乐系列月订单额已达 2 亿元,而其实际月产仅 5000 万元,产品处于远远供不应求状态。

2001 年上半年,非常可乐根据自身的产品和价格特点,采取农村包围城市的营销策略,使得销量大幅增加,已占到可乐市场份额的 15%,超过了"老二"百事可乐,真正实现了良性循环。

如今,非常可乐借助娃哈哈的品牌优势,其销售业绩一直保持一个稳定向上的态势,到目前为止,可以说,非常可乐已在市场上站稳了脚跟。

案 例 评 点

在应对可口可乐、百事可乐这两大可乐巨头的垄断上,娃哈哈非常可乐采取了非常的公关策略,使其得以生存、发展,并且取得了一个不错的经营业绩,而没有像其他国产可乐那样纷纷"阵亡"。非常可乐能从竞争激烈的可乐市场脱颖而出的制胜点:

1. 塑造有效的组织形象有利于企业的发展

现代经济社会中,一个组织机构美好的社会形象是一项重要的无形资产。非常可乐一开始就推出了"中国人喝自己的可乐"这一口号,将自己的产品与民族利益、民族自豪感结合在—起,中国人喝非常可乐就是支持民族企业,支持民族事业,形成了良好的公众舆论。它抓住了中国人强烈的民族自豪感和爱国心,用国人的品牌来争得国人的支持。

2.找准契机，提高传播效果

非常可乐找准了两个契机：一个是它找准了可口可乐、百事可乐已打开中国可乐市场的契机，与两种洋可乐相比，省去了开拓中国可乐市场的费用，这样就降低了成本，在价格上占了优势；另一个是它抓住北约轰炸中国驻南斯拉夫大使馆这一事件，抓住国人强烈的爱国心，大力提倡"中国人喝自己的可乐"，这对美国的可口可乐、百事可乐是一大打击。

3.准确的分析环境及自身的特点，这在公关活动中非常重要

俗话说"知己知彼，百战百胜"。非常可乐之所以能在中国可乐市场占有一席之地，有一重要原因是它分析了国内市场环境和"敌我"特点，根据自己的优势制定策略。与洋可乐相比，非常可乐价格较低。而中国农业人口占多数，居民的收入较低，在选择产品，尤其是一些饮料消费品上，对价格比较敏感，这使得非常可乐在进军中小城市时有了价格优势。所以，非常可乐采取了"农村包围城市"的营销策略，在广大中小城市和农村有了相当的号召力。

4.在公关活动中，选择正确的传播渠道，有的放矢

传播渠道的选择直接影响了传播效果。所以，一个企业、一个产品要扩大影响，选择正确的传播渠道非常重要。可口可乐和百事可乐做的是城市氛围广告，就是在大城市中，做店头、卖场广告，构造一种氛围，使消费者深处于这种氛围之中，从而购买其产品。在中小城市中，要做这种广告需要投入巨大的资金，而那些地区购买力有限，很难收回成本。娃哈哈非常可乐做的是地毯式轰炸的电视广告，这也符合它的农村战略。因为在农村，能接触外界信息的渠道只有电视、收音机等，娃哈哈选择电视广告，在中国这个家庭平均收视时间为每天4小时的地区是有很大的效应的。

5.抓住关键环节，能够事半功倍

非常可乐采取的让利给中间商，帮助经销商处理业务的联销体的体制是其公关意识在营销过程中的一大体现，也是非常可乐得以成功的核心。可口可乐和百事可乐走的是一种经典的营销模式，即拉动消费者的需求，从而使中间商在即便利润很薄的情况下也不得不进其产品，否则就会被淘汰。而娃哈哈集团的营销体制是让利给中间商，并且派专门的营销管理队伍，帮助各经销商处理业务，做广告宣传，使中间商只要资金，保证渠道畅通就可以了，而其他的可以由娃哈哈公司来帮忙完成。这样，各级经销商借娃哈哈这个价值20亿资产的品牌，又能获得较高的利润，所以会尽力帮娃哈哈推销产品。

案例五

激情世界杯　浙江球迷总动员

——中国联通 CDMA 网推广公关策划

中国联通有限公司成立于 1994 年 7 月 19 日,是经国务院批准成立的我国惟一一家经营综合电信基本业务和增值业务的全国性大型电信企业。目前经营范围有:无线移动通信业务、国际国内长途业务、本地电话业务、无线寻呼业务、电信增值业务,以及与主营业务有关的其他业务。

中国联通浙江分公司是其分支机构,下设 11 家市地分公司。自 1995 年启动 GSM 移动通信建设以来,其发展用户达 130 万户,业务量占中国联通总量的 10%。

2002 年世界杯前夕,中国联通与韩国 SK 电讯公司 CDMA 移动电话自动国际漫游业务正式开通,中、韩之间首次实现移动电话自动国际漫游。广大球迷,旅游者均可用中国联通的 CDMA 手机自由自在地到韩国看球赛,并可享受韩国 SK 电讯在 CDMA 网上提供的与世界杯有关的丰富多彩的服务。

中国移动也宣布:中国移动成为世界杯期间中国队唯一指定移动通信服务商。在世界杯期间为赴韩的中国移动通信 GSM“全球通”客户提供完善、周到的通信服务解决方案,即只要将现有的 SIM 卡插入漫游手机中,即可实现无障碍自动漫游等。

可以说,2002 年世界杯是检验联通 CDMA1X 和移动 GPRS 的大好时机,可以从中看出谁的实力更强一些,同时也是中国联通和中国移动真正对决的开始。

对此,中国联通积极策划了一系列推广 CDMA 网的公关活动。

当时,韩日世界杯就要举行,足球迷几乎遍布全世界。浙江杭州势必刮起一场空前绝后的足球风。而最先知道赛事消息将是每个球迷的心愿。这将是个巨大的市场,谁先抓到这个机会,谁就是胜者! 趁对手还没有发觉,先下手为强!

公关目标:借足球之风,播联通之名,使浙江联通家喻户晓,树立联通公司热心体育事业的好形象。

公关战略:策划一项跟足球有关的活动,并大力宣传,最大范围地扩大影响。

目标受众:主要是广大球迷,更广泛的在于大众。

第一阶段

4 月 30 日—5 月 7 日,浙江联通杭州分公司与《都市快报》举办“浙江球迷,免费去日韩”的报名活动,反响强烈。

5 月 8 日,《都市快报》与浙江联通杭州分公司对报名者进行初选,公布入围的 20 人名单。同时,进行“球迷代表等你选,千元奖金等你拿”的评选活动,选出的代表要求是球迷中的球迷：有较好的中文写作能力，能够熟练使用电脑，是一个环境保护者，无不良嗜好。若最终选定的人选与读者选票上的名单相符，该读者就可获得 1000 元的奖金。

5 月 13 日，公布已选出的免费赴日韩观看世界杯的 10 名球迷代表的名单。

第二阶段

5 月 14 日，选出的 10 名球迷代表在办理了相关手续后，来到浙江联通杭州分公司，接受该公司赠送的每人一只价值 3600 元的摩托罗拉 V680CDMA 手机（含号码）。这 10 名球迷代表在倾情体验世界杯足球之美的同时，将用这部手机从赛场发回报道，向浙江球迷通报他们内心的感受。

第三阶段

这些球迷将在 5 月 30 日—6 月 4 日分批奔赴日韩。

活动推出之后，反响热烈，有很多球迷纷纷报名参加，取得了良好的活动效果。

案例评点

中国联通举办这次活动的目的是要向人们介绍中国联通 CDMA 网的建成开通，困扰用户多年的中、韩移动电话自动国际漫游问题终于彻底解决。

笔者认为，这是一次成功的公关策划活动。当前电信业竞争激烈，特别是联通和移动之间。要把一项新技术告诉受众，并绝对有效地击中目标受众，做广告有时并不能取得与投入相当的效果。这次活动的宣传效益是让人肯定的。

1. 关注度广

中国联通举办的这次活动无疑很能引起人们的关注。目前，凡是与世界杯有关的，或多或少能撬动一点人们的眼球。中国队终于冲进了世界杯，一尝 44 年的夙愿，举国为之欢庆。就足球的普及程度来说，浙江的球迷也的确不少，去日、韩对他们来说是一个极大的诱惑。另外，选票的奖金之高也具有不小的诱惑性。所以，这次活动不论是关注度，还是参与度，都是毋庸置疑的。中国联通开通的这项技术很大程度上是为这次世界杯上的中国球迷和今后旅韩的中国游客服务的，参与和关注这次活动的受众大多是中国联通 CDMA 的潜在用户。

2. 中国联通向代表赠送手机，并让他们从赛场发回世界杯的报道，就可以不断地借助新闻媒体做宣传

换句话说，刊登一篇球迷的报道，也就为中国联通的 CDMA 作了一次高效益的免费广告。而且，中国联通还可以在这过程中向人们展示 CDMA 技术的通话质量、掉话率、多媒体通信功能等多方面优势，正所谓"一石二鸟"。

3. 善于选择合作伙伴——《都市快报》

《都市快报》是青年人特别喜欢看的报纸。而他们是球迷的主要组成部分。与其合作，目标受众集中准确。公司借媒体提高影响度，报纸借公司实力赢取有效信息，满足受众需要,两者达到双赢!

4.这也是企业与媒介联手策划大型公关活动的成功案例

一方面展示了企业的媒介公关的水平,告示了企业良好的媒介关系。另一方面,也提供了一种如何实现企业、媒介、公众三赢的思路。

案例六

加 州 杏 仁　健 康 人 生
——加州杏仁商会市场推广公关策划

项 目 背 景

加州杏仁商会决定推出一种新的休闲食品——甜杏仁。这种杏仁的卖点在于,这是一种有益于健康的休闲类食品。为推出此产品,加州杏仁商会进行了一系列的推广活动。

项 目 策 划

(1)公关目标

将"杏仁是健康"和"杏仁蕴含高能量,是活跃人士最佳选择"等信息传递给消费者,鼓励消费者购买杏仁,享受健康、精力充沛的趣味人生。

使消费者在最短的时间内接受这一新产品,进而产生购买欲望并付诸实施。

(2)目标观众

商家/消费者:消费者、休闲类、食品及健康业界媒体

(3)公关战略

总体指导思想:将加州杏仁商会与时尚健美运动及体育项目结合起来,在广大消费者心中树立一个鲜明的"加州杏仁,健康人生"的形象。

(4)具体活动策划

举办健美人生巡回展:在广州颇具影响力的一家大型商场进行专业健美操表演活动;采用各种生动的活动来最大限度地加强加州杏仁的宣传和推广,例如标贴各种吸引人的标牌,发放宣传资料等。

项 目 实 施

具体活动安排:在每次为期两天的活动中,健美操表演队都邀请观众走上台去一起表演。在表演间隙还要与观众进行一对一的交流并教授舞步。同样,活动的主持人一边讲授有关杏仁健康的小知识,一边要尽力组织观众参与健美操表演。

为了突出加州杏仁的健康形象,表演者均身着统一的印有加州杏仁商会标记的服装。舞台的幕后背景以及舞台覆盖物均使用绿色、绿色的杏树、绿色的田野,以突出杏仁的健康形象。特大型的印有加州杏仁商会会标的舞台覆盖物和舞台背景非常有效地突出了这次活动的主题。

此外,免费给在场的小朋友发放印有加州杏仁商会宣传语"送给幸福的人"的彩色气球。主持人在舞台上带领小朋友们做游戏,并指导在场的观众参加健美运动。另外,加州杏仁商会的吉祥物也出现在此次活动中,颇受小朋友和现场观众的喜爱,并引得众多媒体记者争相拍照留念。

活动中还散发了营养手册,并设立了一个十分吸引人的健康知识信台。另外活动中还穿插进行了消费者调查,每天大概有1000名观众接受了有关的调查。

项 目 评 估

活动开始后,每次为期两天的活动均有10万多名观众参加;各类媒体发表了大量的有关报道,其中有44%的报道包含了5项主要健康常识中的一项,重要的报道包含更多的信息;87%的报道内部有至少一项有关健康的信息。而在所有发表的报道中,媒体均清楚地传达了这样的信息,即"加州杏仁是一种健康食品"、"加州杏仁与健美操运动是完美结合"。媒体报道的广告价值约有8000美元;应邀采访该活动的记者中有53%对活动进行了报道;87%已发表的文章包含了有关健康信息的消息;213万人阅读了有关报道。

案 例 评 点

在这次公关活动中,加州杏仁商会主要是为了推动加州杏仁——一种甜杏仁的消费。从活动的效果来看,可以说这是一次相当成功的公关活动。

加州杏仁,作为一种新休闲类食品,其难点在于如何使消费者尽快地接受。在当时,中国消费者虽然知道一些关于杏仁有益于心脏、富含维生素和矿物质等知识,但是这些信息全部来自西方的科研结果,如何使中国的消费者接受,是当前要解决的首要问题。而一般公司惯用的伎俩是花点钱,请几个大腕明星,在电视、报纸等媒体上,矫揉造作的摆个姿势,说句"我喜欢"。当然也有没钱的,或者不愿在这方面花很多钱的,也可能只请几个小工发点传单,比如三株,在这方面可谓是"登峰造极"!然而,加州杏仁,却用了一种相当独特的方式——举办"健美人生巡回展",这在当时的中国还是首次,引起了广泛的关注,应该说这也是它取得成功的一个关键。

第一、健美运动是一种朝气蓬勃而富有吸引力的活动,与加州杏仁所要传达的健康形象相当符合;此外,健美运动相当受雅皮士及大中学生的喜爱,而他们也正是其主要的目标消费者。

第二、在每次的活动中,健美操表演队都邀请热衷时尚并喜好音乐的观众走上台,加以指导并一起表演,使观众,也就是他们的消费者,从一个局外的旁观者变成了局内的表演者,不再是被动的接受信息的灌输,而本身也成了一个信息的输出者。这样,不光他们自身会更乐意也更彻底的接受加州杏仁的形象,同时,对于台下的消费者来说,由于他们是处于同一立场,也就更容易接受加州杏仁。

第三、在活动中,不管是分发给小孩子的气球,还是表演者的服饰、舞台的布置,以及出现在场内的加州杏仁商会的吉祥物,都从不同的角度,传达了一个同样的信息:"加州杏仁,健康人生",对消费者的信息冲击非常大。尤其是,不管成年人,还是小孩子,对于加州杏仁吉祥物都十分喜好,很多人愿意以此作为背景进行拍照,也使此次活动的影响所波及的区域及时间都得到了进一步的扩大。

此外,在这次公关活动中,加州杏仁商会非常清醒地意识到媒介的作用,这也是活动能够成功的另一个重要原因。随着生活质量的提高,中国人日益关注健康状况,每个人都在渴望一种高质量的生活方式。一般情况下,只要他们知道什么食品适合自己,以及这种食品所具有的独特的营养价值之后,他们就会持续购买,形成一种固定的消费模式,从而形成一个巨大的消费市场。而消费者主要从报纸、杂志、电视、电台和互联网等来获取营养方面的信息,对于餐桌上所不常见的食品,例如加州杏仁来说,情况更是如此。因此,要使消费者改变传统的消费观念,接受杏仁,就必须充分重视媒体在引导人们消费观念上改变的重要作用。

在活动中,加州商会明确的将消费者类、休闲类、食品及健康业界媒体作为主要的目标受众之一。同时,这次以巡回展方式进行的公关活动,更是策划了一次成功的媒介事件,符合了媒介事件所要求的"新、奇、特"要素,引起了各类媒体的广泛关注。

报道中同样强调了有关加州杏仁的其他健康信息,如杏仁可以降低胆固醇、有助心脏健康、补充精力、高纤维含量以及高营养价值,及它拥有低脂肪含量。

总之,加州杏仁商会成功的使"加州杏仁,健康人生"为消费者所接受,产品的知名度与美誉度都有大幅度的提升,是一次成功的公关活动。

案例七

文 化 公 关
——宝洁"海飞丝"、"飘柔"的文化营销

项 目 背 景

宝洁公司作为世界大佬级日用消费品生产商和销售商,在短短几年内将它的众多知名品牌成功地销售推广到中国城市日用品市场上。尤其是它的洗发水品牌"飘柔"、"海飞丝"、"潘婷",更是家喻户晓,飘柔在 1996 年成为中国销量最大的洗发水。研究"宝洁"在中国内地的发展史可以看出,除了宝洁公司正确选择在大陆的合作伙

伴,引导企业顺利发展以及对产品的高标准严要求,以质取信公众之外,它在进行推销宣传工作时策划的几次大型公关促销活动,亦功不可没,在中国大陆创造了不同凡响的效果。

项目实施

(1)海飞丝、飘柔美发亲善大行动

1989年以后,"海飞丝"、"飘柔"品牌的洗发水成功为消费者所识别和选用,但随着洗发护发用品外国货的增多,"海飞丝"和"飘柔"的销量逐步下降。保洁公司紧紧抓住了1990年2月春节前夕人们总要洗发换新装的时机,开展了题为"海飞丝、飘柔美发亲善大行动"的公关促销活动:借助发廊的配合,促使消费者使用"飘柔"产品,并借其亲善形象提高指名购买率,其目的是让消费者在实际使用中感受其产品的种种优点,而形成购买习惯。

根据资料显示,广州市区内发廊有3000多家,以每个发廊每天接受20个人洗头计算,一个月的总洗头人数就接近广州市区的总人数,广州洗发水的销量发廊占34%左右。

● 选点——选取10家完全能代表广州市区最高水平的发廊,并且店铺分布合理,全部属于闹市马路边。

● 派兵——招聘10多位美丽的亲善小姐,集中起来对她们进行头发生理、洗护常识、礼仪等培训,并配发很有特色的礼仪服装和化妆品。让这10多位美丽的亲善小姐去配合发廊行动。

● 待遇——在整个活动中,无论是发廊、消费者、亲善小姐、媒介部门,凡是给活动以支持的都得到了满意的利润。公司设计了6388张洗发券,给消费者的实际利益是不用买任何产品,只需剪下一张广告,就可以换取一张相当于自己每日或两日工资总额的洗发券。就算是没有工资收入的学生或家庭主妇,也一样有机会凭自己的运气到高级发廊享受服务。

(2)公司规定了两种换券方式

① 第一周采用到广州体育馆换票的方法。整个宣传是立体式的:报纸、电视、电台、街招及发廊宣传。结果前来换票的人空前踊跃,直到换完最后一张票,还有3000多人排队!

② 第二周考虑到换票者的层面及区域采用了寄信换票的方式。宣传的主题是:海飞丝有不用钱的免费洗发大行动。而且以后每周都有固定的票数发出,每周都是先到先得。每天把信件按区、街道分别作统计分类,然后有规律地抽选,作好寄发洗发票的工作。大行动的宣传是以每周五《羊城晚报》1/4版广告作为高潮,连续推出4周。定报纸篇幅、定媒介发布时间、定每次不同的换票游戏规则。在大行动期间,天河区星期五的晚报5点钟就卖完了。这样就大大提高了各种职业、区域消费者的投稿取票回报率。大行动的亲善形象是由一个不算特别漂亮但很面熟、亲切的本地

小姐,与10位驻店小姐一起为顾客解答各种头发的洗护常识。为使大行动的影响有一个立体的辐射,区域上作了两大划分。中心区域在广州市内,主要是免费洗头的承诺。广州市外及媒介所能影响的范围,设一项咨询奖,目的是用有限的资金使广告发挥最大的效力。

广州宝洁用只能拍五条广告片的费用金额举办的"海飞丝、飘柔美发亲善大行动",使海飞丝及飘柔在广州地区的销售额比上年同期增加了3.5倍!杭州市场如法炮制,举办了"飘柔美发展新姿"活动,投入仅5万元,结果销量比上年增长了10倍。

(3)海飞丝南北笑星、歌星光耀荧屏活动

1990年5月11—13日,广州宝洁出面赞助广州电视台《屏幕之友》周刊举办了"海飞丝南北歌星、笑星光耀荧屏大型文艺晚会"。且不说该晚会的文艺演出如何引得陈佩斯、冯巩等一批中国头牌明星赶来捧场,也不说演出成功与否,单从演出的换票工作看,就知其与"海飞丝、飘柔美发亲善大行动"的换票有异曲同工之效。一万张门票是由广州宝洁送出的,每张门票价值相当于20元人民币,任何人士凭购买飘柔或海飞丝、玉兰油30元以上面额的发票一张,并且30元宝洁产品内一定要有白色飘柔,即可换取晚会门票2张。

(4)飘柔之星全国竞耀活动

在1994年和1995年,广州宝洁公司举办了两届"飘柔之星"全国竞耀活动。

活动共分三个阶段进行:经过赠影、初选、面试及公众换票后,由各省市精选出一名"飘柔之星"于指定日期到广州参加总决赛。在迎战前夕,广州宝洁特别为远道而来的候选人安排为期半个月的培训,课程包括健美操、专业模特儿训练、化妆、头发护理及服装挑选的指导等等。此外,候选人更能参观宝洁公司,了解跨国公司的生产运作,并有机会往深圳旅游观光。在飘柔之星璀璨夜的颁奖典礼上,各省的"飘柔之星"参与演出不同节目,如服装、健美操表演,问题对答及才艺表演等,从中角逐产生"飘柔之星中之星"、"活力之星"、"才艺之星"、"友谊之星"及"风采之星"五项殊荣。

广州宝洁主办"飘柔之星"活动最主要目的是鼓励年轻人积极进取的精神,抓紧生活中每一机遇,突破自我,开拓更美好的前程。借助这个活动,公司希望广大消费者不但拥有一头更柔、更顺的飘柔秀发,更有积极自信、勇于进取的飘柔精神去赢取生活及工作上的成功。活动也因此培养了一大批飘柔的品牌忠诚者。

项目评估

"海飞丝、飘柔美发亲善大行动"和"海飞丝南北歌星、笑星光耀荧屏大型文艺晚会"旨在促成消费者知晓和接受新的品牌,它们的成效使得1990年度保洁的海飞丝、飘柔、玉兰油在广州市场的销量、比上年猛增了4.5倍。这两项活动获得了1990年度美国保洁总部的两项大奖——"最佳消费者创意奖"、"最佳客户创意奖"。这是全球性的大奖,而广州宝洁一下拿了两个。这充分证明了广州宝洁寻找当地合作伙伴黑马设计事务所共同策划活动营销的成功之举。

"飘柔之星"全国竞耀活动,提高了飘柔洗发水的品牌知名度,在消费者心目中形成崇拜,提高品牌的忠诚度,使用飘柔产品成为风尚。

案 例 评 点

一提到宝洁公司,人们就会想到它旗下各种品质优良的日用消费品。"宝洁"自1989年进入中国内地,生产的第一个品牌的产品就是飘柔洗发水,尽管它是第一个倡导洗发护发合二为一的洗发水品牌,尽管它的质量经过最初半年的考验和检测,获得了优质的信誉,但好酒也怕巷子深。宝洁在宣传营销该产品时,不仅在广告策划上诉求"柔顺"等特点,在公关活动上更是不遗余力,通过一系列的公关策划,使之成为中国洗发水市场最大份额的拥有者。宝洁今日之地位,公关可谓功不可没,而宝洁公司在独创思维支配下采取的公关营销举措,无疑给我们留下了极为深刻的现实启示。

1. 赢取更多消费者

现代企业公关的"金律"在于"让公众满意,赢得公众的支持",并在此基础上赢得更多的消费者。处于复杂社会关系之中的企业,要想提高美誉度,赢得良好的口碑,必须与外界建立起水乳交融的谐洽关系,尤其是形形色色的消费者。在某一程度上,消费者的态度决定了企业的兴衰。宝洁时时刻刻关注的就是这一点。在新年美发大行动中,宝洁一改以往买一送一的促销老方法,而是别出心裁,配合发廊,派出亲善形象小姐,使用的费用合理,活动支撑和铺排的时间长,不仅为消费者提供了产品,而且为消费者提供了周到的服务,消费者对产品和服务都留下了深刻的印象,感到满意,购买率随之提高。

2. 最有效的传播沟通

新产品上市的公关活动策划不仅要控制好信息传播沟通的覆盖面和传播量,而且要特别注意在沟通的深度上狠下功夫。沟通深度是影响消费者对新产品接受的重要因素。宝洁在推出白色飘柔的时候,采取了以白色飘柔的购买发票换取晚会门票的创意,使得消费者真正关注、接触甚至体验飘柔的新产品,并进一步获取认同和接受。这次公关活动还通过晚会与媒体积极接触,通过吸引媒体参与,传播产品信息,达到强化沟通深度的目的。

3. 塑造品牌精神

宝洁自1994年以来开展的"飘柔之星"评选活动,吸引数万年轻女性报名和数百万消费者投票。活动通过推广大众喜爱的品牌,开展一系列宣传、评比、培训活动和参与社会事业,鼓励年轻女性对美好事物的追求,努力发掘自身的潜质,把握生活中的每一个良机,树立乐观、向上、自信的人生态度。还组织入选者到敬老院进行慰问,捐助北京春蕾女童班等等社会公益事业,赢得公众的好评,进一步提升企业形象。

借助这个活动,宝洁公司宣扬了一种文化,一种新时代的精神风尚,那就是广大公众不但需要拥有一头更柔更顺的飘柔秀发,更应该以积极自信、勇于进取的精神去赢得生活及工作上的成功。保洁的高明之处就于,以情打动消费者,去学习和了解生活的深刻内涵,再把这种精神和飘柔产品的形象联系在一起。由此看出保洁公司的宣传促销目标已不仅仅停留在提高品牌知名度上,而是通过大力宣传企业文化,宣扬和塑造飘柔精神,在消费者心目中形成品牌崇拜,提高品牌忠诚度,使用飘柔产品成为风尚。

曾经有人说,一流的品质,上乘的服务,再加上出色的广告宣传和推广销售活动是宝洁制胜的秘诀,宝洁公司的经营策略使成千上万的人认识了它的星星和月亮标识。但认真研究该公司的发展历程,会使人感到,在宝洁公司制胜的秘诀之后,有一股神奇的力量,这种神力,不是别的,正是扎扎实实的全方位的公共关系技巧。宝洁公司在中国内地寻找合作伙伴、开发名牌产品、独特新颖的促销活动中,公关技巧得到了淋漓尽致的发挥。

案例八

教育科技频道由新青年制造
——频道形象的塑造和营销

项目背景

"我的心是一匹旋转的木马,每一圈都在追逐着希望,梦想骑在马背上身边风在飘扬,像在云端自由飞翔。有太多可能让我去想,有太多未来等我去闯,魅力写在脸上,年轻就是这样,新青年制造你的梦想。不管世界多宽广人群熙熙攘攘,我要站到最中央,吸引所有的眼光,有感觉让你们全部投降。不管世界多宽广人群来来往往,我的舞台最风光,当灯光打在脸上,请为我鼓掌。"

近几个月来,你可能有过这样的经历:拿着电视遥控器,随意地换着频道,不经意间,突然就被这首曲子吸引,流畅的旋律,昂扬向上的精神,这就是浙江电视台教育科技频道的台歌《新青年制造》。

项目调查

2004年,浙江电视台教育科技频道在近两年来"新科学、新知识、新青年"的定位基础上,清晰地提出了"教育科技频道由新青年制造"这样一个口号。8月底,台歌《新青年制造》就制作完成,开始在频道里反复播放。

频道认为李泉青春、活力、时尚、求知、上进的形象符合频道的定位,于是在2003年底,李泉在教育科技频道举办歌友会时,频道就拿出了歌词的雏形,要求李泉凭此即兴创作曲子,当时李泉就临场发挥了《新青年制造》一歌的"初级版",效果不错,于是就敲定由李泉来打造这个作品。

《新青年制造》由李泉、林依伦、熊天平、范玮琪、范晓萱、徐怀钰、灵感组合以及杭州本土的应豪、叮当等 14 位流行歌手共同演绎。先由每个明星演唱一遍,再由词曲作者兼制作人李泉挑选出最适合每人演唱的一句,集体合作完成。

项目策划

为了 MTV 的拍摄,从 6 月底起,频道开始招募群众演员,包括 3 名 8 岁以下的小朋友、5 名滑板少年以及 20 名青春靓丽的少男少女。

2004 年 7 月 26、27 日两天,MTV 在杭州拍摄。14 位流行歌手和教育科技频道的小强、王琦等 10 位主持人担任主角,足迹遍及杭城各个时尚角落。

在台歌的后期制作过程中,从 8 月 9 日起,教育科技频道同时推出一档与台歌《新青年制造》同名的杂志性电视节目,在每周一至周五的黄金时间播出。教育科技频道又一次"借星上天",节目覆盖北京、山东、辽宁、吉林等地。《新青年制造》MTV于 8 月 29 日正式于杭州首映。在杭州西湖天地举行的首映式上,除了播放 1 分多钟的电视短片,浓缩地展示了《新青年制造》的 MTV 由雏形到成品历时 10 个月的拍摄过程,创作者李泉、MTV 导演王觉、参演歌手叮当和灵感组合还为观众讲述了许多幕后花絮。

无论是 MTV 的拍摄过程还是首映仪式都吸引了众多的媒体。仅就平面媒体来说,无论是《杭州日报》这样的党报还是《今日早报》这样的都市报,都对 MTV 有不同程度的关注。

从 9 月开始,台歌的宣传工作更是如火如荼地进行。"新青年制造"的标识和 10位主持人的形象开始在公共汽车的车身上、街边的广告牌上出现,台歌在教育科技的频道里和《新青年制造》的节目中反复播放,刻录而成的 CD 也被送往杭城各个高校传唱。

同时,教育科技频道总监夏陈安和台歌创作者李泉也为了《新青年制造》而奔波于各地。

项目实施

11 月 1 日,夏陈安做客"钱江风云话传媒——2004 浙江传媒老总访谈录",这是浙江在线新闻网站的多媒体系列直播节目的第一期。在访谈的过程中,夏陈安解释"新青年制造"的含义。"新青年制造"代表教育频道的气质和形象,对外是一个青春气息的频道,而对内是一个朝气蓬勃的团队。"新青年制造"不是说仅仅给年轻人看的,而是一个年轻的频道,一个年轻的团队。而"制造"就是注重自己原创性的品牌,而不是克隆和模仿,这个就是频道的含义。

11 月 24 日,夏陈安与李泉来到上海,做客搜狐网站。夏陈安透露,《新青年制造》计划在全国的 100 家电视台和 200 家电台播出,他们要把这首歌从杭州推向全国,期待获得全国性的影响。

最后值得一提的是,《新青年制造》除了明星版以外,还有一个由 10 位主持人合唱的版本。同时,教育科技频道的网页以橙色作为主打色,10 位主持人的形象位于显要位置,并辟专栏"本期之星"介绍每一位主持人。

案例评点

这是一则典型的媒体形象营销策划的案例,教育科技频道做得是很成功的。

1. 频道定位十分清晰

在"新科学、新知识、新青年"的定位基础上,提出"教育科技频道由新青年制造"的口号。"新青年制造"不是说仅仅给年轻人看的,而是一个年轻的频道,一个年轻的团队,而"制造"就是注重自己原创性的品牌,而不是克隆和模仿,更重要的是,"教育"、"科技"那种字眼本来给人生硬的、冷冰冰的感觉,但教育科技频道的定位并没有拘泥于此,并没有拘泥于一板一眼的说教,而是着力塑造一种朝气蓬勃的积极向上的形象。

2. 这种形象的塑造和传播的过程,用频道总监夏陈安的话说,是"全方位的"

从大方面来说,录制《新青年制造》的台歌,开办《新青年制造》的栏目,全面打造频道网站主页等等。

从小方面来说,仅就录制台歌,特意请了创作歌手李泉和其他 13 位歌手共同演绎。在歌手的选择上,充分考虑了歌手的形象,必须是青春健康、求知上进的,同时也考虑了地域的因素,14 位歌手来两岸及自港、澳三地,并且有两位是杭州本土的。因为有众多明星的加盟,录制还未开始,就已经吸引了众人的目光。

在 MTV 拍摄之前,又向社会招募青春靓丽的少男少女做群众演员,还未开拍先造势。在拍摄过程中,更是引来了各家媒体前往探班,有许多拍摄花絮叫人们先睹为快。拍摄结束后,又在杭州西湖广场举行首映式。应该说,在 MTV 正式与人们见面以前,人们对 MTV 已经有一些印象了,甚至可以说,人们是看着 MTV 这样一点点完成的。

随后,"新青年制造"的歌曲在频道里反复播放,"新青年制造"的形象也在各种场合出现。应该说,台歌《新青年制造》的录制和宣传的过程充分动用了媒体的力量。从纵向上看,台歌从一个"孕育中的胎儿",到长大成人的"青春少年",媒体全程关注。从横向上看,平面媒体、电子媒体、网络媒体,一个都不少。

3. 在塑造频道形象的过程中,将主持人推向前台

在推出《新青年制造》明星版的同时,推出由 10 位主持人合唱的版本。虽然主持人的演唱水准没办法和专业歌手比,但这种合唱,充分体现了主持人之间的团结。在频道网站主页上,在《新青年制造》的广告牌上,都把 10 位主持人的形象放在显眼的位置。在画面上,主持人相互挽着手,唱着,笑着,透着青春的气息。

"频道"毕竟是一个很抽象的名词,频道的年轻和活力必须要有一个载体,而在这里,10 位主持人就是这个载体。人们接触到的是活生生的人,感受到的是他们身上

的实实在在的青春,于是频道的形象也就自然而然地塑造起来了。

　　4. 把握时尚流行,抓住年轻的人群是频道成功的关键

　　作为一个年轻时尚的媒体,就应该符合年青人特点,拉近与青年的距离。在浙江教育科技频道推出的多项活动中,经常有与青年观众之间的互动交流的节目,频道对于时尚和流行的灵敏嗅觉也决定了它能走到年轻人中间去。比如"Flash制作大赛"、"模仿绣",还有台歌打榜等举措中都融合了众多时下的流行元素,自然是年轻人们所喜闻乐见的形式和活动。而这些行为将很可能导致追求流行的年青人因为喜欢听一首歌,喜欢看一个Flash,或者是喜欢参加某一个活动,而记住、甚至爱上这家媒体。

　　在受众心目中,你是怎么样的一个媒体,是否有生命力,在于不断地创新,不断地深入到受众当中去,了解他们的动态和发展,通过这些变化来丰富自己,更新自己。这样才能跟得上时代的脚步,才能树立积极的形象。观众熟悉,观众喜欢——这才是媒介的竞争力的源泉。

案例九

绿色诱人,真情动人
——雪津啤酒的公关营销

项目背景

　　自2001年起,位于福建省东南沿海莆田市的英博雪津啤酒有限公司以每年超10万吨的速度发展,2006年产销量超过100万吨,各项经济指标均居全国前列,人均税利保持行业第二名,以绝对的优势稳居福建省首位。原福建雪津啤酒有限公司被全球销量最大的啤酒酿造商——英博集团购买后,于2006年12月1日,正式更名为"英博雪津啤酒有限公司"。自此,雪津在企业文化、品牌管理等方面,全面实现与世界先进水平接轨,跃上国际化发展的新平台,从区域性强势品牌大步迈向全国性领导品牌。其主导产品雪津啤酒被评为中国名牌、中国驰名商标,先后获轻工部优质产品、全国啤酒行业优质产品等荣誉,雪津纯生、雪津冰啤等系列产品被国家绿色食品发展中心认定为"A"级绿色食品。公司还通过了ISO10012测量管理体系、"C"标志定量包装商品生产企业计量保证体系认证。2005年,雪津被授予国家环保最高成就奖——"国家环境友好企业"称号,成为全国酿酒行业、福建省工业企业首家获此殊荣的企业。雪津啤酒公司的成长与壮大,不仅依靠其过硬的品质保障,精纯的科技含量,其绿色公关和情感公关等先进的经营理念也可谓居功甚伟。2008年,雪津继续大行绿色和情感公关,为其营销事业增彩助力。

项目策划

（1）公关目标

履行企业的社会责任，呼吁社会关注环保，助燃奥运激情和爱国热情等，增进与社会公众的沟通和感情，提高雪津啤酒在社会公众中的知名度和美誉度，树立良好的企业和品牌形象，尤其是在公司产品的主要销售区域，如福建、江西、浙江、湖南等地。

（2）公关策略

①分别以"绿色"和"情感"为主题，展开相关的环保公关活动和情感公关活动。针对鄱阳湖的生态问题展开助力鄱阳湖生态建设的大型公益活动，在奥运期间举办迎奥运全民参与体验"光荣与梦想"激情盛事——2008"雪津啤酒花园"活动。

②适时争取政府部门和媒体的支持与合作，从而形成一定的社会影响力。

目标群体：社会大众，包括政府部门、社会团体及媒体等，尤其是其产品主要销售区域的公众。

项目实施

（1）绿色公关

2008 年 6 月 5 日，是第 37 个世界环境日，英博雪津（南昌）啤酒有限公司与江西省社科院、江西省山江湖委办、江南都市报社共同主办的"雪津冰啤，美丽江西"助力鄱阳湖生态建设大型公益活动，在南昌正式启动，以此吸引更多的眼球关注江西鄱阳湖及其经济区的建设。鄱阳湖是亚洲最大的淡水湿地，被联合国列入世界湿地保护名录，也被世人认为是中国最后的"一湖清水"。但随着太湖蓝藻暴发、洞庭湖鼠患盘踞，鄱阳湖这个"长江之肾"目前面临着功能衰竭的危险。一向以绿色环保为己任的雪津公司就此展开了助力鄱阳湖生态建设的大型公益活动。为助推鄱阳湖生态建设，本次公益活动包括生态考察和"十大鄱阳湖环保卫士"评选两大主题活动。其中生态考察将组织记者、环保人士、学者专家、读者到鄱阳湖考察，了解鄱阳湖的生态现状，促进整治工作和宣传工作的展开；鄱阳湖环保卫士的评选，将由普通读者推荐，对获奖者给予每人（或单位）1 万元的奖励，以此鼓励人们的环保行动。

（2）情感公关

2008 年 8 月 9 日——8 月 24 日，为迎合社会公众对奥运，对体育，对祖国的热烈感情，英博雪津啤酒有限公司的迎奥运全民参与体验"光荣与梦想"激情盛事——2008"雪津啤酒花园"在福建、江西和浙江三省隆重举行。该活动是集展示、运动和娱乐为一体的互动活动，在福建和江西两省是空前的，活动占地都在近千平方米，其中包括舞台表演区、游戏区、展示区、休息餐饮区等多个主题区。为期半个月的"雪津啤酒花园"活动丰富多彩，且与赛事相连，与激情同步，为市民带来了各项精彩纷呈的体育活动和意趣盎然的互动游戏，进一步吸引广大市民积极参与到全民奥运的热潮中，且为一起看奥运提供了良好的平台和氛围。

其实雪津的情感公关远不止这一项。面对 2008 年初的冰雪灾害,秉承企业多年来的真情理念,上下一心的雪津人在 2008 年 2 月共同酝酿出了"雪津助学,情暖江西——捐助 1000 名受灾学子献爱心"的大型公益活动。2008 年 3 月,在湖南省也启动了"真情献爱心,和谐共成就"的捐助灾后重建活动。5 月,公司又开展了旨在为汶川地震捐款的"天灾无情,雪津有情"大型抗震救灾捐款活动,截止 5 月底,共筹集捐赠善款３００多万。这一系列爱心行动,赢得了社会各界的广泛赞誉。

项目评估

公关行为是企业营销的明智之举,通过塑造和传播企业的良好形象为企业创造更好的营销条件和环境,符合其长远利益。而绿色和情感是能触动公众心灵的两大元素,雪津啤酒以此作为公关的主题,能有效地帮助其赢得广泛的社会赞誉,树立良好的社会形象,从而达到其公关营销的目的。"雪津啤酒花园"就吸引了超过 50 万人次参与。

案例评点

1.巧立公关主题

随着人们消费观念的变化和可持续发展观念的发展,"绿色"已成为消费者追逐的利益点,也成为社会公众的普遍意识。雪津啤酒本着强烈的社会责任感和先进的营销理念,把"绿色"作为产品和生产活动的标准,同时积极致力于绿色公关,更全面、立体地体现绿色宗旨,产生了良好的效果。不仅产品得到了充分的认可和嘉奖,还因卓著的环保行为使"绿色"的企业形象深入人心,又通过环保公关获得了更多赞誉,赢得公众的信任与支持。

除了诱人的"绿色"诉求,雪津还启用了动人的红色诉求——情感诉求。把"以顾客为中心"的理念提升为以"真情"为核心的价值观,广泛开展情感公关,用真情感动公众,树立良好形象,达成营销目的。

2.确定亲和形象

从"享受生活,还是雪津"到"飞越世纪,难忘雪津"都难以明确雪津品牌的形象,后来重新定位为"你我的雪津——真情的世界",并用亲情、友情和爱情去演绎品牌的独特个性和内涵。由此可见,雪津是以亲和的形象感染和沟通消费者的,这在上述它的"雪津冰啤,美丽江西"和"雪津啤酒花园"两项公关活动中都能体现,尤其是后者,整个活动过程中都洋溢着与公众同乐的亲和气氛。这种形象可以拉近与公众的距离,更好地交流与沟通,也更能得到公众的认可与喜爱,促进品牌营销目的的达成。"绿色"形象也可以说是其亲和形象的一部分。

3.迎时事抓契机

迎合时事可以说是巧借东风之举,借着时事本已有之的影响力和关注度,可以有力地提高传播效果,又顺应人心,拉近与公众的距离。"雪津冰啤,美丽江西"活动启动时,正值第 37 个世界环境日;而"雪津啤酒花园"活动开展时正是奥运盛事紧紧牵动中国人民之时。雪津这一乘势借力的举动,为其带来了可观的社会效应和利益。2008 年 3 月 1 日,上述雪津啤酒"真情献爱心,和谐共成就"捐助湖南灾后重建活动举行,而三月也是雪津冰啤在湖南长沙、株洲、湘潭隆重上市的时间;2008 年 8 月 15 日,雪津啤酒新品"蓝尊纯生"上市推介会举行,正值"雪津啤酒花园"活动举办之时。可见,雪津的公关活动与其新品上市也是有相关性的,公关活动有力地配合了新品推广。

4.多方位全公关

在雪津啤酒的公关活动中,不仅是全员公共,而且还充分利用了政府和媒体。"雪津助学,情暖江西——捐助 1000 名受灾学子献爱心"的大型公益活动就是在公司员工上下一心的努力下完成的;"雪津冰啤,美丽江西"助力鄱阳湖生态建设大型公益活动是由英博雪津(南昌)啤酒有限公司、江西省社科院、江西省山江湖委办、江南都市报社共同主办的;雪津助学公益活动则得到了江西省各级政府的大力支持,江西省民政厅倾情参与,并由江南都市报、江西电视台都市频道作为协办单位全程跟进报道活动实况,等等。可见,雪津注重找权威性的政府部门、社会团体、媒体等合作或支持开展公关活动,依靠权威机构提升形象和影响力。在企业、政府和媒体的共生互动中,雪津啤酒的公关活动取得一次又一次成功。

案例十

"亚运有我、精彩之吉"
——王老吉赞助广州亚运会的体育公关营销

营销背景

第 16 界亚运会于 2010 年 11 月 12 日至 27 日在中国广州进行。这又引来了无数商家的眼光。体育赛事资源的使用是赞助商们的一种权益,也是一种常见的体育公关的手段。

成为大型国际体育赛事的顶级赞助商,一直是民族饮料品牌的梦想。然而,由于可口可乐、百事可乐等全球饮料巨头的存在,再加上自身实力有限,民族品牌一直没能实现这样的愿望。2009 年,加多宝饮料有限公司与广州 2010 年亚运会组委会赞助签约仪式在北京举行,加多宝集团正式成为广州 2010 年亚运会高级合作伙伴,这是中国民族饮料品牌第一次参与到国际顶级赛事中。奥运之后,王老吉的注意力立刻就转移到了 2010 年的广州亚运会,保持了良好的品牌营销战略的连续性。借助体育赛事,为其注入青春活力的品牌形象。

营销事件

2009年2月，王老吉签约成为第十六届亚运会的高级合作伙伴，一时间报纸、网络、电视纷纷报道，正式发起宣传攻势。随后，王老吉提出"亚运有我，精彩之吉"的亚运营销的主题。在这个主题下，又精心设计了三个波次的事件传播。

先声夺金

2009年下半年，王老吉推出了具有广泛参与性的"先声夺金"唱响亚运歌手挑战赛。此次亚运歌手挑战赛，以国际顶级赛事为契机，以亚组委官方为背景，因此在比赛过程中极力突出亚运元素，而最终获胜的三名选手则成为亚组委官方认可的"亚运歌手"，共同"唱响亚运"。

举罐齐欢呼、开罐赢亚运

2010年6月，"举罐齐欢呼、开罐赢亚运"—王老吉亿万亚运欢呼大征集活动拉开帷幕。王老吉号召全国人民为亚运献上精彩欢呼，"网聚"中国人对日益临近的亚运盛会的关注和期盼。这是一次基于Web2.0的互动整合营销活动，以网络平台为主体，借助多样化的电视传播策略，邀请千位明星为广州亚运会造势，借助明星超强的人气吸引公众参与。同时，每一个通过网络上传符合要求的"举罐欢呼动作"图片的参与者，都将有机会出现在广州亚运会开幕式上。

王老吉"举罐齐欢呼 开罐赢亚运"活动，是王老吉助力广州亚运会、推进品牌营销策略的重要一环，也是在本次亚运会开幕之前举办的规模最大、持续周期最长的一次活动。

王老吉品牌作为中国凉茶文化的杰出代表，将通过"举罐齐欢呼 开罐赢亚运"活动，为广州亚运会聚拢超高的人气和最沸腾的热情，在传播全民参与亚运、全民支持亚运理念的同时，也传递了"王老吉"对于广州2010年亚运会的巨大热情。

体育明星倾力加盟 王老吉为亚运而变

体育明星是中国除演艺明星外的另一个最有影响力的群体之一。王老吉"举罐齐欢呼 开罐赢亚运"活动得到了众多体育明星的积极参与，民众与各路冠军可以亲密接触。包括胡佳在内的体育明星倾情加盟本次活动，宣传亚运精神、体育精神。

打造亚运歌曲《亚运有我 精彩之吉》

"王老吉"联手著名音乐人小柯与台湾MV金牌导演林锦和构成的音乐制作团队，打造王老吉亚运推广歌曲《亚运有我 精彩之吉》，并力邀人气偶像周笔畅、韩庚联袂演唱，成为号召各阶层民众关注广州亚运会和王老吉品牌的有力工具。为了在更大的范围内推广这首歌曲，王老吉在全国500多家电台打榜或者播放，同时在糖果、麦乐迪、钱柜等全国连锁 KTV 中进行推广,取得了很好的传播效果。

点燃吉情、传递精彩

王老吉以"点燃吉情、传递精彩"为主题选拔亚运火炬手,以及选拔火炬传递助威团,并且以神秘的主火炬点燃仪式为吸引点,将事件传播推向高潮。

2010 年 11 月 16 日,在经历了广东省内 20 个城市和省外哈尔滨、长春、山东海阳三地的展示性传递之后,圣火进入亚运会主办城市广州激情传递。在市民沿途助威之下,9 名王老吉亚运火炬手在广州高擎圣火,将火炬带来的激情和梦想洒遍羊城。

王老吉组织的亚运助威团也在羊城掀起一股"潮流"旋风。身着盛装的助威团成员在火炬传递路线两旁显得格外醒目,他们脸贴国旗手舞彩旗,挥动亚运加油棒,为亚运助威,给广州加油! 助威团所过之处,无不受到市民的热烈拥戴,五星小红旗和亚运会旗随风飘扬,加油助威声此起彼伏。

在火炬手中,还有加多宝营销总经理阳爱星,奥运冠军孙甜甜。同时很多加多宝集团的员工也来到火炬传递现场,为伙伴助威加油,将王老吉"怕上火,喝王老吉"的口号喊得非常响亮,向全亚洲,全世界展示广州人民的风采和热情。

此外,在火炬传递沿线,王老吉搭建了上百个亚运主题亭站,也安排了形式多样的宣传活动,积极营造火炬传递的喜庆气氛。加多宝集团还在在火炬接力的沿途向市民免费发放了大量的火炬接力助威用品。

其　　他

在亚运期间,王老吉将推出"亚运之星"评选、欢呼大使游亚运等一系列活动,设计精美,旨在弘扬亚运精神、展现王老吉亚运征程和品牌理念的"加多宝亚运体验馆"也在亚运期间对公众开放。

营 销 结 果

据零点公司发起的《城市关键活动影响力研究 SIKCE——广州亚运会》赞助商的识别和认知度调查结果显示,在接受调研的 30 个企业样本中,公众普遍认为是亚运赞助商的前 10 个企业中,有一半并非是亚运赞助商;而公众普遍认为不是赞助商的 10 个企业中,有 9 个是真正的亚运赞助商。而近 40% 的公众能识别王老吉的亚运赞助商身份,北京、上海、广州三地其识别率高达 50%,相比其他知名大企业 20%左右的识别率,王老吉的这一成绩相当突出。

知名网络数据公司缔元信同样发布了一份网民对品牌及亚运赞助商身份认知度的调查,结果表明在网民对品牌的认知度调查中,王老吉凉茶以 85% 的品牌认知度和 48% 的亚运赞助商认知度名列双榜之首。

如果说,亚运赛场上每一个项目都有一名冠军,那么,亚运营销同样有一名冠军,那就是王老吉凉茶。唯一不同的是，这名场外冠军多了两个注解：21世纪经济报道的第六届中国最佳品牌建设案例和成功营销的2010年度创新营销特别大奖，让冠军之名更加名符其实。

案例评点

盘点这场波澜壮阔的亚运营销战役，无论是民族激情的营造与传递，还是娱乐化的事件包装，这些体育营销的必要元素被王老吉发挥得淋漓尽致且驾轻就熟，展示了王老吉日益成熟的营销组织和推广能力。毋庸置疑的是，以上观点可以看作王老吉亚运营销战略的标准备注，更有望成为企业实施体育营销战略的经典范式。

1. 营销的契合度高

广州亚运被誉为是后奥运时代企业的最佳营销平台，但如何利用好这一平台，却是令所有营销人头痛的事情。因为借力体育精神、依托亚运氛围进行营销，是所有企业都可以使用的策略，这导致亚运营销之战格外精彩与激烈。这里关键的一点，就是看企业与这一平台的契合度问题。正如业界营销专家所言："对于中国企业，特别是正走向国际化的企业来说，广州亚运会无疑是继北京奥运会之后又一次绝佳的亮相国际舞台的营销机会。但并非所有企业都适合这一盛会，其中很重要的一点就是看营销的契合度。"

而王老吉抓住了两者文化之间的契合度。

广州，这座中国改革开放的先锋城市，经过近几十年的开拓创新，取得令人瞩目的成就，以其为中心的岭南文化也绽放异彩。亚组委相关人士称，本届亚运会的主题口号定为"激情盛会，和谐亚洲"，很好地体现了岭南文化和谐共融的精髓。从亚运会的吉祥物选择，到主题歌曲的创作，再到水上开幕式的童谣，岭南文化成为本届亚运的最大特征。

作为凉茶始祖，王老吉起源于岭南，被两广地区老百姓当作清燥热、解暑湿的保健养生饮品已经流传了上百年，具有悠久的历史和地道的岭南本土文化特征。近十余年来，王老吉有效继承并传扬了这一传统养生文化，让这个有着180余年悠久历史的品牌重新焕发出了勃勃生机。正是以王老吉为代表的凉茶企业的推动，2006年，凉茶这一富有岭南文化特色的品牌成功入选国家首批非物质文化遗产，并随着王老吉的扩张在大江南北流传。如今，王老吉已成为中国"凉茶"的代名词，成为岭南凉茶文化的一个象征符号，成为了解岭南文化的一个窗口。从某种意义上来说，王老吉很好地担当了岭南文化传播使者的角色，成为广东省的一张名片。凉茶始祖王老吉起源于岭南，也是岭南文化中不可或缺的一个杰出代表。依托国际性大型体育赛事，迅速提升品牌影响力，加速国际化进程，成了王老吉的不二之选。

同时，亚运的主题是"激情盛会，和谐亚洲"，而王老吉凉茶的口号则是"亚运有我，精彩之吉"，两者的主题轻易地完成了契合。文化与主题双重契合，可以说让王老吉的亚运营销处处逢源，如鱼得水。

2. 品牌至上

契合度，只是证明企业与亚运之间具有更好的衔接性，只是让王老吉凉茶的亚运营销占有先天之优。而如何更好地利用这一优势，自然成了王老吉亚运营销的重中之重。

相比于其他营销方式，体育营销以其特有的公益性、互动性和成本效益优势被消费者和商家所青睐。据统计资料表明，一个企业要想在世界范围内提高自己的品牌认知度，每提高1%，就需要2000万美元的广告费，而通过大型的体育比赛如奥运、世界杯等，这种认知度可提高到10%，同时还能获得很好的经济效益。无疑，体育营销具备成就品牌的能量！进行有目的的体育营销更容易达到这种效果。

透视王老吉的亚运营销，不难发现，"唱响亚运，先声夺金"、"举罐齐欢呼，开罐赢亚运"、"点燃吉情，传递精彩"，以及"王老吉亚运之星"评选，王老吉凉茶亚运营销四步曲环环相扣，不仅营造了很好的亚运气氛，同时也为王老吉凉茶积累了数十亿的人气，强化了品牌与消费者之间的互动，为将王老吉打造成主流饮料品牌、提升品牌影响力奠定了汗马功劳。

销售与市场杂志社总编李颖生就这样评价王老吉的亚运营销，"'举罐齐欢呼，开罐赢亚运'活动，是亚运会开幕之前举办的规模最大、持续周期最长的一次活动。通过实实在在的销售，卷入更多的大众，使电视与网络媒体热闹的传播在线下有了依托，并将'亚运＋王老吉'的品牌组合更深地植入消费者心中，为今后的引爆打下了坚实的基础。"可见，通过传播和终端的整合营销活动，王老吉一直掌控着亚运营销的主动权，围绕亚运"激情"主题步步为营，将自身品牌和产品推上了新的高峰，真正找到了直抵消费者的捷径！

关键之道体育咨询有限公司CEO张庆指出："王老吉凉茶亚运营销很值得称道，其一系列的营销活动让王老吉凉茶作为亚运赞助商的营销机会被最大化利用和挖掘。同时，也强化了王老吉凉茶的品牌地位。"赞伯营销的路长全也对王老吉亚运营销的表示肯定："反观王老吉的活动主题，让其品牌内涵得到全新的展示，并直接拉动了其品牌地位的提升，印证了'体育营销具备成就品牌的能量'的观点。"

借助亚运营销，王老吉民族饮料企业的领军地位得到了进一步巩固，也为其成为世界主流饮料品牌注入了能量元素。

3. 王老吉亚运CSR战略解读

聚焦大事件可以看作王老吉实施CSR战略的核心，尤其是关乎国计民生和具有重大社会影响力的大事件，都成为王老吉实施CSR战略的重要契机。从2008年汶川地震时，王老吉以1亿元捐款感动了所有的中国人，从那开始，王老吉被贴上了"民族品牌"的标签，品牌的知名度和美誉度快速提升，到后来的玉树地震到这次的广州亚运会，都可以看出王老吉这个战略核心。

这个战略核心有一个很重要的问题就是如何选择大事件。这几年可谓多事之秋，国内发生的大事一件接着一件，如何在重大的大事件中成功地做出选择，王老吉给出的答案是：与品牌价值的"天然"关联。

正如中国传媒大学广告学院院长黄升民的点评，王老吉擅长以大事件作为营销推广的背景舞台，而且在大事件的选择和切入契机方面经验老到，驾轻就熟。其实相对于大事件的选择，王老吉更为关注的是：如何挖掘事件本身的核心价值与王老吉品牌主张之间的天然关联。也就是之前提到的契合度。从 CSR 战略的角度而言，广州亚运会作为体育营销的大事件，提供了以下三个天然关联点，让我们有机会洞悉王老吉亚运营销战略的幕后玄机。

广州亚运会作为一个国际化的平台，对于国内饮料领导者的王老吉而言，提供了绝佳的国际化展示契机，也构成了王老吉迈向国际市场的重要支点。

广州亚运会激发的民族自豪感，决定了广州亚运会必将成为一次全体国民进行爱国主义教育的绝好教材，而一向以"民族品牌"为傲的王老吉借助广州亚运会又一次强化了其品牌形象。

体育运动本身固有的"活力、激情、自信"等情感元素，已然成为这个时代的情感标签，而王老吉倡导的年轻和自信的品牌主张更是与之如出一辙，阐发出王老吉品牌核心价值与时代精神的共鸣。

大事件营销的递进式传播

老子说："治大国如烹小鲜。"如何把握有限的大事件，精心组织和挖掘出"无限"的传播价值，是王老吉亚运营销面临的重大挑战。关于这一点，王老吉充分发扬了"烹小鲜"的创意和耐心，交上了一份堪称完美的答卷，这正是王老吉的"亚运三部曲"。

区别于通常体育盛会赞助的单一事件传播，王老吉自 2009 年 2 月签约成为第十六届亚运会的高级合作伙伴以来，精心设计了三个波次的事件传播，并且在"亚运有我、精彩之吉"的统一主题下，井然有序地铺排：首先是具有广泛参与性的"先声夺金"唱响亚运歌手挑战赛，针对社会公众提前预热；其次是"二次开发效应"，将参与前次活动的人群再一次推到前台，2010 年 6 月拉开帷幕的"举罐齐欢呼、开罐赢亚运"——王老吉亿万亚运欢呼大征集活动，配合日益临近的广州亚运会开幕式，将公众的情绪带到最高点；最后王老吉以"点燃吉情、传递精彩"为主题选拔亚运火炬手，以及选拔火炬传递助威团，并且以神秘的主火炬点燃仪式为吸引点，将事件传播推向高潮。

至此，王老吉通过"亚运三部曲"，将广州亚运会这样的单体大事件，切分和转化为三个相对独立的小事件，在起承转合中进行递进式传播，聚焦传播主线，将事件营销的社会传播价值最大化。

4. 大事件中社会利益的激发与弘扬

企业 CSR 战略中的事件推广与营销推广角度的事件推广，其最大的区别在于，前者重视事件本身的社会利益激发与共鸣，将事件放在社会和时代背景下放大传播效果；而后者更加重视事件本身的商业传播价值，借助事件本身的传播力直接促进企业品牌的提升。显而易见，王老吉的亚运营销推广战役，是将以上两个维度的事件推广恰如其分地融合在一起。例如,在王老吉亚运火炬手的选拔过程中,普通教师吴兴芬的事迹在当前社会普遍关注弱势群体的语境下,极具传播价值。2007年,吴兴芬从师范院校毕业后毅然回到农村,开办专为留守儿童义务服务的学习中心,3年多来,已经有百余名留守儿童因此受益。正是借助王老吉亚运火炬手的身份,吴兴芬向全社会传递出"自强不息、心系社会、乐于助人"的精神之火,奏响了时代精神的最强音。

通观王老吉亚运火炬手选拔活动,最终选拔出来的亚运火炬手,既有奋战在第一线的公益天使、勇于向命运抗争的英雄、顶着世界冠军光环的体育骄子、时尚前卫的人气歌手,还有普通的学生、在平凡岗位上奉献价值的员工等,每一位火炬手的故事都刻画出当前社会百态的每个阳光棱面,每一次火炬传递都是社会生活中积极和健康因素的会聚和弘扬。

从商业推广事件挖掘出具有普世价值的社会意义,进而激发和传递社会公众的情感诉求,这才是王老吉亚运营销难能可贵的精彩之处。

5. 总 结

借助于王老吉的岭南凉茶文化,与亚运会举办地广州的岭南文化有效地进行关联,王老吉将亚运营销的主题确定为——"亚运有我、精彩之吉",一方面提高传播活动的互动性,一方面将自己的品牌巧妙地嵌入中国文化。王老吉深入剖析品牌的内涵、属性及广州亚运会的主旨、精神,整合文化、体育、公益、娱乐元素,精心策划出具有强烈亚运色彩和品牌个性,同时具有广泛社会参与性的一系列互动性公众事件,对大事件资源充分利用乃至再创造,将亚运营销上升到一个新的高度。

第十章

整合传播——打造形象的丰碑

你遭遇下列问题了吗

- 整体形象策划从何起步？
- 形象传播如何追求知名度与美誉度的最佳结合？
- CIS 是整体形象传播的最佳手段吗？
- 整合传播技巧何在？
- 整合传播的类型有哪些？
- 何谓网络传播？
- 何谓无形资产管理？
- 什么是形象经济学？

关键词链接

组织形象：即组织的实际状态和行为在公众舆论中的投影、反映，亦即社会公众和社会舆论对组织实际状态和行为的认知和评价。这种认知和评价体现为组织在社会公众中的知名度和美誉度。

知名度：指一个组织被公众知晓、了解的程度，是评价组织名气大小的客观尺度，侧重于"量"的评价，即组织对社会公众影响的广度和深度。

美誉度：指一个组织获得公众信任、好感、接纳和欢迎的程度，是评价组织声誉好坏的社会指标，侧重于"质"的评价，即组织的社会影响的好坏。

CIS：CI 是 Corporate ldentity 的简称，Corporate 是"企业"、"社团"，Identity 是"身份"、"同一"、"识别"。完整的 CI 应该是一个不可分割的系统，即 CIS（Corporate ldentity System），通常译之为"企业识别系统"。

CI 是指企业通过传播媒介，以增进社会认同的符号传达系统将企业的经营理念与经营哲学向社会大众进行有效传达的过程。CI 是企业在其经营过程中，提升其社会形象最有力的手段之一。

企业识别系统 CIS 包括企业经营理念、行为活动、视觉传达等实体性与非实体性的整体传播系统。

网络传播：押运用 Intrnet 高科技手段进行有效传播的一种方式。这种传播彻底改变了人类的传播意识，传播行为和传播方式。

整合传播：指社会组织复合运用各种媒介（比如言语传播、文字传播、实像传播、电子传播、网络传播等）来传递信息，以达到社会组织的既定的公共关系目的的大型的公共关系传播活动。

电子高速公路:指在扩展的数字化通道中传送的各种数字媒体和通讯方式的总汇。更确切地讲,电子高速公路指的是"窄频带"通讯道。它所包括的实体内容有:电话线、移动式电话网和无线电、微波传送、卫星通讯。

电子超高速公路:指能够同时传送语言、音乐、文章、图像、计算机数据和视频图像的光纤电缆这类"宽频带"通讯频道。

> 英特尔总裁葛罗夫说:"21世纪谁能吸引更多的注意力,谁就能成为21世纪主宰。"

智慧提醒

(1)整合传播的特点
① 大众传播的特点
② 形式的复合性
③ 内容的复合性

(2)掌握整合传播的技巧
① 熟知一切大众传播媒介的特点及其操作实务。
② 充分把握社会公众的复杂心理。
③ 选择最佳的传播时机。
④ 制定详细周密的工作计划。
⑤ 保持与大众传播媒介机构的密切关系。
⑥ 保持活动的延续性,谨防已有的传播效果丢失。

(3)CIS 的基本构成

理念识别系统(Mind Identity Sytem)简称 MIS. 行为识别系统(Behavior Identity System)简称 BIS. 视觉识别系统(Visual Identity System)简称 VIS.

MI BI VI ——→三者相互作用,塑造组织独特新形象

温馨小粘贴

塑造个性化组织形象的八条法则

①生存法则(THE LAW OF BEING)。任何一个企业都包含有一个或一个以上的人,企业凭借自己的能力活着,展现着自己天生的体力、智力和情感特征,这些特征源于那些自始至终组成企业的人,但却超越了那些人本身。**"我活着"**

②个性法则(THE LAW OF INDIVIDUALITY)。一个企业的人性特征始终融合在一个清晰可辨的形象里,正是这个形象使得这个企业与众不同。**"我惟一"**

③持久法则(THE LAW OF CONSTANCY)。形象是固定的,它可以超越时间和地

域的界限,但形象的表现形式是不断改变的。"我永恒,在我成长壮大的过程中始终如此"

④意愿法则(THE LAW OF WILL)。每一个企业都受到与其形象一致的价值创造需要的制约。"然而,要真正地活着,我必须完全地表达自己"

⑤可能性法则(THE LAW OF POSSIBILITY)。"形象预示着潜力。为此,我要让别人更多地了解我"

⑥关系法则(THE LAW OF RELATIONSHIP)。企业之间存在着固定的关系,关系的参与各方的形象之间在本质上有一致性,它决定了这些关系的稳定性。"但要做到这些,我需要他人的帮助,而且只有他们也同样需要我的时候,我所做的一切才富有成果"

⑦理解法则(THE LAW OF COMPREHENSION)。企业人性特征的价值只等于人们认识到的企业的整体价值。"要建立这些关系,我必须首先认清我是谁"

⑧循环法则(THE LAW OF THE CYCLE)。形象控制价值,价值产生财富,财富推动形象。"随后,我将得到与我的付出相一致的东西"

《形象决定命运》劳伦斯·D·阿克曼

> 注意力:注意力是对于某条特定信息的精神集中。各种信息进入我们的意识范围,我们关注其中特定的一条,然后决定是否采取行动。
>
> 注意力是一种转瞬即逝的抓不住的资产,它的存在很难证明,虽说它的缺失确实能感觉到。就像飞机座位和新鲜食品一样,注意力是一种极易消失的商品。
>
> 有一种办法可以吸引顾客的注意力,那就是先注意顾客。
>
> 《注意力管理》托马斯·达文波特和约翰·贝克著

案 例 点 击

案例一

传 承 一 脉　人 文 关 怀
——观"海南养生堂"公关活动有感

项目背景

"海南养生堂药业有限公司"成立于1993年,生产地在海南省海口市金盘工业区,总部设在浙江省杭州市,现有员工1700余人,在26个省(市、自治区)设有分公司及各级市场部,开辟了多层次、广泛的营销渠道和网络,是新崛起的生产和经营健康产品的现代化高科技公司。公司的目标是"确立在药品、保健品和饮用水行业中的领先地位,创造优异的经济效益和社会效益,并在此基础上,创建一个平等、友善、富裕的养生堂乐园。"它以"诚信、高效、务实、奋进"的精神训导员工,以"市场"为导向,以"消费者"为中心,为人类的"健康"事业造福。

目前,公司拥有下列子公司:海南养生堂药业有限公司、浙江千岛湖养生堂饮用水有限公司和杭州千岛湖养生堂饮用水有限公司,养生堂天然药物研究所有限公司。还下设食品、物资供应、广告和化妆品(筹)等子公司,在美国设有分公司。

养生堂公司目前拥有5个品牌:"农夫山泉"(饮用水)、"龟鳖丸"、"朵而"(保健品)、"清嘴"(健康休闲食品)、"成长快乐"(儿童复合维生素)。他们已经成为或将成为各自领域的佼佼者,占据重要的一席之地。

项目实施

公益活动树形象:养生堂公司对自己的品牌有深刻的理解,并赋予了它们独特的内涵。他们以消费者的需求为导向,非常注重公司在消费者心中的形象问题。公司自创办以来,发动和开展了一系列具有社会公益性的为消费者提供公益福利的服务,以期营造企业良好的公众形象。例如,它开展了以下一系列活动:

① 赞助中央电视台"98法国世界杯足球赛"演播;

② 设立"谈家桢生命科学养生堂奖学金";

③ "助考大行动"和"雄鹰计划";

④ 千岛湖大自然观光夏令营;

⑤ 农夫山泉杯"水与健康"知识竞赛;

⑥ 农夫山泉千岛湖"寻源"行动;

⑦ "100％野生龟鳖海南寻真"大行动;

⑧ 朵而杯"我心目中的好妻子"征文大奖赛;

⑨ 朵而女性新主持人大赛;

⑩ "女人什么时候最美"朵而设问征答活动;

⑪ "健康中年"体质检测活动;

⑫ 邀请诺贝尔医学奖得主穆拉德博士来访讲学;

⑬ 炎热的夏季为高考考场外守候的家长们撑遮阳伞;

⑭ 关爱知识分子健康,关注健康人生的媒介策划。

以消费者为中心:我们在提及养生堂公司时,第一个印象也许是它的产品"龟鳖丸"。养生堂公司从1993年10月开始生产龟鳖丸,首创全龟全鳖合用,以其高品质和显著功效赢得了广泛的赞誉。

1997年龟鳖丸被评为"1997消费者首选名品(浙江)"。以杭州为例,它在杭州市场100多种保健品中销量第一,这种居高临下的势头已有一年之久。2001年一年,整个杭州地区共销出龟鳖丸一万箱。而在1994年3月份,龟鳖丸进入杭州市场之际,正是各种鳖制品大战之时。龟鳖丸不仅在激烈的市场竞争中站住了脚跟,并且使其销量从一个月几十箱发展到现在每月1000箱。这其中除了靠"质量",笔者以为,

283

公关策划也是必不可少的一个因素。

养生堂公司曾在浙江全省八个地市开展"送医送药送健康活动",持续了五期,当时也是跟"钱江晚报"联手举行了这次活动,并在广播、电视上都通告了咨询义诊的消息。活动请了浙医二院与邵逸夫医院的十多位名医专家组成强大的专家阵容,分赴青田、慈溪、余杭、桐乡等地问诊。养生堂药业公司还现场发放了健康资料和龟鳖丸,并特意为当地的老病友开"小灶",帮助他们联系专家,并把行动不便的病友主动接送到现场。杭城多家报纸对此进行了采访、报道。而且,事后养生堂还对病友进行了回访,并向有需要的病人发放了龟鳖丸及优惠卡。几年来,公司经常联系的老病友已达万名之多。

9年来,养生堂龟鳖丸为病友提供了赠药、优惠、义诊、上门回访等多种形式的服务,让众多的消费者真正感受到养生堂带来的实惠。

"关心最需要关心的人,帮助最需要帮助的人"、"像对待自己家人一样对待消费者",养生堂把它的"以消费者为中心"的思想落到了实处。

以人情味、文化味的广告感染人

人们不会忘记养生堂龟鳖丸的那个广告作品:画面上是一位略显憔悴的父亲,画外音是一个孩子稚嫩的声音:

"这是我平生挣得的第一份工资,就去给爸爸买了几盒龟鳖丸……"广告以一句意味深长的"养育之恩,何以为报?"结束,留给人们无限的回味和警醒——人世间的孝心善意也许就是这样一代代地感染着,延续着。

一个短短的广告,让我们在几秒钟内就领略到了一种浓浓的暖人心的温情,在中国这个传统环境的大背景下,这个广告可以说是极其成功的。养生堂充分地利用了电视广告这样一个大众传播手段,来为其树立企业形象服务。

另一让笔者颇有感触的是养生堂"朵而"产品的公关策划。从朵而最初"女人什么时候最美"的命题、定位、活动的展开,美丽与智慧并重的"女主持人大赛"的成功,以及最近的一个设问"在你最美丽的时候遇见谁",都让人颇受文化内涵和人文气息的感召,"想知道清嘴的味道吗?""初次见面时我在你的掌心放了一片小小的清嘴含片,不知如今的回忆是否也像柠檬的味道那般酸酸甜甜?"

有这样美丽的广告语,哪能不让人心动呢?

还有"早晚两粒"、"以内养外,补血养颜"、"农夫山泉有点甜"等等广告语,其实听起来都很普通,很实在。但是,就是这样普通而富有人情味的广告语,创造了销售奇迹。2000年1月,中国跨世纪十大策划经典个案评选中,"农夫山泉有点甜"名列榜上。

危机中促炒作

农夫山泉是养生堂的又一个拳头产品。

任何关注生活质量和饮食健康的人,都会关注2000年的这场水战。4月份,天气刚开始转热的时候,我国饮用水行业排行第三的农夫山泉借用媒体新闻信息手段发布了"停止生产纯净水"的消息,从而拉开了天然水与纯净水之间的"水战"。

在这场硝烟弥漫的水战中,农夫山泉凭借自身的水源优势,借助了一个有争议的营养学知识,充分利用了媒体为自己的战略转移、产品特色和品牌形象做足了宣传,也让我们领略到了现代企业伶俐、智慧的营销手段。此间,它也得了一个颇有意思的称谓:"农夫"。

后又传闻,由于媒体记者跟踪报道,披露纯净水质量有问题,养生堂公司联合其他纯净水生产企业对水源问题进行了澄清,并公开宣称可以亲自观看生产过程以表明其质量可靠。

引领市场潮流

养生堂公司于 1995 年推出了朵而胶囊,以"补血养颜"等功效和"以内养外"的全新保健美容理念,深受广大消费者的青睐,并且一直在引领着这样一种潮流:对于 25～35 岁、月收入在 1500 元以上的女性,补血养颜是可行的,也是必需的。

公司老总说:"引领市场,是件快乐的事。"公司的目标就是"她将在人类健康领域被认为是做得最好的"。当然,引导是件快乐的事。朵而已让众多女性懂得了以内养外的重要性,而同时,引导又是件吃力的事。同宝洁公司倡导的"天天洗头"的健康生活新概念一样,养生堂在倡导一种既适应企业长远发展,又顺应人们需求的健康新路,那就是倡导养护中青年身体健康。

回到文章开头提到的《钱江晚报》的关注中青年知识分子的媒介事件,养生堂企业不仅做活了企业的文章,也做活了行业的文章。俗话说:"大河有水小河满,大河无水小河干。"有了行业的整体利益,才会有企业的利润。

项 目 评 估

养生堂做的都是"美好"的事情:朵而使女人更美丽,龟鳖丸使亲情、人情更浓郁,农夫山泉使日常生活更纯净,清嘴含片使年轻女子更可爱,还有成长快乐使儿童更健康……这一切都是因为有了公关上的正确策划和组织,而使企业有了良好的形象示于人前。形象问题至关重要,养生堂的成功就在于营造了这样一个个美好的形象,从而使企业有了发展的美好前景。

案 例 评 点

1. 社会公益活动和奖项,使公司在人们心目中树立了良好的"关心人,注重人"的"亲善大使"的形象

养生堂作为一个生产药品、食品、保健品、饮用水的公司,它的前提就是要让人们对它放心,愿意消费它的产品。养生堂发起这样一些社会公益活动,不但提高了产品知名度,而且使人们在不知不觉中参与进来,为人们了解自身需求、促进产品消费提供了一个良好的平台。

2. 重视公众"反馈"意见。 在公共关系中,公众的反馈意见是必不可少的,它能使一个企业或组织发现自身存在的问题,及时解决矛盾,推动企业向良性循环发展

养生堂药业公司很好地注意到了这一点。养生堂公司开展的"送医送药送健康活动"和"养生堂龟鳖丸寻找有病在身的人"活动,以及对病友进行回访,向有需要的病人发放龟鳖丸及优惠卡,几年来,公司经常联系的老病友已达万名之多等等,都是很好的证明。

3. 养生堂整个营销思路都展现了一种新的思维形态(以人情味、文化味的广告感染人),完全不同于其他产品内涵的苍白乏力

这一营销思路不得不让人相信:商业宣传也可以做得很人文、很含蓄、很抒情,而艺术也不只有天马行空、不食人间烟火的那一种。

就如上所述的关于"朵而"的营销为例。几年来的销售业绩证明,朵而在商业文化上独树一帜,确立了颇具韵味的品牌形象,获得了众多女性的好感。这在很大程度上,是因她懂得公关策划并良好运用商业文化所致。

另外,从个性角度出发,朵而重视诉求的人性化,重视诉求对象,即消费者本身,在传达观念的同时,恰如其分地蕴含产品信息,让更多的消费者及其周边人群关注到企业的活动,从而关注产品,无形中,将女性美的诠释提升到一定的高度。

朵而的广告也让人领略到了养生堂高明的商业炒作手段,它的广告不仅带来销售利益,还给人一种审美上的享受。这里有一点值得一提:广告品牌相依相随增强广告效果。广告策划是一项系统工程,除了市场调查以外,还需针对产品的营销计划、市场需求和报纸、电视、广播等各种媒体的状况、消费者的心理特征加以研究,并将广告策划、创意、服务联系在一起,从而树立一种鲜明的企业或产品形象。海南养生堂的龟鳖丸,从 1994 年开始至今,出现在杭州各报纸及电视、电台等媒体上的广告,其艺术形象和标题文字始终是统一的,其格调品味与其他同类产品相比,也是截然不同的,并且呈现出系列性。消费者耳闻目睹这样的广告,就会感觉到很有新意,从而留下特别深刻的印象。这也是养生堂龟鳖丸,在短短的时间内,就能在市场上打响的原因。

4. 从"水战"中可以看出,养生堂对待舆论的态度是积极而迅速的,是以诚服人的

笔者以为,只要有了这种反应迅速的意识和机制,公司在面对舆论危机的时候是能够转危为安的。

5. 养生堂具备一种大战略家的思维形态

市场竞争无疑是激烈的,企业要生存,必须不断开拓新路。从养生堂引领市场潮流来看,她做到了不仅是为自身企业发展铺路,还在宏观上为行业发展铺路,形成健康的良性循环。

6. 良好的媒介资源产生了良好的社会效应

从企业众多的成功公关策划可见,企业拥有非常好的媒介资源,几乎每一次的公关策划,都能得到媒介积极的呼应,从而产生了良好的社会效应。同时,我们也不难发现,养生堂正实践着与媒介双赢的公关效果。

案例二

童话巨头在中国
——迪斯尼进军中国的公关传播

项目背景

全球娱乐界巨头、"米老鼠之父"沃尔特·迪斯尼 100 年来创造了一个娱乐王国。半个多世纪以来,迪斯尼的动画电影把快乐送往全世界的各个角落,还在美国、巴黎、东京等地开办了迪斯尼乐园。如今,迪斯尼已经成为全球第二大媒介巨头。中国则是世界上最后一块没有被开发的娱乐传媒市场。迪斯尼在遭遇了全球经济寒流之后,开始跻身、分食"中国市场"这块蛋糕的行列。此次迪斯尼进入中国已经是第四次进军,前三次分别为《米老鼠和唐老鸭》在 CCTV 开播,《小神龙俱乐部》的开播,迪斯尼控股的 ESPN 飞入中国多家电视台。这一次迪斯尼卷土重来,吸取了以往的经验和教训,与海虹控股合作了迪斯尼中文网站。

项目策划

如同所有的媒介巨头一样,迪斯尼进入中国会受到政策的限制,为此公关宣传应当淡化其政治性和新闻性,诉诸于寻找共同之处,求得共鸣和支持。

20 世纪 80 年代在中央电视台播放的米老鼠和唐老鸭的动画片,使人们对迪斯尼形成了最初的认识。此次进军中国应当抓住契机,唤醒人们对迪斯尼动画的美好回忆,并全面输送迪斯尼的理念,使人们对迪斯尼有发展性的认识和更深的了解。

项目实施

迪斯尼互联网集团执行副总裁马克汉德乐在接受媒体访问时一再强调,迪斯尼通过这个网站,将给"中国观众独特性、娱乐性和高尚的价值观念"。这种崇尚真善美的理念与中国传统的观念契合的天衣无缝。在此基础上,迪斯尼慎重地展开了一系列公关活动。

①2001 年底,米老鼠和唐老鸭担任美格显示器的新年促销连环好礼活动的形象代表,米老鼠帽子和迪斯尼中国网站的 Blast 会员卡成为颁发的奖品。迪斯尼还与美格和柯达公司合办了一年一度的嘉年华会。

②2001 年 12 月 5 日,迪斯尼公司的"米老鼠"和"唐老鸭"手牵手逛长城。由真人穿上道具服饰扮演的米老鼠和唐老鸭色彩鲜艳,憨态可掬,身后还跟着白雪公主等迪斯尼著名的卡通形象。这次游行为迪斯尼与中央电视台的《大风车》栏目的合作作了铺垫。

项目评估

由于媒介集团进入中国的特殊性,迪斯尼在中国的宣传活动略为低调,但是其为数不多的公关活动明显花费了心思,因而收到了预想的效果。迪斯尼通过对其品牌的正确定位和宣传增强了亲和力和公众对它的好感,其米老鼠和唐老鸭的经典形象唤起了人们温馨的回忆,为迪斯尼中国网站的发展和以后将兴建的迪斯尼香港乐园和迪斯尼中国乐园发展了大批的潜在受众,同时也宣传了有关迪斯尼形象的产品,为迪斯尼在中国的业务打通了脉络。

案例评点

迪斯尼在中国的公关活动是比较符合其发展战略的。

1. 公司强调迪斯尼的品牌伦理与中国的传统观念相契合,从而淡化了迪斯尼的媒体特性,为迪斯尼在中国的发展清除了一定的障碍

迪斯尼向来被称作快乐的童话王国,其倡导的理念是健康、高尚和欢乐。它的百年历史验证了这一点。迪斯尼向来珍视艺术形象,始终保持其纯洁性,希望"唤起这个世界上正在泯灭的孩子气的天真"。当年迪斯尼与美国音乐公司力战的时候,对方以"刺激、暴力"作为噱头,迪斯尼却始终平心静气的用童话的手段感化人们,于是迪斯尼成了人们心目中理想的圣地。这次迪斯尼迈进中国强调:"通过这个网站,我们将给中国观众'独特性、娱乐性和高尚的价值观念'"。迪斯尼中国网站也沿袭"娱乐、家庭"这两个主题。这表明他们洞察到中国传统的伦理观念对中国观众的影响。一批进入我国的美国、日本的卡通片中充斥着暴力和色情,必将受到舆论和大部分观众的抵制。而迪斯尼向来倡导真善美,其代言人米老鼠以善良、聪明、好脾气为特征,深得中庸之道,强调这一点,可以提高公司的亲和力,与广大中国观众建立良好的关系。

2. 米老鼠和唐老鸭逛长城的活动取得了广泛的媒介覆盖率

这两个可爱的卡通形象作为迪斯尼的代言人,可谓深入人心。80年代时看这个动画片的孩子现在都已经是年轻人,现在重提迪斯尼的温馨形象,可以令他们在重温旧梦的同时更加关注迪斯尼的系列产品。而新的《米老鼠和唐老鸭》的播出势必又受到小观众及其家长的喜爱。因此卡通形象游行的活动让迪斯尼在多个年龄层次消费者中都留下了难以磨灭的印象。

3. 通过和一些创造时尚产品的公司举办嘉年华会,体现了迪斯尼"快乐的童话王国"这个主题,充分输出了公司形象和理念,让群众对迪斯尼增加好感

为美格显示器做形象代表,刚好与迪斯尼在中国主要走网络传播的路线不谋而合。迪斯尼选择网络媒体是因为网络媒体更具开放性,更有发展潜质,对跨国媒体来说也更容易获得。迪斯尼中国网站目前用户数正在飙升,与网络传播的快捷性恐怕也是分不开的。迪斯尼与麦当劳的合作使得麦当劳餐厅外的电视总是在播放迪斯尼的动画片,再加上迪斯尼对电视、报纸等媒介的覆盖率,宣传效果可想而知。

由于政策等客观问题,迪斯尼正在"戴着镣铐跳舞",迪斯尼应该可以更放开一些,处理高调一些,这样应会有更好的公关效果。

案例三

打造一个城市的品牌
——宁波梁祝文化节之"百合婚典"

项目背景

梁祝文化公园位于宁波鄞县高桥,是以中国古代四大民间传说之一、被誉为"东方的罗密欧与朱丽叶"的梁祝爱情故事为主线的主题公园。公园内的梁山伯庙建于公元 397 年,园内还有梁祝合葬墓双碑坟穴,并有丰富的梁祝文化资料和实物。梁山伯与祝英台在浙东民间被奉为爱情守护神,有"若要夫妻同到老,梁山伯庙到一到"之说。

自宁波发现了梁山伯的史籍记载、墓冢、庙宇后,已被有关专家确认为梁祝故事的发源地。

1997 年,首届梁祝文化节上开发了梁祝音乐贺卡和梁祝双蝶纪念瓷盒。

1999 年,鄞州区小百花越剧团赴香港特别行政区参加庆典,赠送给香港各界人士的礼物为一对只产于宁波的特色玉带凤蝶镜框标本。

2000 年,首届中国梁祝婚俗节上,把碗底刻有蝴蝶图案的越窑青瓷并蒂莲对碗馈赠给中外贵宾。

2001 年元月,市小百花越剧团应邀赴法国、匈牙利演出,当家剧目"梁祝"让剧组谢幕达 28 次之多。

2002 年 4 月 8 日鄞州区人民政府《关于要求建立中国梁祝文化研究会的函》已得到中国民间文艺家协会的批复同意,中国梁祝文化研究会正式落户宁波鄞州区。中国梁祝文化研究会将承担起搜集、整理、研究梁祝文化的职责,开拓与梁祝有关的文化活动,开展与国内外民间文学家的交流,为梁祝文化申报世界文化遗产创造良好的学术环境。

近日,宁波市"梁祝化蝶"巨型花雕,在港参赛中荣获金奖。

项目策划

"百合婚典"之准备前绪

● 2001 年 3 月 22 日,宁波市第二届中国梁祝婚俗节节徽和"百合婚典"标志图案确定。

● 4 月 12 日,"梁祝之夜"曲目确定。

● 4 月 14 日,第二届中国梁祝婚俗节组委会与在杭州演出的上海交响乐团正式签约,且该交响音乐会的曲目已正式确定。

● 4 月 17 日,梁祝婚俗节组委会在北京举行新闻发布会,人民日报、光明日报、中国日报等 20 余家国内媒体的记者出席。同日,参加"百合婚典"的汉族新人产生,部分少数民族新人的曲艺表演节目确定。

● 接着几天,千里万里寻新人。

● 4 月 28 日作为梁祝婚俗节主体的"奥克斯百合婚典",已准备就绪,来自 56 个民族的 56 对新人正从全国各地奔赴宁波,计划于 30 日大团聚。其中高山族新人苏维新和高云倩是通过市台商协会牵线搭桥,特地从宝岛台湾地区赶来参加婚典的。

● 4 月 30 日,"梁祝文化国际学术研讨会"在启新高尔夫俱乐部召开,来自日本、美国、摩洛哥等国从事梁祝文化研究的学者和国内专家共 40 余人参加了研讨会,与会的还有联合国教科文组织中国总代表、中国文联主席周巍峙等。

项目实施

节日庆典

● 5 月 1 日,梁祝故事的发源地、中国唯一的爱情主题公园——鄞州区梁祝文化公园迎来了全国 56 个民族的新人代表。在庆典上,颁发了"百合婚典"证书,并赠送每对新人代表一个鸳鸯同心图金箔镜框,还有周巍峙亲笔签名的"民族大团结"邮册一本。新人们由哈尼族新郎邹宏和傣族新娘玉应香带头走过"夫妻桥",在礼炮和漫天心型花雨中走上红地毯;在洁白的梁祝雕塑前,一对哈萨克族新人代表 56 对各民族新人宣读了他们的爱情誓言:蝶盟一朝订,心若磐石永不移!在清清的河水边,新人们同心协力栽下了一株株茶花树;在三江口新时代广场,56 对新人一齐拍摄了一张民族大家庭的全家福,江水滔滔,祝愿新人们的爱情天长地久;百合婚宴,高山族新人苏维新和高云倩打开香槟酒时,大家举杯祝愿,婚典达到高潮。

● 接下来几天新人们还游览宁波三江六岸及五龙潭等景区,感受美丽浪漫的宁波。

● 5 月 2 日,"爱在新世纪"欢乐庆典。

● 5 月 3 日,"蝶恋花"青年男女大联欢。

● 5 月 4 日,"浪漫之旅"单身联谊主题活动。

● 5 月 5 日,"桃李满天下"教师主题活动。

● 5 月 6 日,"夕阳红"老年婚庆主题活动。

● 5 月 7 日,梁祝婚俗节大狂欢。

同步活动

● 5 月 1 日晚,上海交响乐团来宁波举办的"梁祝之夜"大型交响音乐会在鄞县中心区华茂外国语学校体育馆举行。包括舞剧《天鹅湖》选曲、《红旗颂》、德沃夏克的交响曲《新世界》等，由著名指挥家陈燮阳指挥。压台戏是由国内杰出的小提琴演奏家盛中国独奏小提琴协奏曲《梁山伯与祝英台》。

●5月2日晚7时，上海芭蕾舞团著名演员季萍萍、范晓枫、陈其荣、孙慎逸等在宁波逸夫剧院专场演出四幕芭蕾舞剧《梁山伯与祝英台》。

●5月4日晚7时，传统越剧《梁祝》在逸夫剧院专场演出。特邀著名越剧表演艺术家范瑞娟、傅全香和吴凤花、陈飞等4名国家一级演员，前来进行艺术指导和友情出演。

●"梁祝情"大型游园活动从5月1日始至5月7日结束，在梁祝文化公园内的梁祝音乐广场、读书院、梁圣君庙、祝家庄等各景点举行，广大市民和游客可参与其中。除举行水上抛绣球、打新郎倌、即兴戏剧表演、江南丝竹表演、打擂台等别出心裁的活动外；还举办"八方杯"宁波市第一届家庭风筝大赛暨第九届少年风筝大赛；以及反转片艺术摄影邀请大赛，世界华人摄影学会、中国摄影家协会、浙江省摄影家协会的40名摄影大师，将对婚俗节全场采风，拍摄美好瞬间。

相关媒体活动

● 2001年12月13日，《宁波日报》刊登关于今年梁祝文化节的报道。

●《宁波日报》、《宁波晚报》、《鄞州日报》等对此次活动的准备、进展过程作了跟踪系列报道。比如：4月13日，"梁祝文化精彩纷呈"；4月14日，"盛中国五一来甬奏《梁祝》"；4月15日，"'梁祝之夜'曲目确定"；4月20日，"中国梁祝文化研究会落户宁波"；4月26日，"梁祝文化大餐出炉"；5月1日，"梁祝之夜：只因《梁祝》而醉"；5月2日，"万水千山赴蝶盟"；5月4日，"三代'梁祝'同台献艺"。

● 活动期间，《浙江日报》、《市场信息报》、《中国新闻社》、《文汇报》等从文艺、旅游餐饮、文化考证的角度也对此做了报道。

●5月2日晚在宁波电视台播出了《今生长相伴》中国梁祝婚俗节特别节目。维吾尔族和哈萨克族的新人均表演民族特色歌舞，塔吉克族新人吹奏塔吉克笛，而从台湾地区漂洋过海来到宁波的台湾地区高山族新人也为中外观众献上一出经典节目。

● 中央电视台也为此事作了一期专题报道。

项目评估

宁波市计划在今后办一个国际性、世界化的梁祝百合婚典，现已在筹备中。

案例评点

从总体上看，这是一个成功的城市形象公关策划的活动。

宁波正值新兴蓬勃发展时期，绿化、畅通交通、调整布局、合并等，忙得不亦乐乎。一眼望去，似乎所有的一切都在萌芽中等待爆发生机，犹如初下田的禾苗，正绿油油的苗壮成长着，气象万新。她正努力打造着文明港城的牌子，文化事业亦蒸蒸日上，以梁祝为主题的一系列节目活动就是在这种形势下的产物。从战略角度看，是借题发挥，要让全中国乃至全世界了解梁祝文化的发源地宁波，提升宁波的知名度和美誉度，配合宁波打造国际都市的战略目标。

这次活动不同以往的出彩处、噱头就是活动的主题——"百合婚典"，56对民族新人同欢共庆一生中最美时光——婚礼，喜气洋洋。民族问题向来是敏感、难搞的，中华民族能够和睦相处、共融一体要感谢历史，也得益于中国共产党在这方面的英明领导，大家才能相安无事，和谐的生活在一起，比起中东、南亚某些国家真是非常了不起的。这次主题借梁祝之名，结婚之喜，精彩诠释了民族联欢的喜悦之情，顺应了党和国家的政策（民族平等，民族团结），符合社会潮流和趋势，赢得舆论的响应和公众的关注乃至热情参与。

尤其值得一提的是台湾地区那对新人的加盟，别有深意。它自然流露了台湾大陆一家人，同是炎黄子孙一条脉的思想，响应了"一个中国"的舆论，也丰富了活动的政治意义，提升了主题的内涵。

也正是这两个焦点吸引了中央级电视台、报社的关注，前来采访并做专题报道；在北京开新闻发布会，一方面表现活动的正式性、价值性，体现主办方的认真、重视态度；另一方面给媒体打一剂预告针，引起媒介（尤其是全国性大媒体）的特别关注与参与。活动主办方借媒体的传播优势，大范围，造声势，扩大活动影响面及影响力，让更多的人知晓梁祝文化节，认识宁波，了解宁波及宁波的文化。

还有，主办方没有就婚礼而婚礼，他同时还举办了一系列娱乐活动，比如游园、风筝赛、摄影赛、音乐会、戏剧演出、芭蕾舞等，精彩纷呈，热闹非凡，引来许多市民和游客前来观光游乐，痛痛快快地"沉迷"了几天，过足了玩乐瘾。

我国少数民族分散于大江南北、大漠丛林，有机会同聚一堂，实属难得，何况他们还带来新鲜别致、各具特色的民族服饰，惹得游人驻足观赏，欣悦不已，还成为一些报纸旅游，文艺版的材料，无形中又壮大了声势。

这样，自然而然的，宁波市形象得以广泛传播，他表现出的热情、繁荣与文明在媒体的一次次报道及游客的玩乐中得以强化。所以无论从具体策划这次活动来看，还是把它放入整体公关活动中来看，或是单从整体公关的战略眼光来看，笔者以为都是比较成功的。

宁波市还计划举办一个国际化、世界性的"梁祝百合婚典"，现已在筹备中，梁祝文化申报世界遗产的工作也已启动。宁波市在继续不断的努力着，挖掘发扬民族优秀文化，努力创建有特色的国际化大都市形象。

案例四

杭州城市的"金名片"：西湖博览会
——城市形象的大公关

项目背景

"上有天堂，下有苏杭"，杭州素有此美誉。为了向世人展示改革开放后杭州欣欣向荣的城市形象和生机勃发的经济活力，提高杭州的知名度，促进会展经济的发展，杭州市委市政府决定自2000年始每年举办一届西湖博览会，使之成为中国著名的会展品牌。

项目实施

2001年的中国杭州西湖博览会从10月20日持续到11月10日。此次活动重点以杭州良好的投资贸易环境和城市形象为依托，充分发挥杭州得天独厚的旅游资源和产业优势，并将展示、交流、经贸、研讨和旅游文化活动有机结合在一起，合力打响"住在杭州"、"游在杭州"、"学在杭州"和"创业在杭州"的品牌，为把杭州建成生活居住，休闲旅游，求职创业的天堂作出了贡献。

（1）政府大力支持　积极招商招展

此次活动由国家旅游局、国家广播电影电视总局、浙江省人民政府、中国国际贸易促进委员会、中国文学艺术界联合会、中国轻工业联合会主办，由杭州市人民政府承办，成立西博会组织委员会，邀请省市政府和国家有关部门领导负责指导、组织和协调总体方案的实施。同时设立西博会组委办公室和若干工作部门，具体负责西博会的各项筹备和实施工作，加上向社会招募的大量"西博会志愿者"，西博大军浩浩荡荡。

为了组织到更多的客源，大会充分利用各主办单位、协办单位以及支持单位的网络和渠道，扩大招商招展的覆盖面，采取多种形式邀请国内外企业特别是跨国公司、国内大企业集团、上市公司以及外商投资企业来杭参展、订货和投资，提高周边地区和各县市的参与度，动员各旅行社做好国内外招揽游客工作，扩大了此次西博会的社会影响。

（2）西博会活动内容井然有序

2001西博会分展览、会议、活动三个板块。在展览板块中，根据2001西博会的办会主题，围绕建设"两港三区"和打响杭州的城市品牌，以面向国内外的主题展览为载体，把商品和技术的展示展览与贸易交易有机结合起来，将杭州的地域文化与21

世纪的人类生活和创业紧密的连接起来。在会议板块中,根据杭州城市发展的定位选择会议主题,引进国际组织牵头召开的会议和全国性的高层次会议,邀请国内外知名的专家学者和行业人士到会,学习和传播新经济、新科技的思想观念,交流和探讨科学前沿的学术观点,为产供需牵线搭桥。在活动板块中,充分展示杭州作为历史文化名城所具有的深厚文化底蕴,推出丰富的旅游文化活动,做到雅俗共赏、气氛热烈,以凝聚人气,吸引群众广泛参与。

(3)重视宣传工作

为了营造西博会的活动气势,大会做了全方位积极的宣传工作,为统一品牌形象,为西博会进行了整体规划和设计:将召开的各类新闻发布会与媒体宣传、资料宣传、环境宣传、群众宣传结合起来;将省内促销、国内促销和海外促销有机结合起来;将前期宣传、会前宣传、西博会期间和会后的宣传与公益广告、商业广告合理地编排运筹。

(4)实现西博会资源价值的最大化

大会向社会公开推出西博会资源。包括西博会会刊、参会指南等宣传品,高炮广告、直幅广告等宣传载体,西博会专用产品冠名、标志、吉祥物授权使用等,寻求市场运作合作单位。

项目评估

这次的西博会得到了社会各界的大力支持,吸引了大批客源,以旅促展,以展促商,有效提高了杭州的知名度,推进了会展经济的发展,同时也促进了杭州地方特色文化的传播。经济、社会和文化协同发展,"西湖博览会"成为杭州城市的"金名片"。

案例评点

城市的知名度不仅基于经济的发展,还在于地方文化的魅力。西湖博览会以文化唱主角,经济为后盾,"物质""精神"两手抓,两手都要硬,将展示、交流、经贸、研讨和旅游文化活动有机结合在一起,成功的打出了杭州会展经济的品牌。

当然,本次公关活动的成功之处不仅于此。

1. 以"名"扬名,不仅使公关活动名正言顺,无矫揉造作之嫌,而且更易为大众接受

"水光潋滟晴方好,山色空蒙雨亦奇,欲把西湖比西子,淡妆浓抹总相宜"。西子湖名扬天下,人们神往已久,西湖博览会借西子之名,定有"淡妆浓抹总相宜"之资,人们在心里给了个很高的起点分。所以说,西子湖的声望为西博会起了"公关效应"。

2. 坚持"政府主导,企业主体,市场化运作,调动多方面积极性"的原则

在市场经济的大环境下,企业才是经济舞台上的主要演员,政府退居二线,但这并不意味着政府对企业放任自流。企业需要政府的宏观指导,否则企业的活动就会失于盲目性。政府的介入需要技巧性,像这次的西博会,"政府搭台,企业唱戏",符合市场经济的要求,同时采用市场化的运作方式,提高了办事效率。群众的广泛参与,不仅凝聚了人气,而且为西博会的顺利进展提供了智力保障。

3. 立体交互型的传播策略,为西博会壮大了声势

俗话说得好,"酒香也怕巷子深"。全方位立体型的传播策略扩大了西博会的社会影响力,引起社会各界的广泛关注。西博会筹委会整合了全国的优势媒介,充分发挥了新闻媒介的作用,是此次西博会取得成功的不可忽视的因素。

4. 争取权威的支持是本次公关活动成功的重要原因之一

尤其体现在会议板块,引进国际组织牵头召开的会议和全国高层次的会议,邀请国内外著名的专家学者和行业人士到会,交流和探讨科学前沿的学术观点,突出了档次和品味。

5. 调动全社会的力量,全民参与,众志成城

西博会众多的工作者和志愿者为西博会的成功提供了人力保障,广大群众的参与提高了西博会的人气,使之成为老百姓的狂欢节。

案例五

"一汽大众"巧塑奥迪 A6 高档形象
——整合传播的魅力

项目背景

一汽大众汽车有限公司是由中国第一汽车集团公司和德国大众汽车股份公司及奥迪汽车股份公司合资经营的大型轿车生产企业。公司于 1991 年 2 月 6 日正式成立,1996 年 12 月全面建成投产。公司整个项目总投资 111.3 亿元人民币,注册资本为 37.12 亿元人民币。其中,一汽占 60% 的股份,大众占 30% 的股份,奥迪占 10% 的股份。

奥迪系列作为合同产品转入一汽大众生产以后,公司又研制开发出了奥迪 200 1.8T 高级轿车。1999 年 9 月 6 日,奥迪 A6 中国型高级轿车顺利下线。一汽大众生产的奥迪 A6 是中国目前唯一一款与国际市场同步上市的高档豪华轿车,代表了中国汽车工业发展的最新成就。它是目前国产轿车中第一款达到零间隙水平的汽车,是第一部装备智能全自动空调、手动/自动一体式变速箱、五气阀技术发动机、ASR 牵引力控制系统、驾驶信息系统、带记忆装置的电动坐椅和电动后视镜等当今国际领先技术的豪华轿车。其中,奥迪 A6 车上一些配置,如转向助力随速调节装置、带记忆的电动坐椅、大灯清洗装置等在国产轿车中仍是独家配置。在原来基础上,奥迪 A6 2001 技术升级版新增加的驻车加热/通风装置、氙灯、16 轮辋及宽胎、舒适性底盘、新款边灯、亮银车身颜色等都与德国技术保持同步,在国际上也只是少数高档豪华车品牌的选装配备。

奥迪轿车的标志为四个圆环,代表着合并前的四家公司。这些公司曾经是自行车、摩托车及小客车的生产厂家。由于该公司原是由 4 家公司合并而成,因此每一环都是其中一个公司的象征。

项目实施

(1)英雄配良驹

该部分由三个公关事件组成:

● 奥迪 A6 成为泰格·伍兹挑战赛唯一指定用车(据 http://www.sina.com.cn 2001 年 11 月 6 日 新浪汽车消息)

奥迪 A6:与"虎"共舞

一汽大众奥迪日前宣布,将提供六辆奥迪 A6 豪华轿车,独家赞助"观澜湖泰格·伍兹中国挑战赛"伍兹一行在华期间的用车,一汽大众生产的奥迪 A6 被指定为赛事惟一指定贵宾用车。

一汽大众销售有限公司总经理周勇江介绍说,一汽大众奥迪此次向"观澜湖泰格·伍兹中国挑战赛"独家提供六辆奥迪 A6 高级轿车,一汽大众也被授予荣誉赞助商,目的主要是协助推广高尔夫球运动在中国的普及,倡导运动、健康、进取的人生态度和生活方式。作为迄今为止国内生产的最豪华轿车,奥迪 A6 所展现的富于进取、勇于领先、与世界同步的精神和特点,也与像泰格·伍兹这样的成功人士所具有的积极向上、永远争先的精神一脉相承。一汽大众奥迪也希望借助此次活动进一步展示奥迪 A6 在国内豪华车市场的品牌价值。

高尔夫球运动因其稳重、充满激情、富于挑战的特点,自诞生之日起就成为成功人士高品位的休闲运动,高尔夫球运动也逐渐演变成成功人士的标志之一。这项运动所展现的人文精神与稳重高贵、现代感十足的奥迪 A6 豪华轿车所展现的进取精神十分吻合。奥迪品牌所代表的核心价值就是服务于那些受过良好教育、经过自身不懈努力奋斗而取得成功的各界人士,那些充满自信、有个性、勤奋并充满社会责任感的人。具备传统美感、富有进取精神、充满动感的豪华奥迪 A6 轿车与老虎伍兹是成功结合的典范。

此次来华参赛的世界著名选手泰格·伍兹是当今体坛传奇式的人物,作为目前高尔夫球世界排名第一的优秀选手,他所向披靡的战绩、勇于挑战的进取精神,更使其成为世界体坛乃至各个领域充满活力的年轻成功人士所崇拜的偶像,"老虎"伍兹也成为媒体及球迷对他的爱称。"老虎"伍兹所具有的精神与奥迪 A6 所代表的成功核心价值如出一辙。

● 支持电视剧拍摄 奥迪 A6 银屏展风采(据 2002-03-20 南方网消息)

日前,一汽大众汽车有限公司正式宣布,将提供十辆奥迪 A6 豪华轿车支持电视剧《绝对权力》的拍摄。此举表明了一汽大众奥迪品牌对繁荣祖国文化事业、推动我国优秀影视剧创作与发展的大力支持。

一汽大众汽车有限公司奥迪公关部经理丁文飞先生在深圳开机仪式上说："电视剧《绝对权力》反映了当前社会普遍关注的热点问题,剧情跌宕起伏,人物塑造深刻生动。剧中主要人物充满社会责任感,与腐败势力顽强斗争的精神,与奥迪 A6 所展现的积极向上、富于进取的理念是一致的。作为国产豪华轿车的旗舰产品,其高贵而含蓄的优雅气质,装备豪华却不张扬的外观设计,受到政府部门和成功人士的厚爱,成为地位与荣耀的全权代表,成为尊贵与权力的绝对象征。而这些均与剧中主要人物的社会角色、品位十分吻合。此次支持该剧的拍摄,也表明一汽大众奥迪品牌积极参与并支持文化事业发展的决心和能力。"

电视剧《绝对权力》的导演蒋绍华介绍说,该剧由著名演员唐国强、斯琴高娃、高明担纲,是一部直面社会现实的优秀电视作品。该剧围绕市委书记、市长及省纪委副书记三个主要人物展开,揭示了改革开放背景下,经济发展、民主法制建设与反腐倡廉的关系。该剧的最大特点就是将汽车作为一个重要"人物"来表现,并与剧中主人公的社会地位、生命历程紧密相连。此次选用奥迪 A6 作为剧中主要用车,也是因为奥迪 A6 所具有的高贵而含蓄的优雅气质,品位独特却不张扬的外观设计,与剧中主要人物的社会角色、品位十分吻合,我们非常高兴能与一汽大众奥迪合作,并对其给予该剧的支持非常感谢。

● 奥迪 A6 博鳌亚洲论坛一展高档豪华车风采(据 http://www.sina.com.cn 2002 年 4 月 12 日 新浪汽车消息)

2002 年 4 月,世界瞩目中国海南博鳌。博鳌亚洲论坛 2002 年年会将向世界发出亚洲的声音。朱镕基总理在博鳌亚洲论坛首次年会上做了题为《携手共创新世纪新亚洲美好未来》的演讲。由于博鳌亚洲论坛主要是通过民间力量举办的,因此本次年会的赞助单位以及企业经营与管理的话题受到了媒体的极大关注。在博鳌,一汽大众汽车有限公司为本届盛会提供用作贵宾用车的 55 辆奥迪 A6,向世人展现"中国造"高档豪华轿车的风采。

4 月 11 日,在海口去往博鳌水城的高速公路上,一辆辆崭新的奥迪 A6 组成的贵宾车队,成为路人回头率最高的流动风景。在博鳌亚洲论坛会址博鳌水城,奥迪 A6 往来穿梭,与来自世界各地的年会贵宾如影随形,交相辉映,正应了中国一句古话"英雄配良驹"。

对于来自世界各地的政要、工商巨子,奥迪 A6 则为他们带来了流动的舒适与豪华。在海口美兰机场,著名经济学家吴敬琏、中国联想控股有限公司总裁柳传志、亚洲开发银行行长千野忠男、电讯盈科主席李泽楷、亚洲基金会首席经济学家 Franck Wiebe、德国西门子股份公司全球高级副总裁兼首席经济学家 Bernd A. Stecher、高盛集团董事总经理胡祖六等各国政要、工商巨子一下飞机就坐上奥迪 A6 直奔博鳌水城。

博鳌论坛聘请的整体规划顾问,澳大利亚设计师迈克·杜卡尔是博鳌水城整体规划的总设计师。有趣的是,杜卡尔先生曾经是一位资深的汽车设计专家,并酷爱奥迪 A6。当他看到博鳌水城最近几天奥迪 A6 频繁出现的身影时,才得知奥迪 A6 早已实现了中国本土化生产。杜卡尔先生对中国汽车工业的飞速发展感到惊讶,并表示有机会一定要开一开"中国造"的奥迪 A6。

据一汽大众奥迪市场部部长柳燕介绍,为圆满完成本届年会贵宾用车与会议用车任务,一汽大众投入了巨大人力、物力。早在一个多月前,海南省政府就已经精心挑选了资深司机,一汽大众为他们进行了专业培训。

对于赞助这样一次高规格、大规模的国际盛会,一汽大众汽车有限公司总经理秦焕明表示:"博鳌亚洲论坛,是亚洲的盛会。一汽大众是目前国内最受赞赏的合资企业,生产的奥迪 A6 是目前国内最为高档的豪华轿车。一汽大众不仅是一个全球化背景下成功的合资企业,更是一个具有强烈社会责任感的企业公民。一汽大众决心要以奥迪 A6 国际先进的产品质量,国际水准的服务为博鳌亚洲论坛 2002 年会提供国际一流的贵宾用车服务。一汽大众将通过博鳌亚洲论坛这个窗口,向亚洲乃至世界展示中国汽车工业的最新成就。"

(2) 公众利益第一,做个负责任的"人"

● 奥迪热销不忘维权 一汽大众整顿市场(据 http://www.sina.com.cn 2001 年 4 月 24 日 车行天下消息)

拥有领先科技和良好品牌形象的国产顶级豪华轿车奥迪 A6 自 2000 年 1 月上市以来,深受成功人士青睐,持续热销,供不应求,排队购车的热销场面有增无减。与此同时,市场上出现了非法的高价倒卖现象,这不仅扰乱了市场秩序,而且也严重损害了消费者利益。

为了维护消费者利益和奥迪 A6 形象,一汽大众近期再次加大力度,动用新的手段,出重拳打击销售中的不法行为,整顿市场秩序。一汽大众副总经理周勇江先生强调,"我们将坚决打击不法经营行为,在维护用户利益和奥迪 A6 形象方面,从不动摇。"

一汽大众近日派出了若干小分队,到各地市场进行巡查和治理。自国产奥迪 A6 上市以来,一汽大众不遗余力地规范销售,不断加强市场规范力度,出台了各种严格的政策,甚至不惜大力度处罚"违规"经销商,坚决杜绝加价抛售,着实在防范措施、检查手段等方面下了一番工夫。一汽大众销售有限公司负责奥迪品牌的副总经理付强先生表示,一汽大众将进一步加强对奥迪经销商网络的管理,对于奥迪 A6 经销商的违规行为,发现一例,处理一例,并增大处罚力度。

北京 4 家一汽大众奥迪特许经销商于近日再次联合在《北京青年报》上连续发布奥迪 A6 销售广告,这是继一年以前这 4 家经销商在该报共同刊登"只有特许经销商,才能给您可靠保障"的声明广告后,再次斥资联手"打假"的举措。一汽大众奥迪网站上列出了全国各地奥迪 A6 特许经销商的详细资料,供消费者随时查询。一汽大众同时也呼吁用户认清利弊,到特许经销商展厅来购车。

众所周知,一汽大众一开始便采用全球统一的品牌专营模式销售奥迪 A6,并严格限定奥迪 A6 的市场价格。经国家工商总局批准,一汽大众生产的奥迪 A6 采用特许专卖制度,只有一汽大众授权经销商才有权销售国产奥迪 A6 轿车,其他单位和个人一律无权进行销售。

然而由于高额利润的驱动和市场法规的不尽完善,一些不法商贩甚至个别汽车经营单位,采用各种不法手段,进行高价倒卖,牟取暴利。更有甚者,将旧车、甚至事故车加以改头换面,充当新车进行高价销售。他们往往铤而走险或在某些违规操作的经营单位的串通和庇护下,采用包括涂改发票或出具虚假发票等非法手段,蒙混过关。这些车往往都不具备完整、有效和合法的购车手续和文件,给消费者带来意想不到的麻烦和损失。

这种倒卖行为不仅扰乱了市场秩序,而且还会严重损害消费者的利益。奥迪 A6 在整个储运和交车过程中,都有严格的规定和健全的管理机制,以确保车辆交付给用户时的良好状态。其中包括奥迪 A6 专用运输车和专业人员的 PDI(Point of Delivery Inspection 即交货前检查)等专业手段和措施。然而从非正常渠道购得的车辆由于没有厂家的储运程序,用户所提到的车初始状态不确定,手续不全,甚至根本没有合法手续,无法享受奥迪 A6 完善的售前、售中服务,蒙受额外损失。

因此,为了彻底打击不法销售和维护消费者利益,一汽大众目前正在和政府有关部门密切合作,共同打击违法销售,规范市场。同时,为了满足市场的需求,一汽大众今年将进一步扩大奥迪 A6 的生产量,预计购车难的问题将会逐步得到缓解。

(3) 公众利益第一,做个有人情味的"人"(该部分由两个公关事件组成)

● 奥迪 A6 用户视察一汽大众生产线侧记(据 http://www.sina.com.cn 2002 年 4 月 3 日新浪汽车消息)

随着奥迪 A6 市场份额的不断稳固和扩大,奥迪 A6 作为中国高档豪华轿车的领跑者的形象日益被广大消费者认可。作为现代科技与艺术的结晶,奥迪 A6 是怎样被打造出来的? 广大用户更想知道隐藏在这一艺术品背后的故事。让用户了解产品和企业,让用户参与到生产中来,让车间对用户透明起来。正是这一初衷,一汽大众今年将在全国范围内定期邀请奥迪 A6 车主回"娘家"视察。

3 月 22 日,奥迪 A6 的娘家——一汽大众迎来了十几位特殊的"领导"前来视察。这些特殊的"领导"主要以家庭为单位,怀着浓厚的兴趣参观了奥迪 A6 生产车间,目睹了奥迪 A6"诞生"的整个过程。他们是来自北京的奥迪 A6 车主。

一汽大众总装车间是国内目前最大的汽车生产车间。在奥迪 A6 装配流水线上,用户们表现出了浓厚的兴趣,不时向现场的技术专家咨询。而技术专家则详细耐心地为用户讲解奥迪 A6 车身上的先进技术知识。

在一汽大众汽车有限公司贵宾接待室,一汽大众销售有限责任公司副总经理傅强代表一汽大众向用户们致以热烈的欢迎。他说:"奥迪 A6 就像一汽大众的孩子,在这里诞生、成长。把奥迪 A6 送到用户手中,就像把孩子送到社会,我们相信它能大有作为,能为大家提供更好的服务。一汽大众欢迎用户们能常来公司视察,多为一汽大众在产品、服务方面提意见。"

在一天的活动中,用户们不仅参观了冲压车间、焊装车间、质保部、发动机车间和总装车间,还接受了一汽大众培训师的奥迪 A6 产品知识培训。

质量保证部是奥迪 A6 的"考场"。质检人员从奥迪 A6 生产线上随机抽取零部件,在这里进行精密监测。走进这里,就像走进一个安静的温室。原来,这个投资 1,200 万马克兴建的质量检测、控制部,常年保持恒温、恒湿,甚至连空气含灰尘量都经过了精确控制。严格的环境控制,是为了使检测数据更趋精确。质保部里配备了世界先进的三坐标测量仪,奥迪 A6 零件上细微的误差都逃不过它的眼睛。用户们好奇地向技术人员问这问那,更为奥迪 A6 能有如此严格、精确的质检系统喷喷称赞。

用户们随后来到了发动机车间。发动机是汽车的核心部件,它的质量直接决定着汽车的性能。一汽大众的发动机车间装配线采用计算机控制,可实现多种混流生产。奥迪 A6 配备的五气门发动机,是目前全球先进的新一代发动机。目前一汽大众生产的五气门发动机不仅用于奥迪 A6 车上,还返销德国奥迪总部,并已加入了大众集团全球的物流系统。这也意味着,凭借先进的生产工艺,一汽大众已经成为大众集团全球化生产的一个重要环节。

来自北京普莱特物业管理公司的查彦良与夫人段成贤是超级奥迪 A6 发烧友。查先生与夫人在车间里到处拍照留念。就在 2002 年年初车市最萎靡的时候,查先生在两个月的时间里一下买了两辆奥迪 A6。查先生对记者说"我就是学精密机械专业的。来到奥迪 A6 的车间一看,也大开眼界。整套设备生产过程是非常先进的。我在买车的时候,就知道奥迪 A6 的性能价格比是很高的。现在亲身来看看,心里更有谱了,我这两辆车,买得值。"

一汽大众总装车间建筑面积达 8 万平方米,其中奥迪线设有 71 个装配车位。奥迪 A6 轿车装配线采用滑撬式地面输送链和悬链式装配、模块式装配,体现了当代国际先进轿车装配技术。在奥迪 A6 装配流水线上,用户们表现出了浓厚的兴趣,不时向现场的技术专家咨询。一位用户干脆坐进一辆刚下线的奥迪 A6,喜滋滋地对大家说"我刚买的车就是这个颜色"。而技术专家则手把手地为用户讲解奥迪 A6 车身上的先进技术知识,用户们还纷纷在奥迪 A6 生产线上留影作为纪念。

生产线上的参观活动结束之后,一汽大众还为车主们安排了一次奥迪培训师的专门讲座,培训师向用户们详细讲解了奥迪 A6 各项先进的技术配置和性能,以及车辆在使用过程中的保养维护知识。用户们则就平时驾车过程中出现的疑难问题细心地向专家请教。

一位成功的民营企业家徐先生对参观过程深有感触:"因为工作的关系,我也经常参观汽车厂家,但参观一汽大众这么先进的生产车间和技术还是第一次。我早就想看看奥迪 A6 是怎样被生产出来的,一汽大众的这次活动圆了我这个心愿。"

● 第 5 万名奥迪 A6 幸运车主将产生 莱茵河之旅在望(据 http://www.sina.com.cn 2002 年 4 月 28 日 11:42 新浪汽车消息)

一汽大众销售有限责任公司总经理李武先生 4 月 28 日宣布,一汽大众生产的第 5 万辆奥迪 A6 已于日前下线,第 5 万名奥迪 A6 的用户即将产生。为庆祝奥迪 A6 的这一历史性时刻,同时答谢广大消费者长期以来对奥迪 A6 的关注与厚爱,一汽大众从即日起将在全国范围内开展"携手奥迪 A6 第五万名用户,相约莱茵河畔"系列活动。

据悉,此次系列活动的主要内容包括:第 5 万名车主将首先参加当地经销商举行的隆重的交车仪式;之后,携家人前往长春,与"奥迪 A6 中国车主代表团"其他成员,其中包括另外 4 名通过公正的程序产生的幸运车主,一道参观奥迪 A6 的生产线,了解 A6 的诞生和发展过程;随后,前往奥迪 A6 的故乡——莱茵河畔的德国,参观奥迪公司总部。与此相关的食、宿、行费用由一汽大众支付,全部行程约为 7 天。旅行结束后,一汽大众还将在第 5 万名幸运车主的家乡举办一次聚会,邀请当地有关人士分享车主旅程中的真实感受。

在谈到此次系列活动的意义时,李武先生说,奥迪 A6 在 2000 年 1 月上市后,销量一直迅速增长,仅用了两年时间便占领了国内高档豪华轿车 32% 的市场份额。中国入世之后,面对来自竞争对手降价的压力,奥迪 A6 在价格稳定的情况下,销售仍呈增长势头。截至 2002 年 4 月中旬,奥迪 A6 的累计销量已达到 48,000 辆。他认为,一款高档豪华轿车能在如此短的时间内取得这样的骄人业绩,这充分表明,奥迪 A6 作为一款具有世界先进技术水平和国际品质的高档豪华轿车,得到了越来越多消费者的认同。因此,对奥迪 A6 来说,第 5 万辆的下线和第 5 万名用户的产生是一个里程碑,具有值得纪念的特殊意义。

李武先生解释说,奥迪 A6 取得的业绩是两年多来消费者厚爱的结果。第 5 万名用户作为幸运车主,可以通过实地考察,来亲身体验国产奥迪 A6 与德国原产奥迪 A6 的同一质量和同一服务,感受"同一星球,同一奥迪,同一品质"的奥迪理念,并将其传达给其他奥迪 A6 的用户及潜在的消费者,从而进一步拉近企业与用户的距离,增进企业与消费者相互间的了解。

此外,奥迪 A6 遍布全国的 48 家经销商将在当地公证处的监督下组织一次抽奖活动,除 5 名最幸运车主之外,每家抽出一名"奥迪 A6 幸运车主",为其提供一张有效期为一年的国内航线机票(不含港、澳、台)。

项 目 评 估

● 奥迪 A6 全球销量中国第一 中国市场地位日益显著(据 http://www.sina.com.cn 2002 年 4 月 29 日 13:24 南方都市报消息)

奥迪中国市场总监麦凯文表示,中国市场目前在奥迪全球市场中的地位日益显著。2001 年,奥迪在全球市场共销售了 72.5 万辆,比 2000 年增长了 11%。在中国,奥迪共销售了 29370 辆轿车,比 2000 年增长了 69%,其中进口车销售了近 2000 辆。奥迪在全球市场去年共销售了 12 万辆奥迪 A6,其中在中国的销售占到近 1/4,中国已成为奥迪 A6 销量最大的国家。而奥迪 A8 的销售也占全球第 4 位。

● 一汽大众轿车销量创新高 并将不断推出新产品(据中国新闻网 2002 年 5 月 14 日 消息)

记者今日从一汽大众公司获悉,2002 年 1—3 月,一汽大众的轿车产销量一直保持着强劲上升的势头,产销纪录不断被刷新,创下了奥迪 A6、宝来、捷达两大品牌、三种产品销售 36437 辆的业绩。

进入 4 月份,中国外经贸部开始发放进口车许可证,从而带动了国产轿车价格体系的变化,车市进入新一轮的价格战。一汽大众公司面对严峻挑战,不断推出新产品,加大市场刺激力度,以准确的产品市场定位,不断强化用户的品牌意识,从而使一汽大众公司轿车销量节节攀升。据了解,目前一汽大众公司轿车市场占有率已达到 19%,比去年同期增长了 2.8%。

一汽大众公司有关负责人表示,生产经营业绩虽令人欣慰,但该公司在认真把握市场的同时,还要不断推出新产品,以优质、多样的产品构筑新的竞争态势。

案例评点

一汽大众在做好集团内部管理、确保奥迪 A6 高品质的基础上,开展了一系列成功的公共关系活动,切切实实地在公众心中树立了奥迪 A6 高档豪华轿车的形象。笔者以为一汽大众的公共关系活动具有以下几个特点:

1. 强烈的公关意识

对于一个企业来说,它的生产经营管理服务活动总是与周围的其他企业、组织或个人存在着广泛的联系,也就是说,它始终处在一种有序的或无序的公共关系状态之中。当企业还没有意识到这种状态的存在时,则它的公共关系活动是盲目的、自发的或不自觉的。相反,当企业意识到了这种状态的客观存在,并把改善公共关系状态视为企业存在和发展之必需,则它的公共关系活动便由自发走向了自觉。一汽大众的一系列公共关系活动,如:"英雄配良驹","公众利益第一之做个负责任的'人'","公众利益第一之做个有人情味的'人'"等,都体现了一汽大众具有强烈的公关意识,并把这种意识转化为自觉的公关行动。

2. 具有计划性和系统性

计划是公共关系部门围绕如何提高企业组织的知名度和美誉度而设计出来的一系列方案措施,以及实施这些方案、措施的方法和步骤。成功的公共关系工作,往往是根据企业组织的实际情况,遵循一定的公共关系活动规律,制定周密详细的计划来进行的。同时,成功的公关工作也要求这种活动本身具有系统性。

一汽大众为塑造奥迪 A6 高档豪华轿车的形象而开展的公共关系活动之一——"英雄配良驹"就充分体现了计划性和系统性。时机的选择:"观澜湖泰格·伍兹中国挑战赛",电视剧《绝对权力》的拍摄,博鳌亚洲论坛 2002 年年会;人物的选择:泰格·伍兹、唐国强、斯琴高娃、高明(剧中饰市委书记、市长及省纪委副书记)、著名经济学家吴敬琏、中国联想控股有限公司总裁柳传志等,都是非常有计划、有目的的。只有它们(选择的时机和人物)才能充分而深刻的展现奥迪 A6 富于进取、勇于领先、与世界同步的精神和特点,与它作为国产豪华轿车的旗舰产品,所具有的高贵而含蓄的优雅气质、装备豪华却不张扬的外观设计。并且,一汽大众在一个较短的时期内,密集而系统地进行三次影响较大的公共关系活动,一次又一次地对目标受众灌输奥迪 A6 的理念、气质和内涵。终于使奥迪 A6 受到政府部门和成功人士的厚爱,成为地位与荣耀的全权代表,成为尊贵与权力的绝对象征。

3. 切身为消费者利益着想

消费者关系,即顾客关系是至关重要的组织外部公共关系,是组织尤其是企业的生命线。顾客关系处理得好坏与否直接关系到组织的命运。任何企业或社会组织,在同公众打交道过程中,由于受种种因素的影响,都难免会出现这样或那样的一些不测之事,这些都会使自身的形象受到不同程度的损害。尽量避免这些损害或在损害时重新建立起新形象,是公共关系人员责无旁贷的责任。对于自身的行为,应具有自我审查、自我评价的能力,要时刻把社会公众的利益放在第一位。即使是由于其他组织或个人的不法行为,使消费者的利益受损,本企业也应积极行动起来,打击不法行为,维护消费者的权益。

一汽大众的"奥迪热销不忘维权 一汽大众整顿市场"正是做到了这一点。拥有领先科技和良好品牌形象的国产顶级豪华轿车奥迪 A6 自 2000 年 1 月上市以来,深受成功人士青睐,持续热销,供不应求,排队购车的热销场面有增无减。与此同时,市场上出现了非法的高价倒卖现象,这不仅扰乱了市场秩序,而且也严重损害了消费者利益。为了维护消费者利益和奥迪 A6 形象,一汽大众近期再次加大力度,动用新的手段,出重拳打击销售中的不法行为,整顿市场秩序。一汽大众副总经理周勇江先生强调,"我们将坚决打击不法经营行为,在维护用户利益和奥迪 A6 形象方面,从不动摇。"就是因为这样,才使消费者更信赖一汽大众,更"LOVE ME"。

然而,从对企业的更高要求来讲,笔者以为一汽大众的"奥迪热销不忘维权 一汽大众整顿市场"还是有不尽如人意的地方:

①从相关报道中我们不难发现,除了一些不法商贩之外,有许多奥迪的经销商也有违规行为。对于这些行为,一方面应该严厉打击,另一方面也应该站在消费者的立场上,对已经蒙受损失的消费者给予一定的同情、慰问和补偿。比如帮助他们维修那些假车废车,甚至企业可以再大方一点,在力所能及的情况下廉价回收这些车辆,鼓励消费者补贴一部分钱,用旧车换新车,等等。但是很遗憾,企业在这方面的工作几乎没有。他只是从维护企业形象的角度极力澄清此事与自己无关,要打击假车,让消费者认清正品,维护消费者的利益。但是远水解不了近渴,从公共关系的角度说,对于正在承受损失的消费者,企业也应该给予人道主义的关怀和关心。这是对受害者的公关问题。

②另一点值得商榷的地方是,企业将扩大奥迪 A6 生产量的这一决定是否确有

必要。市场上假冒伪劣的猖獗并不完全是因为正品太少的缘故。所以,是否要扩大生产以抵制假货是需要权衡一下的。企业扩大生产的依据应该是市场需求情况和企业内部实际情况,盲目扩大生产并不能起到打假的作用,反而会令企业蒙受损失。

③第三点遗憾在于,企业呼吁消费者及各方面力量协助打假,但是没有涉及举报后的信息传播和沟通问题,也就是说,如果有某一消费者举报了一个不法销售点时,应该给予适当的表彰,并对该销售点给予曝光。但是企业在这方面做得似乎也不够,而仅仅只是注意了严厉打击这一方面。

4. 加强与消费者的沟通,增进互相了解

汽车就好像是家庭中的一员,并且,就目前来讲,顶级豪华轿车的价格不菲。因此,消费者便想多多了解这个"孩子"的"娘家"。所谓"虎父无犬子",拥有高品质硬件和高素质软件的公司必能生产出高品质的产品。

一汽大众通过"奥迪A6用户视察一汽大众生产线侧记"和"第5万名奥迪A6幸运车主将产生莱茵河之旅在望"两个公关活动,积极地与消费者进行双向沟通。走出去拜访(一汽大众将在第5万名幸运车主的家乡举办一次聚会,邀请当地有关人士分享车主旅程中的真实感受),请进来参观、讲座、提建议,逐步在消费者心中树立起"咱们是一家人"的理念,从而把与消费者的物质联系(车)上升为精神联系(家人),赢得消费者的理解和支持。

5. 把握有利时机,增强公共关系的传播效果

所谓有利时机,就是指能够最大限度地使传播活动发挥作用的时间和机会。

一汽大众的"英雄配良驹"就运用了"借冕播誉"的公关策略。所谓"借冕播誉"是指企业或组织借用有影响的其他社会组织、活动、新闻媒介等为自己做免费宣传、提高知名度和美誉度的公关策略。"观澜湖泰格·伍兹中国挑战赛"中,来华参赛的世界著名选手泰格·伍兹是当今体坛传奇式的人物,是目前高尔夫球世界排名第一的优秀选手。他所向披靡的战绩、勇于挑战的进取精神,使其成为世界体坛乃至各个领域充满活力的年轻成功人士所崇拜的偶像。他的到来定会备受媒体关注。又,高尔夫球运动因其稳重、充满激情、富于挑战的特点,自诞生之日起就成为成功人士高品位的休闲运动,高尔夫球运动也逐渐演变成成功人士的标志之一。这项运动所展现的人文精神与稳重高贵、现代感十足的奥迪A6豪华轿车所展现的进取精神十分吻合。电视剧《绝对权力》是一部揭示了改革开放背景下,经济发展、民主法制建设与反腐倡廉的关系的优秀电视作品,顺应时代潮流,定能备受人民群众乃至高层人士的关注,进而使奥迪A6备受关注。而博鳌亚洲论坛2002年年会更是受世界瞩目,如果奥迪A6能完满、漂亮地完成任务,知名度更是会一炮打响。

一汽大众在计划把握这些时机时,充分考虑到了公众心理的"权威效应"。"权威效应"是指对于同样的信息内容,公众更容易倾向于接受权威性比较高的观点。实验表明,宣传者如果是一位颇有声望的人,他所做的宣传容易为公众信服;如果信息发自享有崇高威望的组织或媒介,这个信息就具有强烈的心理影响力。泰格·伍兹,唐

国强、斯琴高娃、高明(剧中饰市委书记、市长及省纪委副书记)、吴敬琏、柳传志等。奥迪A6一旦与以上名人联系上了,就会迅速而深刻地在公众心中刻上它所想表达的内涵:拥有高贵而含蓄的优雅气质,品位独特却不张扬的外观设计的国产顶级豪华轿车。买什么样的东西,证明你是什么样的人。即使做不到像以上名人那样成功,有他们那样的"良驹"也是好的。更何况,当知道奥迪A6的品质真的是名副其实的时候,奥迪A6在人们心中龙头老大的位置将更为稳固。

结果表明,一汽大众为奥迪A6所作的公共关系活动是成功的。

案例六

羽 西 娃 娃 闯 世 界
——著名"形象"专家羽西如何打造企业形象

羽西,被称作"杰出的形象专家",不仅仅是因为她会打扮,她的化妆品销量好,而更重要的是她能做到把羽西的个人形象融入羽西品牌形象中,又通过羽西品牌形象塑造一个崇高的企业形象,也就是说她能够把个人形象、品牌形象与企业形象完美地三合一。

2001年5月11日,作为中国第一个具有品牌的玩具娃娃"羽西中国娃娃"正式在中国亮相,9月在美国上市,欲在12月底推向全世界消费者。

"十六岁的羽西"娃娃系列产品多达2000多种,她灵巧、勤奋、善解人意,富有创造性和同情心,着装时髦前卫,性格活泼开朗,意在成为所有亚洲女孩的代表和典范,让世界加深了解不同种族对人文美的理解。在这里,羽西娃娃作为羽西品牌的三重形象大使的身份便不言而喻了。

案 例 评 点

企业形象如何树立——这正是公共关系活动全部过程的核心和目标。我们说企业的形象树立有很多方面,其中产品形象是重要方面。照理说,羽西是化妆品品牌,其主导产品也是化妆品,这次却推出"羽西娃娃"这么一个玩具产品,一方面,固然是产品延伸拓展的一个战略,但在另一方面,"羽西娃娃"更深层次的使命其实在于是羽西品牌形象化。

在羽西娃娃诞生之前,一直是羽西本人担任其化妆品的形象大使。她自称是亚洲女性的代表,扮演着西方文化交流大使的角色。当她在公众面前露脸时绝对是浓装艳抹,神采奕奕,充满活力,一副看起来生活很轻松的样子。不过如今,一个更好的接班人,接替了她的位置。或许不久,在大众中露脸更多的不是羽西,而是羽西娃娃。

关于做羽西品牌,羽西自己曾说:"在中国用10万美元开一个饭店你什么时候可以收回来,可以预计,但在中国你投入多少钱能建立一个品牌,没有定论。你成功不成功看是不是在顾客心中有长久的认可。"一直以来羽西品牌定位明确,即羽西化妆品意在把"黄皮肤黑眼睛的东方女性发扬光大"。这样的定位有两个明显好处:

①目标消费群明确,且范围广——东方女性;

②此品牌人情味十足,意义崇高——宏扬东方人的魅力,很容易被东方人认可和接受。

如今推出的羽西娃娃系列产品作为羽西母品牌下的一组新兴产品,其实是结在同一根藤上的另一个葫芦罢了。羽西自己说:"我可以在我所做的差不多所有的事务中适时地宣传和推广我的产品。在我的娃娃身上,可以看到我的化妆配色原则;我的书中讲到女性化妆应注意的事项,这些都是非常自然地融入其中,你不会感觉到推销的痕迹。"也就是说,不管羽西产品形式如何变换,品牌的核心理念是不变的,即"让人感受东方美,追求东方美,最终变东方美人",可见其品牌定位始终如一,产品形式不同也只不过是换汤不换药。

企业形象是个较为抽象的概念,她是靠产品品牌形象、企业主个人形象等多种形象累积打造而成的。不过,羽西曾对自己的企业如此定位:"我是一个中国人,我公司在中国的1200名员工也都是中国人,虽然性质是外企,但实际上是一个本土化的企业。我们考虑的是怎么把'羽西'化妆品做成一个国际品牌"。概括起来说,就是立足本土,放眼国际。如此定位企业是不是比其他外企像联合利华、宝洁等大搞本土化企业定位来得更胜一筹呢?再说到羽西娃娃,可以毫不费力的看到这是羽西品牌向全球扩张很重要的一步棋子。羽西说:"不到一年,中国的羽西娃娃已经成为一个国际品牌,这是从一开始设计时就决定了的。现在我们再建立品牌已经不仅是想占领中国市场了,而是要走向国际市场。"

很显然,羽西娃娃如今是代表着羽西化妆品公司甚至东方女性去闯世界的,让娃娃当代言人和形象大使这步棋子走的可谓妙极了。

案例七

中国网通形象总动员
——整合传播打造网通新形象

项目背景

1999年8月6日,中国网通获得国家工商总局颁发的营业执照,从而宣告了中国网络通信有限公司的诞生。从此,以"体制创新与技术创新相结合,探索出建立中国新一代通信公司的管理、发展与竞争模式,为国企改革、电信体制改革、知识创新的战略服务"为使命的中国网通公司走上了她年轻的发展道路。

　　中国网通致力于新一代电信基础设施建设,提供全方位宽带电信服务。中国网通在致力于技术发展的同时,十分注意并积极经营其形象。她对自身的使命定位如下:

　　对国家:我们坚信:建设第一流现代化的电信企业是我们实现个人理想与价值,促进社会进步,报效国家的最佳途径。

　　对客户:我们坚信:我们企业的发展、个人的成功来源于我们对客户提供一流的产品与服务;不断创造优良的通信产品是网通人无止境的追求。

　　对员工:我们坚信:每一个员工都是企业最重要的财富,企业成功的重要目的即是为员工提供发展与成长的机会;我们理想的工作环境是愉快、公平与向上的。

　　对投资人:我们坚信:企业长久的成功基础来源于我们给股东投资人不断的回报。珍惜企业的每一份资产,不辜负投资人对我们的信任,不断创造更好的回报是我们实现企业使命的重要基础。

　　在公关经营方面,中国网通是走在全国前列的,这不光体现在以上这些抽象的使命句当中,更体现在其具体活动的举办与操作中,中国网络通信有限公司正是凭着其先进的技术、优良的服务和一系列的公关经营活动,使其为广大群众所知晓,走进千家万户,走进普通老百姓的日常生活中。

　　在刚建成的一年半里,中国网通把她的主要精力放在了基础技术工程建设方面,在人们的日常生活的信息交流中默默地扮演着举足轻重的角色,而进入 2001 年后,通过一系列活动的举行,网通才真正使公众由被动的受惠者成为了积极地、主动地使用网络资源的主人。当然,在此过程中,中国网通良好的企业形象也树立了起来。

项 目 实 施

公关活动(一)

　　在上海、广州、深圳、北京等地的城域网等相继建成后,2001 年 4 月 10 日,中国网通公司发起主办的"无限宽广未来,畅想 2008"——宽带网络应用创意大赛,在全国范围内正式拉开帷幕,本次大赛旨在为广大互联网使用者和爱好者提供一个畅想中国网络发展和未来美好生活的舞台。大赛以 2008 年为背景,以北京举办奥运和中国的宽带网络如阳光、空气般无处不在、不可或缺为前提,征集大众对于宽带网上新生活的丰富想象和宽带网络应用的大胆设想。创意大赛采用有奖征文的形式,文章体裁不限,主要面对的是广大的互联网使用者,邀请多位知名科学家、文学家、电视人、记者等担任评委。

公关活动(二)

　　2001 年,中国网通对北京申奥工作小组给予了极大的支持。北京申奥成功的同时,也再一次使普通老百姓们看到了宽带网络的实用性和重要性,看到了网通公司所做的努力和成绩,网通公司的良好形象很好地展现在普通老百姓的眼前。

公关活动（三）

2001 年 12 月 5 日，中国网通公司"宽带学校"项目在宁夏回族自治区正式启动。首家受助学校为宁夏西吉县王民中学（含小学）。此次"宽带学校"项目，以"回馈社会，跨越数字鸿沟"为主旨，预计在未来 3－5 年内，运用核心宽带技术，陆续在西部最贫困地区，捐建若干所当前领先的宽带网络教室。

公关活动（四）

2002 年的"两会"期间，中国网络通信有限公司与连续 10 年接待港澳委员入住的北京贵宾楼饭店合作，在所有房间、会议室及商务中心，为参会的政协委员们提供了宽带上网服务。同时，只要配备了网通提供的网卡，还可以在酒店的任何地方实现无线上网。许多政协委员，特别是来自港澳特别行政区的政协委员对这一技术设施表示了极大的欣喜与赞叹，认为这足以与国外的相媲美。中国网通表示，网通希望通过自己的努力，使来自世界各地的朋友在中国，能够在使用网通提供的宽带网络后，更加了解中国，并且能够实现与全世界自由的沟通。

公关活动（五）

2002 年 3 月 15 日，中国网通公司与 3·15 晚会合作，为消费者提供了在线免费投诉的全新方式。消费者可以在 IP800.COM.CN、新浪网、千龙新闻网、TOM.COM 等网站上点击"免费通话，网上维权"图标，通过电脑直接接通 12315 投诉热线，进行语音沟通和网络互动，方便快捷地维护自己的合法权益。本次晚会后，中国网通还继续利用 IP800 为消费者免费提供网上维权的通道。

案例评点

公共关系的职能是多种多样的，其中最基本的是——塑造形象、传播沟通、协调关系和决策咨询。一个组织的形象具有三个主要特征：客观性、全面性和变动性。中国网通在以上一系列的公关活动中所着手经营的就是企业的形象，如何树立起一个健康、向上、公益、良好的形象。特别是在企业形象的全面性方面，中国网通可以说是做足了工夫。在组织形象的选择上，网通做到了公众利益和组织利益的统一，如消费者的维权与对网通的使用和利用，又如在西部贫困地区建立宽带学校等，在这些活动中，中国网通的组织的有效形象得到了建立。

1."无限宽广未来，畅想 2008"——宽带网络应用创意大赛对于网通来讲，是一次很好的宣传，是一次较为有效的传播沟通活动

作为传播沟通双方的网通公司和网民，他们都是积极的主体，积极主动地充分了解对方。

这次活动的举办，不仅使众多网民们进一步地认识了网通，积极主动地关注、迎接信息化时代的到来；同时，网通公司作为宽带通信网络的建设者和运营商，也通过本次大赛进一步了解互联网用户对于基于宽带网络的增值服务的多层面需求。这种双向的交流在企业的发展中起到了很好的沟通与桥梁作用，对于中国网通今后发展的环境和方向都有着重要的意义。

2."宽带学校"项目,将极大地增强贫困地区同发达地区信息沟通的能力,为当地群众提供勤劳致富的新思路和新途径,从而大大加快当地政府和人民群众转变态度、更新观念和提高信息获取能力的步伐

毫无疑问,"宽带学校"项目使中国网通公司的公益形象也建立了起来,让人们知道:中国网通关注的不仅仅是发达城市的宽带网络信息资源的发展,不仅仅是技术、信息与金钱,她还关心着西部千千万万的贫困学生,她希望通过自身的努力,最大限度地帮助贫困落后地区的孩子们,让他们也像城里的孩子一样掌握并运用信息资源,从而最终带动整个地区的发展。网通公司的良好形象也再一次得到了展现。

3.公共活动四的实施,除了让世界了解中国外,当然,中国网络通信有限公司也会因此而得到更多的来自世界不同角落的赞扬与认可

这次的合作,笔者以为也可以被认为是网通公司形象、经营的一个重要策略。就像当年黄河电视机厂对世界女排大奖赛的支持一样。这一次,中国网通把握了有利时机,这样可以增强公共关系的传播效果,最大限度的使传播活动发挥作用。

4.作为一种网络通讯新概念,网通 IP800 将有广阔的空间为广大消费者以及商家提供更多更好的服务

网络通讯将自身与消费者的利益结合起来,也就是将公众利益与组织利益有效、有机地结合起来,这本身就是一次很好的形象广告。而且,这一次中国网通将其对象进一步地扩大了,更多的消费者们,包括许多主妇,也开始留意起"中国网络通信有限公司"了。

总的来说,中国网络通信有限公司的公关经营是较为成功的。她通过一系列具体的公关活动,使中国网通为更多的普通老百姓所知晓、所信赖、所支持,也使其得到业内人士和众多网民们的好评,并最终促进了我国宽带网络事业的发展与逐步成熟。

案例八

INTIME 美眉站出来
——时尚之星甄选大赛

INTIME 是公司的英文名,既是公司中文"银泰"的音译,又是公司企业文化的 CI 标识,含义为"及时、时尚"。

从银泰百货的经营定位来说,有"潮流、时尚"之意,银泰百货顾客年轻化,主要是白领青年及其新型家庭;"INTIME"就是银泰的商品特色,是银泰商品推向市场的追求,体现了一个年轻的现代化时尚百货店;当"INTIME"体现在银泰管理与服务上,就有"及时"之含义,银泰百货的经营管理理念就是"传递新的生活美学"、"第一次就把事情做好"。基于这样的一个理念,杭州银泰百货在 2000 年 5 月策划了一个 IN-TIME 美眉站出来的公关活动。

目 的

① 针对新世纪时尚,通过本次大型活动,提升各大主办单位形象,以 INTIME 来体现公司定位,确立时尚潮流地位。

② 本次活动不是选美,意在通过活动探索新世纪的时尚标准(另类的、潮流的,还是传统的,什么是新世纪的美),并以此传递 21 世纪的前卫观念,引导未来消费理念。

③ 通过报纸、广播、电视、网络四大媒体的参与,最大限度地扩大活动影响,在杭城市民中形成公众话题。

主办单位

主办单位:浙江银泰百货/ 杭州日报下午版/ 钱江电视台/ 杭州经济之声电台

协办单位:佳丽摄影/ 宝丽姿健身/ 巴宝莉香水/ 爱琪美护肤品/ ESPRIT/ 安莉芳/ FED/ 百丽/ 纤致美甲馆等

主题广告词

你 COOL? HIGH? IN? 还是 CUTE?

这里不限身材,这里不限容貌;

只要你自信、个性;只要有格调、有品味;

这里就是你的舞台!

MEIMEI 们,站出来? 21ST INTIME 美眉就是你!

活 动 对 象

年满 16 岁以上个性、自信、健康之女性均可参加

奖 项 设 置

本次大赛共设置有四大个性单项奖:

最 IN 奖(着装或装扮理念最时尚)

最 HIGH 奖(生活理念思想前卫)

最 CUTE 奖(最可爱、青春)

最 COOL 奖(别具一格的另类)

评委会设置

邀请作家、心理学教授、社会学家、著名服装设计师、摄影家、时尚记者从各角度进行评析。

（1）初赛评委会成员

厉玲（浙江银泰百货 总经理）

李杭育（作家）

何春晖（浙大经济与文化研究中心副主任 副教授）

徐敏（浙大新闻传播研究所副所长 副教授）

葛列众（浙大理学院心理系教授 博导）

房翔（摄影师，全国人像摄影十杰出）

张立（钱江都市频道节目部主任）

（2）复赛评委会成员

厉玲（浙江银泰百货 总经理）

李杭育（作家）

娟子（中国著名时尚摄影家）

李东田（国际著名化妆师）

米丘（著名艺术家、中国十大新锐人物）

包铭新（中国纺织大学服装艺术学院 教授、时尚评论家）

封新城（《新周刊》执行总编）

活动日程安排

（1）报名预热期（4/19—5/10）

① 组织大专院校（艺术类）参加；

② 银泰服务台自由报名；

③ 在银泰广场设置"INTIME 是什么"巨幅或展物

● 以此拉开序幕，引起公众关注

● 杭报下午版配发彩照、消息

● 以厉总名义阐释 INTIME 是什么？

④ 杭报下午版开辟"INTIME 论坛"（创建文化名城专论）

● 引发论点

● 征集时尚文化论文

● 设奖评选最佳论文（最佳作者入选评委）

● 设有奖征答"INTIME 是什么？"征集不同回答

⑤ 钱江电视台

● 4/19 周三《新闻速写》新闻消息

- 4/22 周日 20:55《有关钱视》关于选手专题
- 4/19 起"报名形象篇"滚动播出
⑥ 网络、报纸、电台、电视各媒体发布各类消息

(2)评选运作期(5月10日—5月27日)

① 钱江电视台
- 《谈话》(5/18)
- 拟请新生代另类作家做嘉宾(如卫慧、棉棉)
- 以 TALK SHOW 形式讨论活动现象
- 下午版相应作特别报道
- 《大家》两期人物追踪(B 期间)
- 每期五人
- 报名人物花絮
- 《有关钱视》关于活动主题情况(B 期间)
- 《社会视点》关注 INTIME 现象(B 期间)
- 滚动播出形象广告

② 各大媒体围绕话题展开各种讨论,以杭报下午版为主,刊登"INTIME 论坛"文章,使话题深入化;

③ 在银泰一楼设专栏影展,展出 20 名参赛选手照片,设顾客投票箱,让杭城市民参与投票;

④ 经过复选得出十名优胜者,摄影包装,通过各类媒体进入公众视野;

⑤ 杭报下午版用两个彩色整版(每期五人)(5月16日—5月17日)
- 刊登个人特色照片
- 个人观点论述
- 个人情况介绍
- 两次彩版刊登评选选票,让读者竞猜四大个性奖,参与评选之选票,由杭报下午版负责通过抽奖产生 10 名幸运者(每名获 1000 元银泰购物券)
- 预告评选晚会时间及评委等内容

⑥ 5/14 为母亲节,结合评选开展孕妇之"美眉 VS 妈咪"特别活动

(3)决赛高潮期(5月19日—5月27日)

① 各媒体追踪决赛选手情况、活动进展情况;

② 6月3日钱江电视台制作一期《真心接触》评选、颁奖特别节目,最好为直播形式
- 在 10 名优胜者评选四大个性 INTIME 美眉

最 IN 奖(着装或装扮理念最时尚)

最 HIGH 奖(生活理念思想前卫)

最 CUTE 奖(最可爱、青春的)

最 COOL 奖(别具一格的另类)

（由现场评委冠予）

- 现场开通热线竞评
- 播出前一周滚动预告

③ 杭报下午版刊登获奖名单及相关特别报道(如决赛情况、花絮等)

④ 钱江电视台

(4)后续传播(5月—6月)

- 各大媒体继续后期炒作话题
- 商场举行决赛十名优胜者大型影展

媒 体 计 划

(1)杭州日报下午版

- 4月14日起,创建文化名城之"INTIME论坛"启动
- 4月下旬相关INTIME美眉评选新闻报道
- 5月9日—10日两期彩色整版特别关注(刊登初赛二十名优胜者照片及情况)
- 5月20日—24日揭晓评选结果及公布读者参与抽奖
- 5月底深层次后续活动报道

(2)明珠电视台

- 4月下旬—5月上旬相关报道
- 5月中旬预告评选决赛特别晚会节目时间、内容
- 5月19日评选决赛、颁奖特别晚会
- 其他相关优胜选手跟踪报道

(3)钱江电视台

- 5月11日大家谈话特别节目
- 其他相关活动情况报道

(4)杭州经济之声电台

- 4月下旬起全程跟踪报道活动情况
- 银泰直播广场推出话题类"INTIME论坛"特别节目
- 其他相关新闻报道

E.其他媒体(浙江电视台、杭州电视台、浙江青年报、都市快报、钱江晚报)

- 相关活动新闻报道
- 相关话题报道
- 相关图片新闻报道

活 动 成 效

本次活动4月20日启动,分报名、初赛、复赛、竞选、评选、决赛及后期宣传七个阶段,报纸、电视、电台、网站及公司自有媒体全面合作,共计报名209人(其中在校生

85％,大专以上51％)。整个活动历时60天,达到了活动目的,并超出了预期的效果。各方取得的成效如下:

(1) 媒体广泛宣传,引起社会关注

《杭州日报》下午版等报纸头版、二版、时尚版报道20余篇。

钱江电视台有关钱视、新闻速写、大家、谈话、真心接触等各版块全程追踪报道。

经济之声电台新闻、广告全天套播,另5月15—25日每日作选手专题介绍直播。

另《浙江青年报》、《钱江晚报》、浙江电视台等主要媒体报道十余次。

(2) 开展三大有奖竞评活动,市民积极参与

《杭州日报》下午版票选收到信件2000多封;

网站投票2380人,其中最高选手照片点击数达20000多次;

声讯台投票数1289人。

(3) 校区宣传,贴近年轻人

5月9日与浙大人文学院合作,由银泰总经理厉玲女士与著名作家李杭育联袂在西溪校区邵科馆演讲厅举办《时尚与女性》INTIME专题讲座,到会人数300多人。

报名期在浙大四校区、杭州商学院、浙江工程学院、杭州师范学院、浙江工业大学、广专、艺校等杭城主要大专院校张贴海报300多张,宣传页3000余份。

(4) 针对顾客宣传:于银泰一楼举办入围选手影展,活动回顾影展。

案例评点

银泰百货之"INTIME美眉站出来——时尚之星甄选大赛"活动是一次非常成功的企划公关活动,超出了预期的效果,打响了INTIME的时尚品牌,同时提升了各大主办单位、赞助品牌的形象与知名度。

银泰百货之经营一贯倡导着"INTIME"——"及时、时尚"的生活消费理念,体现着自身新的生活美学的定位,是杭城百货业首家成功实现CIS导入的企业,而其讲求VI视觉传播,有效推展自身形象的整体形象塑造工程也早已深入人心,大获好评。这次活动则无疑是将企业的整体CI理念进行了一次最有效、最直接、最生动的演绎传达。

通过这样一次走在时尚潮流尖端的公关活动,进一步确立了银泰百货领航时尚潮流的引导地位,增强了对热爱时尚与激情的年轻顾客,以及追求潮流与创新的大批新时代个性女性的吸引力,而公众投票、话题参与的形式又有效地缩短了杭城市民与时尚的距离。

这次企划公关活动的另一个成功及可借鉴之处,还在于活动加深了企业与媒体间的沟通,有力地整合了各形态的媒介实体,包括即时展览、户外直播、深入报道、话题评说……最大限度地实现了对自身价值全面深入的传播,达到了1+1>2的出奇效果,真正实践了企业与媒体的双赢。

案例九

秋 天 来 桐 乡 看 菊 海
——中国桐乡第二届菊花节大型活动策划

项 目 背 景

　　桐乡市位于浙江省北部杭嘉湖平原腹地,古来素有"鱼米之乡,丝绸之府,百花地面,文化之邦"的美誉。桐乡是"中国杭白菊之乡",杭白菊的产量占全国70%以上。境内四季分明,风景如画,且又历史悠久,古镇风貌,名人故里在江南平原水乡文化的萦绕下积淀着含蓄而又不失灵气的文化底蕴。时光流转,当历史的脚步迈入现代后,在这片723平方公里的土地上,勤劳的桐乡人用自己的双手让一个经济强市拔地而起,多项经济指标在嘉兴地区名列前茅,成为全国百强县之一。1999年,全市实现国内生产总值96.81亿元,比上年增长10.0%,产业结构趋向合理,城乡居民可支配收入增幅超过5%,各大经济领域稳步增长,种种迹象表明,桐乡正以不可阻挡的势头朝着"经济强市,文化名市,文明新市"的既定目标奋力前行。

　　然而,另一方面,尽管桐乡自然条件优越,兼有着勤俭纯朴的民风,里里外外的条件却也促使桐乡历史上颇受"小富则安"的田园生活习气的束缚,当地人较容易满足于安居乐业的生活,缺少强烈的对外开拓精神,因此在对外宣传方面的举措乏善可陈,造成了桐乡尽管极具江南地方特色,却并没有名声在外。特别是在旅游业方面。众所周知,旅游业的蓬勃发展会给地方经济注入强健的生命力。源源涌入的人气既意味着可观的收入,更间接带动了当地一连串产业的勃兴。在注意力经济大行其道的今天,旅游产业的兴旺发达所打造的经济、文化上的深远影响恐怕难以估量。事实上,桐乡在发展旅游业上有着无与伦比的先天条件,不仅具有地道的江南水乡自然环境,而且占有着四通八达、河网交错的地理交通区位和历史悠久的人文景观。但是由于一直以来思想意识上的滞后妨碍了桐乡人对这些潜质作系统的策划和精致的整合,严重阻碍了旅游业开发的步伐。举个最明显的例子,杭白菊是广受人们喜爱的一种优良作物。但是与此同时,却鲜有人知桐乡是历史上出产杭白菊的发祥地。尽管近年来江苏一些地区也有出产,但也都是从桐乡引种的。在这样的背景下,桐乡希望能够通过举办第二届菊花节来解决这样一些问题:

　　① 让世界了解桐乡,全面扩大提升桐乡的知名度,积淀桐乡的美誉度。

　　② 推动和发展桐乡的旅游业,进一步展现桐乡深厚的历史文化积淀,促进乌镇古镇等旅游资源的综合开发。

　　③ 推动桐乡杭白菊产业的发展,提升杭白菊的档次和品位,向世界自豪地表明,

杭白菊是桐乡的特产。

④ 提高全社会的聚力,形成合力兴市的局面。

⑤ 逐步形成市场化办节的机制,提高办节的品位。

项目调查

在策划第二届中国桐乡菊花节活动之前,策划小组根据市政府的要求,首先对第一届菊花节进行了充分的调研和反思,在总结第一届菊花节的经验教训基础上,对第二届菊花节活动的大环境、当地各方面软件和硬件设施建设水平、活动时机、周边环境进行了客观、细致的考察调研评估,通过一系列的座谈、访谈和民意测验后对桐乡举办第二届菊花节所存在的优势和劣势作了系统性的分析和总结:

1999 年 11 月桐乡第一届菊花节,存在主要问题分析

① 品牌项目"田野菊海"完全采用纯自然的形式,缺乏应有的包装,显得极为粗糙,难以和游客的期望值挂起钩来。

② 桐乡历来有一年一度搞经贸活动的传统,主要以农民赶集、政府相关部门开会等形式为主,活动档次不高。第一届菊花节组织的系列活动也延袭了这种思路,很多活动换汤不换药,内容仍是过去搞滥了的经贸活动,显得区域化和封闭化。

③ 在办节操作过程中没有引入市场机制,完全由政府包办,最终赔钱赔力不讨好,挫伤了部分群众和干部的积极性。

④ 办节策划、操作过程中只关注当地老百姓的参与性,对如何吸引外来人口缺少策划,大大减低了办节质量,成了当地老百姓自娱自乐的活动而已。

⑤ 菊花节总体传播很不规范,各块宣传由于缺少系统策划,宣传零散缺乏内在联系,因而传播没有形成合力,结果自然不理想。

⑥ 活动安排上同样存在松散没有策划的情况,组织相当随意。

第二届菊花节举办优势分析

① 桐乡市政府对办节活动主观上高度重视,愿望上相当迫切,行动上积极筹措。

② 桐乡具有四星级宾馆两家,三星级宾馆 10 余家,且吃、住、行很有特色。这在浙江省内也是极具优势的。

③ 桐乡为水乡平原,具有可连片种植杭白菊的地理和人文条件,第一届菊花节连片种植了近两百亩杭白菊,这在国内外是绝无仅有的。一望无垠,迎风翻滚,清香扑面,田野白菊对于都市游客来说,这一景观极具新鲜感,尤其在人拥地窄、景观袖珍的江南,更有理由使之成为菊花节的亮点之一,完全可以成为桐乡市的一张城市"名片",是城市的一笔巨大的无形资产。

④ 到第二届菊花节前夕,水乡乌镇古镇的第一期修复工程刚好完工,已经过专家、游客等多方探讨论证。江南古镇宛然重生,这无疑又是菊花节的亮点之一,既有巨大的号召力,又能激发起桐乡挥洒出深厚的文化底蕴。

⑤ 桐乡历史文化积淀极为浑厚,既有茅盾、丰子恺等大家的辉煌,又有现代的钱

君匋、侯波、徐肖冰的灿烂,且民众审美水准较高,第一届菊花节之所以不是很成功,很大程度是因为没有满足群众的审美品味。以这样高素质的群体为依托,完全有理由办出高水准菊花节。

⑥ 2000 年 3 月 28 日《邓小平论旅游》出版发行,明确提出旅游业是优势产业,是改革的先导和开放的突破口,明确倡导把旅游当经济产业来办。这对统一桐乡各职能部门的认识非常有利。发展旅游业,政府重视,民众欢迎,各地旅游消费持续升温,这为办节造就了良好的氛围。

第二届菊花节举办劣势分析

① 由于第一届菊花节社会各界反应平淡,当地部分市民和干部情绪上比较消极,对第二届菊花节信心不足,兴趣不浓,甚至有观点认为,办节纯粹是领导好大喜功,搞花架子,老百姓得不到什么好处。

② 很大一部分干部群众由于都是当地人,从小在熟悉的环境中长大,对当地资源价值认识上较为迟钝,比如田野菊海,相当一部分人认为根本算不上什么景点。

③ 以前一年一度的经贸活动由于活动档次不高,一度被认为"闹闹哄哄,骗骗农民",这种以偏概全的成见对第二届菊花节的举办自然不利。

④ 桐乡旅游业仅占全市生产总值的 2.38%,低于嘉兴市水平(3.1%),更低于浙江省水平(7%),可见旅游业的差距和空间均较大。

⑤ 白菊的经济附加值较低,老百姓的收入也较低,因而迫切需要对杭白菊进行综合开发,提升其价值,张扬其品牌。

项 目 策 划

根据调研结果,策划组认为第二届菊花节不仅应当有一个全新的面貌,成为桐乡形象宣传一个崭新的起点,而且要为菊花节的连年深入建立牢固而宽阔的平台。在这样的基本思路上,策划组与第二届菊花节组委会进行了充分沟通和讨论,确立了以下公关目标:

公 关 目 标

以塑造政府形象、区域形象为核心。

① 扩大桐乡的知名度,提升其美誉度。在嘉兴地区,通过较高的办节质量来形成桐乡形象的美誉度,在嘉兴以外地区则通过节前、节中、节后各热点新闻的传播来扩大桐乡的知名度,使之传播到全省、全国乃至海外。

② 对连片种植的杭白菊田野进行精心包装,使之成为菊花节一个吸引游客的独一无二的特色旅游项目,并以此作为新闻点,同时带出对桐乡杭白菊的宣传。由此,使人们明确了解,杭白菊是桐乡的特产,最好的杭白菊是产在桐乡的,让更多的人了解杭白菊,为桐乡杭白菊的品牌战略铺平道路。

③ 在第二届菊花节搞得轰轰烈烈,搞出特色的同时,重点解决当地干部群众对

举办菊花节的意义的认识问题,改变当地干部群众对桐乡区域发展的认识和对菊花节的误解,鼓励他们积极参与、支持菊花节的筹办,从而为菊花节的可持续发展奠定良好的内部公众的基础。

④ 有效整合桐乡旅游资源和历史人文资源,以"田野菊海"为龙头,启动和发展桐乡的旅游业。

⑤ 建立市场化的办节机制,形成可持续发展的办节模式,为进一步发掘当地资源潜力打好基础。

公 关 策 略

根据所制定的公关目标,策划组提出并制定了公关策略

① 确立菊花节的总体办节理念:"以菊办节,以节扬文,以文兴旅,以旅活市"。要求这一理念将在今后的每一届菊花节上被重复,使菊花节不仅有清晰的工作目标,同时也突出菊花节自身的延续性、发展性,避免因主要领导的更换或其他的人为原因而损坏了菊花节的整体性。

② 在菊花节的总体理念下,每届菊花节再根据当年的形势背景和区域需求,制定不同的主题。第二届菊花节的主题确定为:"白菊、自然、人"。

③ 为了实现对外及对内的公关目标,确立了第二届菊花节"以旅游为中轴"的活动构架,围绕中轴建立"核心活动"、"重点活动"、"辅助活动"三大块金字塔活动组合方案,以大量的外来游客和特色、新颖的节日活动来激活当地人气。

④ 为了使菊花节组委会和各职能部门树立"规范、严谨、科学、认真"的办节工作作风,制定了第二届菊花节的两个工作目标:

定性目标:即"把桐乡建设成为全国独一无二的田野菊海生态旅游观光基地。"

定量目标:即"宣传促销覆盖国内达 1 亿人,国际达 1000 人,带动市内游客 10 万人,吸引桐乡以外游客 5 万~8 万人,体现全国性和商业性,逐步把菊花节的举办向国际性发展打下基础。"

菊花节的主要项目和活动内容介绍

为体现菊花节的办节的理念,整体活动分四大版块(旅游活动、专题活动、经贸活动、文体活动),活动安排突出"游"、"菊"、"商"、"闹"四个字。

① 所谓"游",指以"田野菊海"、"菊花迷宫"、"菊乡美食"、"花水之间—乌镇秋韵"为主打品牌的旅游项目。以便捷的交通服务将桐乡百年古镇等旅游项目串联在一起,从而形成"秋到桐乡看菊海、品菊茶、观古镇、访名人"的旅游潮。目标公众以市外游客为主。

② 所谓"菊",指菊花节的开幕式(菊韵千秋)、闭幕式(蓝色倾情)、形象使者(菊花仙子)评选等专题活动要体现菊乡特色,各项活动的策划创意以菊乡 300 年的菊文化为背景,体现本届菊花节的品位和档次。目标受众以重要领导、国内外嘉宾、广大市民为主。

③ 所谓"商"，是指以菊花节为载体，通过中国羊毛衫博览会、杭白菊新品发布会、桐乡 2000 年投资说明会等活动，将菊乡人强烈发展经济的意识和良好的投资环境展现给八方来宾，让桐乡走向全国，迈出国门，走向世界。目标受众以中外客商为主。

④ 所谓"闹"，指菊花节期间共安排了 30 多项群众性的文体活动，可说是天天好戏连台，这不仅增强了广大市民的参与性，体现了欢快、热闹、祥和的节日氛围，展现菊乡的精神风貌也是凝聚菊花节人气。目标公众以游客和广大市民为主。

菊花节主要项目介绍

① VIS 视觉形象识别的导入。策划者们专为第二届菊花节设计了一个由三片菊花花瓣组成的图案，清新可人，作为视觉形象识别标志，菊花节一切直接与民众见面的外化形象都必须统一使用 VIS 形象。这样既能有利于菊花节档次的提升，又有利于今后的延续和识别，从而积累起宝贵的无形资产，并最终完成项目策划的系统工程。

② 评选"菊花仙子"是节前一个在区域内热身的重点活动，在这个项目的设计上特别注意"新意"和"文化性"，以避免落入以往的俗套，并求一鸣惊人。项目以强烈、现代的海报形式隆重推出，令当地人有些意想不到，大家对共同认为的这一小城市"选美"活动议论纷纷。当地人对节日注意力剧增。当然褒贬不一，且贬大于褒。这正是在策划组意料和期望之中的。当电视决赛晚会在嘉兴地区播出时，人们看到参选选手被要求用自己的发现来展现桐乡的丰富的历史文化生活内容，一个清新、崭新、立体、熟悉而又陌生的桐乡形象通过"菊花仙子"的评选活动非常有效地突现出来的时候，桐乡在嘉兴地区的美誉度迅速提升，"菊花仙子"的评选活动也获得了桐乡人的好评。

③ 另一个重点活动是名为"菊韵千秋"大型广场文艺演出暨第二届菊花节开幕式。这个活动通过精心策划设计，场面大气，演员阵容强大，档次很高，宣传力度也很到位，并由浙江卫视向全国进行了录播，很好地体现了桐乡的实力和菊花节的档次。

④ 闭幕式"蓝色倾情"大型时装表演，选取桐乡传统特产蓝印花布为主题，请专业人士进行时装设计和表演，既体现了质朴、自然的地方特色，又打造出了高雅气质品位，收到了异常出色的效果。

⑤ 以"白菊、自然、人"为主题的节刊，摒弃以往歌功颂德式的公文式写法，以优美、抒情、散文化的文笔抒写对桐乡自然人文的眷恋，在当地人中也引起了轰动，优美的文字和多年的家乡生活的碰撞，使他们增进了对家乡的热爱。该会刊成了菊花节最优美的传播载体。

旅游项目的包装和策划是第二届菊花节的重点工作，由于桐乡以前在这方面基础不好，操作的难度也就比较大。策划组本着充分挖掘与多方整合桐乡旅游资源，力求使桐乡旅游产业在规模化、生态化、市场化上有大的突破和提高，使桐乡旅游业无论从质到量有较大的提升的原则，重点进行了以下项目的策划和执行。

主要旅游项目的策划和包装的说明

① 对连片种植的杭白菊的地方进行了有利于旅游项目开发的挑选,并将种植面积增加到 400 亩左右。同时定名为符合都市人旅游口味的"田野菊海",以此成功申报了中国吉尼斯记录,不仅为菊花节这一独特的旅游项目完成了一次精彩包装,而且创造出一个出色的新闻点,受到众多媒体关注和报道。在"田野菊海"景点上,也改变了过去不修边幅和粗糙的形象,在景点中设计了不少旅游服务项目,如允许游客自由进入田野采菊,并提供采菊和菊艺造型工具、现场休闲饮菊、观赏菊花茶道等,以增添游客的乡游野趣、增加游客的逗留时间和景点消费。在景点表现上,专门聘请专家进行设计,以显正规化。

② 在市中心 30 多亩的空地上布置一个由白菊种植而成的巨大迷宫,供游人特别是孩子们游玩嬉戏。这一景点的设置既突现菊花节主题,而且娱乐性极强,兼具高品位的美感,深受区域内外的游客欢迎。到目前为止,我国还没有这种用菊花来种植布设迷宫的先例。

③ 整合旅游资源,设计了精美的旅游套票,把乌镇古镇、田野菊海、菊花迷宫、名人故居场馆等景点捆绑在一起进行营销推广,即形成整体效应,又带动桐乡丰富的文化名人故居场馆资源快速步入旅游市场。

④ 在旅游宣传上,首先提出"秋花第一市,菊景甲天下"形象口号,给外地人一个概念,更给当地人一种自豪。针对外地游客则用"秋天来桐乡看菊海!"这一煽动性很强的广告语,并附之于"我能想到最浪漫的事情,就是和你一起去采菊"等系列广告直接诉求。

媒 介 策 略

菊花节宣传分对外宣传和对内宣传两方面。

对外宣传主攻区域:

第一区域:上海、杭州

第二区域:嘉兴周边城市(以桐乡为圆心,来回两天时间为半径的范围,包括湖州市、宁波市、绍兴市、南京市)

第三区域:桐乡市周边及五县二区范围

第四区域:港澳及海外市场

对内宣传分四个层次:市民、企业、干部、菊农

对内宣传目的:通过宣传发动组织社会各界热情支持、积极参与菊花节,营造热烈、隆重、文明、喜庆的节日气氛,以良好的社会环境,迎接国内外来宾。

媒介选择:以多元化、多方位的视角实行渗透式宣传,即综合运用一切有可能得到的媒介,采用新闻、文艺专题、旅游文化专题、科普短片(杭白菊)、益智竞猜、网页介绍及其硬广告等一切可以想到的内容形式进行整合营销式的信息轰炸。

选择媒体有:嘉兴日报、浙江日报、都市快报、浙江青年报、华东旅游报、浙江科技

报、南湖晚报、嘉兴电视台、桐乡电视台、浙江卫视、西湖之声广播电台、钱江晚报、新民晚报、西湖明珠电视台、钱江电视台、嘉兴电视台、今日早报、香港商报、中国经济时报等。以及 E 龙网、浙江信息超市等网络媒体。

另一个重要的媒介策略是将媒介宣传与营销直接挂钩。这是因为考虑到菊花节的宣传经费并不充裕，策划者为解决巨大的媒介投放费用问题，采取了以套票换硬广告版面的做法，这样省钱，又延长了终端营销的触角，可谓一举两得。

项 目 实 施

为保证菊花节按计划实施，一开始就成立了相应的组织机构。菊花节成立了以市长和市委书记挂帅的组委会，组委会下设旅游活动工作部、专题活动工作部、经贸活动工作部、文体活动工作部，组委会办公室、新闻宣传办公室、计划财务办公室、环境管理办公室、安全保卫办公室。各组织机构分别制订了主要的工作职责和具体的时间计划。从 2000 年 9 月开始，中国桐乡第二届菊花节进入实施阶段，一切工作按照既定方针，有条不紊地展开。在这个过程中，为了增强组委会市场化办节的意识和对办节策划的透彻理解，策划者采取和组委会紧密合作的形式，主要工作由组委会监督下属机构来实施完成，策划小组采取全程跟踪服务以保证菊花节保质保量进行。（具体实施过程略）

实 施 结 果

①圆满实现了原先定下的目标，桐乡在本区域内美誉度得到了提高，桐乡市政府的实力、能力、魅力获得了周边地区的认可，树立了勤勉、高效、干练的良好政府形象。

② 精心策划的各处旅游项目为主办者在区域外赢得了良好的声誉，获得了不菲的经济收入。办节仅门票收入就达到了 25 万。田野菊海引发了都市人巨大的热情，不少人纷至沓来专为享受在都市生活中难得一遇的田园野趣。乌镇的知名度再次得到了扩张，成为中国 2000 年旅游一大热点。与以往不同的是，办过菊花节后，世人不仅知道中国有乌镇，而且知道乌镇在桐乡。

③ 旅游部门对市场化运作机制也有了较为全面的理解，为桐乡今后后续旅游资源的开发奠定了良好的基础。

④ 桐乡菊花节的成功举办，提升了桐乡在嘉兴地区乃至全省的区域形象，同时也博得了省市领导的高度评价。浙江省省长助理曾感叹说到，2000 年亲自参加过的十多个节庆活动，印象最深的无非两个，一个是 2000 年杭州西博会，另一个就是桐乡第二届菊花节。

⑤ 桐乡菊花节的成功举办，也使周边地区感受到了一定的压力，在建党 80 周年之际，嘉兴市举办"红船节"，承办中央电视台"心连心"艺术团活动，其策划方案也参照了桐乡第二届菊花节的策划书。2001 年 5 月，同属嘉兴地区的海盐举办南北湖旅

游节,组委会特意到桐乡取经,并指名请为桐乡策划菊花节的专家帮助他们策划。接踵而来的正面反响使桐乡市领导深感专业策划的重要。两位市长专程赶到浙江大学人文学院,代表桐乡市委市政府向三位主要策划专家表示感谢,向他们赠送桐乡市标志性纪念物水晶凤凰座。

⑥ 菊花节在当地民众中的反响也十分强烈,获得了老百姓的一致好评,不少人是第一次看到有这么多人来到桐乡,惊呼原来他们从小生长,习以为常的桐乡居然具有这么大的魅力,爱乡之情油然而生;当地企业也看到了办节活动并非领导求个名利,图个好看,对企业实在是有莫大的好处。比如,当初组委会筹办闭幕式"蓝色倾情"大型时装表演的时候,上门拜访一些企业商量请他们提供一些蓝印花布作为时装设计的布料样本,但企业方面并不很情愿,认为这是政府摊派,对他们没有什么经济收益。后来时装表演大获成功,当晚在场的中外客商为质朴高雅的蓝印花布面料深深倾倒,立刻要求订货,场面火爆。以至于2001年菊花节尚未开始筹备,早已有蓝印花布厂家找到桐乡市政府,请求赞助菊花节。

案例评点

从南到北,从沿海到内地,城市办节,林林总总,五花八门。各地均以"文化搭台,经济唱戏"的套路来推出城市品牌,通过招商引资经营城市形象,有成功也有失败。像大连就是以成功举办"大连国际服装节"而胜出的城市典范,哈尔滨以冰雕节为自己赢得了美誉。在浙江、有杭州的西博会、宁波的国际服装节、舟山的沙雕节、桐乡的菊花节等,均是比较成功的城市办节的案例。当然,国内也有不少劳民伤财的比如"南瓜节""土豆节"之类的烂节。

如何办好城市节庆活动

城市办节系统庞大,环节复杂,要办好城市节庆活动有几点尤其值得注意:

①讲究系统策划设计与目标定位;

②讲究全方位的调研与分析;

③讲究市场化运作机制与政府功能的有机整合;

④讲究本土文化的挖掘与国际化的有机融合;

⑤讲究媒介资源的整合传播。

桐乡菊花节策划案的优秀之处

①系统庞大但统筹控制到位;

②细节繁缛但设计衔接精确;

③环节复杂但操作条理清晰;

④目标高难但实施效果完美。

案例十

让世界了解中国，让中国走向世界
——中法文化年的文化关系

项目背景

中法两国是世界上重要的文化大国。两国都具有悠久的历史和灿烂的文化，都十分重视保护和弘扬民族文化和维护文化主权。作为东西方文化的代表，中法两国主张开展不同文明间的对话和进行不同文化间的交流与合作。因此，中法文化关系发展一直都比较顺利，两国间经常性文化交流项目每年均保持在 200 起以上，并有不断增长的势头，交流与合作的范围涵盖文化领域的各个方面，并呈现不断深化的新局面。1999 年和 2000 年中国在法国成功举办的"巴黎中国文化周"和"中国文化季"等大型文化活动吸引了大量的法国公众，产生了良好的效果。法国在华举办的罗丹雕塑展，法国国家交响乐团、巴黎歌剧院芭蕾舞团来华演出等项目受到中国观众的热烈欢迎。随着两国文化关系的不断深入发展，中法双方文化艺术界人士对对方的历史、文化、艺术的兴趣愈加浓厚，两国人民之间相互了解的愿望也更为迫切。为进一步加强两国业已存在的友好合作关系，并进一步增进两国人民之间的传统友谊，1999 年和 2000 年江泽民主席和希拉克总统在互访的时候共同确定举办中法文化年。2001 年 4 月 19 日李岚清副总理访问法国期间与法国外交部长于贝尔·韦德里纳签署了关于中法互设文化中心和互办文化年的《会谈纪要》。2001 年 6 月 18—19 日中法两国成立文化年混合委员会，并在北京举行第一次会议。双方在会上决定中国于 2003 年 10 月至次年 7 月在法国举办中国文化年；法国于 2004 年秋季至次年 7 月在中国举办法国文化年。

项 目 策 划

中国文化年以"古老的中国、多彩的中国、现代的中国"为主题，意在展示中国悠久、灿烂的古代文化，绚丽多彩的民族民间传统和艺术以及不断创新发展的当代文化精神，以此向法国公众展示古老中国的风采神韵和现代中国的勃勃生机。

中方策划在法国举办中国文化年的四项原则：

①突出中法文化交流与合作，体现世界不同文化的相互学习与借鉴，促进中法全面伙伴关系的发展；

②大文化概念，内容丰富，形式多样，确保质量，全方位展示中国的文化传统和现代化建设成就；

③充分利用友好城市渠道并发挥在法华人和华侨团体在文化年中的作用,使文化年的影响扩大到法国全境乃至周边国家;

④加强内外宣传,营造舆论氛围,扩大中国文化年的影响。

项目实施

中国文化年以"传统的中国、多彩的中国、现代的中国"为主题,全方位、高水平地展示中国悠久、灿烂的古代文化,绚丽多彩的民族民间传统和艺术以及不断创新发展的当代文化精神。

中国文化年交流涉及文学艺术、教育、科技、广播电视、图书出版、青年、体育、民族、宗教、建筑、环保、旅游等方面,共计300多个项目。形式多样,各种展览、演出、讲座、学术研讨、友城联谊等,令人目不暇接。

这次活动通过友城等渠道覆盖法国全境。两国46对友好省区和城市对文化年活动都表现出很大的热情。北京、上海、广州、重庆等城市分别在巴黎、马赛、里昂和图鲁兹等城市举办"文化周"。

活动分为三个重点时间段进行,即2003年10月的开幕阶段,2004年1—2月间,中法建交40周年纪念日和中国传统节日春节以及2004年7月的闭幕阶段。

(1)古老的中国

中国有着五千年的悠久历史,前人留下了丰富的历史遗产。在重视人文思考的法国,一批文化人从人文的视角探究中国振兴的原因,人们对中国的过去有着浓厚的兴趣。中国文化年把古老的中国分为三个部分:

①历史与文物展。包括:四川"三星堆"文物展,《中国旧石器时期展》,中国丝绸展,京剧服饰展,《神圣的山峰》,(法国)国家古玩沙龙,南越王墓葬展览,恐龙化石展,Isidore Hedde 1844之行的残片介绍展,敦煌艺术展,《孔子展》国画展,《康熙时期艺术展》,古代中国的艺术和文学,中国考古及艺术品(Poitou—Charentes的收藏)展,中国水墨画展,中国艺术对法国18、19世纪装饰艺术影响展,中国的瓷器之旅,石与化石,高鸣油画展,中国文字发展史展——从甲骨文到计算机。

②老照片展。包括:中国留法勤工俭学运动展,上海(1921—1949)摄影展,水上通道—大运河(1930年),外国摄影家眼里的中国,Albert Khan摄影展,驻华领事与使节展(1820—1920),"中国的门户":18和19世纪的贸易港口《中国旧石器时期展》。

③古代音乐与戏曲。包括:梨园戏《荔枝镜》,巴黎夏季艺术节,Ambronay艺术节17世纪的宫廷音乐,绍兴剧"红楼梦",中国戏曲折子戏,绍兴剧"五女献寿",南音礼乐,昆曲"钟馗嫁妹",昆曲"牡丹亭"、"白蛇传"、"盘丝洞",《西厢记》(山西省),北京戏曲学校巡演项目,粤剧(香港)《小宴》(山西省),苍原(辽宁省歌剧院),北方昆曲剧院巡演项目。

(2)多彩的中国

①生活艺术 手工艺术 美食。走近中国——中国的生活艺术展;中华民族服饰

展演；中国庙会－中国传统民俗文化展示；灵感来自于中国的物品（围巾、餐具）展；"里尔2004年"活动（仿造南京路列入大型项目中）；中国毯艺展；青岛啤酒百年庆典活动；Dautresme个人收藏展，巴黎中国时装周；中国美食周；中国饮食文化节；中国民间艺术品展——李寸松、靳之林个人收藏；云南省刺绣及手工艺品展；佛山传统文化及民间工艺展；江苏省工艺品展；中国茶文化博览会；贵州省少数民族村落展（已纳入"中国庙会"）。

②文献展及其他展览。世纪跨越，中华风采——中国邮票展；《中国的世界遗产》摄影艺术展；中国摄影艺术作品展览，"周庄情"摄影艺术展；广州－里昂展；民族文化宫的面具馆藏展；上海市金山区农民画展；军旅艺术家展览；民间传统木雕展；桃花坞传统木刻年画展；江南情韵－苏州文化艺术展演；江苏农民画展；江苏儿童画展；江苏艺术学院学生绘画作品展。

③传统音乐及舞蹈。陕西安塞腰鼓，世界文化之家：西安打击乐或恭王府满族音乐，中国之夜（中国传统和现代音乐）；贵州地戏；Montoire艺术节；Gannat艺术节－世界文化；敦煌乐舞；侗族大歌；苗族歌舞；安徽丰原民间舞蹈；纳西古乐；佛教梵呗音乐和道教音乐；钟乐舞；云南少数民族原生态歌舞；秀女乐坊－中国江苏女子民族乐团；八音会，广东南派醒狮表演；江南好－大型歌舞晚会；南京市小红花艺术团专场；歌舞晚会；山西河曲民歌。

(3) 现代的中国

①现代摄影 视听艺术 多媒体。中国摄像展Christopher Taylor：黄河流域；国际摄影展Castilla：从云南看中国；外国人眼中的中国——《走进真实的中国》大型摄影图片展；埃里克·德塞尔（Eric Dessert）：外地农村，民俗民风；外国摄影家眼中的中国—在中国20年（1980—2002）的摄影生涯；中国数码美术作品展；巴黎摄影节（中国摄影机构参与）；安哥镜头中的1980—2000；邀请数字艺术家，冯刚新疆野生动物摄影展；中国大港口摄影展；中国摄影家展；三个摄影师的作品展，平遥艺术节中国获奖选手，中国：大对角线－沿着维克多·赛卡伦的足迹；Bettina Rheims：中国妇女，Emma Tassy；艺术家在北京的生活和创作地。

②舞蹈。芭蕾舞《大红灯笼高高挂》；接待－中国现代舞团；接待中国现代舞演员文慧；古典芭蕾舞《黄河》；接待现代舞演员文慧并推出新的舞蹈表演；北方芭蕾舞团与辽宁芭蕾舞团。

接待一个演出团体，舞剧《野斑马》和《东方青春》，飞龙艺术团，红星舞蹈团；中国古典舞蹈和民族舞蹈与中国舞蹈家合作演出《中国之石》；北京现代舞团、香港舞蹈团与（上海）金星现代舞团合作，Hip Hop；北京舞蹈学院现代舞团，推出一台由Hervé Robbe在香港表演艺术学院完成的作品，北京舞蹈学院古典舞团；接待一个或几个广州的舞蹈演员并有可能推出一台演出，广东现代芭蕾舞团，广东实验现代舞团。

③科技 青年 体育 卫生。科技：国际城整治计划（邀请中国专家参加），"当代中国科技"展览会，建立中法科学和应用基金，大熊猫保护情况展，《镜中花》古代、现代

光学仪器展,《当代的变化和对他人的了解》国际研讨会,第三届中法学术论坛,中法文化企业论坛;青年:21 世纪中国高等教育展,中法百名青年企业家互访,中法两国青年对话;体育:北京—巴黎汽车拉力赛,中法乒乓球友谊赛,塞纳河赛艇比赛,国际象棋冠军比赛;卫生:举办中法关于中国医疗卫生体制改革的研讨会,举办有关高等培训、研究和生物医药业之间关系的上海研讨会,传统医学和西医研讨会。

(4)部分大型活动

2004 年:发行一枚中国文化年的纪念邮票,将 Faidherbe 街装扮成南京路;当代音乐会;布置一座中国花园;建造紫禁城的一角等。

北京文化周:"2008 年新北京"摄影作品展;王府井大街和香榭丽舍大街交流;北京图书沙龙及捐赠由北京市民出资购买的《北京风貌》;宣传北京旅游业的广告活动;北京电影节;北京商品展销会;昆曲晚会;建造北京纪念性建筑物模型(天坛、九龙壁);发行金银纪念币等。

中国传统春节:大年初三,埃菲尔铁首次披上"红装";香榭丽舍大街首次规模盛大的华人彩妆表演等。

闭幕阶段:3 月 18 日,以"中国文学"为主题的第 24 届法国图书沙龙;3 月 29 日,巴黎大宫殿"神圣的山峰"绘画文物展;3 月日 6—5 月 29 日,里尔"上海街"活动;5 月 10 日—7 月 31 日,巴黎中国文化中心举办"燃烧的辉煌——景德镇瓷器展";6 月普阿蓝大区广东文化周;6 月 18 日—10 月 4 日,尼斯亚洲艺术博物馆敦煌艺术展;6 月 28 日—7 月 2 日马赛"上海周";7 月 3—10 日巴黎"上海周"等。

项 目 评 估

经过近两年的筹备以及 9 个多月的实施,中国文化年在法国取得了很好的效果,成为中法关系史上空前的文化盛事。项目实施过程中,我们可以看到很多鲜明的特点:

(1)时间跨度大

2003 年 10 月—2004 年 7 月,中国在法国举办文化年的时间长达 9 个多月。

(2)交流领域广

文化年涉及文学艺术、教育、科技、广播电视、图书出版、青年、体育、民族、宗教、建筑、环保、旅游等方面,共计 300 多个项目。

(3)覆盖面积大

中国文化年活动通过友城等渠道覆盖法国全境。两国现有的 46 对友好省区和城市对文化年活动都表现出很大的热情。北京、上海、广州、重庆和武汉等城市将分别在巴黎、马赛、里昂、图鲁兹和波尔多等城市举办文化周活动。

(4)项目质量精

中国文化年项目立意新、水平高、质量精,如《四川三星堆文物展》、《中国当代艺术展》、《康熙时期艺术展》、《神圣的山峰文物展》、《走近中国——中国当代生活艺展》、《21世纪中国高等教育展》、《中国民族服饰展演》、中央芭蕾舞团巡演、中央民族乐团同巴黎国家交响乐团合作演出等。

（5）合作程度深

中法双方成立混合委员会，在具体项目的运作上采用从策划到实施的全方位合作方式。

以文化年为契机，东西方两个具有代表性的文化大国相聚在法兰西。中国文化年（加上正在举办中的法国文化年）的成功有利于两国人民的相互了解，有利于东西方文化相互学习，共同发展，有利于维护世界文化的多样性。中国通过这次文化年很好地宣传了博大精深的中华文化，给法国友人留下了深刻而美好的印象，深化了中法两国人民的内在文化关系，对于推动两国关系全面发展发挥了重要作用。我们可以说，这一文化盛会在中法文化交流史上树立起新的里程碑。

案例评点

中国文化年是由政府主导、社会广泛参与的一次政府国际公关活动。中国文化年公关的成功，很大程度上是由于捕捉到西方公众对中国文化的神秘感与好奇心。通过"古老的中国、多彩的中国、现代的中国"为主题的一系列活动，生动直观地向法国公众展示出千年古国的文化风尚，揭开了中国文化神秘的面纱。

文化是民族的灵魂。文化之间，应该和而不同。审视当今世界的文化，我们尤其倡导以平等的态度看待其他文化，在平等的基础上互相交流与借鉴，以海纳百川的胸襟吸纳其他文化的长处。我们提倡"各美其美，美人之美"这样一种文化交流态度。中国文化年就是以这样的姿态走向法兰西。这是中国文化年取得成功的最根本原因。当然，还有其他因素促成了这次文化盛会：

1. 决策层次高，活动立体交互

中法互办文化年是两国最高领导人亲自确定和支持的项目。有了两国最高领导的支持，以及政府各部门的配合，中国文化年可以轻易获得大量活动需要的资源，包括技术、资金、设施、人员等方面。活动立体交互，声势浩大，不仅时间跨度大，而且活动范围广。系列活动不仅限于巴黎一城，而且利用友城交流，将之覆盖了法国全境。不仅限于法国一国，而且于国际范围内造成巨大反响，旨在让中国文化走向世界，让世界了解中国文化。

2. 贴近大众，大众参与，深入人心

调动了全社会的力量，众志成城。中国文化年的参与者来自全国各个地方，包含了中国各民族的优秀文化，成为活动成功的源泉。法国人民的热情参与也让这次活动真正的成了两国人民之间的文化交流。中国文化年活动特别强调以人为本。闭幕式将原来以展示为主的"上海一条街"活动改为游园活动，进一步突出文化特色，贴近大众。演出、展示、手工艺表演和集体婚礼等若干版块的安排，强烈体现了一种人文关怀。无论是国内人民还是法国华侨及当地公众，纷纷支持文化年各项活动，不但争相赞助,而且积极投身其中。据法方统计,70多万法国观众直接观看了1月24日在香榭丽舍大街的华人游行。法国电视一台还对此作了现场直播。估计直接或间接参与中国文化年活动的法国人约达2000万。

3.立体交互型整合传播策略,为中国文化年壮大了声势

中国文化年凭借其规模、创意、内容和质量,通过复合运用言语传播、文字传播、实像传播、电子传播、网络传播等各种媒介,很好地利用了两国乃至世界的优势媒介,成功地进行了一次整合传播。中国文化年多彩的活动成为中法两国乃至世界新闻媒体关注和报道的热点,在法国引起了轰动效应,媒体的关注,扩大了活动的影响面和影响力,提升了中国文化的知名度和美誉度。

4.文化公关为国际关系提供新思路

中国文化年的成功将促进法国乃至欧洲的公众看到一个古老而焕发青春活力的中国,也必将推动中法全面伙伴关系迈上新台阶。在国际社会中,各国在政治、经济、军事等领域会存在或多或少的摩擦,但文化上的交流却是最容易实现的,也往往能够达到政治、经济等领域的交往无以企及的效果。成功的文化公关不仅有助于提升国家形象,缓和国际关系,也有利于整个国际社会的和谐发展。相信中法文化年类似的公关活动必然会为今后的国际交往国际关系提供一条新思路。

案例十一

"水 与 城 市 的 故 事"
——杭州的水也能流到威尼斯

(荣获第三届2010年中国大学生公共关系策划大赛一等奖)

内 容 提 要

杭州的新契机:以"城市,让生活更美好"为主题的世博会在上海成功举办,全球掀起城市形象国际化传播的热潮。杭州"东方休闲之都"生活品质之城的城市定位取得初步成效,需要提高城市形象的国际知名度与美誉度。

锐化个性 凝练精品:根据杭州以及西湖给世人的突出印象,围绕杭州的"水"做文章,实现杭州国际化传播的"引进来"目标。以欧美为重点传播区域,以威尼斯为传播试点,全面布局,重点突破,以点带面,逐年推进,开花结果,实现杭州城市形象的"引进来"与"走出去"。

深化"国际体验":发扬杭州的"国际体验日"活动,选取意大利20名大学生完成"意大利大学生杭州体验"活动,体验期间通过互联网和传统媒体,结合个人感受宣传杭州的美景。

真正走出去：通过政府对接的方式，获得威尼斯当地举办杭州"水"文化节的支持，开展系列"双城记"活动。计划开展与威尼斯之间以水为共同点的生活文化、艺术文化、休闲文化、美食文化、健康文化、丝绸文化、教育文化、茶文化、行业产品的体验、交流和研讨。

项 目 背 景

(1)国际背景

以"城市，让生活更美好"为主题的世博会在上海成功举办，全球掀起城市形象国际化传播的热潮。

(2)国内背景

中国各线城市的城市形象塑造意识渐浓，形成竞争态势，杭州需要突围亮相。

(3)本土背景

杭州在自身"东方休闲之都　生活品质之城"的城市定位战略指导下，需要提高城市形象的国际知名度与吸引力。

项 目 调 研

(1)杭州城市形象国际化传播的 SWOT 分析

①杭州国际化传播的优势

● 杭州是国内较早开展城市形象塑造的城市，从杭州城市形象的定位、口号、标志到一系列传播推广活动，已经具备了一定的系统性与规划性。例如近年来陆续举办的"杭州生活品质点评周"、"杭州城市标志文化展"、"杭州国际体验日"等。

● 相较与杭州的人文景观、传统文化迥异的欧美国度，日本、韩国的文化背景与杭州具有相通之处。杭州对于日韩公众更具有吸引力，在亚洲范围内已具备一定的知名度。

②杭州国际化传播的劣势

● 杭州的综合实力较强，能带给公众高品质的城市生活体验。但如果单一考量某一方面，实力却不是十分突出。例如杭州的自然景观秀美动人，但与专以风景名胜为城市名片的桂林、三亚等城市相较则有不足。

● 杭州与欧美城市的文化差异较大，其独特的城市意蕴不易被欧美受众认知，在欧美受众中的认知率一直以来都相当低。

③杭州国际化传播的机遇

● 上海世博会的举办吸引了大量海外游客，也为与上海邻近的杭州带来了传播推广的机遇。

● 杭州市政府及相关部门近年出台了一系列方针政策，充分支持、引导、支持杭州城市形象国际化传播工作的开展。例如《关于实施城市国际化战略　提高城市国际化水平的若干意见（2009）》、《杭州市新一轮旅游国际化行动方案（2007—2011）》等。

④杭州国际化传播的挑战

国内城市形象的国际化传播竞争加剧。与杭州基本处于同线的成都、三亚等城市都正在采用各种途径、方式进行城市形象的国际化传播活动。例如成都采取了中韩影星搭档的方式拍摄了以向国内外公众推广成都城市形象为目标的电影《好雨时节》。

(2)杭州城市形象国际化传播的调研结论

①如何找到杭州与欧美文化的对接点，使杭州的城市形象得到有效的国际化传播是症结所在。

②杭州的国际化传播是一个循序渐进的过程，需要依凭一定的基础有步骤的开展。拟采用策略为"全面布局，重点突破，以点带面，逐年推进，开花结果"，因而可以采取在欧美选取几个城市作为推广试点，再逐步逐年撒开的方式布阵。

③在选取推广试点城市上，刚刚与杭州开通直航的阿姆斯特丹，与杭州同是时尚女装兴盛地的巴黎，都具有一定的可选性。但综合考虑下，我们选择意大利的水城威尼斯。2010年，意大利在杭州举办了"意大利文化节"，而意大利的威尼斯与杭州又都是"水城"，在经济、文化、生活各方面有着许多相映成趣的对接点，在做活动上具有相当的可拓展性。

项 目 策 划

(1)项目目标

以欧美为重点传播区域，以威尼斯为传播试点，以点带面，逐年推进，实现杭州城市形象的"引进来"与"走出去"。策划初期的"引进来"为吸引意大利公众来杭州体验，"走出去"为将杭州的城市文化带到意大利当地。通过多元的文化活动使国际公众认识杭州，喜欢杭州。

(2)策划思路

①本策划案的核心在于以意大利为杭州国际化传播的推广试点，基于网络营销与事件营销进行运作，活动名称为"意大利大学生杭州体验之旅"，活动主题围绕杭州的"水"做文章，实现杭州国际化传播的"引进来"目标。意大利的成功经验可以作为针对欧美宣传杭州的成功经验，在杭州未来的传播战略中广泛推广。

②为了确保本策划案的成功实施，我们计划在意大利威尼斯当地举办"威尼斯：杭州水文化节"，活动主题围绕杭州的"水"做文章，作为点燃"意大利大学生杭州体验之旅"的导火索，实现提高杭州在意大利当地的知名度，达到杭州国际化传播的"走出去"目标。

③在杭州市政府的领导下，杭州从2008年以来已经举办了一系列的杭州国际化传播活动。由于我们的策划的应用主体是杭州市政府，考虑到活动的延续性和统一性，我们将在本策划中保留部分杭州市政府原先开展的活动，对其进行进一步的提升。

（3）传播主题

①杭州的水，也能流到威尼斯。本案在杭州原有城市品牌定位的基础上进一步提炼杭州的城市个性，结合杭州的水城特色以及人们对杭州已有的印象，强化杭州与水的密切联系，通过讲述杭州与水的故事，强化杭州与水城威尼斯的对接性，从而赢得威尼斯公众对杭州这一城市品牌的认知。

"杭州的水，也能流到威尼斯"，这一主题具有天下的水本是共通共荣的大同境界，强调了杭州与威尼斯在水这一实体上的共同性，也暗喻了杭州的水文化与威尼斯的水文化的对接性。

②传播背景——水与城市。水和食物、阳光、空气一起，都是生命得以存续的至关重要的资源。人类的生活离不开充分的水源，城市更是如此。一座城市历史存续、经济发展、规模增长的过程是城市人与水依存、与水抗争的过程，包罗万象的水决定着城市的布局，推动着技艺的进步，也记录了城市的故事。人水和谐作为现代水文化的核心，已成为全球水资源管理与治理的新方向。

提起杭州，大多数人首先想到的是西湖。某种程度上说，印象杭州首先是印象西湖。西湖是杭州水文化的核心。但杭州市的水不只有西湖。杭州是一座山水城市，有江、有河、有湖、有"溪"，又邻海。杭州的历史，就是一部因水而生、因水而立、因水而兴、因水而名、因水而强的历史。想到杭州，想到水，杭州有水的柔，水的清，水的静，水的质。杭州的美与水紧紧联系在一起，讲述杭州与水的故事，就是讲述杭州的美。

③**核心策略**——以西湖为中心，强化城市品牌形象。西湖是杭州的"根"与"魂"。西湖不仅是一个自然湖，更是一个人文湖。它是人与自然长期良性互动的产物，是一份珍贵厚重的文化遗产。可以说，西湖是历史上最能体现中国传统文化核心价值的审美实体，是东方审美体系中最具经典性的文化景观。悠久的历史、深厚的文化和美的典范，正是西湖的底蕴之所在。

因此，对于杭州的城市品牌宣传，依然必须以西湖为核心展开。西湖是最直接、最贴切、最深入人心的杭州城市形象代言人。以西湖为核心，传播杭州五水共导的水与城市概念，从西湖出发，加上西溪湿地、钱塘江、京杭大运河、钱塘江入海口等生生不息、代代相传的城市水脉，给人以水与城市交融共荣的美感。

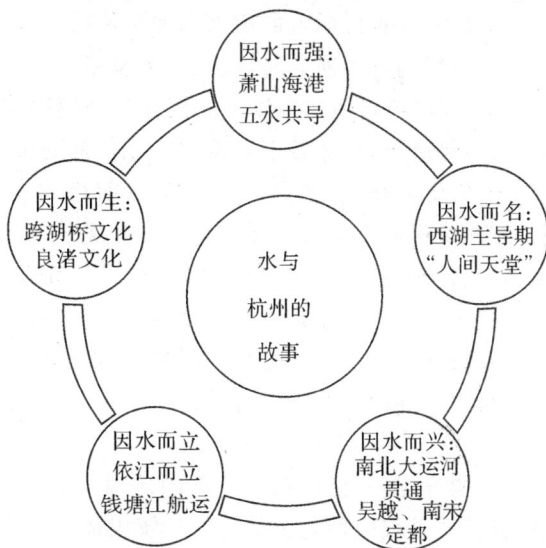

"水与城市的故事"品牌支持点

④城市对接。意大利著名的水城威尼斯,是一座提到它人们就会想到水的城市。威尼斯的风情总离不开"水",蜿蜒的水巷,流动的清波,它就好像一个漂浮在碧波上浪漫的梦,诗情画意久久挥之不去。

大文豪莎士比亚笔下的《威尼斯商人》以这座水城为背景,就像许仙与白娘子、还有许许多多的浙商故事离不开杭州的水一样。威尼斯的水晶加工工艺和脸谱艺术与杭州的丝绸、茶文化等等都有交流和对接的共鸣。

```
┌─────────────────┐     ┌─────────────────┐
│西湖——杭州之魂    │     │京杭大运河——倚河  │
│以申遗为目标和契约 │ ⇒  │而局              │
│水文化传播核心    │     │城市命脉、历史丰碑 │
└─────────────────┘     └─────────────────┘
                                 ⇓
┌─────────────────┐     ┌─────────────────┐
│西溪湿地——生态城  │     │钱塘江——钱塘江时  │
│市                │ ⇐  │代                │
│优雅水乡、人文内涵 │     │城市东扩、旅游西进 │
│                 │     │沿江开发、跨江发展 │
└─────────────────┘     └─────────────────┘
        ⇓
┌─────────────────┐
│钱塘江入海口——新  │
│城市              │
│港口发展、整合资源 │
└─────────────────┘
```

(4)传播模式

打造城市形象国际化传播的杭州模式

背景简述:杭州作为我国东部名城,环境、文化、经济综合实力具有显著优势,已经形成了较为系统化的城市形象塑造体系和较为成熟的城市品牌传播实践。但由于杭州在国内并非政治、经济中心,因此缺少国际化的焦点事件吸引全球世界眼球。杭州城市形象的国际化传播具有一定的难度与挑战,传播焦点问题在于:

①如何针对目标人群切入国际化传播;

②如何创建传播通路,实践传播策略。

> 文化
> 为要

- 悠久的历史
- 深厚的底蕴
- 饱满的内涵
- 东方的精华

● 打造"杭州模式":以不同媒介互补应用与焦点事件相互呼应,借势造势,打造城市形象国际化传播的杭州模式。

> 生态
> 优先

- 绿色城市
- 水城气质
- 低碳概念

· 集中轰炸,由点及面。由于目前杭州在国际知名度不高,因此杭州城市形象传播采取"集中轰炸"策略,打造杭州与国际知名城市意大利威尼斯的"双城记"。通过威尼斯文化节以及意大利学生来想杭体验活动在10个月时间内对威尼斯进行重点宣传,集中开展民间、商界、政府等不同层面的交流活动。最终达到由点及面扩散的传播效果,扩大杭州在国际的知名度。

> 品质
> 至上

- 水城气质
- 生活品质
- 创意之都
- 休闲之都

· 媒介互补,借势造势。不同传播工具具有不同沟通力,城市形象的国际化传播,既需要具权威性与公信力的传统媒体的推广,又需要不受地域限制与高参与度的网络媒体的宣传。报纸、杂志、广播、电视媒介能够塑造公众的焦点关注,而网络媒介可以打造一个宣传平台,使宣传材料得以连续推出,持续吸引公众眼球。

● "杭州模式"的传播特点

· 强调传播的互动性。本传播模式兼顾了双重互动:社会不同形式互动与不同

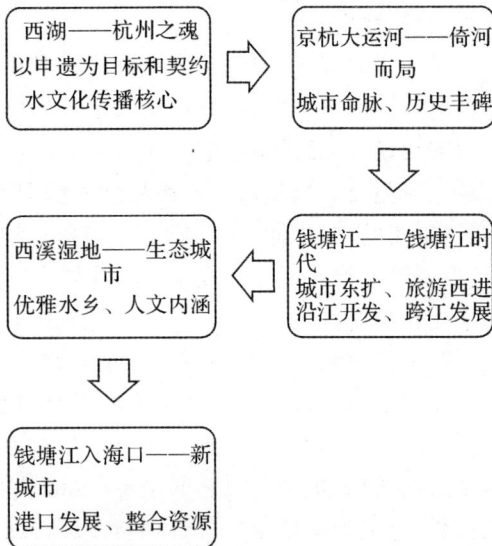

媒介之间互动。既设置了文化节一系列活动,为官方和商界互动提供了渠道又提供了普通市民的参与通道,二者并行不悖。通过设立焦点事件与搭建网络平台,使公众关注在传统主流媒介、焦点事件、与网络媒介之间流动,形成三者之间的良性循环。

　　·强调传播的实用性。传播成本是国际化传播面临的巨大问题,本模式使用网络媒介作为主要的传播平台,通过网络选拔来杭州体验意大利学生,既节约成本,又可以提高人群达到率。

　　·强调传播的发展性。在网络化生活的今天,单纯的媒介事件或者网络热点很容易淡出人们视线,因此在保证媒介—事件—网络互动的同时,设立不同的传播阶段,保持关注度。

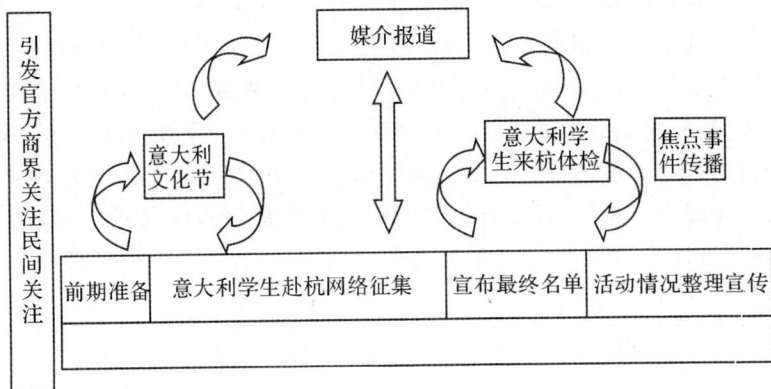

注:箭头表示公众注意力流向

● 阶段性实施计划

　　本次杭州形象对威尼斯传播分为传播通过前期准备、网络活动发起实施及文化节系列活动实施、网络活动爆点与后续宣传四个阶段。依据不同阶段受众接受信息情况进行有针对性传播。

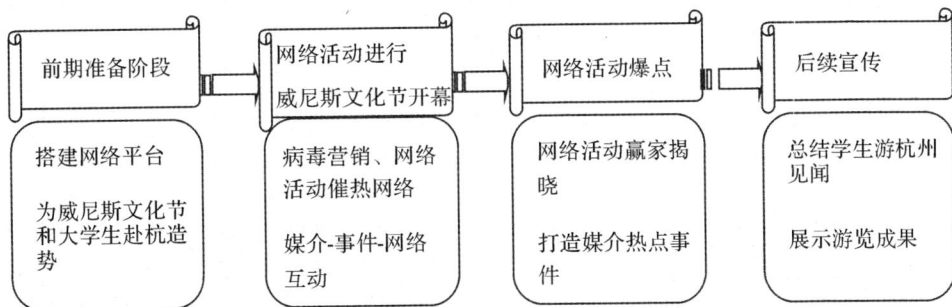

项目执行

主题项目:"意大利大学生杭州体验之旅"活动

①项目内容概述：在意大利选取一定人数的大学生参加为期一周的杭州体验之旅，期间往返机票以及基本食宿费用由主办方提供。而这若干名意大利大学生必须承诺在留杭期间每天完成一定数量的有关在杭州体验的网络文章（包括游记、散文、随笔等等形式）笔视频，并在 Facebook、Twitter、Youtube 等网络媒体上发表，以此形成杭州城市形象的网络传播。最后，这些作品按照点周率进行排名，点击率排列前三位的文章和视频，其作者可获得相应奖金。

②项目优势：本活动结合了网络媒体和事件营销的优点，不仅能够吸引广大目标群体的关注和参与，还能通过他们的网络传播，形成口碑传播和病毒式营销效果。

近几年，事件营销＋网络造势成为全球城市营销的热门手段，首先是澳洲屁士兰政府推出"大堡礁看护员——世界上最好的工作"的网络招募活动，在全球掀起了一股热潮，吸引了数十万人报名参与。继大堡礁之后，爱尔兰一家旅行社最近也推出"终极工作"（The Ultimate Job），获选佳偶只要写写博客，就可免费环游世界半年，享受最浪漫的婚礼必蜜月旅行，半年薪水高达两万欧元，活动一推出便受到热烈欢迎。已有来自中国、印度、韩国、克罗地亚等国逾 1000 对情侣上网应征，网站目前已有 10 万人次点阅率。可见，只要有足够的吸引点和有效的诉求方式，杭州也可以利用网络媒体和事件营销的方式，开展城市形象推广活动，并取得理想的效果。

③参加对象的选取细则：

要求类别	要求内容	要求内容的合理性
选取的范围	意大利在校大学生	这次项目的海外效果主要建立在网络传播上，而大学生群体是网络传播的最活跃群体之一，同时空余时间比在职人士更多，时间方面更好协调。因此为这次活动参加者的理想选取对象。
选取人数	30～50 人	该项目有三条特色线路，而将参加者分成三批后，平均每条线路为 10～15 人，基本保证每条线路的博文、图片的多样性、完整性。
选取的持续时间段	2～3 周	考虑到该项目参加者的选取与"威尼斯"：杭州水文化节的互相促进与配合，2～3 周较为合理
选取信息的发布渠道	1. 主要渠道：网络渠道（例如意大利各大学的主页与论坛、Twitter、Facebook 等） 2. 辅助渠道："威尼斯：杭州水文化节"的活动现场广告	以网络为主要信息发布渠道是因为网络上较容易形成口碑传播，能够在短时间内迅速覆盖到目标对象群体。而辅助渠道的设置，主要是考虑到整合传播的多维效果，以及尽量充分利用已有活动的资源；同时，参加过"威尼斯：杭州水文化节"的大学生对杭州会有更好的了解，对来杭体验活动也会有更高热情。

报名方式	网络报名	更加方便管理和联系
对象选取的标准	·意大利在校大学生； ·在网络论坛、社区论坛有一定影响力和人气，发表过相当数量的博文、视频等； ·有较好的写作能力以及视频拍摄能力； ·热衷于旅游，主动体验生活； ·报名时需提高一篇以"梦想杭州"为主题的文章，主要描述对杭州已有的认知，以及对杭州体验活动有哪些期待等，形式、字数不限。	·上面已有叙述 ·网络上的人气可保证其所发表的体验博文、视频有较高的浏览量、点击量和回复量； ·写作和拍摄能力可保证所发表的体验作品的质量； ·对旅游和生活的热情是主动、积极参与体验活动的前提； ·"梦想杭州"的文章作为选取的参考，可从中得知报名者对杭州的认知以及期望，并能够一定程度了解其写作、拍摄的水平。

④活动路线及选点宗旨：

●选择最有杭州特色的，有的对象能够凸显中国特色，但未必能凸显杭州特色的应考虑舍弃。

●在最有杭州特色的对象中选择最具代表性，杭州特色很多，但我们要将其中最经典的部分选取出来。

●选取的对象中部分与威尼斯有对接点，但不必样样对应。如"茶与咖啡"、"歌剧与越剧"等。因主题是"水"，选取对象需尽量与水有关联。

●活动路线分为三条，主题分别是最能体现杭州城市品质的"环境"、"文化"、"生活"。

⑤活动路线规划：

●品质环境路线——自然环境（主打低碳和生态两方面）、公共环境

1.1 低碳体验点

1.11 浏览整个城市不仅美观且广泛的绿化

1.12 体验低碳出行，用提供的市民卡租借随处可见的公用自行车

1.13（备选）部分公交车站点的音画公告牌采用太阳能供电

1.2 生态体验点

1.21 西湖：以曲院风荷、柳浪闻莺等景点为代表

1.22 西溪湿地：体验人、植物、鸟类和谐共处

1.3 公共环境体验点

1.31 良好的交通环境：宽敞舒适的出租车、快速公交、盲道

1.32 良好的购物环境：超大购物面积的万象城、就在西湖边的湖滨名品街、洗手间设有母婴护理室的杭州大厦等

● 品质文化路线——爱情、诗词、浙商、其他

2.1 爱情体验点

2.11 断桥、雷峰塔、听白娘子与许仙的故事

2.12 观看梁山伯与祝英台故事的越剧表演

2.13(备选)苏小小墓、听苏小小与文人雅士的传奇故事

2.2 诗词体验点

2.21 苏堤　了解苏东坡的词

2.22 白堤　了解白居易的诗

2.23 穿插其他文人雅士包括外国友人对西湖的诗颂

2.3 浙商体验点——与威尼斯商人做比对

2.31 参观阿里巴巴、淘宝公司

2.32(备选)吉利、娃哈哈

2.33 其他

运河博物馆——运河文明

南宋御街、杭州太庙、南宋官窑博物馆——南宋文化

胡雪岩故居、药膳馆、养生馆——中医文化

工艺美术大师楼、朱炳仁铜雕、河坊街观赏民间手工艺人表演——工艺美术文化

西湖创意谷"开元198"——杭州创意文化

● 品质生活路线——餐饮、休闲、教育

3.1 餐饮体验点

3.11 食材采购

与杭州家庭成员一起骑自行车去农贸市场买菜(可选择如杭州古荡农贸市场等有接待外宾经验的菜场,有英文指示牌和休息区、菜农会大众式英语)

3.12 烹饪试学

展示咸件儿、葱包烩、西湖醋鱼、宋嫂鱼羹、茶果等成品,引起国际人士的兴趣。杭帮菜师傅现场演示教授杭帮菜。

3.13 品尝

用中式餐具品尝杭帮菜、在龙井山的农家茶楼、西溪湿地的茶楼品茶闲谈等。

3.2 休闲体验点

3.21 融于社区

社区内开展纳凉晚会,家家户户走出家门,在社区广场自编自导一场别具特色的晚会,用市民的热情感染国际人士,让他们也参与到演出的队伍中来。

3.22 体验健身

清晨到达西湖边少年宫及周边晨练区,参观各式健身方式,参与晨练队伍,体验健身方式差异。包括健身舞、武术、交谊舞、太极拳、木兰拳、练字等等。

3.23 杭州玩乐

观赏张艺谋导演的都市山水实景演出《印象西湖》,感受中国传统戏剧与现代灯光舞美相融合实景表演文化。去青藤茶馆、西湖天地、南线众多酒吧等体验杭州人的休闲生活。

3.3 教育体验点

3.31 参观浙江大学玉泉校区及紫金港校区

3.32 参观有双语教学的国际化中学

3.33 参观紫阳小学(太庙巷7号)

一听:听小导游介绍紫阳十景,感受紫阳书院历史文化及南宋文化;

二赏:赏"藏诗墙",赏古筝曲等;

三学:学吟诗、写(书法)诗、弹古筝、拉二胡

参观位于南山路的中国美术学院及其展览馆(如皮影馆等)

⑥博文、视频发布及评奖规划:

1. 参加活动的威尼斯大学生分成三队,由杭州当地志愿大学生带队,免费体验三个路线(免费是指在指定的吃、住、行安排内)。

2. 威尼斯大学生到达杭州后,在为期7天的体验周内,每人需完成博文10篇以上(包括照片30张以上),视频30分钟以上,在 TWITTER、YOUTUBE 以及意大利、威尼斯的主流 SNS、聊天网站等载体上发布。

3. 参赛的博文、视频根据可看性、趣味性原则和上传后一个月内的点击率、分享率、回复率(这三个参数可分别设定相应的基数,只有超过基数的才视为有效参赛作品),评出大奖。

一等奖一名,特别授予"杭州荣誉市民"称号;今后不限次数和具体人数,只要该得主及其父母、配偶、子女来杭州旅游,开销给予免费或优惠(如考虑妥善性,可以注明是在指定名单内的吃、住、行,以及购物场所消费免单);奖励杭州特色纪念品礼包一份;奖励人民币20万元。

二等奖一名,该得主将来可与伴侣来杭州享受免费婚礼蜜月旅行;奖励杭州特色纪念品礼包一份;奖励人民币10万元。

三等奖一名,奖励杭州特色纪念品礼包一份;奖励人民币5万元。

⑦博文、视频竞赛媒体传播规则:

1. 地方性媒体:在受众较大的《钱江晚报》、《都市快报》等纸媒上刊登、跟进对该活动的报道。在浙江卫视、杭州交通等电视、广播媒体上播出、跟进对该活动的报道。

2. 全国性媒体:在中央电视台新闻频道、国际频道等播出、转播对该活动的报道。

3. 国外媒体:选择欧美重点城市的杭州籍留学生,委托其在当地论坛、SNS 等网络媒体上转载本活动的相关报道及参赛视频、博文。在意大利当地选择一定的媒体播出、跟进对该活动的报道。

(2)辅助项目:威尼斯·杭州水文化节

①项目名称:威尼斯·杭州水文化节

②项目主题(口号):上善若水,孕育两城

③项目时间:2011 年 4 月 10 日—4 月 25 日,为期半个月

④项目概述:通过政府对接的方式,获得威尼斯当地举办杭州"水"文化节的支持,开展系列"双城记"活动。计划开展与威尼斯之间以水为共同点的生活文化、艺术文化、休闲文化、美食文化、健康文化、丝绸文化、教育文化、茶文化、行业产品的体验、交流和研讨。

⑤项目特点:体验性、互动性、共通性

⑥项目对象:威尼斯当地政界人士,具有影响力的文化精英和行业精英人士,威尼斯市民及其他

⑦项目目的:使威尼斯的公众认识杭州、喜欢杭州;吸引意大利当地媒体报道;为"意大利学生游杭州"活动做前期造势。

⑧主办单位:杭州市政府

⑨项目内容

1. 前期筹备

1.1 人员邀请

1.11 给当地文化名人和政府部门发放邀请函,邀请他们参与。

1.12 通过当地媒体广告、户外广告等途径发布邀请威尼斯市民观看的广告;邀请市民主动报名参与,发放预约券

1.13 当年,从威尼斯来到中国的马可波罗曾盛赞杭州。如今,邀请马可波罗的孙子担任杭州"水"文化节的形象大使,进一步增进文化节的影响力。

2. 前进活动

高峰论坛——"双城记"

主题:"水与城市"

论坛时间:2011 年 4 月 11 日

论坛地点:威尼斯市内大型酒店

参与对象:威尼斯著名文化行业名人、政界人士;杭州知名文化行业精英、政界人士,总人数控制在 200 人左右。

主讲嘉宾:杭州城市发展品牌办人员、威尼斯城市发展相关负责人、高校研究城市发展的学者

2.1 论坛基本流程:

2.11 19:00 主持人宣布论坛正式开始

2.12 市长致辞

2.13 主持人介绍主讲嘉宾

2.14 论坛

2.15 午餐

2.16 论坛

2.17 小结、结束

2.2 论坛期望达到的目标:

2.21 加强高层政府人员之间的相互认识,力求建成友好城市关系,利于城市之间的更多互助往来

2.22 力求使精英人士、意见领袖对杭州产生良好印象,加大杭州的国际认知度,通过意见领袖的传达从而使更多市民认识杭州。

3. 现场活动

由固定展厅＋活动展示组成:固定展厅—世博会杭州馆展示;活动展厅—杭州画舫驶入威尼斯河。

总人数:展厅总人次控制在 6000 人

场地:大展厅安排在大型广场,分展厅安排在室内礼堂等地

参展人员选择方案:在 2011 年 2 月开始即在威尼斯发布相关会展信息,邀请市民主动报名参与,遴选参与的前 6000 名市民。最后参与市民都有纪念品相赠。

活动前期准备:与媒体配合做好前期推广,发放展厅预约券,吸引市民在 4 月 10 日前往威尼斯河附近观看表演

3.1 活动展示(文化节开幕式)

3.11 内容:杭州画舫驶入威尼斯河。

3.12 人数:参观人数不限

3.13 活动时间:4 月 10 日 10:00—12:00

3.14 主要流程:

a. 10:00 主持人宣布开幕式开始

b. 市长致辞、嘉宾发言、约 15 分钟

c. 画舫驶入威尼斯河

d. 画舫上丝竹演奏、约 20 分钟

e. 现场中国歌舞表演、约 20 分钟

f.活动主要内容展示,约 5 分钟

g.给沿河参观市民发放纪念品,约 15 分钟

3.2 大展厅

3.21 内容:杭州"五水共导"环境展示和讲解

3.22 参展人数:每日控制在 300 人左右

3.23 活动时间:展示从 4 月 10 日—4 月 25 日

3.24 市民纪念品:"五水共导"神话相册一份,每日 300 份,共计 4500 份

3.25 展示主要内容:

第一步:将杭州在上海世博会中的"五水共导"展放到威尼斯,将杭州的江河湖海溪以模型方式直观地展现在威尼斯人民面前。

第二步:现场演绎。请五个演艺人员身着不同颜色衣服,演绎一个神话故事。故事内容将杭州的钱塘江、西湖、西溪湿地、京杭运河、东海拟人化,讲述一个五水共同汇注杭城,孕育一方灵土的故事。

3.3 分展厅一

3.31 内容:诗词书画展现

3.32 活动时间:4 月 13 日—15 日

3.33 参展人数:日参展人数控制在 200 人以内

3.34 市民纪念品:白居易等文人骚客诗作合集一份,共计 600 份

3.35 背景:

代表中国特色的书画墨宝是容易引起老外们兴趣的事物;而杭州自古以来就有文人骚客的珍贵笔墨无数,吟咏杭州西湖的水的诗词甚至能集结成书,因而展现书画才情也是对杭州"水"文化的一种深刻展现。

3.36 展现方式:

将诗词所描绘的景象绘制或印制出来作为图像背景,请着古装的工作人员扮演当年白居易之类的名人挥笔写诗句,现场吟诵。邀请参展人员现场体验用笔墨纸砚书画的过程。

3.4 分展厅二——越剧与歌剧

3.41 内容:杭城爱情故事越剧表演

3.42 活动时间:4 月 16 日—18 日

3.43 观看人数:每日控制在 200 人以内

3.45 市民纪念品:越剧刻盘 DVD 一张,共计 600 份

3.46 背景:

威尼斯有莎士比亚笔下《威尼斯商人》的动人爱情故事,杭州的水文化则孕育了更为丰富的爱情故事。

3.47 展现方式：

第一步：以图片或者影像方式展现曾经在杭州发生在"水"边的美丽爱情故事，讲解员现场解说。以白娘子许仙的断桥相遇，梁祝"万松书院"学习故事，苏小小在西湖的故事为主。

第二步：以越剧、流行歌曲、民乐演奏、舞台剧等方式演绎杭州爱情故事。邀请观众上台互动表演。

3.5 分展厅三

3.51 内容：茶文化展现：现场品茗

3.52 活动时间：4 月 19 日—21 日

3.53 参展人数：每日控制在 200 人左右

3.54 市民纪念品：杭州西湖龙井茶一份，共计 600 份

3.55 背景

中国人一般在家里都是冲速溶咖啡，但是外国人往往是煮咖啡；外国人喝茶较少，而且偏向于红茶（袋泡）。通过体验，让中国人了解咖啡文化，让国际人士了解中国的茶文化，学会品茶，并进行对话。

3.56 展现方式：

现场展示杭州龙井山种茶的天然环境、采茶姑娘采茶、农家炒茶的图片。现场展示泡茶过程，让参展的每位人员都能品尝到新茶。并邀请嘉宾上台来一起参与泡新茶，让他们切身体会到中国茶道的味道。

4. 实施调整

如遇参观人数不及预期，可采取对现场的观念派送礼物，以及每位观众邀请来现场的亲朋好友人数越多，奖品成倍增长等方式来吸引观众。

准备展厅突发安全状况的应急方案。

项目评估

为了提高杭州在欧美地区的知名度，实现杭州国际化传播的"走出去"与"引进来"目标，以威尼斯为传播试点城市，进行杭州形象的国家化传播。

城市形象传播效果检测尚未有可借鉴的成熟模型，本策划结合网络营销效果评估方法与经典传播效果模型，分四个阶段进行传播效果评估，既活动开始前期基本情况考察、意大利文化节传播效果评估、"意大利学生杭州体验"活动传播效果评估、与后期效果调查，采用对威尼斯居民发放问卷和网络监测数据，评估本策划对于杭州形象的知名度和美誉度传播成效。

（1）活动前期情况考察

考察目的：在前期准备阶段，即宣传网页刚刚上线，媒体宣传尚未开展阶段，通过情况考察了解杭州在威尼斯居民中的知名度和美誉度，作为后期效果评估参考指标。

考察方法：网络监测法、语义分析法、调查问卷法

实施方案：

①在 Facebook 杭州宣传主页网上线一周内，检测网络日均访问量向、留言数、网页日志、图片分享量，线上活动参与度等指标。

②收集一周内网友留言，并进行语义分析，遴选出现词频最高的关键词，了解网友对杭州的基本印象评价。

③在威尼斯对当地居民随机发放 200 份调查问卷，考察当地居民对杭州的知名度和美誉度。

(2)意大利文化节传播效果评估

考察目的：

①通过检测网络访问量变化指标，考察威尼斯杭州水文化节媒体投放策略是否有效，根据反馈不断微调媒体宣传方案。

②通过检测文化节期间网络日均访问量等指标，考察威尼斯杭州水文化节对威尼斯杭州知名度的影响。

考察方法：网络监测法

实施方案：

①在杭州水文化节开展期间内，检测 Facebook 杭州宣传主页每日访问量，记录每日网页日志、图片分享量和线上活动参与度等指标。

②在杭州水文化节展开期间，计算 Facebook 杭州宣传主页均访问量、留言、网页日志、图片分享量，线上活动参与度等指标，与前期考察得出的指标进行比较。

预期目标：

①在媒体发布威尼斯杭州水文化节宣传广告一段时间后，Facebook 杭州宣传主页访问量出现突增趋势。

②威尼斯杭州水文化节期间 Facebook 杭州宣传主页日均访问量、留言、网页日志、图片分享量等指标较参考指标有所上升。

(3)意大利大学生杭州体验活动传播效果评估

考察目的：

①通过检测网络访问量变化指标，考察意大利大学生杭州体验活动媒体投放策略是否有效，根据反馈不断微调媒体宣传方案。

②通过检测意大利大学生杭州体验活动期间网络日均访问量等指标，考察威尼斯文化节对威尼斯杭州知名度的影响。

考察方法：网络监测法

实施方案：

①在意大利大学生杭州体验活动开展期间内，检测 Facebook 杭州宣传主页每日访问量，记录每日网页日志、图片分享量和线上活动参与度等指标。

②在意大利大学生杭州体验活动展开期间，计算 Facebook 杭州宣传主页日均访

问量、留言、网页日志、图片分离量,线上活动参与度等指标,与前期考察得出的指标进行比较。

预期目标:

①在媒体发布意大利大学生杭州体验活动宣传广告一段时间后,Facebook 杭州宣传主页访问量出现突增趋势。

②意大利大学生杭州体验活动期间 Facebook 杭州宣传主页日均访问量、留言、网页日志、图片分享量等指标较参考指标有所上升。

(4)活动后期效果评估

考察目的:在主要活动结束阶段,通过考察杭州在威尼斯居民中的知名度和美誉度,与前期效果评估参考指标做比较,考察杭州在威尼斯居民中知名度和美誉是否有所上升。分析传播中的问题,进一步找到国际传播中存在的问题,积累实践经验。

考察方法:网络监测法、语义分析法、调查问卷法

实施方案:

①全部活动结束后,总结 Facebook 杭州宣传主页总访问量向、留言数、网页日志、图片分享图,线上活动量等指标。

②计算 Facebook 杭州宣传主页日均访问量、留言、网页日志、图片分享量,线上活动参与度等指标,与前期考察得出的指标进行比较。

③全部活动结束后,收集全部网友留言,并进行语义分析,遴选出现词频最高的关键词,了解网友对杭州的基本印象评价,并对比活动初期杭州在威尼斯居民中的形象。

④在威尼斯对当地居民随机发放 200 份调查问卷,考察当地居民对杭州的知名度和美誉度,并与初期指标对比。

预期效果:

①策划方案全部实施后,Facebook 杭州宣传主页累计访问量较大,信息转发率较高。

②网络留言语义分析显示意大利民众对杭州的印象更接近真实情况,并能够产生美好联想。

③调查问卷和网络监测数据表明杭州在意大利居民中的知名度和美誉度有较大提升。

费 用 预 算

本策划主要两大活动为在威尼斯举办的杭州水文化节、意大利学生体验杭州之旅。下面分别介绍杭州水文化节与意大利学生体验杭州之旅部分费用预算,并将所有媒体网络宣传部分做整体预算单独列出。

(1)媒体广告宣传费用

针对威尼斯杭州水文化节、意大利学生赴杭体验亮相活动进行媒体和网络宣传,

统筹安排宣传经费,构成如下。

①媒体广告宣传经费:威尼斯地方媒体广告费用、威尼斯户外媒体广告费用、杭州媒体与户外宣传费用。

②网站建设维护费用:在 Facebook 上申请专属主页后网页美化设计、聘请专职人员维护网页(添加资料、回复网友、在 Twitter、Youtube 上发状态和视频)。

③宣传资料制作费用:宣传单页制作、活动过程中视频拍摄制作。

(2)威尼斯:杭州水文化节

在意大利水城开展杭州水文化节,通过媒体广告、高峰论坛、与展厅展演宣传"杭州的水,也能流到威尼斯"。主要经费支出由高峰论坛、会场展示两个部分组成。

①高峰论坛经费构成:论坛组织接待人员赴威尼斯差旅费用、论坛场馆租赁、场馆布置费用、邀请通讯费用、与会人员接待费用(基本茶点、小礼品)。

②会场展示经费构成:展馆人员赴威尼斯差旅费用(主展厅与三个分展厅的组织人员、演艺人员和讲解人员)、场馆租赁及布置费用、演出服装和道具费用、采购礼品费费用。

(3)意大利大学生杭州体验之旅

意大利学生杭州体验之旅主要经费是选取 30～50 名意大利学生赴杭体验杭州品质环境、品质文化及品质生活三条精品路线的活动。主要经费由学生基本差旅食宿费用和体验三条精品路线所产生的费用构成。

①学生住宿餐馆经费构成:意大利学生往返杭州和威尼斯的机票、意大利学生一周的食宿。

②精品路线经费构成:学生出行交通、西溪湿地,雷峰塔等景点门票、观看演出、展览、特色小吃民俗礼品。

具体费用预算:(略)

策 划 团 队

策划总顾问总领队:

何春晖:浙江大学传媒与国际文化学院副教授,浙江大学经济与文化研究中心
　　　　主任

哲溪之梦队成员:

郎倩雯:浙江大学传媒与国际文化学院传播学公共关系方向研究生

李倩仪:浙江大学传媒与国际文化学院传播学公共关系方向研究生

万册:浙江大学传媒与国际文化学院传播学公共关系方向研究生

李冰玉:浙江大学传媒与国际文化学院传播学公共关系方向研究生

郭昕:浙江大学传媒与国际文化学院传播学公共关系方向研究生

支持单位:

杭州城市品牌办公室、杭州市旅游委员会、杭州市城市品牌促进会

后 记

    回首20世纪80年代初期,公共关系飞越了大西洋降生在了我们这片960万平方公里的热土上。从她踩着稚嫩的脚步跃入我们生活开始,公关的精灵——形象便如井喷一样,四处迸发,直至进入了我们生活的每个角落。

    形象之诱惑犹如潘多拉的魔盒,让人无法拒绝。踏着互联网疾步前行的人们,试图变着法子想占"她"为己有,极其努力地在形象神殿的大门前,大呼小叫着——"芝麻开门吧!"

    作为无形资产的形象,尤其在新经济时代里,使社会各界爱之唯恐不及。在大家纷纷抢夺眼球大造声势之际,我们有幸目睹了发生在祖国大地上那些轰轰烈烈的形象工程,无论是来自洋人的形象工厂,还是从国人的形象工厂出笼,真叫你方唱罢我登场,热闹非凡。

    作为一名教师同时又是实践者,行进在这幽深的形象隧道中,探秘各式各样的公关形象策划,是一件有趣的事,让我怦然心动者有之,大跌眼镜者也不少,最令人遗憾的是那些把老百姓的血汗钱烤制成鸡肋甚至焦炭的大案,那份心痛自不必说。于是乎,早已是心存意愿,想把先行者们焙烤的这些形象管理的种种案例,做些收集分析工作的愿望更为强烈起来。尤其是2001年,在国人为加入WTO欣喜若狂时,殊不知,我们离世界的差距并非只是一步之遥,我们在形象管理上已损失了太多像秦池、巨人、三株、三鹿等这样的品牌,我们为此也付出了极昂贵的学费。在WTO的游戏规则中,只会大喊"谁拿走了我的奶酪?"是徒劳的,唯有迎头赶上才是真理。因此,形象管理这一课已到了非补不可的地步。于是我着手收集研究这些案例,尽管这些案例或许算不得最经典,然而它们却是十足的土生土长,还有什么比得上"吾日三省吾身"来得更重要呢?当然我们也不想拒绝"拿来主义",因此,也选辑了几个发生在洋人身上的经典,洋为中用,乃是全球化的必然。本次修订的第三版更新了约三分之一的最新案例,它们大都是新近两年发生的公关事件,分布各行各业,类型五花八门,其中既有本土的得失,更有他国的成功经验。

    当然,集成案例首要的是为自己的学生们提供更多的鲜活教案;二则也想多少给征战沙场的策划者提供些启示和经验;其三,也愿对奔走在全球化高速公路上的老总们能提供一个公关的加油站;其四,这对兴趣者无疑是一种有益的启蒙……

    谁知这小小的夙愿竟也游走了整整有五个年头之多。其间,我的学生毕业了一届又一届,然他们年轻而聪慧的思想却是长存不灭的。这份名单之长使我无法一一列举。但他们每一次在案例共享课上的表现,至今还是那么鲜活有生气;他们的思辩,是令人难以忘怀的;他们的口才仍依稀在耳;他们的身影犹历历在目。愿远在四方的同学们能一起分享我此刻的心情,这个小小的果实能你我共享。

最后,我想特别感谢的是,浙江大学出版社的资深编辑李桂云老师,是她的促动和帮助,让我得以最终完成这迟到的小书。并一版再版直至如今的第三版问世,没想到这前后已走过了 8 年的相知时光。

窗外,早已是一片初春的景致,满眼是争春的绿意,真乃盎然春色关不住,公关世界任你行。

来吧,让我们一起远行!

何春晖
修订于 2011 年 2 月山水人家

主要参考文献

[1]〔美〕达文波特·贝克 著:《注意力管理》,北京:中信出版社,2001

[2]〔美〕阿克曼 著:《形象决定命运》,北京:中信出版社,2002

[3]〔美〕伦纳德。萨非尔 著:《强势公关》,北京:机械工业出版社,2002

[4]〔美〕卡特利普 森特 著:《公共关系教程》,北京:华夏出版社,2001

[5]〔美〕罗伯特·福特纳 著:《国际传播》,北京:华夏出版社,2000

[6]〔英〕丹尼尔·莫斯 著:《公共关系实务》,上海:复旦大学出版社,1996

[7]〔美〕阿伦·杜卡 著:《顾客满意度手册》,上海:宇航出版社(香港),1998

[8]〔英〕迈克尔.里杰斯特:《危机公关》,上海:复旦大学出版社,1995

[9]〔美〕罗伯特·希斯著《危机管理》,北京:中信出版社,2001

[10]〔美〕马蒂.布郎斯坦:《有效沟通》,北京:机械工业出版社,2004

[11]〔美〕阿德里安.佩恩等《关系营销》,北京:中信出版社,2002

[12]〔美〕史蒂文.霍华德:《公司形象管理》,北京:中信出版社 2000

[13]〔美〕肯特.沃泰姆:《形象经济》,北京:中国纺织出版社,2004

[14]〔美〕阿尔·里斯、劳拉·里斯著,罗汉 虞琦译:《公关第一,广告第二》,上海:上海人民出版社,2004

[15]〔美〕桑德拉.奥利佛:《战略公关》,北京:科学普及出版社,2004

[16]〔美〕马克.麦希斯:《媒体公关法则》,广州:广东经济出版社,2004

[17]〔美〕迪尔特丽.布雷肯里奇:《新公共关系手册:成功的传媒关系策略》北京:中国人民大学出版社,2003

[18]〔美〕拉里·A·萨默瓦、理查德·E·波特著《跨文化传播》,北京:中国人民大学出版社,2004

[19]刘光明 著:《中外企业文化案例》,北京:经济管理出版社,2000

[20]赵曙光等:《中国著名媒体经典案例剖析》,北京:新华出版社,2002

[21]熊和平 著:《关系营销实战操典》,上海:广东经济出版社,2002

[22]郭惠民 著:《当代国际公共关系》,上海:复旦大学出版社,1995

[23]居延安 著:《公共关系学》,上海:复旦大学出版社,2001

[24]高振强:《全球著名媒体经典案例剖析》,北京:中国国际广播出版社,2003

[25]甘忠泽:《品牌形象策划》,上海:复旦大学出版社,2000

［26］蔡吉详等:《无形资产学》,北京:海天出版社,1999

［27］黄升民 等:《中国传媒市场大变局》,北京:中信出版社,2003

［28］廖为建 著:《公共关系学》,北京:高等教育出版社,2000

［29］吴晓波 胡宏伟 著:《非常营销》杭州:浙江人民出版社,2002

［30］孙健 著:《海尔的营销策略》,北京:企业管理出版社,2001

［31］何足奇等 著:《危机营销》,天津:天津人民出版社,2003

［32］杨波等:《如何进行公关管理》,北京:北京大学出版社,2004

［33］余明阳等:《品牌传播学》,上海:上海交通大学出版社,2005

［34］胡白精著:《公共关系学》,北京:中国人民大学出版社,2008

［35］李怀亮等:《城市传媒形象与营销策略》,北京:中国传媒大学出版社,2009

［36］宣宝剑著:《媒介形象》,北京:中国传媒大学出版社,2009